Das Schachbuch für Meister von Morgen

I.
MICHAIL JUDOWITSCH

**Geschichte und
Theorie der
Eröffnungen**

II.
ALEXANDER A. KOTOW

**Kombinations-
und
Positionsspiel**

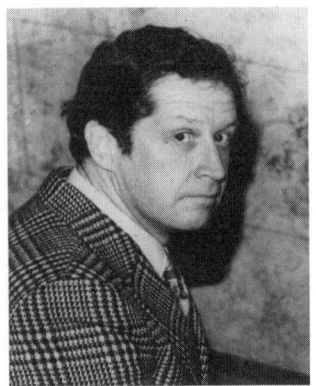

III.
JURI L. AWERBACH

**Theorie und Praxis
der
Endspiele**

JURI AWERBACH
ALEXANDER KOTOW
MICHAIL JUDOWITSCH

Das Schachbuch für Meister von Morgen

**Ein Lehr- und Trainingswerk –
nicht nur für den Nachwuchs**

JOACHIM BEYER VERLAG – HOLLFELD

Übersetzung: Tihomir Glowatzky
Fotos: Günther Lossa, Bamberg
       Jakob Estrin, Moskau
       Schachreport, Bamberg

3. Auflage 1991

ISBN 3-88805-050-2
© 1983 by Joachim Beyer Verlag, 8607 Hollfeld
Druck: Beyer-Druck, Langgasse 23, Hollfeld

Vorwort

Das vorliegende Werk ist die Übersetzung eines der erfolgreichsten sowjetischen Schachbücher, das als Begleitbuch zum Schachkolleg des sowjetischen Fernsehens herausgegeben wurde. Von den bisher üblichen Schachlehrwerken unterscheidet es sich in mehrfacher Hinsicht.

Alle drei Phasen des Schachspiels werden in einem Buch zusammengefaßt dargeboten. Verfaßt wurden sie von drei Schachgrößen, deren meisterliche Fähigkeiten auch als Schachpädagogen weltweiten Ruf haben. Der erste Teil „Geschichte und Theorie der Eröffnungen" wurde von dem Internationalen Meister M. M. Judowitsch geschrieben, dessen Hauptabsicht es ist, dem Leser die Grundideen und Prinzipien der Eröffnungsstrategie begreiflich zu machen. Der zweite Teil „Kombinatorisches und positionelles Spiel" stammt aus der Feder des Großmeisters A. A. Kotow. Die Aufgabe dieses Teils besteht darin, die kombinatorischen Fähigkeiten und das Stellungsgefühl des Lesers zu entwickeln und die Technik der Variantenberechnung zu verbessern. Der Autor des abschließenden Teils „Theorie und Praxis der Endspiele" ist der Großmeister J. L. Awerbach, allen Endspielfreunden sicherlich bekannt. Das Studium dieses Teils soll ebenfalls das Positionsgefühl schulen und die technischen Methoden in der Endphase des Spiels zu beherrschen lehren.

Aufgebaut ist es nach den modernsten Lehrmethoden der sowjetischen Schachschule, die überall auf der Welt anerkannt ist. Gleichzeitig erschien das Buch auch in Jugoslawien, wo es im Rahmen der Aktion „Schach an die Schulen" erfolgreich eingesetzt wird. Der praktische Erfolg dieser Arbeit in beiden Ländern spricht für die Methode.

Obgleich nicht für Anfänger gedacht, ist das Lehrwerk in erster Linie der systematischen Einführung junger Schachspieler in alle Geheimnisse des Schachspiels gewidmet. Jedes Kapitel ist mit zahlreichen Übungen verknüpft, die auch für „alte Hasen" hervorragend als Training geeignet sind. Man wird erstaunt sein, welches Niveau ein der Jugend gewidmetes Schachbuch bereits erreichen kann. Die über 200 Übungsaufgaben werden in einem Lösungsteil bearbeitet und besprochen.

Das Buch ist zum Selbststudium gedacht. Die selbständige Arbeit wird sehr betont. Nicht das Schachwissen um Theorie steht im Vordergrund, sondern die durch Training und geeignete Didaktik fortschreitende Entwicklung der schachlichen Fähigkeiten wie Kombinationsgefühl, Entschlußbereitschaft, selbständiges Denken und Entscheiden. Schach als Denkspiel, nicht als Lernspiel.

Dank des methodischen Aufbaus ist es hervorragend als Lehrbuch an Schulen, in Vereinen und in allen Schachkursen verwendbar. Um den pädagogischen Wert dieses Buches noch besser zur Geltung kommen zu lassen und um seinen Einsatz als Schachlehrbuch zu erleichtern, werden in einem Sonderband, der demnächst im gleichen Verlag erscheinen wird, methodische und didaktische Hinweise mit Unterrichtseinheiten und -beispielen herausgegeben. Hiermit entsprechen wir sicherlich einem jahrelangen Wunsch vieler Schachlehrer und -trainer.

Als Einleitung wird ein schachhistorischer Überblick gegeben, der die wichtigsten Linien der Entwicklung des Spiels und der Schachtheorie nachzeichnet. Es empfiehlt sich, diesen Teil (Kap. 1−5) erst nach der Lektüre des übrigen Eröffnungsteils zu lesen.

T. Glowatzky

Inhaltsverzeichnis

Teil I

**Geschichte und Theorie
der
Eröffnungen**

1. Tschaturanga und Schatrandsch

Wann ist das Schachspiel entstanden? Lange war man der Ansicht, daß dies gegen Ende des 5. oder zu Beginn des 6. Jahrhunderts n. Chr. der Fall war, als Schach als eine Art Kriegsspiel Verbreitung fand. Inzwischen ist eine Expedition unter Leitung des Prof. G. Pugatschenko auf neue Erkenntnisse gestoßen. Im Verlauf der Arbeiten dieser Expedition in der Siedlung Dalversin Tepe in Usbekistan wurden zwei Elfenbeinfigürchen gefunden, die in die Periode des kuschanischen Kaisers Huwischke (2. Jh. nach Christus) datiert werden. Viele Fachleute sind der Ansicht, daß es sich dabei um Schachfiguren handelt. Wenn das stimmt, wäre das Schachspiel um etwa 300 Jahre „älter".*

Im alten Indien heißt die erste Form des Schachspiels „Tschaturanga", d. h. das Vierteilige oder Viergliedrige (tschatur = vier, anga = Glied). Der alte Vorfahre des modernen Schachspiels Tschaturanga war ein Spiel, das den Aufbau und die Zusammensetzung der damaligen indischen Armee wiedergab, mit den Fußsoldaten, den Elefanten und den Kampfwagen. Das Ziehen der Figuren wurde durch Würfeln bestimmt.

In der altertümlichen Chronik „Harsha Tscharitra" aus der Epoche des Radscha Harsha (606—648) wird erzählt, daß „Schachtafeln lehren, wie das Heer aufgestellt ist".

Anfänglich bewegte sich der schreckliche Elefant geradeaus, alles umwerfend, was sich ihm in den Weg stellte. Das war der Vorfahre des heutigen Turms. Danach übernahmen diese Aufgabe die Kampfwagen, während der Elefant begann, die Kämpfer mit einem diagonalen Sprung über die Felder zu befördern. Dies verdeutlichte, um wieviel er stärker war als der Fußsoldat, der nur langsam zum Angriff überging, jeweils um ein Feld weiterziehend.

Langsam wurde das Spiel auch außerhalb Indiens beliebt. Die Entwicklung der Handelsbeziehungen zwischen den Ländern begünstigte auch den Kulturaustausch. All dem nach zu urteilen, wurde das Schachspiel von Osten nach Westen übertragen, etwa dieser Linie folgend: Indien, Iran, Mitelasien, arabische Länder, Europa.

* Die Diskussion um dieses Problem ist auch heute noch nicht beendet. Nach dem neuesten Stand der Erkenntnisse spricht nicht viel für diese These, man sollte das Schachspiel nicht älter machen wollen, als es schon ist. Siehe dazu den Aufsatz von Prof. Pavle Bidev in der Zeitschrift ROCHADE Nr. 6/1982 „König-Philosoph Harsha und sein Hofdichter Bana". (Anm. des Übersetzers)

Leider sind die genauen Regeln des Spiels Tschaturanga nicht erhalten, auch nicht die Züge irgendeiner gespielten Partie. Nur in den Werken des berühmten Wissenschaftlers Al-Biruni (Beginn des 11. Jh.) findet sich eine Beschreibung des Spiels, die allerdings lediglich einige oberflächliche Angaben enthält. Es ist wenig wahrscheinlich, daß es bei diesem Spiel, wo das Element des Zufalls eine große Rolle spielte, bedeutendere theoretische Erwägungen gegeben hatte.

Die Geschichte und die Theorie der Schacheröffnungen beginnt später, seit dem Zeitpunkt, als Tschaturanga, nach dem Vordringen in den Iran und Mittelasien – Baktrien, Sogdu, Horesm – wesentlich vervollkommnet und modernisiert wurde. Die zweite historische Stufe in der Entwicklung des Schachspiels, Schatrandsch, ist eine neue, höherstehende Form von Tschaturanga. Beim Schatrandsch wird der Ausgang des Spiels nicht mehr vom Zufall des Würfels bestimmt, sondern von der Logik und der Erfindungsgabe des Spielers. Dieses Spiel erlangte bald große Beliebtheit.

Die Eroberung Irans durch die Araber und die Schaffung eines starken arabischen Kalifats haben die Weiterentwicklung dieses Spiels auch in anderen Ländern ermöglicht, ebenso dessen qualitative Veränderungen. Bereits im 9. Jh. gab es zu Schatrandsch eine umfangreiche Fachliteratur und eine wohl ausgearbeitete Theorie.

Wie waren die Regeln dieses Spiels und worin unterschieden sie sich von den Regeln des heutigen Schachspiels?

Ziemlich ähnlich waren die Züge des Turms, des Springers und des Königs. Es gab keine Rochade im heutigen Sinn. Der Bauer bewegte sich grundsätzlich nur um ein Feld nach vorne. An der Grundreihe angekommen, konnte er nur in eine Dame umgewandelt werden. Allerdings war die Dame damals eine recht schwache Figur, denn sie konnte jeweils nur um ein Feld auf der Diagonale weitergezogen werden.

Anders bewegte sich der Elefant, der heutige Läufer, nämlich auf der Diagonale, und das jeweils nur auf das dritte Feld. Falls sich ihm eine andere Figur in den Weg stellte, übersprang er sie, ohne sie zu schlagen.

Den Sieg erreichte man nicht nur mit der Matt-, sondern auch mit der Pattstellung. Auch die Eroberung aller feindlichen Figuren brachte den Gewinn.

Diese Regel wird durch ein Problem aus der Handschrift des arabischen Meisters Al-Adli (9. Jh.) verdeutlicht.

Die Lösung des Problems wird dabei so beschrieben: „Schwarz hat keinen besseren Zug, als den Bauern zu schlagen (1. ... T:f7), worauf Rot (Weiß) Schach gibt (2. Td8+), Schwarz zieht nach unten auf das zweite Feld des Alfils (des Läufers = 2... Kc7). Daraufhin kommt Schach durch den Springer vom dritten Feld des Kaisers aus (3. Se6+), und Schwarz zieht auf das zweite Feld seines Springers (3... Kb7). Nun stellt Rot seinen Roch** auf das Feld des Alfils vor dem Roch (4. Tf8), und egal, wo Schwarz nun seinen Roch hinzieht, stellt Rot seinen Roch auf das zweite Feld des Alfils, wo vorher der schwarze Roch gestanden ist (5. Tf7). Dem Schwarzen bleibt keine andere Wahl, als diesen zu schlagen (5... T:f7), und nun kommt die Doppelbedrohung durch den Springer (6. Sd8+), und Rot gewinnt.“

*In Klammern sind hier Anmerkungen des Autors gesetzt
**So hieß der Turm im Schatrandsch, vgl. die heutige engl. Benennung „rook" bzw. die Bezeichnung „Rochade".

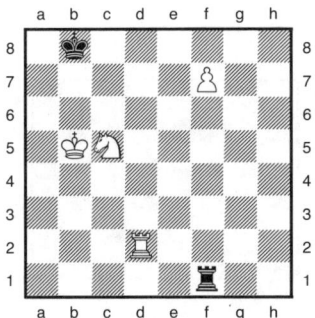

Schwarz am Zug, Weiß gewinnt

Zweifellos war die Zeit der Entwicklung der arabischen Kultur auch die Blütezeit des Schachspiels. Aus dieser Zeit sind viele Betrachtungen aus der Feder berühmter Meister und Theoretiker des Schatrandschspiels erhalten.
Unlängst wurde in der Handschriftenabteilung des Instituts für Orientalistik an der Akademie der Wissenschaften in Usbekistan eine wahre Schatrandsch-Enzyklopädie entdeckt, eine Handschrift mit etwa 300 verschiedenen Stellungen. Geschrieben wurde sie vermutlich im 12. Jh. vom tadschikischen Meister Abu'l Fath Sidschisi.
Die Mehrzahl der vorgestellten Positionen bezieht sich auf das Mittel- und Endspiel. Die Handschrift enthält viele Probleme „Mansuben" und zehn Eröffnungspositionen „Tabijen", über die später zu reden sein wird.
Schatrandsch war ein interessantes Spiel, aber auch ein noch ziemlich unvollkommenes. Das Geschehen entwickelte sich sehr träge, es dauerte lange, bis Figuren und Bauern miteinander in Berührung kamen.
„Die Eröffnung im Schatrandsch war nicht besonders interessant", bemerkte der bekannte englische Schachhistoriker Murray, „denn jede Partei hatte die Möglichkeit, ihre Züge lange zu variie-

ren, ohne mit dem Gegner in Kontakt zu kommen."
Im Laufe der Zeit fand man eine interessante Lösung: Die Schatrandschmeister haben feste Eröffnungspositionen entwickelt – Tabijen – mit annähernd gleichen Chancen für beide Seiten.
Die mittelalterlichen Schatrandschtabijen, die bis heute erhalten sind, sind alle in der großen Studie „Geschichte des Schachs" von H. Murray gesammelt. Er führt insgesamt 31 an. Eine Reihe von Tabijen, die darin nicht erwähnt werden, findet man bei Abu'l Fath.

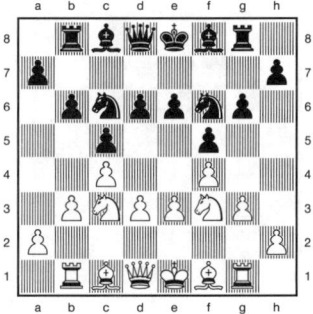

Diese Tabije, „Zweifacher Almuschanach" entstand nach dem 12. Zug. Die Eröffnung wird vom Schatrandsch-Theoretiker Abdu'l Fahradi Ladschladsch (gestorben um ca. 970) empfohlen. Seiner Meinung nach ist, nach den damaligen Theoriekenntnissen, der beste strategische Plan für Weiß das Vorziehen der g- und h-Bauern.
Interessant ist, daß diese Position um 1911 vom GM Mieses untersucht wurde, der einige Partien nach den Schatrandschregeln spielte. Seiner Ansicht nach ist der von Ladschladsch empfohlene Plan ausgezeichnet. „Die Tabijen stellten einen großen Fortschritt dar, denn durch sie wurde das Spiel schnell entwickelt, das bei der begrenzten Be-

wegungsfreiheit von Läufer und Dame nach einer größeren Lebendigkeit geradezu schrie," schrieb der russische Historiker M. Gonjajew 1880.

Viele Tabijen hatten eigene Bezeichnungen − Prototypen der künftigen Eröffnungsnamen. In einem der arabischen Theoriewerke des 10. Jhs. werden für einige von ihnen dichterische Charakteristiken im Stil der orientalischen Symbolik angeführt: „Almuschanach (die Beflügelte, die Schnelle), „Saif" (das Schwert), „Maschanchi" (die Kluge), „Sajal" (der Bach).

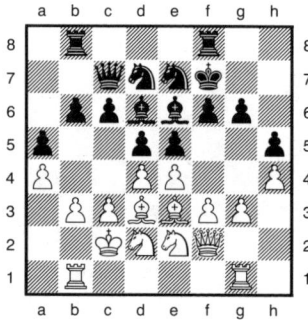

Hier eine von diesen Positionen. Eine spannende Stellung, in der demjenigen der Erfolg winkt, der als nächster am Zug ist, wie die Schatrandsch-Theoretiker dies behaupteten. Diese Behauptung, wohl auf praktischen Untersuchungen beruhend, zeugt von der Tiefe der analytischen Arbeiten und der theoretischen Untersuchungen. Wahrscheinlich gehen die Angriffspläne von den Bauernvorstößen g3−g4 bzw. b6−b5 aus.

Noch eine Tabije:

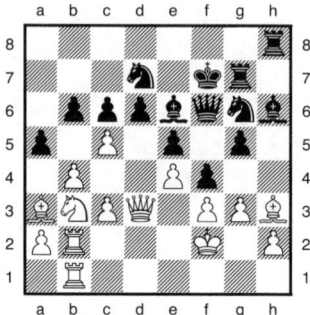

Auch für das Auge des modernen Schachspielers ist diese Stellung nicht ungewohnt, die in etwa an eine Variante aus der altindischen Verteidigung erinnert.

Auch die Stellung der nächsten Tabije ähnelt den modernen Aufbausystemen der Eröffnung:

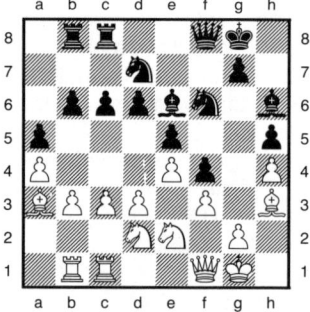

Wie sehr die Verwendung dieser Eröffnungsmuster verbreitet war, zeugt die Tatsache, daß bei der Niederschrift von Stellungen aus Partien, die nicht danach gespielt wurden, dies gesondert vermerkt wurde.

Und nun wollen wir uns mit einer Partie befassen, die nach dem Eröffnungsmuster „Sajal" begonnen wurde. Dies ist eine der ältesten Partien in der Geschichte des Schachspiels, über 1000 Jahre alt. Die Namen der Gegner blieben unbekannt.

1. g3 g6 2. g4 f6 3. e3 e6 4. Se2 d6 5. Tg1 c6 6. f3 b6 7. f4 a6 8. f5 g : f 9. g : f e : f

Einen Bauern opfernd, öffnet Weiß seiner stärksten Figur, dem Turm, eine freie Linie.

10. Lh3 Se7 11. Tf1 Tg8 12. Sg3 Tg5 13. L : f5 h6

Der Zug 13... S : f5 wäre im Schatrandsch ein grober Fehler, denn der Springer war damals viel stärker als ein Läufer.

14. Lh3 Sd7 15. d3 d5 16. c3 Dc7 17. b3 Ta7 18. c4 Lfd6 19. Sc3 Lce6 Das sind die charakteristischen Läufersprünge!

20. c : d c : d 21. d4 Lf8 22. Tf2 Dd6 23. b4 Tc7 24. Kd2 b5 25. La3 Sb6 26. Lc5 Sc6 27. a3 Kf7 28. Dc2 Lc4 29. Taf1 Tg6 30. Sh5 Ke8 31. S : f6+

Weiß hat gut manövriert und setzt nun zum entscheidenden Angriff an. 31... Kd8 32. Sf : d5 Tb7 (Diagramm) 33. T : f8+ Kd7 34. Lf5+Ke6 35. Sf4 Matt!

Im Gegensatz zu anderen, sehr langwierigen Duellen im Schatrandsch verlief diese Partie recht stürmisch.

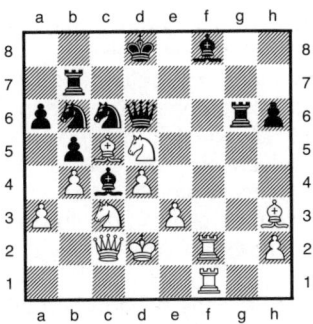

ÜBUNGEN:

Nr. 1: Wie bereits erwähnt, entsprachen im Schatrandsch die Züge von Turm, König und Springer den heutigen. Finden Sie die Lösung eines Schatrandsch-Problems, bei der gerade diese Figuren beteiligt sind. Weiß zieht.

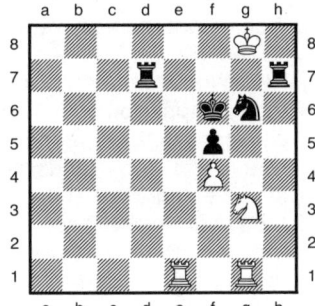

2. Schach in Europa

Das Schachspiel kam nach Europa wahrscheinlich im 9. Jh., nachdem die Araber in Südspanien das Kalifat von Cordoba errichtet hatten. Nach Rußland kam das Spiel unmittelbar vom Osten her im 8.−9. Jh.

Ab dem 13. Jh. wurden verschiedene Versuche unternommen, das Schachspiel zu vervollkommnen, damit es schneller und dynamischer wird. Im 13.

Jh. wurde die Regel eingeführt, daß der Bauer von der Ausgangsreihe aus beim ersten Zug auch um zwei Felder nach vorne ziehen darf. Die nächste Veränderung bezog sich auf den König: Ihm wurde erlaubt, einmal im Verlauf der Partie auf ein beliebiges übernächstes Feld zu springen, z. B. von e1 nach c1, c2, d3, e3, f3, g2, g3 oder g1.

Die Neuerungen zogen sich über Jahrhunderte hinweg. In der zweiten Hälfte des 15. Jh. wurde ein radikales Mittel zur Tempoveränderung gefunden: Der Läufer wurde zu einer weitzielenden Figur über die Diagonalen hinweg, und die Dame bekam eine bedeutend größere Kraft, indem sie von nun an auf allen Diagonalen, Vertikalen und Horizontalen wirken durfte, und zwar in deren vollen Länge.

Die fast endgültige heutige Form erhielt das Schachspiel im 16. Jh., als man begann, die Rochade anzuwenden.

Natürlich haben alle diese Reformen, vor allem die größere Durchschlagskraft der Figuren, zu einer neuen Wertung von einzelnen Zügen geführt, womit auch die theoretischen Vorüberlegungen des Schatrandschspiels verworfen werden mußten.

M. Gonjajew schreibt darüber: „Die östlichen Eröffnungspositionen, Tabijen, hielten sich nicht lange in Europa, weswegen sie auch in den Handschriften nicht erwähnt werden. Das ist auch verständlich: Es war leicht festzustellen, daß die ersten Züge eines Spiels nicht egal waren, und daß ein schlechter Zug in der Eröffnungsphase dem Gegner Vorteile schafft und die eigene Partie verdirbt."

Das erste historische Dokument, das für die Erkundung der Entwicklung der modernen Schacheröffnungen wichtig war, sind zwei Handschriften aus dem 15. Jh. und das Buch von Lucena, das gegen Ende des 15. Jh. in Salamanca in Spanien entstand.

Die Katalanische Handschrift aus den neunziger Jahren des 15. Jh. ist ein Gedicht, das von drei Dichtern geschrieben worden ist, in dem eine Partie zwischen Mars und Venus gezeigt wird. Hier ist der Beginn der Partie:

1. e4 d5 2. e : d D : d5 3. Sc3 Dd8 4. Lc4 Sf6 5. Sf3 Lg4 6. h3 L : f3 7. D : f3 e6

8. D : b7 Sbd7 9. Sb5 Tc8 10. S : a7 Sb6 11. S : c8 S : c8 12. d4 und Weiß gewinnt.

Im Zusammenhang mit dieser Partie äußerte GM Löwenfisch, daß „die Behandlung der Eröffnung Bewunderung verdient, wenn man bedenkt, daß das Schachspiel erst entstanden ist".

Die Göttinger Handschrift, geschrieben in lateinischer Sprache, enthält 12 Eröffnungen, die durchnummeriert sind. Dabei trifft man einige Varianten der heutigen Italienischen, Russischen und Spanischen Eröffnung sowie der Sizilianischen Verteidigung an.

Hier einige Eröffnungssysteme aus dieser Handschrift.

Nr. 1. e4 e5 2. Sf3 f6 3. S : e5 f : e 4. Dh5+ Ke7 5. D : e5+ Kf7 6. Lc4+ d5 7. L : d5+ Kg6 8. Dg3+ Dg5 9. Db3 D : g2 10. e5

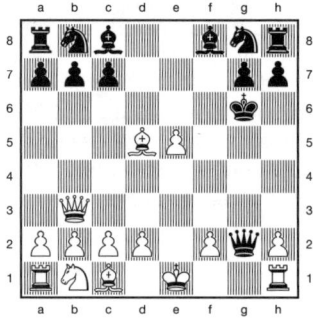

Eine Wertung der entstandenen Stellung wird in der Handschrift nicht abgegeben. Im Zusammenhang mit dieser Partie äußerte GM Awerbach eine interessante Meinung: Der zweite Zug von Schwarz f7–f6 ist „eine offensichtliche Folge des Schatrandsch-Einflusses aus jener Zeit, da der Einflußbereich der Dame begrenzt war, so daß das Springeropfer auf e5 unbegründet ist, da das Schachgebot auf h5 unmöglich war."

Nr. 2. 1. e4 e5 2. Sf3 Sf6 3. S : e5 S : e4 4. De2 De7 5. D : e4 d6 6. d4 f6 7. f4 Sc6

8. Lb5 Ld7 9. Sc3 S : e5 10. Sd5 Sf3+
11. g : f   D : e4+   12. f : e   L : b5
13. S : c7+.

In der Göttinger Handschrift werden einige Varianten der Spanischen Partie erörtert mit dem Zug 3... Lc5 sowie die Englische Partie und die Eröffnung von Bird.

Im Buch von Lucena werden elf Eröffnungen angeführt; darunter die Italienische Partie, die Philidor-Verteidigung, die Russische Partie, die Läuferpartie, die Französische Verteidigung, die Spanische Partie (Variante mit 3... Sge7),

sowie die Züge 1. b3 und 1. e3.

Bei 1. e3 bemerkt Lucena, daß „der Königsbauer immer um zwei Felder bewegt werden sollte".

Lucena gibt an, daß er die verschiedenen Eröffnungen anläßlich seiner Reisen durch Spanien, Frankreich und Italien gesammelt hat. Bezeichnenderweise tragen die Eröffnungselemente in der Göttinger Handschrift und in Lucenas Buch viele gemeinsame Merkmale, so daß angenommen werden muß, daß beide aus früheren Quellen schöpfen, die uns unbekannt sind.

3. Aufgepaßt – Eröffnung!

Das erste Werk, in dem den Eröffnungen große Achtung geschenkt wird, ist „Das Buch von der Erfindungsgabe und der Spielkunst im Schach" des spanischen Paters Ruy Lopez. Das Werk wurde 1561 veröffentlicht, 1584 in die italienische und 1609 in die französische Sprache übersetzt.

Dieses Buch zeigt, daß das Eröffnungsrepertoire zu dieser Zeit schon sehr bereichert worden war und daß das Positionsverständnis sehr vertieft wurde. Lopez betont als erster die Bedeutung des Bauernzentrums.

Er analysiert unter anderem das System 1. e4 e5 2. c3, das Königsgambit (angenommen und abgelehnt) und die Skandinavische Partie.

Nach 1. e4 e5 2. Sf3 Sc6 3. Lb5 verwirft Lopez den Zug 3... Sge7 und glaubt, daß 3. Lb5 dem Weißen Vorteile schafft. Seiner Meinung nach ist nach 1. e4 e5 2. Sf3 2... d6 die beste Verteidigung für Schwarz.

Nach 1. e4 e5 2. Sf3 f6 empfiehlt er 3. Lc4 und nicht 3. S : e5. Als aussichtslos für Weiß hält er folgende Eröffnungs-

züge: 1. Sf3, 1. Sc3, 1. c4, 1. f4, 1. g3 und 1. b3.

Lopez hat mit seinen Untersuchungen seine Vorgänger weit übertroffen, so daß der deutsche Schachforscher G. von der Lasa ihn den „Begründer der Eröffnungstheorie" nennt. M. Gonjajew war der Ansicht, daß „Lopez in erster Linie als Schöpfer der Eröffnungstheorie zum Königsgambit zu bezeichnen ist".

Große Bedeutung für die Eröffnungstheorie haben die Untersuchungen des Italieners Polerio. Seine Handschrift aus dem 16. Jh. wurde erstmals 1873 von A. Linde analysiert.

G. von der Lasa würdigte dieses Werk folgendermaßen: „Viele bekannte Eröffnungen sind das Werk von Polerio. Das gilt auch für den Eingangsteil der Eröffnung: 1. e4 e5 2. Sf3 Sc6 3. Lc4 Sf6 4. Sg5 d5 5. e : d S : d5 6. S : f7".

In dieser Handschrift werden bereits das Vier- und das Zweispringerspiel analysiert, die Caro-Kann und die Sizilianische Verteidigung sowie die Systeme mit fianchettierten Läufern.

Ein bedeutender Fortschritt wurde in der

Erforschung des Damengambits erzielt. Die Handschrift enthält auch die Variante 1. d4 d5 2. c4 c6. Aber, ganz im Geiste der schöpferischen Ideen seiner Epoche, widmete Polerio die größte Beachtung den Varianten des Königsgambits. Hier eine Reihe von Eröffnungen aus dessen Handschrift.

Nr. 1. 1. d4 d5 2. c4 c6 3. Lf4 e6 4. c : d c : d 5. L : b8 T : b8 6. Da4+ Ld7 7. D : a7 Lc6 und mit Ta8 gewinnt Schwarz.

Nr. 2. D. Domenico 1. e4 e6 2. d4 Sc6 3. Sf3 Le7 4. c3 Sf6 5. Ld3 0−0 6. h4 d5 7. e5 Se8 8. L : h7+ K : h7 9. Sg5+ L : g5 10. h : g+ und Weiß gewinnt.

2.

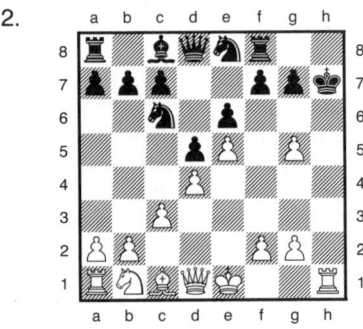

Nr: 3. 1. e4 e6 2. d4 d5 3. e5 c5 4. c3 Sc6 5. Sf3 Ld7 6. Le3 c4 7. b3 b5 8. a4 a6.

Nr. 4. Weiß: Scovara, Schwarz: Paolo Boi. 1. e4 e5 2. Lc4 Lc5 3. Sf3 Sc6 4. c3 De7 5. d4 e : d 6. c : d D : e4+ 7. Le3 Lb4+ 8. Sc3 d5 9. Ld3 De7 10. h3 Sf6.

Nr. 5. Seron. 1. e4 e5 2. Lc4 Lc5 3. Sf3 Sc6 4. c3 De7 5. d4 e : d 6. c : d D : e4+ 7. Kd2 Lb4+ 8. Sc3 Dg6 9. Te1+ Kd8.

Nr. 6. D. Domenico 1. e4 e5 2. Lc4 Lc5 3. Sf3 d6 4. Sc3 Sf6. 5. d3 0−0 6. Lg5 h6 7. h4 Lg4.

Nr. 7. Santa − Maria. 1. e4 e5 2. Lc4 Lc5 3. De2 De7 4. f4 L : g1 5. T : g1 e : f 6. d4.

Nr. 12. Avalos. 1. e4 e5 2. Sf3 Sc6

3. Lb5 Lc5 4. L : c6 d : c 5. S : e5 L : f2+ 6. K : f2 Dd4+.

Nr. 13. D. Domenico 1. e4 e5 2. Sf3 Sc6 3. Lc4 Lc5 4. Sc3 Sf6 5. d3 0−0 6. Lg5.

Nr. 14. 1. e4 e5 2. Sf3 Sc6 3. Lc4 Lc5 4. 0−0 d6 5. c3 Lg4 6. Db3 L : f3 7. L : f7+ Kf8 8. L : g8 T : g8 9. g : f g5.

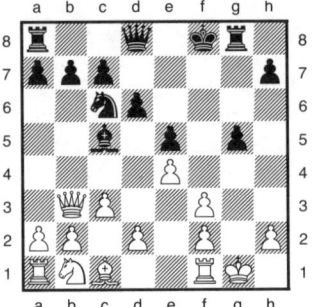

Nach einer detaillierten Analyse dieser Stellung kam Polerio zu dem Schluß, daß der schwarze Angriff nicht abzuwehren ist.

Nr. 16. Buscardo. 1. e4 e5 2. Sf3 Sc6 3. Lc4 Lc5 4. c3 De7 5. 0−0 d6 6. d4 Lb6 7. Lg5 f6.

Nr. 18. 1. e4 e5 2. Sf3 Sc6 3. Lc4 Lc5 4. c3 Sf6 5. 0−0 0−0 6. d4 e : d 7. e5.

Nr. 20. Weiß Polerio, Schwarz: Domenico 1. e4 e5 2. Sf3 Sc6 3. Lc4 Sf6 4. Sg5 d5 5. e : d S : d5 6. S : f7 K : f7 7. Df3+ Ke6 8. Sc3 Sce7 9. d4 c6 10. Lg5 h6 11. L : e7 L : e7 12. 0−0−0 Tf8 13. De4 T : f2 14. d : e Lg5+ 15. Kb1 Td2.

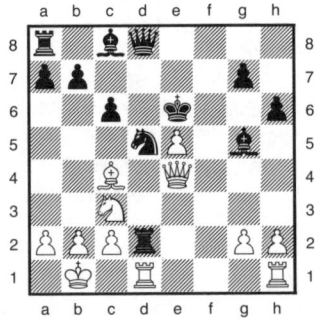

Nr. 22. Santa – Maria. 1. e4 e5 2. f4 d5
3. e : d D : d5 4. Sc3 De6 5. Sf3.
Nr. 28. 1. e4 e5 2. f4 e : f 3. Sf3 g5 4. h4
g4 5. Se5 h5 6. Lc4 Sh6.
Nr. 30. 1. e4 e5 2. f4 e : f 3. Sf3 g5
4. Lc4 g4 5. Se5 Sh6 6. S : g4 S : g4
7. D : g4 d5 8. D : f4 d : c 9. De5+ Le6
10. D : h8 Dh4+ 11. Kf1 Df4+ 12. Kg1
D : e4 13. h3 Ld5 mit Vorteilen für
Schwarz!
Bei dieser Fortsetzung bemerkt Polerio:
„Eine herrliche Gambitverteidigung, die
oft in Spanien gespielt wird". Überhaupt
stützt sich Polerio auf praktische und
theoretische Erfahrungen berühmter
Schachmeister seiner Zeit: Leonardo,
Boi, Lopez, Santa-Maria, Domenico und
vieler anderer.
Nr. 33 1. e4 e5 2. f4 e : f 3. Sf3 g5 4. Lc4
g4 5. Se5 Dh4+ 6. Kf1 Sf6 7. d4 d6
8. Sd3 f3 9. Sf4 f : g+ 10. K : g2.
Nr. 34. 1. e4 e5 2. f4 e : f 3. Sf3 g5
4. Lc4 Lg7 5. h4 h6 6. d4 d6 7. Sc3 c6.
Nr. 35. Leonardo. 1. e4 e5 2. Sf3 f5
3. S : e5 De7 4. Dh5+ g6 5. S : g6
D : e4+ 6. Kd1 Sf6 7. Dh4 Sg4.
Nr. 36. Leonardo. 1. e4 e5 2. Sf3 f5
3. Lc4 f : e 4. S : e5 d5 5. Dh5+ g6
6. S : g6 Sf6 7. De5+ Le7 8. S : e7
D: e7.
Dieser Abschnitt soll mit der Erwähnung
der Handschrift des italienischen Meisters Gioacchino Greco (geb. um 1600
in Celico bei Neapel, gest. 1634) geschlossen werden. Man weiß um mehrere Handschriften, die Greco zwischen
1619 und 1625 (ca. 15) verfaßt hat.
Gedruckt wurden diese erst nach seinem Tod, um 1656 in England.
Als besonders starker Schachspieler
fand er auch in Eröffnungen, die bereits
vor seiner Zeit bekannt waren, neue und
geistvolle Kombinationen. G. von der
Lasa veröffentlichte 1859 eine Sammlung von Eröffnungsvarianten, die in den
Werken Grecos zu finden sind, und kam
auf 143.

Die interessanteste davon ist die Variante Grecos in der Italienischen Partie, die
seit 400 Jahren die Beachtung der
Schachtheoretiker auf sich zieht.
1. e4 e5 2. Sf3 Sc6 3. Lc4 Lc5 4. c3 Sf6
5. d4 e : d 6. c : d Lb4+ 7. Sc3 S : e4
8. 0−0 S : c3 9. b : c L : c3 10. Db3!
Zu Lebzeiten Grecos war dieser Zug
eine wahre Offenbarung, heute kennen
ihn auch Spieler mittlerer Spielstärke.
Hier noch einige Eröffnungsvarianten
von Greco.
Nr. 14. 1. e4 b6 2. d4 Lb7 3. Ld3 f5
4. e : f L : g2 5. Dh5+ g6 6. f : g Sf6
7. g : h+ S : h5 8. Lg6#
Nr. 16. 1. e4 e5 2. d4 e : d 3. Lc4 Sc6
4. Sf3 Lc5 5. Sg5 Sh6 6. S : f7 S : f7
7. L : f7+ K : f7 8. Dh5+.

Nr. 16
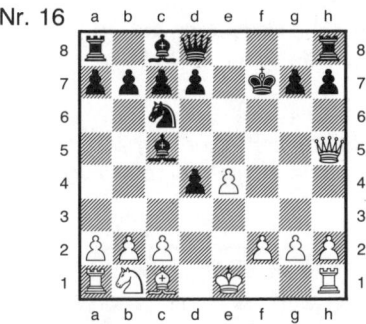

Eine Variante des modernen Schotti-
schen Gambits!
Nr. 20. 1. e4 e5 2. Sf3 Sc6 3. Lc4 Lc5
4. 0−0 Sf6 5. Te1 0−0 6. c3 De7 7. d4
e : d 8. e5 Sg4 9. c : d S : d4 10. S : d4
Dh4 11. Sf3 D : f2+ 12. Kh1 Dg1+ und
Matt im nächsten Zug!
Nr. 30. 1. e4 e5 2. f4 e : f 3. Lc4 Le7
4. d4 Lh4+ 5. Kf1 g5 6. g3 f : g 7. h : g
L : g3 8. Dh5 Df6+ 9. Sf3 d6 10. L : g5
Dg6 11. D : g6 f : g 12. L : g8 T : g8
13. Kg2 und Weiß gewinnt.
Das Hauptziel der Eröffnungstheorie zur
Zeit Grecos war nach M. Gonjajew „der
forsche Angriff auf den gegnerischen

König, ohne Rücksicht auf Bauern- und Figurenopfer. Wenn der Angriff nicht gelang, stand der Angreifer mit unzusammenhängenden Bauern oder sogar mit weniger Figuren da und mußte verlieren. Das Spiel war eingleisig".

4. Eröffnung und allgemeiner Plan des Spieles

Die stufenweise Erörterung der strategischen und taktischen Probleme im Schach – die Theorie der Eröffnung – wurde immer tiefgehender. In verschiedenen Sprachen erschienen immer mehr Bücher, die diesen Komponenten des Schachspiels gewidmet waren.

Dabei muß man in erster Linie das Buch des Syrers Philipp Stamma (1745) hervorheben, in dem 74 verschiedene Eröffnungsvarianten aufgezeigt werden. Theoretische Bedeutung hat die Analyse des Gambits 1. e4 e5 2. f4 e : f 3. Sf3 Le7 4. Lc4 Lh4+ 5. g3 f : g 6. 0–0 g : h+ 7. Kh1.

Stamma empfiehlt hier den Zug 7... d5, der bis heute als sehr starker Zug gilt.

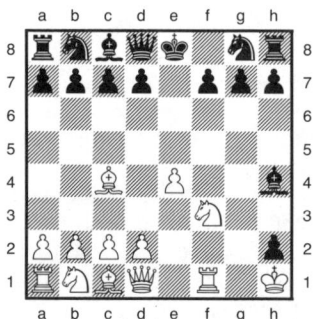

Aus diesem Werk ist ersichtlich, wie sehr sich das Wissen um die Wichtigkeit des Zentrums entwickelt hat. Charakteristisch ist, daß Stamma nach 1. e4 e5 2. d4 e : d 3. D : d4 Sc6 als beste Fortsetzung 4. De3 ansieht, um den Gegenangriff mit d5 zu stören.

Für die Theorie ist bedeutsam, daß Stamma als erster dem Damengambit eine gute Note ausstellt und es sogar als die beste Eröffnung betrachtet. Später nannte Philidor dieses Gambit das „Aleper Gambit", da Stamma in der Stadt Alepo geboren wurde.

Zu erwähnen bleibt noch, daß Stamma eine numerische Schachnotation verwendete, die endlich das gigantisch ausufernde beschreibende System ablöste. Diese Notation gebrauchte er in der ersten Ausgabe seines Buches (Paris 1737), die dann später, 1784, der deutsche Verleger von G. Greco, Moses Gerschel, verbesserte und somit zur schnelleren Ausbreitung des Schachwissens beitrug.

Von großer Bedeutung für die Entwicklung der Schachkultur war das Werk des berühmten französischen Spielers François André Philidor (1726–1795) „Die Analyse des Schachspiels".

André Philidor

Die „Analyse" besteht aus vier kommentierten Partien und einer Reihe von Eröffnungsvarianten. Das Buch hat an die zehn Auflagen in verschiedenen Sprachen erlebt und im Laufe eines ganzen Jahrhunderts den Liebhabern des Schachspiels als das Hauptnachschlagewerk gedient.

Nicht nur, daß Philidor der größte Meister seiner Zeit war, vielmehr ging er die Schachtheorie auf neuen Wegen an, vor allem was die Eröffnungstheorie betrifft. Im Vorwort seines Buches schreibt er: „Meine Grundabsicht ist es, dem Publikum eine Novität anzubieten, auf die bisher niemand verfallen ist oder die bislang niemand verstanden hat.

Es handelt sich um das Spiel der Bauern. Sie sind die Seele des Spiels. Nur sie lassen Angriff und Verteidigung entstehen, ihre Position entscheidet das Schicksal des Spiels."

Im Einklang mit seiner Schachauffassung versuchte er in der Eröffnung nicht so sehr, seine Figuren zu entwickeln, sondern vielmehr die Bildung von Bauernketten zu erreichen. Deshalb erachtete er nach 1. e4 e5 die Züge 2. Sf3 und 2... Sc6 als schlecht, da dabei die Springer den Bauern den Weg versperren. Mit Weiß spielte Philidor die Läuferpartie oder das Königsgambit, mit Schwarz 2... d6 und 3... f5.

„Man soll keine Figuren vor die Bauern postieren," schrieb Philidor, fügte allerdings auch hinzu, „manchmal ist dies aber unumgänglich".

Ihm fällt auch das große Verdienst zu, versucht zu haben, die Eröffnung mit dem allgemeinen Spielplan zu verbinden, wenn auch dieser Plan von seiner Theorie der Rolle der Bauern beeinflußt war.

In einem zweiten Buch aus dieser Zeit „Bemerkungen über die Theorie und Praxis des Schachspiels" (1763) unterzieht der italienische Meister Giambattista Lolli eine Reihe von Philidors theoretischen Behauptungen einer scharfen Kritik. Wahrscheinlich ist der Spruch „Eine schlechte Eröffnung ist wie das schlechte Fundament eines Hauses" ihm zuzuschreiben.

1769 wurde in Modena das Buch von Domenico Lorenzo Ponziani gedruckt. Er hat vor allem Eröffnungen und Endspiele analysiert. Nach Meinung von G. Löwenfisch hat „Ponziani in der Eröffnungsanalyse ein so hohes Niveau an Vollkommenheit erreicht, daß er darin alle seine Zeitgenossen übertrifft".

Ponziani hat für die Eröffnung einige strategische Grundsätze aufgestellt, die bis heute Gültigkeit besitzen. Seiner Meinung nach soll die freie Entfaltung der Figuren und ihre Aufstellung auf solche Felder angestrebt werden, von denen aus sie schwache Punkte im gegnerischen Lager angreifen können. In seinen Augen war das Bauernzentrum nicht Selbstzweck, sondern hatte die Aufgabe, den Figuren den Weg freizumachen. Die grundlegende Aufgabe der Bauern aber war es, fremde Figuren von für sie günstigen Feldern zu vertreiben.

Gegen Ende des 18. Jhs. wurde in Österreich das Buch des Wiener Meisters Johann Allgaier veröffentlicht, in dem der Analyse von Eröffnungen große Aufmerksamkeit gewidmet wird. Er gab darin eine Reihe von präzisen Variantenberechnungen zum Königsgambit: 1. e4 e5 2. f4 e : f 3. Sf3 g5 4. h4 g4 5. Se5 oder 5. Sg5. Nach 5. Sg5 h6 untersuchte Allgaier vor allem das Springeropfer 6. S : f7 (heute das Allgaier-Gambit).

Nach 1. e4 e5 2. Sf3 d6 3. Lc4 f5 4. d4 f : e (von Philidor gut geheißen) empfiehlt Allgaier 5. S : e5!, was dem Anziehenden einen starken Angriff bietet.

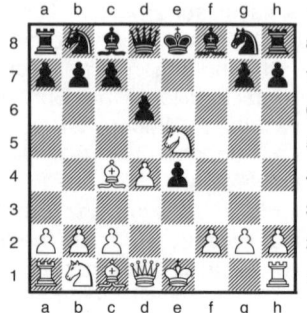

Innerhalb des Königsgambits untersuchte er auch die Varianten mit den Zügen 2. Sc3 Sc6. Später, Mitte des 19. Jahrhunderts arbeitete der Wiener Meister K. Hamppe an dieser Variante weiter, so daß die Eröffnung 1. e4 e5 2. Sc3 als Wiener Partie bezeichnet wurde.

ÜBUNGEN

Nr. 2: Überlegen Sie, warum in der Mehrzahl der besprochenen Varianten die Angriffe der Gegner auf die Punkte f2 und f7 gerichtet waren!

Nr. 3: Versuchen Sie selbst, die Partie Polerio – Domenico (Partie Nr. 20 aus der Sammlung Polerios) einer kritischen Untersuchung zu unterziehen und bewerten Sie die Stellung nach dem 15. Zug von Schwarz!

Nr. 4: Wie soll Weiß in der Greco-Variante der Italienischen Partie nach dem Zug 10... L : a1 seinen Angriff fortsetzen?

Nr. 5: Welche Fehler machte Weiß in der Eröffnungsphase der 20. Partie aus Grecos Sammlung?

Lassen Sie sich nicht verleiten, die Lösungen am Ende des Buches nachzuschlagen. Entscheiden Sie selbst und vergleichen Sie erst dann Ihre Meinung mit der im Buch angegebenen Lösung!

5. Systematisierung und Analyse

In der ersten Hälfte des 19. Jahrhunderts machte man große Fortschritte in der Erforschung, Systematisierung und Analyse des Schachspiels. Im Werk des englischen Meisters William Lewis „Vorträge zum Schachspiel" (London, 1831–1832), das aus zwei Teilen bestand, war der zweite ausschließlich der Eröffnungstheorie gewidmet.

Es werden darin die Hauptfortsetzungen des Gambits, das der englische Meister Davis Evans 1824 in der Praxis einführte, untersucht. Es wird weiterhin eine ausführliche Analyse des Schottischen Spiels gegeben, die ihre Feuertaufe im Fernschachkampf London – Edinburgh (1824–1828) bestand, als Edinburgher Schachspieler nach 1. e4 e5 2. Sf3 Sc6 zweimal mit Erfolg 3. d4 erprobten.

Mit einer begründeten Kritik an einer Vielzahl von Philidors Ausführungen trat der erste russische Meister A. D. Petrow (1794–1867) mit seinem Werk „Das Schachspiel, systematisch geordnet" (Petersburg, 1824) auf den Plan.

A. D. Petrow

Die Lehre Philidors über die Rolle der Bauern lobt er zwar, doch weist er auch darauf hin, daß Philidor in vielen Fällen der „Bauernstrategie" zu viel Bedeutung beimißt. Weiterhin nimmt er ihm übel, daß er den Zug 2. Sf3 als schwach abtut (nach 1. e4 e5).

„Die neuesten Formen des Schachspiels" war der Titel des Buches des hervorragenden französischen Meisters Louis-Charles La Bourdonnais (1797–1840), eines der stärksten Spieler zu Beginn des 19. Jahrhunderts. In seinem Buch wird im umfangreichen Maße die Eröffnung 1. e4 e6 analysiert, die die Bezeichnung „Französische Verteidigung" bekommen hat. In weiteren Analysen beschäftigt er sich vor allem mit dem angenommenen Damengambit.

Großen Einfluß auf die Entwicklung der Eröffnungstheorie nahmen die Kämpfe zwischen dem Meister Frankreichs La Bourdonnais und dem Meister Englands Macdonnel (1798–1835), die 1834–35 gespielt wurden. Diese Kämpfe waren das größte Schachereignis ihrer Zeit, sowohl in sportlicher als auch in schöpferischer Hinsicht.

Auf die Ergebnisse dieser Partien hinweisend, die La Bourdonnais insgesamt für sich entscheiden konnte, schrieb Lasa: „Das Spiel von La Bourdonnais zeichnet sich durch Stabilität und zielgerichtete Ausführung des angestrebten Planes aus.", und M. I. Tschigorin nannte einige dieser Partien „eine glänzende Inspiration der Vergangenheit." Seiner Ansicht nach hat es La Bourdonnais tatsächlich verstanden, „daß die Besetzung des Zentrums und Entwicklungsvorteile die Grundlage für erfolgreiche Kombinationen bilden".

Diese Eröffnungsstrategie demonstrierte kurz darauf der Amerikaner Morphy.

Von den übrigen Theoretikern und Praktikern, die ihren Beitrag zur Eröffnungstheorie geleistet haben, sei noch der schottische Meister John Cochrane erwähnt. Heute noch ist das nach ihm benannte „Cochrane-Gambit" bekannt:
1. e4 e5 2. f4 e : f 3. Sf3 g5 4. Lc4 g4 5. Se5 Dh4+ 6. Kf1 f3

Luis-Charles La Bourdonnais

Mit diesem Gegenschlag kommt Schwarz zu gefährlichem Gegenspiel.

Wenn die Eröffnungsstrategie von La Bourdonnais die von Morphy beeinflußte, so war das Schaffen des englischen Meisters Howard Staunton (1810–1874) in vieler Hinsicht Vorbild des großen Schachdenkers Steinitz.

Stauntons Name trägt das Gambit 1. d4 f5 2. e4, das er erdacht hat.

Howard Staunton

Gleichzeitig muß darauf hingewiesen werden, daß zu der Zeit langsam erste zaghafte Schritte in Richtung einer systematischen Betrachtung der Eröffnungstheorie gemacht worden sind.
Wie Emanuel Lasker schrieb, „wurden die Partien über Jahrhunderte hinweg auf gut Glück begonnen. Nach einigen Zügen entstanden Komplikationen wie von selbst, und erst da zeigte sich das wahre Können des Spielers".
Für die Mehrzahl der Eröffnungen gab es keine Bezeichnung noch waren die Eröffnungssysteme in irgendwelche Gruppen aufgeteilt, was die wissenschaftliche Erforschung und auch den Informationsfluß hemmte.
Die Grundlage der heutigen Eröffnungssystematisierung, die von großer Bedeutung für die Entwicklung der Schachkultur und die Popularisierung des Schachwissens war, wurde im zweibändigen Werk des russischen Schachtheoretikers Carl Friedrich von Jänisch „Neue Analyse der Eröffnungen im Schachspiel" (1842) geschaffen, das gleichzeitig in französischer und in englischer Sprache erschien.

Auf die Bedeutung von Jänisch wurde auch in der ersten Ausgabe des „Handbuchs" aus der Feder des deutschen Theoretikers Bilguer hingewiesen, das von Lasa ergänzt und überarbeitet wurde. In diesem Handbuch, erschienen 1843, wird im Bezug auf Jänisch gesagt: „Alle Eröffnungen sind sehr sorgfältig bearbeitet, so daß eine Menge neuer und äußerst interessanter Varianten geboten wird, von denen wir einige in verkürzter Form in unserem Buch erwähnen."
Um welche Varianten handelt es sich? Jänisch analysierte wichtige Varianten des Damengambits, die nach folgenden Zügen entstanden: 1. d4 d5 2. c4 e6 und 1. d4 d5 2. c4 c6. Seine Erfindung ist der Gegenangriff 3... f5 nach 1. e4 e5 2. Sf3 Sc6 3. Lb5. Er erforschte auch die Möglichkeit 3... Sf6 in der Spanischen Partie. In seinem Buch wird auch das Sizilianische Gambit 1. e4 c5 2. b4 analysiert sowie die Eröffnungsvariante, die später die Bezeichnung Nimzowitsch-Variante bekommen hat: 1. e4 Sc6 2. d4 d5.
Nach 1. e4 e5 2. f4 e : f 3. Lc4 Sf6 4. Sc3 untersuchte Jänisch die Verteidigung mit dem nachfolgenden Zug 6... c6. Er analysierte auch die Variante 1. e4 e6 2. d4 d5 3. Sc3 Lb4 und andere Systeme der Französischen Verteidigung.
Die richtungsweisenden Werke von Jänisch, Bilguer und Lasa waren die ersten Handbücher, die auf einer wissenschaftlichen Grundlage und mit einer breiten, planmäßig angelegten Systematisierung aller Eröffnungen aufgebaut waren. Gerade in diesen Werken wurde die Praxis der Einteilung der Eröffnungen nach Gruppen eingeführt sowie die Benennung fast aller damals bekannten Muster vorgenommen.

6. Von Morphy bis Botwinnik

Die erste Etappe in der Entwicklung der Eröffnungstheorie, die einige Jahrzehnte andauerte, kann man als romantische Suche nach dem Neuen, dem Unbekannten bezeichnen. Während dieser Suche wurde eine gute Basis für Neuentdeckungen auf dem Gebiet der Schacheröffnungen geschaffen, angereichert mit der Erfahrung früherer Meister.

Wie erwähnt leisteten hier Jänisch, Bilguer und Lasa Pionierarbeit, doch während sie nur Sammler und Methodiker waren, unternahmen zwei berühmte Meister die entscheidenden Schritte in die neue Richtung: Paul Morphy (1837–1884) und Wilhelm Steinitz (1836–1900).

Seine glänzenden Siege verdankte Morphy dem Umstand, daß er ein tieferes Verständnis für Strategie und Taktik besaß als alle seine Zeitgenossen. „Morphys Geheimnis" bestand im schnellen und harmonischen Entwickeln der Figuren in der Eröffnungsphase, im richtigen Verständnis für die Rolle des Bauernzentrums und im energischen und rechtzeitigen Öffnen von Linien.

Allerdings nur in der Praxis! Morphy, wie ein strahlender Komet am Schachhimmel erschienen, hat seine Spielprinzipien nie schriftlich formuliert, so daß den Zeitgenossen scheinen mußte, daß das Geheimnis seines Erfolges einzig und allein in seinem Kombinationstalent begründet war.

Erst Steinitz erkannte, daß Morphy seine herrlichen Kombinationen nur aufgrund

Paul Morphy

des verfeinerten Positionsspiels ausführen konnte. Der Philosoph und Denker Steinitz schuf ein ähnliches, neues Prinzip der Spielführung, wobei die Kombinationen nicht als Geniegeistesblitze aufflammen, sondern als logische Folge der Positionsarbeit erscheinen.

Die Verarbeitung seiner Lehren führte zur Überprüfung der bisher gültigen Ansichten, vor allem auf dem Feld der Gambiteröffnungen. Gerade hier konnte Steinitz viele Angriffsopfer entkräften, die nicht entsprechend vorbereitet waren.

Steinitz war der Ansicht, daß ein Spieler sorgsam mit seinem Material umzugehen hat, und konnte in der Praxis wirksam zeigen, daß bei einem unvorbereiteten Angriff schon ein Minusbauer zur Niederlage führt.

Vollkommen verblüffend für die Zeitgenossen war seine Behauptung, der König sei eine starke Figur, die auch bei vollem Brett im Angriff und in der Verteidigung wirksam mitmischen kann.

Steinitz wies als erster darauf hin, daß der Bauernschild, hinter dem sich der König nach der Rochade versteckt, nur wirksam sein kann, wenn keiner der Bauern die Ausgangsreihe verlassen hat. Er verurteilte scharf solche Züge wie h2−h3 oder h7−h6, die in den Partien der damaligen Zeit oft ohne Grund gemacht wurden.

Wilhelm Steinitz

Doch Steinitz, der erste Schachweltmeister, schöpfte seine Lehren nicht aus luftleerem Raum, sondern befaßte sich wohl mit den theoretischen Studien seiner Vorgänger, die hier bereits erwähnt wurden. So wie Newton durch einen vom Baum fallenden Apfel auf die Idee mit der Erdanziehung kam, so verleitete das Studium von Morphys Partien Steinitz dazu, eine eigene Theorie zu verfassen. Hier kam ihm nämlich der Gedanke, daß gerade falsche und nicht durchdachte Eröffnungszüge schnell zur Katastrophe führen können.

Dem weiteren Aufschwung der Lehren von Steinitz verhalf der dt. Großmeister Siegbert Tarrasch (1862−1934). Er vertiefte viele Steinitzprinzipien in der Eröffnungsstrategie, doch hatte er dabei viel-

leicht zu sehr den komplizierten Mechanismus des Schachkampfes im Auge.

Als Grundlage der Eröffnungsstrategie erachtete Tarrasch das Ergreifen der Initiative. Dabei kam er zu der wohl nicht mehr vertretbaren Meinung, daß „jede gedrückte Stellung den Keim der Niederlage in sich birgt".

Für die Eröffnungstheorie sehr fruchtbringend war der Meinungsstreit zwischen Tarrasch und dem berühmten russischen Meister und Theoretiker Tschigorin (1850−1908).

Charakteristisch für Tschigorin ist dessen Grundbekenntnis: „In Schachbüchern und Memoiren, aber auch in Gesprächen versucht man immer wieder zu argumentieren ,theoretisch gesehen', vom Standpunkt der Theorie aus wäre es besser..." usw. Unter „theoretisch" versteht man dabei meist allgemein bekannte Züge, die man oft antrifft und die den Vorteil besitzen, daß sie schon besser analysiert sind als andere Züge.

Im Grunde kann man aber in fast allen Eröffnungen solche Züge finden, die den von der Theorie empfohlenen in nichts nachstehen, unter der Bedingung, daß ein erfahrener und guter Schachspieler in der Lage ist, diese Züge zum Ausgangspunkt einer ganzen Kombination

Siegbert Tarrasch

zu machen. Im übrigen ist das Schachspiel viel reichhaltiger, als es den Anschein hat, wenn man darüber auf Grundlage der bestehenden Schachtheorie urteilt, die nur danach trachtet, das Spiel in vorgefertigte, enge Bahnen zu leiten".

Als Theoretiker wies Tschigorin den Weg, wie man durch Figurendruck auf die Zentralfelder das Bauernzentrum erfolgreich bekämpfen kann. Diese Idee wurde später aufgegriffen und weiter vertieft, in Systemen, die bis heute Gültigkeit haben.

Emanuel Lasker (1868—1941) und José Capablanca (1888—1942), der zweite und der dritte Schachweltmeister, haben relativ wenig zur Eröffnungstheorie beigetragen. Beide waren Meister des Mittel- und des Endspiels, den Eröffnungsproblemen widmeten sie weniger Beachtung. „Der gesunde Menschenverstand im Schach " war ein Titel von E. Lasker, den man auch als Leitlinie für die Eröffnungsideen beider Schachgenies nehmen kann.

Steinitz war zum Beispiel der Meinung, daß das Bauernopfer von Weiß im Evans-Gambit unkorrekt ist, und war ständig bemüht, den Bauernvorteil zu behalten und ihn zu nutzen. Die Praxis allerdings zeigt, daß Schwarz dabei oft Schwierigkeiten bekommen kann, darum ist es wohl vorteilhafter, den Mehrbauern im geeigneten Moment zurückzugeben und sich mit, wenn auch geringem, positionellem Vorteil zu begnügen. Ende des 19. Jh. und zu Beginn des 20. Jhs. hat der Amerikaner Harry Pillsbury (1872—1906) viel zur Eröffnungstheorie beigesteuert.

Wie Löwenfisch hervorhebt, ist „Pillsbury der Begründer einer neuen zukunftsträchtigen Richtung. Er hat als erster begonnen, nicht nur einzelne Varianten zu erforschen, vielmehr ganze Systeme

und den Einfluß von Variantengruppen auf die Entwicklung des Mittelspiels." Unter diesen Studien Pillsburys sei hier der weiße Angriff in der orthodoxen Verteidigung des Damengambits oder das schwarze Gegenspiel in der Russischen Partie erwähnt. Er hat auch das Eröffnungsschema erarbeitet, das später als die Cambridge-Springs-Variante bekannt wurde.

Als Beispiel für Pillsburys Eröffnungsstrategie soll seine bekannte Partie gegen Tarrasch (Hastings, 1895) dienen:

1. d4 d5 2. c4 e6 3. Sc3 Sf6 4. Lg5 Le7 5. Sf3 Sbd7 6. Tcl 0—0 7. e3 b6 8. c : d e : d 9. Ld3 Lb7 10. 0—0 c5 11. Te1 c4 12. Lb1 a6 13. Se5 b5 14. f4 Te8 15. Df3 Sf8 16. Se2 Se4 17. L : e7 T : e7 18. L : e4 d : e 19. Dg3.

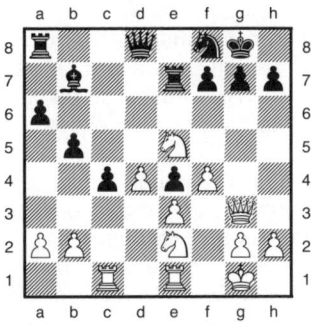

Weiß besitzt die Initiative. Die schwarze Königsstellung ist nicht gesichert. Sein Spiel nach diesem Schema aufbauend, konnte Pillsbury viele eindrucksvolle Siege erringen.

Schwer zu bestimmen ist der Beitrag zur Eröffnungstheorie durch den berühmten Großmeister Akiba Rubinstein (1882—1961). Er hat mit Erfolg den Plan der Verbindung von Eröffnung und Mittelspiel weiterverfolgt. Nimzowitsch schreibt über sein Spiel: „Als charakteristisch sehen wir bei Rubinstein die kolossale Länge eines Plans, die ihm als logische Brücke von der Eröffnung zum Mittelspiel dient. . ." In den 20er Jahren unseres Jahrhunderts tauchten neue Ideen in der Eröffnungstheorie auf; deren Hauptvertreter waren A. Nimzowitsch (1886–1935), R. Réti (1889–1929), S. Tartakower (1887–1954), P. Romanowski (1892–1963). Nimzowitsch ist der Schöpfer der originellen Lehre von der Bauernblockade und der -kette, womit er das Verständnis um die Rolle der Bauern in der Eröffnung vertieft.

Réti hat Tschigorins Vorstellung vom Druck der Figuren auf das Zentrum fortgeführt, über den Flügelangriff. Dabei spielt die Flankierung des Läufers eine wichtige Rolle.

Weiterhin nahm man das allzu bescheidene Spiel von Schwarz unter Beschuß, das lediglich auf Ausgleich bedacht war, ohne Absichten auf ein aktives Gegenspiel.

All das führte zu neuen originellen Eröffnungsformationen und sogar zu vollkommen neuen Eröffnungen.

M. Gonjajew behauptet nicht ohne Grund, daß „das Nordische und das Evans-Gambit die einzigen vollkommen neuen Eröffnungen des gesamten 19. Jhs. waren". Allen anderen Eröffnungen, egal wie weit die Theoretiker sich vorwagten, merkte man die Vorarbeit der alten französischen und italienischen Meister an.

Das 20. Jh. brachte der Schachtheorie eine Reihe grundsätzlich neuer Eröffnungen, die sogar in den höchsten Turnieren und Wettkämpfen Anwendung erfuhren.

Gleichzeitig wurde die Analyse neuerer und alter Systeme erheblich tiefer, was im Einklang mit der allgemeinen Entwicklung der Schachtechnik und der umfassenden Verbesserung von Strategie und Taktik stand. Viele bislang als ausgeglichen beurteilte Stellungen wurden nun mit Vorteilen für die eine oder andere Seite gesehen, da man neue Gesichtspunkte berücksichtigte. Dazu zählen z. B. die Möglichkeit eines besseren Übergangs in das Endspiel, Bildung von Stützpunkten für die Figuren in der Brettmitte, Schaffung von minimalen Positionsschwächen im gegnerischen Lager. Ein ausgesprochen großer Kenner von Eröffnungen war der vierte Schachweltmeister A. Aljechin (1892–1946). Er führte in der Praxis vor, wie die Methode der Mehrung von geringen positionellen Vorteilen mit Angriffsplänen im Mittelspiel verbunden werden kann. Aljechin hat in die Eröffnungstheorie zwei neue Grundsätze eingebracht: „die unnatürliche Zerstörung des Gleichgewichts" und „die konkret-taktische Eröffnung".

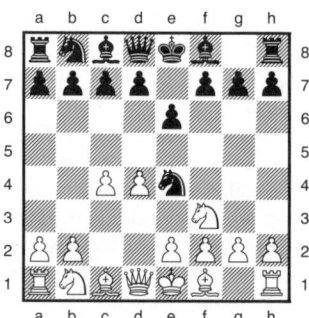

Diese Position entstand in der Partie Aljechin-Marshall (New York, 1927) nach 1. d4 Sf6 2. c4 e6 3. Sf3 Se4. Aljechin kommentiert diese Partie so: „Dieser Zug widerspricht allen Eröffnungsprinzipien der alten Formel (Ziehe in der Eröffnung eine Figur immer nur einmal!) sowie der neuen Formel (Figurendruck auf das Zentrum erreicht oft mehr als dessen direkte Besetzung!). Außerdem haftet dem Zug der Fehler an, daß man unnötigerweise Verpflichtungen eingehen muß und dem Weißen sofort die Gelegenheit bietet, einen Angriffsplan für den gesamten Partieverlauf zu schaffen.

Kurz gesagt steht dieser Zug für jenen charakteristischen Eröffnungsfehler, den ich als die unnatürliche Zerstörung des Gleichgewichts bezeichne".

In der gezeigten Position spielte Aljechin sehr stark 4. Sfd2! und errang bald eine übermächtige Stellung.

Um besser zu verstehen, was in den Händen Aljechins unter einer konkret-taktischen Eröffnung gemeint ist, hier eine Stellung aus seiner Partie gegen Euwe (Revanchekampf 1937):

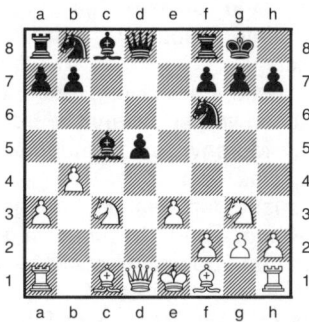

Auf den ersten Blick steht Weiß hervorragend. Nach dem Rückzug des Läufers vom Feld c5 wird Weiß seine Läufer über b2 und e2 entwickeln und auf den d5-Bauern Druck ausüben.

Aljechin allerdings ließ sich im Sinne seiner Eröffnungsauffassung sofort auf taktische Komplikationen ein (10... d4!), den Entwicklungsrückstand von Weiß mit einbeziehend.

Für die Eröffnungstheorie waren die Werke des sechsten Schachweltmeisters M. Botwinnik von erstklassiger Bedeutung.

Die Analyse ging er wie eine wissenschaftliche Arbeit an, die sorgsame Überprüfung erfordert. Sein Hauptverdienst war es, daß er viele Stellungen, die aus verschiedenen Eröffnungen entstehen konnten, gleich zu behandeln versuchte. Seine Analysen gingen weit ins Mittelspiel hinein, jeder Eröffnungsvariante versuchte er, einen Übergangszug ins Mittelspiel hinein anzuführen. Ihm ist es gelungen zu beweisen, daß die Eröffnung keineswegs ein festgelegtes Schema ist:

„Natürlich ist das Wesen des Schachspiels nicht in dessen Beginn erschöpft. Der Hauptinhalt des Schachspiels besteht darin, in einer Situation, in der es von keiner Seite Hilfe gibt, selbst den richtigen Ausweg zu finden.

Ist die Eröffnung also nicht wichtig? Dieser Schluß wäre zu voreilig. Die Eröffnung spielt eine wichtige Funktion als Vorstufe zum Mittelspiel. Sie trägt zum Erfolg allerdings wenig bei, wenn der Plan in der Verbindung von Eröffnung und Mittelspiel nicht berücksichtigt wird."

Ziel dieser kurzen Übersicht war es, zu zeigen, wie sich die Eröffnungstheorie stufenweise entwickelte, wie das Eröffnungswissen bereichert wurde und schließlich, wie das riesige Gebiet der Schachwissenschaft entstand, die wir heute Eröffnungstheorie nennen.

Man kann sagen, daß heute kein Schachspieler, der nach Vervollkommnung strebt, dies ohne ein vorbereitetes Eröffnungsrepertoire erreichen kann.

„Die heutige Eröffnungslehre wird aller Wahrscheinlichkeit nach zur Erneuerung der altöstlichen Tabijen führen, aber mit dem Unterschied, daß die alten Tabijen ohne eigentlichen Anlaß in der Partie angewendet wurden, während die modernen Tabijen das Resultat riesiger Erfahrungen und spezieller Untersuchungen sein werden." So sah das schon Ende des vorigen Jahrhunderts M. Gonjajew, und heute bewahrheiten sich seine Worte.

Bei hervorragender Kenntnis der Spieltechnik, die heute oft anzutreffen ist, kann ein Fehler in der Eröffnung für den Ausgang der gesamten Partie von Bedeutung sein. Deswegen befaßt man sich heute so systematisch mit dem Studium der Schacheröffnungen.

ÜBUNGEN:

Nr. 7: Analysieren Sie die Stellung nach dem Zug 10... d4! in der Partie Euwe – Aljechin.
Nr. 8: Wie setzt Schwarz nach 11. Sa4 fort? In der Partie erfolgte 11. b : c5. Wie könnte man darauf antworten?

7. Moderne Eröffnungsprinzipien

Wie bereits erwähnt, veränderten sich durch die verschiedenen geschichtlichen Epochen Inhalt und Charakter des Schachspiels im Einklang mit einem immer tiefer werdenden Schachverständnis. In den letzten 150 Jahren beschleunigte sich mit der stürmischen Ausbreitung des Spiels auch diese Entwicklung. Betrachten wir zunächst die Entwicklung der Rolle des Zentrums im Schachspiel. Den Meistern der frühen italienischen Schule (16. und 17. Jh.) war dieser Begriff vollkommen unbekannt. Zwar zog man auch damals in den meisten Partien 1. e4 gefolgt von d4, allerdings nur um den Läufern freie Wege zu schaffen, damit sie sich auf den gegnerischen König stürzen konnten. Auf Bauernverluste, auch der Zentralbauern, nahm man bei den stürmischen Angriffen keine Rücksicht.

Dieser offensichtlichen Materialverschwendung machte Philidor ein Ende. Die Bauern, bislang mißachtet, werden in seinen Händen zur tödlichen Waffe. Philidor hat die Lehre vom Bauernzentrum aufgestellt, von der Bauernkette, die sich nach Plan und unaufhaltsam vorwärts bewegt, dabei von den Figuren unterstützt, die aber nur eine Nebenrolle spielten.

Die nächste Epoche brachte den Figuren ihre Bedeutung wieder, allerdings ohne dabei auf die Wichtigkeit des Zentrums zu achten. Hier brachte P. Morphy die große Wende. Seine gesamte Eröffnungsstrategie beruhte auf der Konzentration von Bauern und Figuren im Zentrum, die er in kürzester Zeit zu verwirklichen suchte, dabei auf jedes Tempo achtend.

Die schnelle Entwicklung der Figuren, auch schon vorher bekannt, wurde doch erst seit Morphy das Grundprinzip des Spiels. Das Ziel, dem alle vereinten Kräfte zustrebten, war nicht der gegnerische König, sondern zunächst einmal das Zentrum. So einen Entwicklungsvorteil erreichend, öffnete Morphy die Linien, um die Wirkung seiner Figuren zu verstärken und schnell zu gewinnen.

Seine Partien zeigten klar die Bedeutung des harmonischen Zusammenspiels der Figuren, die erstaunliche Kraft der organisierten gemeinsamen Wirkung.

Weitere für die schachliche Entwicklung bedeutende Ideen brachte Steinitz: die Vorstellung von starken und schwachen Punkten, von positionellen Vor- und Nachteilen. Als Beispiel für positionelle Schwächen dienen ungünstige Bauernformationen: vorgezogene Bauern vor der Rochadestellung oder Felder vor einem isolierten Bauern.

Steinitz befaßte sich auch mit folgenden Problemen als erster: Besetzung der offenen Linien, größere Beweglichkeit der Figuren, Vorteil des Läuferpaars.

Er stellte auch die Grundsätze für den motivierten Angriff auf, der geführt werden kann und muß, sobald man irgendeinen Vorteil erreicht hat, z. B. beim Entwicklungsrückstand des Gegners oder bei entstandenen Felderschwächen in den gegnerischen Reihen. Nach diesem Grundsatz organisierte er sein Spiel, den Angriff langsam vorbereitend, indem er die Stellung des Gegners nach und nach „lockerte". So ein Spiel erforderte Figurenmanöver und -umstellungen, deshalb seine Vorliebe für geschlossene Systeme. Die Prinzipien Morphys, z. B. Tempoverlust, wirken sich hier nicht so aus wie in offenen Spielsystemen.

Tschigorin hat viele Eröffnungsstellungen untersucht, in welchen der Tempoverlust durch andere Vorteile ausgeglichen wird. Hier muß man anfügen, daß Tschigorin den Begriff „Tempo" grundsätzlich anders deutete als der Hauptjünger Steinitz' – Tarrasch.

Charakteristisch ist folgender Kommentar Tschigorins aus dem Jahre 1901 zur Partie Pillsbury – Blackburn.

Nach 1. e4 c5 2. Sf3 Sc6 3. Sc3 e6 4. d4 c : d4 5. S : d4 Sf6 6. Sdb5 Lb4 spielte Weiß 7. a3. Tschigorins Kommentar:

„Diesen Zug beurteilt Dr. Tarrasch in seiner 300-Partien-Sammlung so: ,Wenn Weiß schon den Springer nach b5 zieht, dann muß auch Schach auf d6 folgen. Mit dem Zug a3 verliert er mindestens drei Tempi. 1. Tempo durch den an sich wertlosen Zug, 2.+3. Tempo durch den Tausch des bereits dreimal geführten Springers auf b5 (nicht des auf

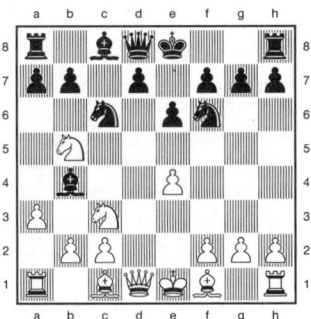

c3) gegen den nur einmal gezogenen Läufer. Demnach verliert Weiß drei Tempi, in einer Variante, die in Turnierpartien oft anzutreffen ist.'

Aller Wahrscheinlichkeit nach wird man auch weiterhin bei dieser Variante bleiben, unter anderem auch deshalb, weil man den weisen Meditationen des verehrten Doktors über Tempoverlust und seiner Arithmetik nicht folgen kann. Schwarz macht nämlich mit dem Läufer zwei Züge und nicht einen: nach b4 und dann mit dem Schlagen des Springers auf c3.

J. Henry Blackburn

Der eigentliche und ernsthafte Grund für den häufigen Zug a2–a3 ist die persönliche Auffassung des Spielers, der den Mut hat anzunehmen, daß Weiß mit einem auch idiotischen Zug, wie Tarrasch den Zug 7. a3 bezeichnet, besseres Spiel bekommt als mit 7. Sd6+, da die unausweichliche Fortsetzung so aussieht: 7... Ke7 8. Lf4 e5 9. Sf5+ Kf8 10. Lg5 d5 11. e : d5 L : f5 usw".

Die Diskussion Steinitz – Tschigorin war für die Erforschung der Schachtheorie eine äußerst wichtige Angelegenheit. Lasker empfahl, daraus alles Wertvolle zu übernehmen, um den Stil der Zukunft zu schaffen. Genau das haben Aljechin und Botwinnik getan.

So also sahen die einzelnen Etappen der Forschungsarbeit zu den Eröffnungen in ihrer Entwicklung und Veränderung aus. Man muß hinzufügen, daß diese Arbeit auch heute noch ununterbrochen weitergeführt wird, indem gültige Vorstellungen und Ansichten vertieft und verbessert werden.

Hier sind die Grundelemente, die diese Ansichten bestimmen:

a) Stärke der Figuren, ihre Zahl und Qualität;

b) Beweglichkeit der Figuren; der Raum, den sie beherrschen;

c) Die Zeit, die benötigt wird, um die eine oder andere Figur aktiv in den Kampf um irgendeinen bestimmten Sektor auf dem Schachbrett einzuschalten.

Wichtig dabei ist der Aspekt des Zusammenspiels der Figuren und der Königsstellung.

Emanuel Lasker erklärt diese wichtigen Grundfragen der Eröffnungsstrategie in seinem „Lehrbuch des Schachspiels" folgendermaßen:

„Der Wert einer Figurenkonstellation errechnet sich nicht durch das Addieren von Einzelwerten dieser Figuren, da auch das Moment des Zusammenspiels dieser zu beachten ist. Man kann nicht sagen, daß eine Figur derselben Figur des Gegners entspricht, wenn man dabei die Konturen des gegnerischen Spiels nicht bedenkt... Es ist nicht nur wichtig, Material sondern auch Raum zu erobern, den der Gegner nicht mehr ohne Materialverlust betreten kann. Je mehr Raum man besetzt hat, umso geringer wird die Beweglichkeit des Gegners, womit gleichzeitig die Auswahl der Angriffs- oder Verteidigungszüge geringer wird." Beschränken wir uns auf diese wenigen Ausführungen. Es ging uns um die Erklärung der Entstehung des Prinzips der Eröffnungsstrategie.

Hier sind die wichtigsten Prinzipien, deren Richtigkeit durch langjährige Praxis und Analyse bewiesen worden ist:

Will man das Spiel korrekt eröffnen, hat man folgendes dringend zu beachten:

1. Die Figuren müssen schnell entwickelt und auf wichtige und günstige Felder postiert werden. Der Gegner muß nach Möglichkeit darin behindert werden!

2. In der Eröffnung möglichst wenig Bauernzüge machen, d. h., vor allem Figuren ziehen!

3. Wiederholtes Ziehen einer Figur ist in der Eröffnungsphase zu vermeiden, außer wenn dies zum konkret-taktischen Plan gehört!

4. Bei der Verwirklichung des Entwicklungsplanes keine unnötigen Züge machen! Die offenen Linien besetzen!

5. Die Beherrschung des Zentrums anstreben! Das Zentrum mit Bauern besetzen oder Figurendruck auf die Zentralfelder ausüben!

Hierzu schreibt Großmeister Nimzowitsch: „Die Bauern eignen sich zur Zentrumsbesetzung am besten, da sie die meiste Stabilität besitzen; aber auch im Zentrum postierte Figuren können die Bauern gleichwertig ersetzen. Statt das

Zentrum zu besetzen, kann man das gleiche Ziel durch Figurendruck auf die Zentralfelder erreichen".

6. Bleibende Bauernschwächen im eigenen Lager sind zu vermeiden, im gegnerischen Lager sind solche nach Möglichkeit zu verursachen!

7. Keine voreiligen Angriffe, bevor die Entwicklung abgeschlossen ist, auch nicht bei Aussicht auf Materialvorteil!

8. Nicht vergessen, daß auch bei der Entwicklung über die Flügel (z. B. Läuferfianchetto) die Hauptangriffswirkung auf die Zentralfelder gerichtet ist!

9. Die Absicht des Gegners ist aufmerksam zu beobachten. Rechtzeitig die richtigen Maßnahmen zur Verhinderung seiner Drohungen treffen, bzw. zur Ausnutzung seiner Fehler!

Das sind natürlich keine verbindlichen Gesetze, das sind Orientierungshilfen. Im weiteren Verlauf des Buches wird an konkreten Beispielen erklärt werden, wie diese allgemeinen Prinzipien anzuwenden sind.

ÜBUNGEN

In den folgenden fünf Partien hat einer der Gegner die Eröffnungsprinzipien in grober Weise verletzt. Stellen Sie fest, welche Fehler das sind, und finden Sie die korrekte Fortsetzung.

Nr. 9: 1. e4 d6 2. Lc4 Sd7 3. Sf3 g6 4. L : f7+ K : f7 5. Sg5+ Kf6 6. Df3+ K : g5 7. d4+ Kh4 8. Dh3.#

Nr. 10: 1. e4 e5 2. Lc4 Sf6 3. d4 S : e4 4. d : e c6 5. Se2 S : f2 6. 0–0 S : d1 7. L : f7+ Ke7 8. Lg5#

Nr. 11: 1. e3 e5 2. Df3 d5 3. Sc3 e4 4. Df4 Ld6. Weiß gibt auf!

Nr. 12: 1. e4 e5 2. Sf3 f6 3. S : e5 f : e5 4. Dh5+ Ke7 5. D : e5+ Kf7 6. Lc4+ d5 7. L : d5+ Kg6 8. h4 h6 9. L : b7 L : b7 10. Df5#

Nr. 13: 1. e4 e5 2. Sf3 Df6 3. Lc4 Dg6 4. d4 D : g2 5. Tg1 Dh3 6. L : f7+ Ke7 7. Tg3. Schwarz gibt auf!

8. Der wunde Punkt f7

Es ist bereits bekannt, daß zu Beginn einer Partie die Felder f7 und f2 besonders empfindlich sind, da sie jeweils nur vom König gedeckt werden. Es ist also leicht zu verstehen, daß in vielen Eröffnungssystemen der Kampf gerade um diese gefährdeten Zonen geführt wird. Der Angriff auf f7 bzw. f2 ist vor allem für offene Spiele charakteristisch, mit deren Betrachtung wir den kleinen Lehrgang zur Eröffnungsstrategie auch beginnen wollen. Doch zunächst zwei Anmerkungen:

Die erste zum Begriff „Offene Spiele" und dem Prinzip der heutigen Eröffnungsklassifizierung. Die Theorie teilt alle Eröffnungen in drei Gruppen ein:

offene, halboffene und geschlossene Spiele. Zur ersten Gruppe gehören alle Eröffnungen, in denen Schwarz auf 1. e4 mit 1... e5 antwortet. Zur zweiten gehören alle diejenigen, in denen Schwarz auf 1. e4 nicht mit 1... e5 antwortet, sondern mit einem beliebigen anderen Zug. Zur dritten Gruppe schließlich zählt man alle Eröffnungen, in denen Weiß nicht mit 1. e4 eröffnet. Eine derart starre Einteilung kann heutzutage nur bedingt gelten. Die Übergänge sind fließend, und man kann durch Zugumstellung ohne weiteres in ein offenes Spielsystem abgleiten, auch wenn man mit einer geschlossenen Eröffnung begonnen hat. Betrachten Sie die Einteilung bitte nur als Systematisierungshilfe. Wir werden alle charakteristischen Eigenheiten der einzelnen Eröffnungen kennenlernen, aber ebenso die Gruppen, in welchen sie zusammengefaßt sind.

Die zweite Anmerkung betrifft die Methode des Studiums von Varianten, die bei jeder Eröffnung zahlreich anzutreffen sind. Soll man Varianten wie das Einmaleins auswendig lernen?

Das Schachspiel birgt eine Unzahl verschiedener Möglichkeiten, wobei die einzelnen Varianten nur Fortsetzungsbeispiele sind, die bereits in der Praxis erprobt sind. Das bedeutet aber nicht, daß man in einer bestimmten Situation nicht auch einen anderen, doch genauso annehmbaren Zug machen kann.

Das Auswendiglernen von Eröffnungsvarianten ist nicht nur unnötig, sondern kann dem Schachspieler auch schädlich werden, indem es seine schöpferischen Qualitäten hemmt. E. Lasker sagt dazu „Die Kunst des Schachspiels darf man nicht nur auf das Gedächtnis zurückführen, da das Auswendiglernen von Varianten nicht von entscheidender Bedeutung ist. Das Gedächtnis ist eine viel zu wertvolle Waffe, als daß man es auf solche Nichtigkeiten verschwenden sollte. . .“

9. Die Italienische Partie

1. e4 e5 2. Sf3 Sc6 3. Lc4 Lc5

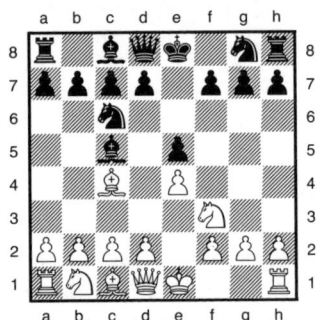

Der weiße Läufer hat das Feld f7 im Visier, der schwarze Läufer das Feld f2. Die Varianten dieser Eröffnung werden schon in den Schriften der italienischen Meister des 15. und 16. Jahrhunderts erwähnt, daher auch die Bezeichnung.

A

4. c3

Weiß versucht, schnell ein Bauernzentrum zu bilden, um sich, die schwarzen Figuren zurückdrängend, auf das Feld f7 zu stürzen. Über Jahrhunderte hinweg war dieser Angriffsplan eine schreckliche Waffe in den Händen des Anziehenden, und erst im 19. Jh. fand man eine solide Methode, ihn abzuwehren.

4... Sf6

Dieser Zug, der den Gegenschlag ins Zentrum vorbereitet, ist die beste Antwort für Schwarz.

5. d4 e : d

Daß unsere Behauptungen, das Feld f7 betreffend, keine Erfindung sind, beweist die Variante 5... Lb6 6. d : e S : e4 7. Dd5, und Schwarz hat keine befriedigende Verteidigungsmöglichkeit mehr.

6. c : d

Zu beachten ist auch die Fortsetzung 6. e5. Jeder Rückzug des Springers vom Feld f6 wäre in dieser Stellung ungünstig für Schwarz, doch kann er mit einer energischen Aktion im Zentrum erwidern – 6... d5. Z. B. 7. e : f d : c4 8. f : g Tg8 9. Lg5 f6 10. De2+ De7 11. L : f6 D : e2+ 12. K : e2 d3+ 13. Kd1 Lg4 mit aktiver Stellung für Schwarz. Oder 7. Lb5 Se4 8. c : d Lb6 9. Sc3 0−0 10. Le3 f6 11. e : f S : c3 12. b : c D : f6 13. Db3 Se7 und Schwarz steht nicht schlechter.

6... Lb4+

Schwarz muß energisch reagieren. Große Schwierigkeiten würden bei Läuferrückzug auf b6 oder e7 entstehen – 6... Lb6 7. d5 (überlegen Sie, warum Weiß gerade diesen Bauer zieht und nicht etwa 7. e5) 7... Se7 (auf 7... Sa5 folgt 8. Ld3 c5 9. d6!, und der Damenflügel von Schwarz ist „zugenagelt". 8... c5 war nötig wegen der Drohung b2–b4) 8. e5 Sg4 9. d6! c:d (Wie soll Weiß nach 9... L : f2+ oder 9... S : f2 spielen?) 10. e : d Sc6 11. Lg5 mit klaren Vorteilen.

7. Sc3

Dieser wagemutige Zug, mit dem Weiß den Zentralbauer e4 opfert, wurde auch schon von Greco analysiert.

7... S : e4

Die Herausforderung wird angenommen. Die folgende Variante verdient auch, betrachtet zu werden: 7... 0–0 8. e5 Se4 9. 0–0 S : c3 10. b : c d5! Andere Fortsetzungen bergen viele versteckte Gefahren für Schwarz.

8. 0–0

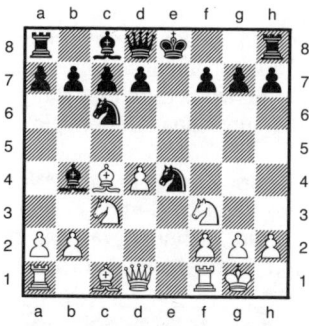

Die aufmerksame Analyse dieser kritischen Stellung kann von großem Nutzen sein. Solche Analysen werden Ihnen helfen, die Bedeutung der schnellen Entwicklung schon zu Spielbeginn zu begreifen.

8... L : c3

Zu Grecos Zeiten war hier als Hauptfortsetzung das Schlagen mit dem Springer auf c3 üblich; 8... S : c3 9. b : c, und Schwarz muß jetzt eines der ewigen Schachprobleme lösen – nehmen oder nicht nehmen?

Schon Greco fand heraus, daß nach 9... L : c3 10. Db3! L : a1? der Angriff auf das Feld f7 die Partie entscheidet; 11. L : f7+ Kf8 12. Lg5 Se7 13. Se5! L : d4 14. Lg6! d5 15. Df3+ Lf5 16. L : f5 L : e5 17. Le6+ usw.

Allerdings muß Schwarz nicht den Turm auf a1 schlagen. Man fand die vorsichtigere Fortsetzung 10... d5 11. L : d5 0–0. Aber in diesem Fall erreicht Weiß Vorteile durch 12. L : f7+ T : f7 13. Sg5 Le6! 14. D : c3! (und nicht 14. S : e6 wegen 14... S : d4, während Schwarz auf 14. D : e6 mit 14... Dd7 antworten würde).

9. d5

Der auf den ersten Blick natürlich erscheinende Zug 9. b : c ist wegen 9... d5! nicht gut. Wenn Weiß jetzt den Läufer zurückzieht, kann Schwarz rochieren und den Mehrbauer behalten. Deswegen hat Steinitz auch den Fortgang mit dem Figurenopfer untersucht: 10. La3. In seiner Partie um die Weltmeisterschaft mit Lasker (1894) zog Schwarz 10... d : c 11. Te1 Le6! (Das war der berühmte „gesunde Menschenverstand" im Schach; gefährlicher wäre 11... f5 12. Sd2 Kf7 13. S : e4) 12. T : e4 Dd5 13. De2 0–0–0 14. Se5 The8, und Schwarz besitzt einen Mehrbauern mit glänzender Stellung.

9... Lf6!

Die sicherste Verteidigung. Schwarz rochiert schnell, befestigt f7 und sichert sich vor der Drohung auf der e-Linie.

Zu großen Verwicklungen führt 9... Se5 10. b : c S : c4 11. Dd4 f5! (Eine Idee von Lasker- der Rückzug 11... Scd6 wäre für Schwarz gefährlich) 12. D : c4 d6 13. Sd4 0–0 14. f3 Sc5 (auf 14... Sf6 kommt 15. Lg5!) 15. Te1 Kh8 (auf 15...

Te8 folgt 16. La3) 16. La3 b6 17. Sc6 La6 18. Dd4 Dg5. So verlief die Partie Romanow – Kotikow (Fernschachturnier 1963–64). Es folgte 19. L : c5 d : c 20. De5, und Weiß besitzt Vorteile. Statt 19... d : c ist 19... b : c besser. Aufmerksamkeit verdient auch das von W. Panow und J. Estrin empfohlene 18... Df6; z. B. 19. D : f6 T : f6 20. Te7 Lc4 mit Chancen für beide Seiten.

10. Te1 Se7
Nicht zu verachten ist auch der direkte Weg 10... 0–0 11. T : e4 (11. d : c? Sd6) 11... Se7 mit 12. d6 c : d 13. D : d6 Sf5 14. Dd5 Se7 mit gleichen Aussichten.
11. T : e4 d6
12. Lg5 L : g5
13. S : g5 0–0

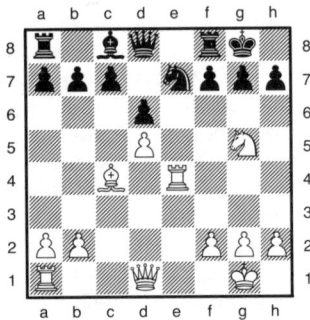

Schwarz besitzt einen Mehrbauern, liegt aber in der Entwicklung etwas zurück, was einen gewissen Ausgleich (Kompensation) für Weiß bedeutet. An dieser Stelle juckt es wahrscheinlich jeden der erfahreneren Spieler, den Angriff mit Schwung fortzusetzen, doch sind bislang alle Versuche, den Angriff erfolgreich abzuschließen, gescheitert. Vielleicht schafft es einer von Ihnen... Weiß kann nun S : h7 spielen, aber das bringt nicht mehr als nur ein Remis ein, z. B. nach 14... Lf5 15. T : e7 D : e7 16. S : f8 T : f8 und auch nicht nach dem risiko-

reicheren 14... K : h7 15. Dh5+ Kg8 16. Th4 f5 17. Dh7+ Kf7 18. Th6.

Wir empfehlen den Lesern, nicht nur die im Buch angeführten Varianten zu überprüfen, sondern selbst auf die Suche nach möglichen Fortsetzungen in Angriff und Verteidigung zu gehen. Es gibt da noch Unklarheiten in der Variante 13... h6 (statt 13... 0–0) 14. Lb5+ (oder 14. De2 h : g 15. Te1 Le6 16. d : e f6) 14... Ld7 (14... c6 15. S : f7! K : f7 16. Df3+ mit gefährlichem Angriff; statt 15. S : f7! paßt nicht 15. d : c? wegen 15... 0–0) 15. De2 L : b5 16. D : b5+ Dd7 (nach 16... Kf8 würde folgen 17. Tae1) 17. De2 Kf8.

Weiß ist nun gezwungen, auf alles oder nichts zu spielen, denn nach 18. Sf3 folgt 18... S : d5. Deswegen spielt Weiß in der Partie Barczay-Portisch (1969) 18. S : f7 K : f7 19. Te1. Der weiße Angriff hat wenig Aussicht, da nun 19... Sg8! 20. Te6 Kf8 folgt. In der genannten Partie setzt Weiß fort mit 21. f4 Sf6 22. Te7, worauf Schwarz glänzend antwortet 22... Te8!

Der direkte weiße Angriff gelingt also nicht. Das gilt für alle Eröffnungssysteme, falls Schwarz durchdacht und genau verteidigt und das Gegenspiel organisiert.

In der Hauptvariante braucht Weiß nach 6... Lb4+ nicht im Gambit-Stil mit 7. Sc3 fortzufahren. Schauen wir uns die vorsichtigere Fortsetzung **7. Ld2** an.

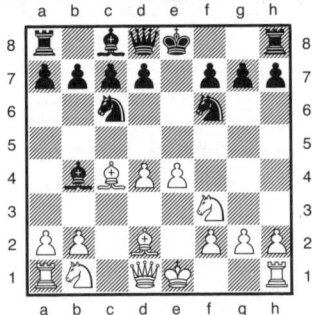

7... L : d2+

Man sollte auch die Variante untersuchen 7... S : e4 8. L : b4 S : b4 9. L : f7+ (Sturm auf f7; schwächer ist 9. Db3 d5! 10. D : b4 d : c 11. 0–0 Dd6) 9... K : f7 10. Db3+ d5 11. Se5+ Ke6 (Der König muß diesen gefährlichen Weg einschlagen, denn auf e8 wäre er Angriffen ohne Aussicht auf Gegenspiel ausgeliefert.) 12. D : b4 c5 13. Da3 c : d 14. Sf3 mit kleinen Vorteilen für Weiß. Statt 12... c5 ist auch 12... Df8 zu beachten, was den Damentausch erzwingt.

8. Sb : d2

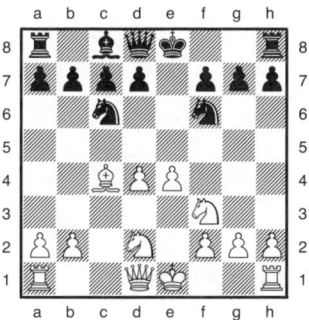

Nun muß sich Schwarz vor den gegnerischen Bauern im Zentrum in Acht nehmen. Hier gibt es zwei typische Fortsetzungen: den Gegenschlag in der Mitte 8... d5 oder die Beseitigung eines der Zentralbauern 8... S : e4. Schauen wir uns beide Möglichkeiten an.

I.

8... d5 9. e : d S : d5 10. Db3

(auf 10. 0–0 rochiert Schwarz auch) 10... Sce7 11. 0–0 0–0–0 12. Tfe1 c6. Die beste Lösung. Schwarz befestigt seine Stellung im Zentrum, sein Springer hat das wichtige Feld d5 vor dem isolierten Bauern d4 eingenommen. Solche Felder sind willkommen, da die dort befindliche Figur von keinem Bauern angegriffen werden kann. Im weiteren Spielverlauf

wird Weiß seinen Springer auf e5 oder e4 bringen, und Schwarz kann den Damentausch über Db6 anbieten. Die Chancen sind etwa gleich.

II.

8... S : e4 9. S : e4

Warum darf man den f7-Bauern hier nicht schlagen, um nach 9. L : f7+ K : f7 10. S : e4 den Schwarzen um die Rochade zu bringen? Die Antwort ist einfach: Mit 10... Te8 kommt Schwarz zu entscheidendem Vorteil.

9... d5 10. De2! 0–0 11. 0–0–0 Lg4

Überlegen Sie! Empfiehlt sich nun für Schwarz der Zug 11... Te8?

12. h3 L : f3 13. g : f d : c 14. D : c4 Dh4 15. Kb1.

Weiß besitzt eine günstige Ausgangsstellung. Er kann die g-Linie besetzen, sein isolierter Bauer kann im geeigneten Moment nach vorne marschieren, sein Springer hat eine aktive Position im Zentrum.

B

4. d3

Dieser ruhige Plan stellt Schwarz auch vor keine größeren Probleme. Das Spiel könnte so weiterlaufen:

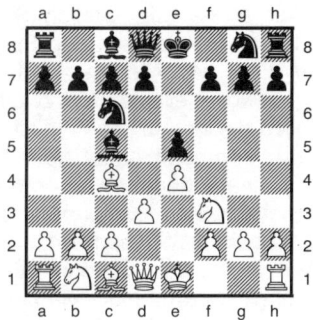

4... Sf6 5. Sc3 d6 6. Lg5

Auf 6. Le3 hat Schwarz mehrere zufriedenstellende Antwortmöglichkeiten – 6...

Lb6 oder 6... Lb4. Interessant ist auch 6... 0−0, wodurch man nicht verbundene Bauern zuläßt nach 7. L : c5 d : c. Das gehört auch zu den typischen Spielmethoden. Nach 7... d : c hat Schwarz volle Kontrolle über das Feld d4.

6... Le6

(die einfachste Lösung, denn auch in diesem Fall ist nach L : e6 f : e der Doppelbauer von Vorteil für Schwarz)

7. Sd5 L : d5 8. L : d5 h6.

Die Aussichten sind in etwa gleich.

Es versteht sich, daß wir hier nur einen kleinen Teil der Varianten aus der Italienischen Partie angeführt haben. Aber das, was wir gezeigt haben, genügt, um den Charakter des Kampfes in dieser Eröffnung auf beiden Seiten zu erahnen. Sie sollten sich bemühen zu begreifen, welche allgemeine Prinzipien der Eröffnungsstrategie in den gezeigten Varianten zum Ausdruck kommen.

ÜBUNGEN

Finden Sie die Fehler in den folgenden „Schulbeispielen" heraus! Schreiben Sie selbst Kommentare zu diesen Kurzpartien!
Nr. 14: 1. e4 e5 2. Sf3 Sc6 3. Lc4 Lc5 4. c3 d6 5. d4 e : d 6. c : d Lb4+ 7. Kf1 Ld7 8. Db3 La5 9. L : f7+ Kf8 10. L : g8 T : g8 11. Sg5 De8 12. S : h7+ Ke7 13. Lg5.⌗
Nr. 15: 1. e4 e5 2. Sf3 Sc6 3. Lc4 Lc5 4. c3 Sf6 5. d4 e : d 6. c : d Lb4+ 7. Sc3 S : e4 8. 0−0 S : c3 9. b : c Le7 10. d5 Sa5 11. d6 L : d6 12. Te1+ Le7 13. Lg5 f6 14. L : f6 g : f 15. Se5 h5 16. Dd3 Th6 17. Dd5. Schwarz gibt auf!
Nr. 16: 1. e4 e5 2. Sf3 Sc6 3. Lc4 Lc5 4. d3 d6 5. 0−0 Sf6 6. Lg5 h6 7. Lh4 g5 8. Lg3 h5 9. S : g5 h4 10. S : f7 h : g 11. S : d8 Lg4 12. Dd2 Sd4 13. Sc3 Sf3+ 14. g : f L : f3. Weiß gibt auf!

10. Der Kampf ums Zentrum

Den Begriff „Zentrum" hört man immer und immer wieder, in vielen Analysen und Kommentaren. Warum ist der Kampf ums Zentrum schon im Anfangsstadium einer Partie so wichtig?

Holen wir etwas aus. Stellen Sie auf einem leeren Schachbrett den Springer auf das Feld h1. Wieviele Felder beherrscht er von hier aus? Nur zwei! Und nun stellen Sie ihn auf das Feld e4. Jetzt beherrscht er rundum acht Felder. Diese Fähigkeit einer Figur, mehr oder weniger Felder beherrschen zu können, ist ein Gradmesser ihrer Wirksamkeit.

Das Beispiel mit dem Springer läßt sich mit jeder anderen Figur wiederholen. Das kann man natürlich als theoretische Überlegungen abtun, da ein leeres Schachbrett mit der Schachwirklichkeit nichts zu tun hat. Es gibt auch Fälle, in denen ein Springer auf h1 wichtiger ist als auf e4. Doch das sind Sonderfälle.

Eine im Zentrum postierte Figur wirkt aktiv nach allen Seiten hin und kann, je nach Bedarf, auf die eine oder andere Seite des Geschehens gebracht werden.

Die Praxis zeigt, daß derjenige Spieler, der das Zentrum einnimmt und es beherrscht, einen gewissen positionellen Vorteil besitzt. Eine von den offenen Partien, in denen alles, was geschieht, mit dem Kampf ums Zentrum verbunden ist, ist die Spanische Partie. Diesen Namen bekam sie, weil schon im 15. und 16. Jh. einige ihrer Varianten von den spanischen Meistern Lucena und Lopez analysiert wurden.

1. e4 e5 2. Sf3 Sc6 3. Lb5

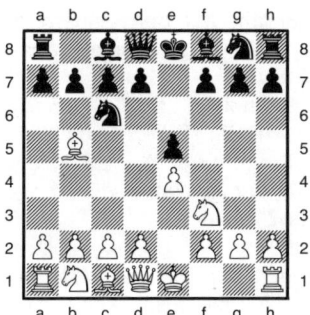

Der scheinbaren Drohung des Bauernverlustes auf e5 kann Schwarz ohne weiteres folgendermaßen entgegnen: 3... a6 4. L : c6 d : c 5. S : e5 Dd4! Allerdings wird der weiße Druck auf das Zentrum ständig spürbar bleiben, und genau darin liegt der Sinn des Entwicklungsplanes dieser Eröffnung.

11. Spanische Qualen

Die Spanische Partie wird schon seit Jahrhunderten gespielt. Die Varianten dieser für Schwarz unangenehmen Eröffnung, Großmeister Tartakower nennt sie scherzhaft „Spanische Qualen", sind gründlich und umfangreich untersucht worden. Aus der großen Zahl der verschieden geführten Angriffssysteme wollen wir nur einige ganz charakteristische betrachten.

A

3... Lc5

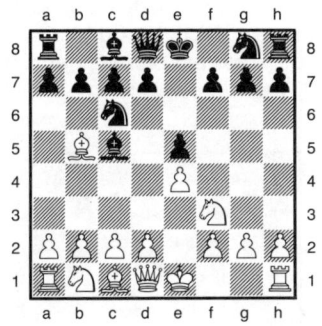

Diesen Zug kannten schon die Meister des 16. Jh.s ganz im Sinne ihrer Zeit: Angriff auf f2.

4. c3

Auch hier bringt 4. L : c6 d : c 5. S : e5 nichts ein wegen 5... L : f2+ 6. K : f2 Dd4+. Gefährlich wäre 4. S : e5, denn in der Absicht, den Bauern zu erobern, würde Weiß in Entwicklungsrückstand geraten. In diesem Fall bräuchte Schwarz nicht 4... L : f2+ zu spielen, denn nach 5. K : f2 S : e5 6. d4 beherrscht Weiß das Zentrum.
Weiß besitzt Vorteile nach 4... S : e5 5. d4. Die Schwächen von 4. S : e5 deckt aber der mutige Ausfall 4... Dg5 auf. Untersuchen Sie selbst, welche Varianten in diesem Fall möglich wären!

4... Sf6

Man könnte auf die Idee kommen, dem weißen Zentrumsdruck den Zug Df6 entgegenzusetzen. Allerdings ist eine zu frühe Damenentwicklung ungünstig, da sie leicht zur Zielscheibe der gegnerischen Angriffe werden kann. Nach 4... Df6 zieht Weiß in diesem Fall erst mal 5. d4! Nach 5... e : d 6. e5 Dg6 7. c : d Lb4+; (falls 7... S : d4 8. S : d4 Db6 führt zum Vorteil von Weiß 9. Dg4 Kf8 10. Le3 oder 9. e6 L : d4 10. e : d+ L : d7 11. L : d7+ K : d7 12. Le3 c5 13. Sd2 Sf6 mit Angriff für den geopferten Bauern) 8. Sc3 d5 (auf keinen Fall 8... D : g2 wegen 9. Tg1)

9. 0−0 Sge7 10. Db3 L : c3 11. b : c.
Weiß besitzt Vorteile, wegen der Zentrumsbeherrschung und des aktiven Läuferpaares.
5. d4 e : d
(auf 5... Lb6 ist gut 6. De2 und auf 6... e : d folgt 7. e5)
6. e5 Se4
(oder 6... Sd5 7. 0−0 0−0 8. c : d Lb6 9. Lc4)
7. c : d Lb4+
8. Kf1
Auf die Art will Weiß die Kraft seines Bauernzentrums und die unstabile Position der schwarzen Figuren ausnützen. Zum Abtausch und Ausgleich führt 8. Ld2 S : d2 9. Sb : d2 0−0 10. 0−0 a6 11. La4 d6. Der Wegzug des Königs 8. Kf1 ist für Schwarz viel unangenehmer.
8... a6
9. Ld3 d5
10. e : d e.p. Sf6
(das ist am besten, denn auf 10... S : d6 folgt 11. d5!)
11. d : c D : c7 12. Sc3
Weiß hat einen Mehrbauern, und die schwarzen Drohungen stellen keine ausreichende Kompensation für den Materialverlust dar.

B

3... Sf6

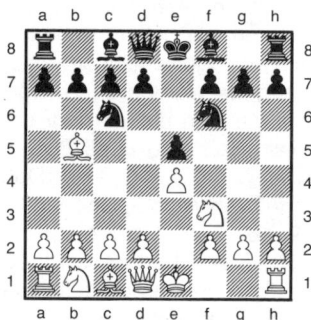

Ein ebenfalls altbekannter Zug mit dem

Gegenangriff auf den Bauern e4 (die sogenannte Rio de Janeiro-Variante).
4. 0−0 S : e4
Jetzt wäre auf 4... Lc5 5. S : e5 eine gute Antwort mit 5... S : e5 6. d4 c6 7. d : e S : e4 8. Ld3. Auf 4... d6 spielt Weiß 5. d4 mit der Absicht 6. d5.
5. d4 Le7
Die Öffnung der e-Linie, solange der König sich noch in der Mitte befindet, kann Unannehmlichkeiten bringen: Nach 5... e : d kommt 6. Te1 d5 (6... f5 7. S : d4 und falls 7. ..Lc5? folgt 8. T : e4+) 7. D : d4 mit Entwicklungsschwierigkeiten für Schwarz. Auf 7... Le6 folgt 8. Se5.
6. De2 (um Td1 zu ermöglichen) **Sd6**
Nach 6... d5 7. S : e5 Ld7 8. L : c6 bekäme Weiß Initiative. Sehr interessant für die Eigenanalyse sind die Varianten nach 8. S : d7 S : d4. Theoretiker sind der Ansicht, daß Schwarz hierbei Ausgleichschancen besitzt.
7. L : c6 b : c
Gedrückte Stellung von Schwarz nach 7... d : c 8. d : e Sf5 9. Td1 – das war auch der Grund für 6. De2 und nicht Te1.
8. d : e Sb7
9. Sc3 (oder auch c4) **0−0**
Weiß übt Druck auf das Zentrum aus. Jetzt wäre möglich 10. Sd4 Lc5 11. Le3 oder Te1, was den befreienden Vorstoß des d-Bauern erschwert.

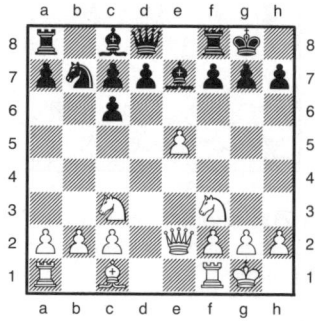

C

3... d6

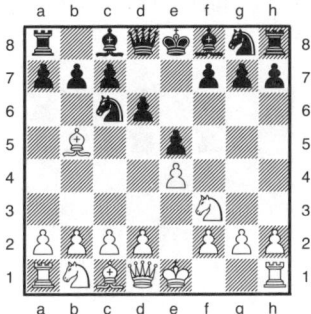

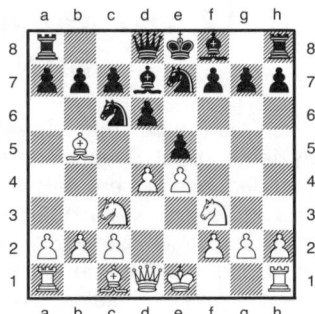

Man möchte fast sagen: die Ideallösung. Eine Festung im Zentrum mit dem solide befestigten Bauer e5. Aber auch dieser Zug ist nicht ohne Nachteile. Die schwarzen Figuren sind beengt, und der f-Läufer besitzt zu wenig aktiven Spielraum. Diese Verteidigung wählte oft der erste Schachweltmeister Steinitz, weshalb die Variante auch nach ihm benannt wurde.

4. d4 Ld7
Die Überlassung des Zentrums mit 4... e : d 5. S : d4 Ld7 6. Sc3 bedeutet freieres Spiel für Weiß. Statt 5. S : d4 ist auch 5. D : d4 möglich mit 5... Ld7 6. L : c6 L : c6 beispielsweise. Nachdem die weiße Dame nicht angegriffen werden kann, kann sie große Aktivitäten im Zentrum entwickeln. Hier eine charakteristische Fortsetzung 7. Sc3 Sf6 8. Lg5 Le7 9. 0–0–0 0–0 10. The1 Te8 11. Kb1. Im schwarzen Lager wird's eng.

5. Sc3 Sge7
oder 5... S : d4 6. S : d4 e : d 7. D : d4 L : b5 8. S : b5 Se7 9. Le3.

Weiß steht vor der Wahl: Es bieten sich mehrere Möglichkeiten an, alle mit guten Aussichten.

a) 6. Lc4 S : d4 (es drohte 7. Sg5) 7. S : d4 e : d 8. D : d4 Sc6 9. De3 Le6 10. Sd5 Le7 11. Ld2 0–0 12. 0–0 Se5 13. Lb3. So wurde gespielt in einer Partie Lasker – Steinitz (1894) mit hervorragender weißer Stellung.

b) 6. d : e d : e 7. Lg5 h6 8. L : c6 b : c 9. Le3 Sg6 10. Dd3. Solide Stellung für Schwarz, doch weiße Initiative.

c) 6. Le3 Sg6 7. Dd2 Le7 8. 0–0 0–0 9. Tad1. Gefährlicher weißer Druck im Zentrum.

ÜBUNGEN
Suchen Sie nach begangenen Fehlern! Schreiben Sie Ihre Kommentare zu diesen Kurzpartien, in denen jeweils Schwarz aufgibt.

Nr. 17: 1. e4 e5 2. Sf3 Sc6 3. Lb5 Lc5 4. c3 f5 5. d4 f : e 6. Sg5 Le7 7. d : e S : e5 8. Se6.

Nr. 18: 1. e4 e5 2. Sf3 Sc6 3. Lb5 Sf6 4. 0–0 S : e4 5. Te1 f5 6. d3 Sd6 7. L : c6 d : c 8. T : e5+ Kf7 9. Lg5 Dd7 10. Te7+ L : e7 11. Se5+.

Nr. 19: 1. e4 e5 2. Sf3 Sc6 3. Lb5 d6 4. d4 Ld7 5. Sc3 Sf6 6. 0–0 Le7 7. Te1 0–0 8. L : c6 L : c6 9. d : e d : e 10. D : d8 Tf : d8 11. S : e5 L : e4 12. S : e4 S : e4 13. Sd3 f5 14. f3 Lc5+ 15. Kf1 Tf8 16. Ke2 Lb6 17. f : e f : e 18. Sf4 g5 19. Sh3.

12. Der Kampf ums Zentrum in der Spanischen Partie

Wir setzen die Betrachtung der wichtigsten Systeme in der Spanischen Partie fort. Nachdem wir wissen, daß der Angriff auf den Bauern e5 nach 3. Lb5 nur ein Scheinangriff ist, ist uns auch die Idee einsichtig, den weißen Läufer von b5 zu vertreiben und selbst auf dem Damenflügel aktiv zu werden.

1. e4 e5 2. Sf3 Sc6 3. Lb5 a6

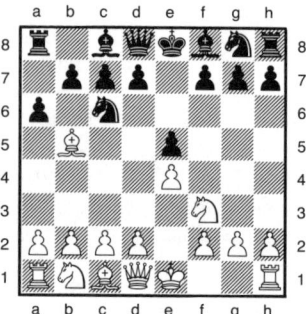

Mit dieser Verteidigung beschäftigte sich vor allem Tschigorin. Berechtigterweise räumt man ihr eine besondere Stellung innerhalb der Spanischen Systeme ein. Zu ausgeglichenem Spiel führt die Tauschvariante **4. L : c6 d : c 5. 0—0 Se7** (Hier kann man auch 5... f6 oder Ld6 spielen. Weniger überzeugend ist 5... Lg4 6. h3 und Schwarz muß auf f3 tauschen, da Bauer e5 bedroht ist.) **6. S : e5** (oder 6. c3 Sg6 oder auch 6... Dd3) **6... Dd4 7. Dh5 g6 8. Dg5 Lg7 9. Sf3 D : e4 10. Te1 Db4 11. c3 Dd6 12. d4 h6 13. De3 Le6.** Die schwarze Stellung ist nicht schlechter.

Und nun überlegen Sie, wie Schwarz fortsetzen könnte, wenn Weiß nicht 11. c3, sondern 11. b3 spielt.

Nach **4. L : c6 d : c** kann Weiß fortsetzen **5. d4 e : d 6. D : d4 D : d4** (möglich ist auch 6... Lg4) **7. S : d4 Ld6 8. Sc3 Se7.**

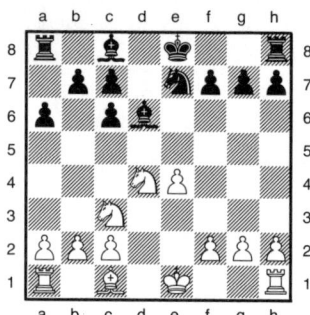

Hier sollte man versuchen, ein Urteil über die Stellung abzugeben, mit Berücksichtigung der beiderseitigen möglichen Pläne.

Was will Weiß erreichen? Durch den schwarzen Doppelbauern auf der c-Linie hat Weiß einen gewissen Vorteil im Zentrum und auf dem Königsflügel erlangt. Nach günstiger Verteilung der restlichen Figuren kann Weiß die Bauernoffensive f4, e5 eröffnen.

Schwarz muß dieser Gefahr rechtzeitig begegnen. Von Vorteil ist seine bislang gute Entwicklung und das Fehlen von irgendwelchen Schwachstellen in eigenen Reihen. Das aktive Läuferpaar kann sich auch positiv auswirken.

9. Le3 (sofortiges 0—0 0—0 10. f4 wäre zu verfrüht wegen 10... Lc5 11. Le3 Te8 mit der Drohung 12... Sd5!) **9... c5** (Schwarz kann auch mit dem vorsorglichen 9... f6 eine solide Stellung erreichen.) **10. Sde2 Sg6 11. 0—0 0—0 12. f3** (auf 12. f4 paßt 12... f6) **12... Te8.** Eine andere Variation zum gleichen

Thema. Statt 5. d4 spielt Weiß zunächst **5. Sc3 (1. e4 e5 2. Sf3 Sc6 3. Lb5 a6 4. L : c6 d : c).** Auch in diesem Fall hat Schwarz keinen Grund zur Beunruhigung. Hier die mögliche Variante: **5... f6** (Bauer e4 ist gedeckt, die Stabilisierung des Bauern e5 ist nötig) **6. d4 e : d 7. D : d4** (nichts bringt ein 7. S : d4 wegen 7... c5) **7... D : d4 8. S : d4 Ld7 9. Le3 Lb4** (auch möglich: 9... 0−0−0 10. 0−0−0 Se7) **10. Sde2 Se7 11. a3 Ld6 12. f3 0−0−0 13. 0−0−0 Sg6** und Weiß kommt zu keiner aktiven Operation im Zentrum (14. f4 Lg4).

4. La4
(Die Zurücknahme auf c4 mit nachfolgendem 4... Lc5 leitet in die Italienische Partie über mit Tempovorteil für Schwarz)
4... Sf6.
Ebenso häufig wird 4... d6 gespielt − die sog. „verbesserte Steinitz-Verteidigung". In komplizierten Varianten nach 5. c3, 5. L : c6+, 5. c4 oder 5. 0−0 kommt es zu interessantem Positionskampf auf beiden Seiten.
Nach 4... Lc5 spitzt sich das Spiel schnell zu. Hier eine mögliche Variante: **5. 0−0 Sf6 6. c3**

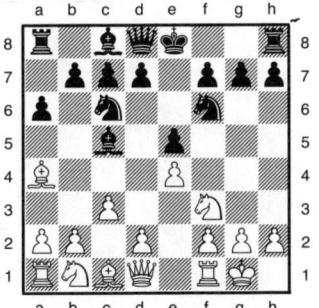

Typisch für solche Stellungen. Mit dem Zug 6. c3 bereitet Weiß aktives Spiel im Zentrum vor und schafft Rückzugsmöglichkeiten für La4.
6... La7 (Diese Variante spielte oft Aljechin. Schwarz will das Reservefeld a7

ausnützen. Dennoch kann Weiß zu Vorteil kommen.) **7. d4 b5** (sehr gefährlich ist 7... S : e4 8. Te1 f5 9. Sbd2, z. B. 9... S : d2 10. S : e5) **8. Lb3 De7 9. Ld5** (dieser Zug wäre mit vorangehendem 8... d6 noch stärker) **9... e : d 10. Lg5 d : c 11. S : c3.** Schwarz besitzt einen Mehrbauern, doch ist die Lage wegen 12. e5 wenig angenehm.
5. 0−0 Le7
Das ist die sog. Hauptvariante der Spanischen Partie
6. Te1 b5
(Nachdem nun der e-Bauer gedeckt ist, drohte Tausch auf c6 mit Eroberung von e5).
7. Lb3

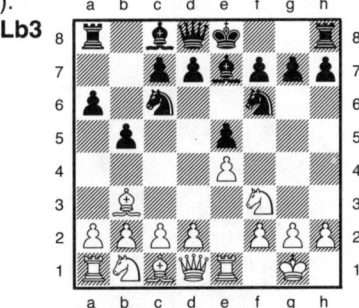

An dieser Stelle hat Schwarz zwei prinzipiell unterschiedliche Spielmethoden als Fortsetzung zur Auswahl 7... d6 oder 7... 0−0. Der erste Zug führt in ein großes Theoriekapitel mit dem berechtigten Namen „Tschigorin-System", der zweite leitet das interessante Gambitsystem des amerikanischen Großmeisters F. Marshall ein.
Zunächst zum Tschigorin-System:

A
7... d6 8. c3 (Es wird Zeit, dem aktiven Läufer b3 eine Rückraumbasis zu schaffen, im geeigneten Moment droht Sa5, und ein langwieriger Kampf ums Zentrum deutet sich an.)
8... 0−0 9. h3
Ist diese Vorsorge unumgänglich?

Schachanfänger machen solche Züge oft genug ohne ersichtlichen Grund, nur so, für alle Fälle. Hier ist dieser Zug allerdings berechtigt, denn mit ihm wird der Druck aufs Zentrum verstärkt. Nach sofortigem 9. d4 folgt 9... Lg4, was Weiß zur schnellen Entscheidung über den weiteren Plan zwingt. Nach 10. d5 Sa5 11. Lc2 kann Schwarz mit 11... c6 12. d : c Dc7 13. Sbd2 S : c6 14. Sf1 Tad8 mit der befreienden Aktion d5 im Hinterkopf fortsetzen.

Interessant ist auch die Fortsetzung 10. Le3 e : d 11. c : d Sa5 12. Lc2 Sc4, und Schwarz besitzt ausgezeichnete Gegenangriffschancen mit dem Vorstoß c5.

Michail J. Tschigorin

9... Sa5 10. Lc2 c5 11. d4 Dc7.
Durch das Damenmanöver behält Schwarz die Oberhoheit im Zentrum. In der Tschigorin-Variante sehen die Fortsetzungspläne von Weiß so aus: Umgruppierung des Springers b1 über d2 und f1 auf e3 oder g3 und Versuch des Druckspiels auf dem Königsflügel. Schwarz organisiert das Gegenspiel auf dem Damenflügel, im richtigen Moment die offene c-Linie nutzend.

Das ist natürlich wieder einmal nur eine von mehreren Möglichkeiten, doch an so einem Beispiel sollen Sie eine Vorstellung von den Ideen einer bestimmten Eröffnung erhalten, wobei wir nochmals auf die unbedingt nötige selbständige Arbeit auf diesem Gebiet hinweisen möchten.

B
7... 0–0 8. c3 d5
Schwarz versucht, die Initiative an sich zu reißen und opfert e5, um Entwicklungsvorteile zu erlangen.

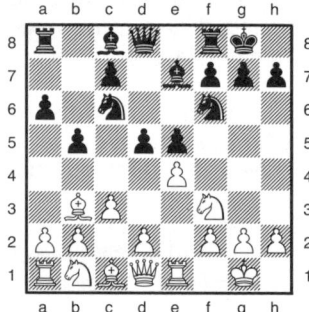

9. e : d   S : d5   10. S : e5   S : e5 11. T : e5 Sf6.
Genauso spielte Marshall 1918 gegen Capablanca. Heute spielt man öfter 11... c6!

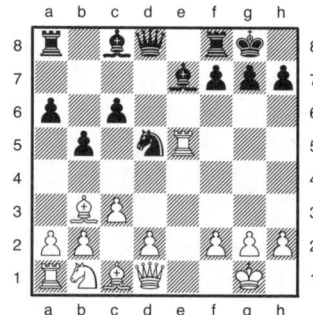

Es könnte der Eindruck entstehen, daß Schwarz nach diesem bescheidenen Zug kaum Kompensation für den geopferten Bauern hätte. Dieser Eindruck ist falsch! Weiß hat einen Entwicklungsrückstand, was für Schwarz gute Perspektiven eröffnet. Hier der Beweis: 12. d4 Ld6 13. Te1 Dh4 14. g3 Dh3 15. Le3 Lg4 16. Dd3 Tae8 17. Sd2 Te6 und nach f5 stellt Schwarz gefährliche Drohungen auf. Nach dem vorsichtigeren 12. d3 kommt 12... Ld6 13. Te1 Lf5 mit aktiver schwarzer Stellung.

Frank J. Marshall

Es scheint, als ob 12. L : d5 c : d 13. d4 das einfachste wäre, da die Beseitigung des sehr aktiven Springers d5 logisch begründbar ist. Doch Schwarz besitzt noch das Läuferpaar, das in alle entscheidend wichtigen Richtungen wirkt – 13... Ld6 14. Te1 Dh4 15. g3 Dh3 16. Le3 Lf5 – und das ist Kompensation genug für den Bauern.
Vielleicht überzeugt Sie diese flüchtige Übersicht von scharfen und komplizierten Varianten nicht, was ganz natürlich wäre. Da in diesem Rahmen eine tiefergehende Betrachtung nicht möglich ist, sind Sie selbst aufgerufen, sich mit den „Feinheiten" nicht nur dieser Eröffnungsvariante zu befassen.
12. d4 Ld6 13. Te1 Sg4 14. h3
Auf 14. g3? ist 14... S : h2 möglich! Z. B. 15. Ld5 L : g3 16. f : g D :d5 17. K : h2 Lb7 18. Tg1 Tae 8 19. Ld2 Te6 20. Sa3 Tfe8 und der schwarze Angriff ist nicht mehr abzuwehren.

Überlegen Sie, wie sich die Ereignisse nach 15. K : h2 entwickeln könnten und warum Weiß 19. Ld2 statt 19. Lf4 spielt.
14... Dh4 15. Df3!

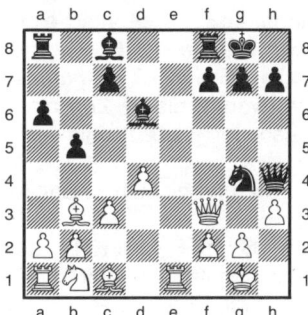

Das Figurenopfer darf nicht angenommen werden! Z. B. 15. h : g? Dh2+ 16. Kf1 Dh1+ 17. Ke2 L : g4+ 18. Kd3 D : g2 19. Tg1 Lf5+ 20. Ke2 Tae8+ 21. Le3 T : e3+ mit der Zerstörung der weißen Stellung.
Nach diesem Damenzug scheint alles in bester Ordnung: Das Feld f2 ist gedeckt, Ta8 und Lg4 werden angegriffen. Doch Marshall hat auch das vorausgesehen.
15... S : f2!
Doch der Sturm auf dem Schachbrett ist noch nicht vorbei! Nun ist D : a8 schlecht wegen 16... S : h3+ oder 16. Te8 wegen 16... S : h3+ 17. g : h Lb7! 18. T : f8+ T : f8 19. De3 Lf4 20. D : f4 De1+.
16. Ld2!

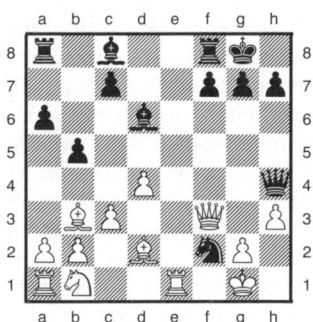

Langjährige Untersuchungen weisen diesen Zug als den besten aus. Gefährlich für Weiß ist 16. D : f2 Lh2+! 17. Kf1 Lg3 18. De2 L : h3. Vielleicht wundern Sie sich, warum erst Schach auf h2 und erst dann Lg3? Weil hier eine Falle versteckt ist! Nach 16... Lg3 kommt 17. D : f7+, und Weiß gewinnt. Überlegen Sie, warum dieser Zug nicht geht, wenn sich der weiße König auf f1 befindet.

16... L : h3 (und nicht 16... Sg4? wegen Te8)

17. g : h S : h3+ 18. Kf1, und der schwarze Angriff gelingt nicht.

Also ruhen die Hoffnungen von Schwarz in der Marshall-Variante auf dem Zug 11... c6!

Nun zu einem weiteren System, in dem Schwarz auch zum Gegenangriff im Zentrum bläst.

1. e4 e5 2. Sf3 Sc6 3. Lb5 a6 4. La4 Sf6 5. 0−0 S : e4.

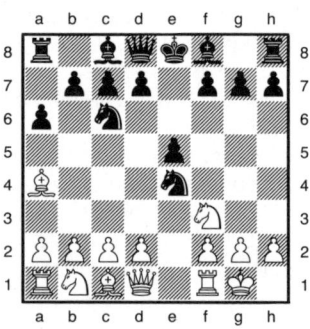

Das ist die sog. offene Variante der Spanischen Partie. Schwarz nimmt zwar den Zentralbauern, hat aber nicht vor, ihn zu behalten. Weiß kann sehr leicht das Materialgleichgewicht wieder herstellen. Die Zeit, die Weiß zur Eroberung des e5-Bauern braucht, möchte Schwarz zur Entwicklung nutzen.

6. d4

(die Hoffnungen von Schwarz würden sich erfüllen bei sofortigem 6. Te1 Sc5

7. S : e5 Le7, und Weiß kann den Läufertausch nicht vermeiden.)

6... b5 7. Lb3 d5

Die Konfrontation von König und Springer auf der e-Linie gebietet Vorsicht für Schwarz. Nach 7... e : d 8. Te1 d5 (oder 7... f5 8. S : d4) 9. Sc3! (So schöne Züge werden möglich, wenn sich der König im Zentrum verirrt!) 9... Le6 10. S : e4 d : e 11. T : e4 Le7 12. L : e6 f : e 13. S : d4 0−0 (13... e5? 14. Dh5+ g6 15. S : c6) 14. Dg4 und Weiß hat die bessere Stellung.

8. d : e Le6

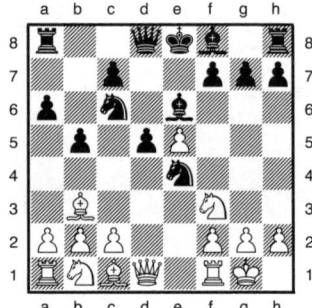

Die Stellung kennt man in der Turnierpraxis seit über 100 Jahren. Die Erfahrung zeigt, daß Weiß geringe Vorteile besitzt, wegen der unstabilen schwarzen Stellung im Zentrum.

A

9. De2

(diesen Zug empfiehlt der berühmte sowjetische Großmeister Keres) **9... Le7** (auch nicht schlecht ist 9... Sc5 10. Td1 S : b3) **10. Td1 Sc5 11. Sc3 S : b3 12. c : b.**

Ein seltenes Beispiel, daß man den Bauern nicht zum Zentrum hin schlägt. Allerdings ist das hier mit konkreten Gründen verbunden: In vielen Varianten kann Weiß die c-Linie besser nutzen als die a-Linie.

12... 0−0 13. Le3 Dd7 Weiß besitzt die etwas bessere Stellung, aber der schwere Kampf mit Chancen für beide Seiten steht erst bevor. Möglich ist z. B. 14. Td2 mit Verstärkung des Drucks auf das Zentrum.

B

9. c3 (so schützt Weiß den Läufer b3 vor dem Abtausch und befestigt den Stützpunkt d4 im Zentrum) **9... Le7.**
Hier könnte man auch 9... Lc5 spielen, woraus folgende Variante denkbar wäre:
10. Sbd2 0−0 11. Lc2 Lf5 12. Sb3.
Springer auf d4 gerichtet, Chancen für beide.
10. Sbd2 0−0 11. Lc2 f5 (nach 11... S : d2 12. D : d2 f6 13. e : f L : f6 14. Sg5 L : g5 15. D : g5 D : g5 16. L : g5 besitzt Weiß Positionsvorteile) **12. e : f e.p.** (en passant) **S : f6 13. Sb3** (ohne Aussicht ist 13. Sg5 wegen 13... Lg4 14. f3 Lc8! 15. Te1 Dd6 16. De2 Ld7 17. Sb3 Tae8, gespielt in der Partie Kotow − Awerbach, 1952) **13... Lg4 14. Dd3 Lh5 15. Sfd4 S : d4 16. S : d4 Lg6.** Schwarz steht nicht schlechter.

ÜBUNGEN

Kommentieren Sie die nachfolgenden Partiebeispiele! Wo wurden Fehler gemacht? Finden Sie die korrekten Fortsetzungen!
Nr. 20: 1. e4 e5 2. Sf3 Sc6 3. Lb5 a6 4. L : c6 d : c 5. 0−0 f6 6. d4 e : d 7. S : d4 c5 8. Sb3 D : d1 9. T : d1 Ld6 10. Sa5 Lg4 11. f3 0−0−0 12. e5. Schwarz gibt auf. So verlief die Partie Hort − Sheljandinow, Havanna, 1967.
Nr. 21: 1. e4 e5 2. Sf3 Sc6 3. Lb5 a6 4. La4 Sf6 5. 0−0 d6 6. De2 b5 7. Lb3 Sa5 8. d4 Lg4 9. d : e S : b3 10. a : b d : e 11. T : a6 und Weiß gewinnt einen Bauern.
Nr. 22: 1. e4 e5 2. Sf3 Sc6 3. Lb5 a6 4. La4 Sf6 5. 0−0 Le7 6. De2 0−0 7. L : c6 d : c 8. S : e5 Dd4 9. Sf3 D : e4 10. D : e4 S : e4 11. Te1 mit Materialvorteil für Weiß
Nr. 23: 1. e4 e5 2. Sf3 Sc6 3. Lb5 a6 4. L : c6 b : c 5. d4 e : d 6. D : d4 Df6 7. e5 Dg6 8. 0−0

Vlastimil Hort

Lb7 9. e6 f : e 10. Se5 D : g2+ 11. K : g2 c5+ und Schwarz gewinnt.
Nr. 24: 1. e4 e5 2. Sf3 Sc6 3. Lb5 a6 4. La4 d6 5. d4 b5 6. Lb3 S : d4 7. S : d4 e : d 8. D : d4 c5 9. Dd5 Le6 10. Dc6+ Ld7 11. Dd5 c4 und Weiß verliert den Läufer.
Nr. 25: 1. e4 e5 2. Sf3 Sc6 3. Lb5 a6 4. La4 Sf6 5. 0−0 S : e4 6. d4 b5 7. Lb3 d5 8. d : e Le6 9. c3 Le7 10. Te1 0−0 11. Sd4 Dd7 12. S : e6 D : e6 13. T : e4 mit Figurengewinn für Weiß.
Nr. 26: 1. e4 e5. 2. Sf3 Sc6 3. Lb5 a6 4. La 4 d6 5. L : c6 b : c 6. d4 f6 7. Sc3 Tb8 8. Dd3 Se7 9. Le3 T : b2 10. d : e f : e 11. S : e5 d : e 12. D : d8+ K : d8 13. 0−0−0+ mit Turmgewinn.
Nr. 27: 1. e4 e5 2. Sf3 Sc6 3. Lb5 a6 4. La4 Sf6 5. 0−0 b5 6. Lb3 Lc5 7. S : e5 S : e5 8. d4 Ld6 9. d : e L : e5 10. f4 Ld6 11. e5 Lc5+ 12. Kh1 Se4 13. Dd5 Schwarz hat keine ausreichende Verteidigungsmöglichkeit mehr.

13. Einige Bemerkungen zum Gambit

Über das Gambitspiel wurde schon gesprochen. Zu Zeiten der romantischen Phase der Schachgeschichte versuchten die Spieler, ohne Rücksicht auf Materialverluste, dem Gegner ein Bein (ital. gamba) zu stellen und ihm den vernichtenden Schlag auf f7 bzw. f2 zu versetzen.

Damals war man der Ansicht, daß die Annahme eines Gambits mit entschlossener Verteidigung des Materialvorteils unabdingbar ist. Über die Ablehnung eines angebotenen Gambits dachte eigentlich keiner ernsthaft nach.

Beginnen wir unsere Betrachtung mit dem Königsgambit, dem ältesten Stellvertreter dieser Spielweise, dessen Geschichte schon 400 Jahre zurückreicht.

1. e4 e5 2. f4 e : f

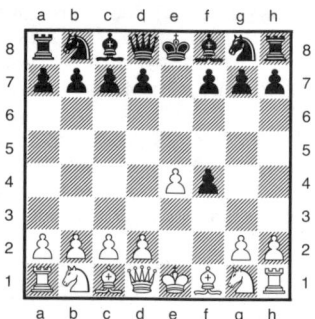

Das geplante Bauernopfer soll die f-Linie zum Angriff auf f7 öffnen. Nach dem Schlagen 2... e : f ergeben sich scharfe und komplizierte Varianten. Diese waghalsige Spielweise besitzt eine umfangreiche Turnierpraxis, ihr sind unzählige Spezialuntersuchungen gewidmet. Viele unsterbliche Partien der Schachgeschichte wurden so eröffnet.

Allerdings verblaßte der glänzende Ruhm dieses Gambits seit Beginn unseres Jahrhunderts ein wenig; die logische Folge der Vervollkommnung der Technik des Positionsspiels.

Emanuel Lasker stellte eine neue Methode im Kampf gegen das Gambitspiel vor: Der Materialvorteil braucht nicht um jeden Preis verteidigt werden. Im geeigneten Moment gibt man ihn zurück, um Initiative zu übernehmen oder die Stellung zu vereinfachen.

Das bedeutet selbstverständlich nicht, daß das Königsgambit nicht mehr spielbar wäre, man muß nur berücksichtigen, daß Schwarz bei richtiger Spielweise nicht viel passieren kann. Dies kann man allerdings für alle anderen Eröffnungen genauso gelten lassen, dank der modernen Theorie.

A

3. Sf3

Das sog. „Springergambit". Früher war an dieser Stelle 3... g5 üblich, was zur sofortigen Verschärfung des Spiels führt. Weiß hat mehrere Fortsetzungsmöglichkeiten, die je nach Anwendung bzw. Untersuchung den Namen eines Meisters tragen. Hier einige davon.

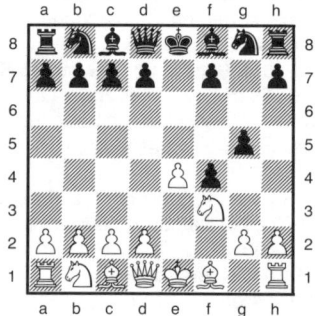

I.

4. Lc4 g4 5. 0−0 g : f 6. D : f3 (Das Muzio-Gambit. Trotz Bauern- und Figurenopfer enorme Entwicklungsvorteile für Weiß. Die Schwäche auf f7 ist augenfällig!) **6... Df6 7. e5!** (Ein für das Gambit-Spiel charakteristisches Opfer – Weiß will noch eine Angriffslinie öffnen!) **7... D : e5 8. d3.**

Üblicherweise spielte man auch **8. L : f7+ K : f7 9. d4 D : d4+ 10. Le3 Df6 11. L : f4.** Trotz Materialvorteil hat Schwarz kein angenehmes Spiel. So verhängnisvoll könnte es weitergehen: **11... Lg7 12. Sc3 Se7 13. Sd5 S : d5 14. D : d5+ De6 15. Ld2+ Kg8 16. Tae1! D : d5 17. Te8+ Lf8 18. Lh6! 8... Lh6 9. Sc3 Se7 10. Ld2 Sbc6 11. Tae1 Df5 12. Sd5 Kd8.**

Die von Tschigorin empfohlene Fortsetzung **13. De2** erachtet man als den besten Zug, worauf Schwarz am günstigsten mit **13. De6** antwortet.

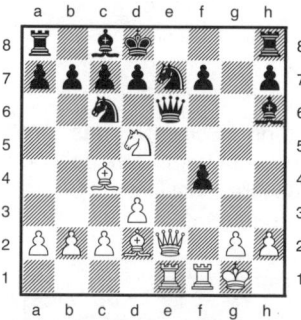

Erstaunlicherweise hat sich bei der tieferen Analyse herausgestellt, daß es nach **14. Df3 Df5 16. De2 De6** schon in diesem frühen Stadium zur Zugwiederholung und somit zum Remis kommen kann.

II.

4. h4 g4 5. Sg5 (Allgaier-Gambit) **5... h6** (Annahme der Herausforderung; nach **5... Sf6 6. e5 De7 7. De2 Sh5 8. Sc3 Sg3 9. Dc4 S : h1 10. Sd5** gefährlicher Angriff von Weiß) **6. S : f7 K : f7 7. Lc4+ d5 8. L : d5+**

Kg7 9. d4 f3 10. g : f Sf6 11. Sc3 Lb4 12. Lb3 Sc6 – der weiße Angriff ist abgewehrt.

Und nun ein Beispiel für die moderne Behandlung des Springergambits: **1. e4 e5 2. f4 e : f 3. Sf3 d5**

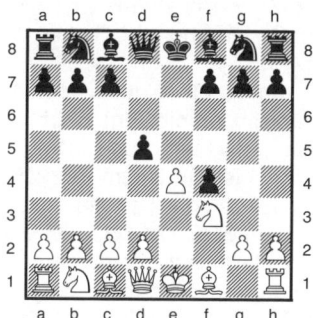

4. e : d (falls 4. e5? wird 4... g5 möglich, da der weiße Läufer nicht auf c4 kann) **4... Sf6** (schwächer wäre 4... D : d5 5. Sc3 De6+ 6. Kf2!) **5. c4** (oder 5. Lb5+ c6 6. d : c S : c6 7. d4 Ld6) **5... c6 6. d4 c : d** mit gutem Spiel für Schwarz, denn auf 7. L : f4 folgt Lb4+ und dann 8... 0−0. Genauso verhält es sich mit 7. c5 Sc6 8. L : f4 Le7 9. Sc3 0−0.

B

3. Lc4

Das sog. Läufergambit. Das Schachgebot auf h4 ist für Weiß ungefährlich; die

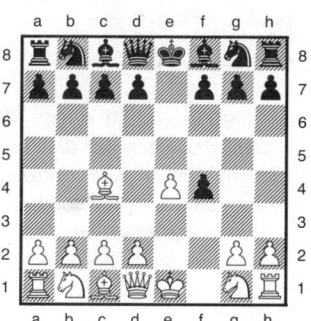

schwarze Dame stünde dort etwas labil, und mit Sf3 bekäme Weiß Tempo zur Figurenentwicklung.

3... Sf6 (nicht ganz so überzeugend ist 3... Dh4+ wie früher oft gespielt, wegen 4. Kf1 Sf6? 5. Sf3 Dh5 6. De1 d6 7. e5! d : e 8. S : e5 und auf 8...Le6 kommt 9. S : f7)
4. Sc3 (auf 4. e5 folgt 4... d5) **4... c6!** (von Jänisch empfohlen) **5. Lb3** (ohne Aussicht ist hier auch De2, denn Schwarz spielt trotzdem 5... d5! und erhält mit 6. e : d+ Le7 eine gute Stellung) **5... d5 6. e : d c : d 7. d4 Ld6** und Schwarz steht nicht schlechter.
Lehrreich ist die Variante 5. Df3 (statt 5. Lb3) 5... d5! 6. e : d Ld6 ohne Schwierigkeiten für Schwarz. Mögliche Fortsetzung: 7. d4 0–0 und auf 8. L : f4 folgt Lg4 9. Dg3 Te8+ mit schwarzer Initiative.

C

1. e4 e5 2. f4 d5

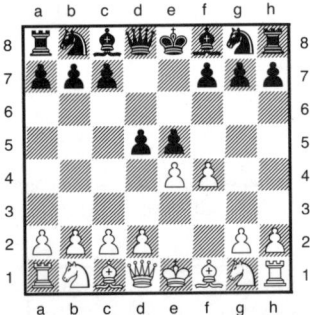

Falkbeers Gegengambit! Wieso Gegengambit? Weil Schwarz auf das angebotene Opfer mit einem Gegenopfer antwortet. Auch diese geistreiche Fortsetzung ist etwa 100 Jahre alt und wurde vom österreichischen Meister Falkbeer eingeführt.
3. e : d e4

Das ist die Grundidee von Schwarz. Der Bauer e4 stört die weißen Figuren in ihrer Entwicklung, außerdem ist die Lage des Bauern f4 inzwischen unberechtigt. Das alte Problem: Wie soll Weiß weiterspielen? Den Materialvorteil verteidigen oder den Bauern d5 mit Aktivierung des Spiels zurückgeben?

I.

4. Sc3
Oder 4. Lb5+ c6 5. d : c S : c6 6. Sc3 Sf6 7. Sge2 Db6 8. d4 Lb4 9. 0–0 0–0–0 mit glänzender Position für Schwarz trotz Minusbauer.
4... Sf6 5. Lc4 Lc5 6. d4 e : d e. p. (en passant) **7. D : d3 0–0 8. Sge2 Sg4** (interessant auch 8... c6) **9. Df3 Te8.** Schwarz hat einige gefährliche Drohungen auf Lager.

II.

4. d3

Nun kann Schwarz das materielle Gleichgewicht herstellen, doch Weiß besitzt bessere Aussichten. Charakteristische Varianten:

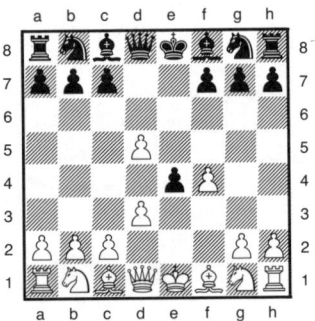

4... e : d 5. D : d3 Sf6 6. Sc3 Lc5 7. Ld2 0–0 8. 0–0–0 Vorteile für Weiß.
4... D : d5 5. De2 f5 6. Sc3 Lb4 7. Ld2 L : c3 8. L : c3 Sf6 9. d : e D : e4 10. D : e4 f : e 11. Lc4. Auf diese Varian-

te wies Paul Keres hin. Auf den Nachziehenden warten viele schwierige Aufgaben.

4... Sf6 5. Sd2 e : d! 6. L : d3 D : d5 7. Sgf3 Lg4 8. h3 L : f3 9. D : f3 Sc6 10. Se4. Die weiße Stellung ist aktiver. Statt 6... D : d5 ist besser 6... S : d5, und auf 7. De2+ folgt einfach 7... De7, um auf 8. Se4 mit 8... Sb4 antworten zu können.

ÜBUNGEN

Kommentieren Sie nachfolgende Kurzpartien.

Wo sind die Fehler? Finden Sie die korrekte Fortsetzung.

Nr. 28: 1. e4 e5 2. f4 e : f 3. Sf3 g5 4. Sc3 g4 5. Se5 Dh4+ 6. g3 f : g 7. D : g4 g2+ 8. D : h4 g : h1 = D 9. Dh5 Le7 10. S : f7 Sf6 11. Sd6++ Kd8 12. De8+. Schwarz gibt auf!

Nr. 29: 1. e4 e5 2. f4 e : f 3. Sf3 d5 4. Sc3 d : e5. S : e4 Lg4 6. De2 L : f3 7. Sf6 ♯.

Nr. 30: 1. e4 e5 2. f4 e : f 3. Lc4 Dh4+ 4. Kf1 g5 5. Sf3 Dh5 6. h4 h6 7. L : f7+ D : f7 8. Se5 Dg7 9. Dh5+ Kd8 10. Sf7+ Ke7 11. S : h8 Sf6 12. Dg6 D : h8 13. h : g Weiß gewinnt!

Nr. 31: 1. e4 e5 2. f4 d5 3. Sf3 d : e 4. S : e5 Lc5 5. Sc3 Sf6 6. De2 Sc6 7. S : f7 De7 8. S : h8 Sd4 9. Dd1 Sf3+ 10. g : f e : f+ 11. Le2 f2+. Weiß gibt auf!

14. Weitere offene Spiele

Das Zweispringerspiel

1. e4 e5 2. Sf3 Sc6 3. Lc4 Sf6.

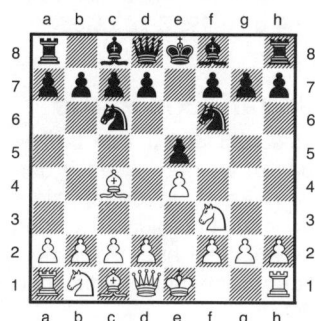

Weiß kann sofort zum Angriff übergehen, mit 4. Sg5 oder für schnelle Entwicklung sorgen mit 4. d4.

I.

4. Sg5 d5 5. e : d Sa5 (gefährlich ist 5... S :d5 6. S: f7 K : f7 7. Df3+ Ke6 8. Sc3 mit Angriffsvorteilen für Weiß, etwa nach 8... Se7 9. d4 c6 10. Lg5 oder nach 8... Sb4 9. De4 c6 10. a3 Sa6 11. d4 Sc7 12. Lf4.)

6. Lb5+ c6 (Schwarz opfert den Bauern, um besser ins Spiel zu kommen)

7. d : c b : c 8. Le2 h6 9. Sf3 e4 (die exponierte Stellung der weißen Figuren nutzt Schwarz zu Tempogewinn) **10. Se5 Ld6 11. d4 e : d 12. S : d3**

Um den Bauern zu erobern, mußte der Springer g1 schon fünf! Züge ausführen, was natürlich zu Entwicklungsvorteilen für Schwarz führt.

12... Dc7 13. b3 0–0 14. Lb2 Sd5 15. h3 Lf5 16. 0–0 Tad8.

Durch den Druck auf die weiße Stellung kann Schwarz den Bauernverlust ausgleichen.

II.

4. d4 (Schwarz bietet sich der typische Gegenschlag im Zentrum nach 4. Sc3 mit der möglichen Fortsetzung 4... S : e4 5. L : f7+ K : f7 6. S : e4 d5 7. Seg5+ Ke8 8. d3 h6 oder 7. Sfg5+ Ke8 8. Dh5+ g6 9. Df3 Lf5 und Weiß steht schlechter. Statt 5. L : f7+ ist besser 5. Ld3) **4... e : d 5. 0–0** (auf 5. e5 folgt 5... d5!) **5... S : e4 6. Te1 d5 7. L : d5 D : d5 8. Sc3 Da5 9. S : e4 Le6** (Die e-Linie muß unbedingt geschlossen werden! Nach 9... Le7 wäre 10. Lg5 unan-

genehm) **10. Seg5** (oder 10. Ld2 oder 10. Lg5) **10... 0−0−0.**
Das Prinzip der Gambitspiele findet hier Anwendung − das erworbene Material wird um der soliden Stellung willen zurückgegeben. **11. S : e6 f : e 12. T : e6 Le7** (gut ist auch 12... Df5) **13. Ld2 Db5** Schwarz steht nicht schlechter!

Das Evans-Gambit

1. e4 e5 2. Sf3 Sc6 3. Lc4 Lc5 4. b4
Durch dieses Bauernopfer strebt Weiß die Herrschaft im Zentrum und den Druck auf f7 an.
4... L : b4 (falls das Gambit nicht angenommen wird 4... Lb6, kommt Weiß in Vorteil durch 5. a4 a6 6. Sc3) **5. c3**

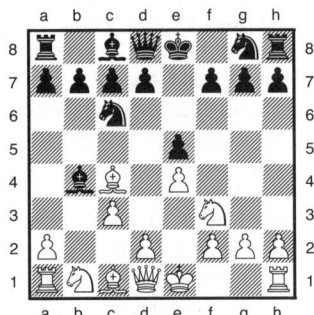

I.

5... Lc5 6. d4 e : d 7. 0−0 d6 (auf 7... d : c kann folgen 8. L : f7+ K : f7 9. Dd5+) **8. c : d Lb6.** Der weiße Damenflügel bedarf einer schnellen Entwicklung!
9. Sc3 Lg4 (zu schwindelerregenden Verwicklungen führt 9... Sf6 10. e5 d : e 11. La3) **10. Lb5 Kf8** (So muß gespielt werden, denn nach dem Abtausch 10... L : f3 11. g : f behält Weiß das starke Zentrum und droht erneut mit 12. d5)
11. Le3 Sge7 12. a4 a5 13. Lc4 Lh5 (es drohte 14. L : f7) **14. Tc1.** Für den Mehrbauern muß Schwarz einiges ertragen.

II.

5... La5 6. 0−0 d6 7. d4 Lb6! (Idee von Lasker) **8. d : e d : e 9. D : d8+ S : d8 10. S : e5 Le6.** Den Bauern zurückgebend, erhält Schwarz Stellungsvorteil. Weiß erreicht auch nichts mit 9. Db3 Df6 10. Lg5 Dg6 11. Ld5 Sge7. 12. L : e7 K : e7 13. L : c6 D : c6 14. S : e5 De6. Das bekannte Muster! Schwarz verzichtet gern auf den Materialvorteil.
Statt 6. 0−0 ist 6. d4 aktiver, worauf Schwarz mit 6... d6 antworten kann (nach 6... e : d 7. 0−0 d : c 8. Db3 käme Weiß zu gefährlicher Initiative) 7. Db3 Dd7 8. d : e d : e 9. 0−0 Lb6 10. Td1 De7 11. La3 Df6 12. Sbd2 Sge7. Es steht ein heißer Kampf mit verteilten Chancen bevor. Auch hier könnte man den „Gambit-Zahn" ziehen, mit 8... Lb 6 (statt d : e) 9. 0−0 Sa5 10. Db4 S : c4 11. D : c4 d : e 12. S : e5 De6.

Die Ungarische Partie

1. e4 e5 2. Sf3 Sc6 3. Lc4 Le7
Eröffnungen werden oft nach der Stadt oder dem Land, in denen sie häufig gespielt und untersucht wurden, benannt, manchmal auch nach der Figur, die für den Beginn der Partie charakteristisch ist.
Mit dem Läuferzug e7 versucht Schwarz, scharfe Varianten, wie sie in der Italienischen Partie oder im Evans-Gambit vorkommen, zu vermeiden. Die schwarze Stellung bleibt stabil aber auch gedrückt, und Schwarz muß lange und vorsichtig manövrieren.
4. d4 d6 (Die Überlassung des Zentrums mit 4... e : d gibt gutes Spiel für Weiß nach 5. S : d4 d6 6. 0−0 Sf6 7. Sc3 0−0 8. Lf4 Ld7 9. Te1) **5. d5** (gut ist auch 5. d : e d : e 6. D : d8+ L : d8 7. Sc3 Lg4 8. Le3 mit anschließender großer Rochade). **5... Sb8 6. Ld3 Sf6**

7. c4 0—0 8. h3 Sbd7 9. Sc3. Die schwarze Stellung ist passiv.

Philidor-Verteidigung

1. e4 e5 2. Sf3 d6
Auch in dieser Eröffnung schafft sich Schwarz eine stabile aber auch passive Stellung.
3. d4 Sd7 4. Lc4 c6 (Vorsicht ist geboten: Nach 4... Sf6? kann Weiß mit 5. Sg5 antworten, und im Fall von 4... Le7 folgt 5. d : e S : e5 6. S : e5 d : e 7. Dh5. Schlecht wäre 5... d : e wegen 6. Dd5)
5. 0—0
Auf 5. Sg5 Sh6 6. 0—0 muß Schwarz 6... Sb6 spielen, auf keinen Fall 6... Le7? wegen 7. Se6! und auf 7... f : e folgt 8. L : h6 mit unwiderstehlichem Angriff.
5... Le7

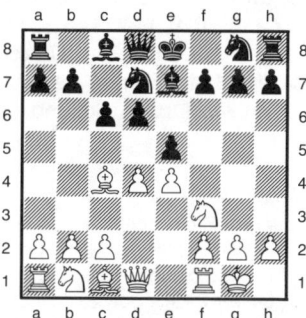

Von da aus gibt es verschiedene Fortsetzungsmöglichkeiten. Eine davon ist: 6. d : e d : e 7. Sg5 L : g5 8. Dh5 g6 9. D : g5 mit Vorteilen für Weiß, dank des aktiven Läuferpaares.

Das Läuferspiel

1. e4 e5 2. Lc4
In der modernen Turnierpraxis besitzt diese altertümliche Eröffnung so gut wie keine selbständige Bedeutung mehr. Schwarz kann mit 2... Sf6 oder 2... Sc6 antworten, worauf das Spiel meist in andere, bereits besprochene Eröffnungsbahnen abweicht.

Das Vierspringerspiel

1. e4 e5 2. Sf3 Sc6 3. Sc3 Sf6
Eine ruhige und solide Eröffnungskonstruktion. Beide Seiten haben, den Eröffnungsprinzipien entsprechend, schnell ihre Figuren entwickelt, was zu ausgeglichenem Spiel führt.

I.

4. Lb5 Lb4 (Sehr interessant und oft verwendet: der Ausfall von A. Rubinstein 4... Sd4 und auf 5. S : e5 folgt 5... De7 6. Sf3 S : b5 7. S : b5 D : e4+) **5. 0—0 0—0 6. d3 d6 7. Lg5**

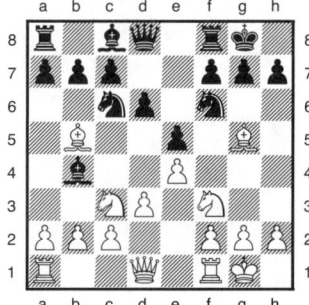

Diese Stellung verdient es, besonders betrachtet zu werden. Es ist leicht festzustellen, daß beide Seiten ihre Figuren symmetrisch entwickelt haben. Schwarz kann ab jetzt dieses System nicht mehr fortsetzen. Es empfiehlt sich für Schwarz überhaupt, symmetrische Aufbauten nicht allzu lange zu gestatten, da Weiß früher aktive Züge ansetzen kann, die dann Schwarz vielleicht nicht mehr rechtzeitig parieren kann. Auf 7... Lg4? würde nämlich folgen 8. Sd5 Sd4 9. S : b4 S : b5 10. Sd5 Sd4 11. Dd2 L : f3 12. L : f6 g : f 13. Dh6. Ohne viel Wirkung bleibt auch 12... Dd7 13. Se7+ Kh8 14. L : g7+.
7... L : c3 8. b : c De7.
Die entstandene Stellung gilt als ausgeglichen. Schwarz beabsichtigt, den

Springer c6 über d8 auf e6 umzugruppieren, um später, je nach Lage, c7 – c5 oder c7 – c6 zu spielen. Nach der Befestigung seines Zentralbauern e4 wird Weiß den Vorstoß d3–d4 anstreben.

II.
4. L : c4 S : e4 5. S : e4 (wenig hilft 5. L : f7+ K : f7 6. S : e4 d5) **5... d5 6. Ld3 d : e 7. L : e4 Ld6.**
Schwarz kann mit seiner Stellung zufrieden sein.

Das Dreispringerspiel
1. e4 e5 2. Sf3 Sc6 3. Sc3 Lb4
Eine Eröffnung, die man selten antrifft. Nach 4. Sd5 ist Weiß wohl aktiver. Falls Schwarz 3... Lc5 spielt, aus uns inzwischen bekannten Motiven ist 4. S : e5 stark.

Ponziani-Eröffnung
1. e4 e5 2. Sf3 Sc6 3. c3
Der Wunsch nach einem aktiven Zentrum wäre bei guter Figurenentwicklung berechtigt. In der momentanen Stellung verspricht dieser Zug wenig.

I.

3... Sf6 (Sofortiger Angriff auf e4, nachdem der Zug c3 dem b1-Springer ein günstiges Feld nimmt.) **4. d4 S : e4** (schwächer ist 4... e : d 5. e5 und auf 5... Se4 ist 6. De2 möglich) **5. d5 Sb8 6. Ld3 Sf6** (gut wäre auch 6... Sc5) **7. S : e5 Lc5** (aber nicht S : d5 8. Lc4) **8. 0–0 0–0 9. c4 d6 10. Sf3 Lg4**
Keine Schwierigkeiten für Schwarz.

II.

3... d5 (Der charakteristische Gegenschlag; nachdem dem Springer das Feld c3 genommen ist, ist 4. e : d D : d5 für Schwarz günstig.)

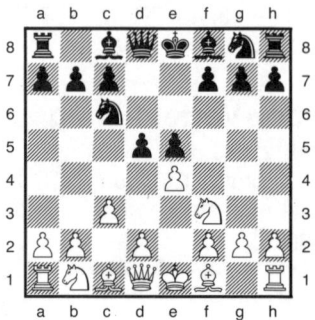

4. Da4
Man kann hier auch 4. Lb5 spielen. Nach dem Textzug kann Schwarz ein originelles Gambit anbieten, das Entwicklungsvorteil anstrebt:
4... Sf6 5. S : e5 Ld6 6. S : c6 b : c 7. d3 (sehr gefährlich wäre 7. D : c6+ Ld7 8. Da6 d : e 9. Lb5 0–0 10. L : d7 D : d7) **7... 0–0 8. Le2 Te8 9. Lg5 h6 10. L : f6 D : f6.** Bei 11. D : c6 Le6 schwebt Weiß am Rande des Abgrundes. Der Entwicklungsrückstand ist eklatant.

ÜBUNGEN
Kommentieren Sie nachstehende Kurzpartien. Wo wurden Fehler gemacht? Finden Sie die korrekte Fortsetzung!
Nr. 32: 1. e4 e5 2. Sf3 Sc6 3. Lc4 Sf6 4. d4 e : d 5. 0–0 Lc5 6. e5 Sd5 7. e : f d : c 8. Te1+ Le6 9. Sg5 D : f6 10. S : e6 f : e 11. Dh5+. Schwarz gibt auf.
Nr. 33: 1. e4 e5 2. Sf3 Sc6 3. Lc4 Sf6 4. Sg5 d5 5. e : d S : d5 6. d4 e : d 7. 0–0 Le6 8. Te1 Dd7 9. S : f7 K : f7 10. Df3+ Kg6 11. T : e6+ D : e6 12. Ld3+. Schwarz gibt auf.
Nr. 34: 1. e4 e5 2. Sf3 Sc6 3. Lc4 Lc5 4. b4 Lb6 5. a4 a6 6. a5 La7 7. b5 a : b 8. L : b5 Sf6 9. La3 S : e4 10. De2 S : f2 11. S : e5 Sd4 12. S : d7+ S : e2 13. Sf6#.
Nr. 35: 1. e4 e5 2. Sf3 d6 3. Lc4 Le7 4. d4 e : d 5. S : d4 Sd7 6. L : f7+ K : f7 7. Se6 De8 8. S : c7 Dg6 9. Dh5+ g6 10. Dd5+ Kf6 11. Lg5+ Kg7 12. Se6+. Schwarz gibt auf.
Nr. 36: 1. e4 e5 2. Sf3 Sc6 3. Sc3 Sf6 4. Lb5 Sd4 5. La4 Lc5 6. S : e5 0–0 7. Sf3 d5

8. S : d4 L : d4 9. e : d Lg4 10. f3 Sh5 11. f : g Dh4+ 12. Ke2 Sf4+ 13. Kf3 Df2+ 14. Ke4 f5+ 15. g : f Tfe8+. Weiß gibt auf.

Nr. 37: 1. e4 e5 2. Sf3 Sc6 3. Sc3 Lc5 4. S : e5 S : e5 5. d4 De7 6. Sd5 Dd6 7. d : c D : c5 8. Lf4 d6 9. b4 Dc6 10. Lb5. Schwarz gibt auf.

Nr. 38: 1. e4 e5 2. Sf3 Sc6 3. c3 Sf6 4. d4 S : e4 5. d5 Se7 6. S : e5 Sg6 7. Ld3 S : f2 8. L : g6 S : d1 9. L : f7+ Ke7 10. Lg5+ Kd6 11. Sc4+ Kc5 12. Sba3. Schwarz gibt auf.

Bekannte Motive

Unsere Reise durch die Gefilde der offenen Spiele neigt sich dem Ende zu. Auch in den verbleibenden Beispielen geht es um charakteristische Prinzipien der Eröffnungsstrategie: Besetzung des Zentrums, Vorbereitung des Angriffs auf Schwachstellen im gegnerischen Lager, schnelle Mobilisierung der Kräfte. Jedoch, die Wege zur Verwirklichung dieser Ziele sind recht unterschiedlich.

Schottisch

1. e4 e5 2. Sf3 Sc6 3. d4 e : d 4. S : d4

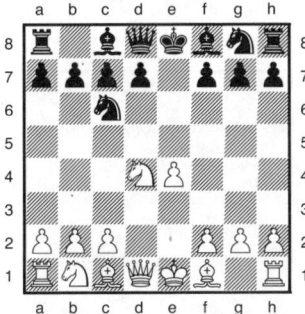

In dieser Eröffnung wird der Kampf im Zentrum ohne Vorbereitung begonnen. Bei genauem Spiel kann Schwarz Ausgleich erzielen. Hier drei verschiedene Verteidigungssysteme.

I.

4... Sf6 5. Sc3

Wenig vielversprechend ist 5. S : c6 b : c 6. e5 De7 7. De2 Sd5. Möglich wäre jetzt 8. c4 Sb6 9. Sd2 De6 10. b3 Le7 11. Lb2 0–0 12. De4 d5 13. e : d c : d 14. Ld3 a5 15. 0–0 D : e4 16. L : e4 d5. Mit dem Bauernvorstoß a5–a4 kann Schwarz seine Stellung zufriedenstellend ausbauen. Nach 8. c4 wäre 8... La6 interessant, auf 9. De4 käme 9... Sf6.

5... Lb4 6. S : c6 b : c 7. Ld3 d5 8. e : d (das verlockende 8. e5 zieht 8... Sg4 9. 0–0 0–0 10. Lf4 f6! nach sich) **8... c : d 9. 0–0 0–0 10. Lg5.**

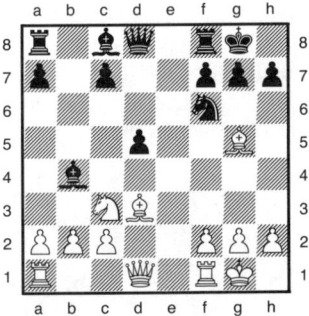

Eine der wichtigsten Stellungen aus dieser Eröffnung. Schwarz besitzt einige sehr aussichtsreiche Fortsetzungsmöglichkeiten. Gut ist z. B. 10... Le6 11. Df3 (aber nicht 11. L : f6 D : f6 12. S : d5 L : d5 13. Dh5 Tfd8!) 11... Le7 12. Tae1 h6. An dieser Stelle spielte Aljechin gegen Lasker (Internat. Turnier St. Petersburg, 1914) 13. L : h6 g : h 14. T : e6 f : e 15. Dg3+ Kh8 16. Dg6, und Schwarz kann dem Dauerschach nicht ausweichen.

Außer 10... Le6 spielt man oft 10... c6 11. Df3 Ld6 12. L : f6 D : f6 13. D : f6 g : f, wobei der Doppelbauer nicht so ins Gewicht fällt. Nach dem damit verbundenen Damentausch sind die weißen Aussichten auf erfolgreichen Angriff erheblich gesunken.

Spannender wird es bei 11... Le7 (statt 11... Ld6). In der Turnierpraxis wird meist fortgesetzt 12. Tae1 Tb8 13. Sd1 Te8 mit verteilten Chancen.

II.
4... Lc5 5. Le3 (auf 5. S : c6 kann Schwarz günstig fortsetzen mit 5... Df6) **5... Lb6 6. Sc3 d6 7. Le2 Sf6 8. Dd2 Sg4 9. L : g4 L : g4 10. f3 Ld7 11. Sd5.** Weiß beherrscht mehr Raum, doch die schwarze Stellung weist keine Schwachstellen auf.
In letzter Zeit wird oft gespielt **5. Sb3 Lb6 6. a4 Df6** (oder a6) **7. De2 Sge7 8. a5 Sd4 9. S : d4 L : d4 10. c3 Lc5** (10.... Le5 11. g3) **11. g3 0–0 12. Lg2 a6 13. 0–0 d6 14. b4 La7 15. Lb2 Sc6.** In dieser komplizierten Stellung steht Schwarz nicht schlechter.

III.
4... Dh4

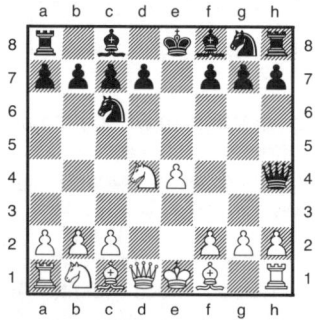

Ein alter Steinitz-Zug. Dieser Zug verwundert vielleicht etwas: Schwarz handelt gegen eines der Eröffnungsprinzipien und entwickelt seine stärkste Figur frühzeitig. Doch solche Prinzipien stellen kein Dogma dar, es hängt vielmehr alles von der konkreten Situation am Brett ab. Die hier verwirklichte Idee, im Angriff auf den Zentralbauern e4 auch die schwere Artillerie einzusetzen, ist riskant, aber Steinitz pflegte zu sagen, daß „Schach

nichts für Leute mit schwachen Nerven ist".
Mögliche Fortsetzung: **5. Sc3 Lb4 6. Sdb5 D : e4+** (auf 6... Kd8 wäre stark 7. Dd5) **7. Le2 L : c3+ 8. S : c3 Dd4** (schlecht ist 8... D : g2 9. Lf3 Dh3 10. Sd5 Kd8 11. Lf4 d6 12. S : c7).
Was ist nun wichtiger? Weiß hat Entwicklungsvorteile, Schwarz besitzt einen Mehrbauern. Früher war man der Ansicht, daß Weiß nach 9. Ld3 Sge7 10. 0–0 0–0 11. Sb5 Db6 12. Le3 Da5 Vorteile erreicht. Hier eine Variante, die das beweist: 13. c3 Sd5 14. b4 S : e3 15. L : h7+ Kh8 16. Dh5.
In letzter Zeit warteten sowjetische Theoretiker mit einer verbesserten Verteidigung auf: 8... Dd4 9. Ld3 und jetzt 9... Sb4. Auf 10. Sb5 folgt 10... De5+ 11. Le3 c6. Der Vorschlag bedarf noch einer umfassenden Bewährung in der Spielpraxis.

Schottisches Gambit
1. e4 e5 2. Sf3 Sc6 3. d4 e : d 4. Lc4

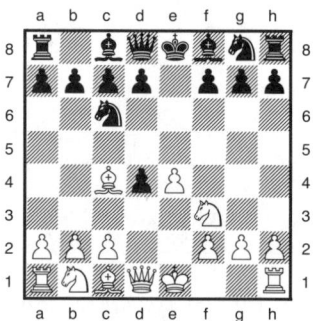

Die einfachste Fortsetzung ist nun 4... Sf6 mit Überleitung ins Zweispringerspiel. In diesem Fall ist 5. Sg5 d5 6. e : d ungefährlich wegen 6... De7+ 7. De2 Sb4 oder 7. Kf1 Se5 8. D : d4 S : c4 9. D : c4 Dc5 mit günstiger Stellung.
Gefährlich ist 4... Lb4+ 5. c3 d : c

6. 0−0 c : b mit starken weißen Drohungen.
Früher spielte man oft 4... Lc5 5. c3 und auf 5... d : c kann man 6. L : f7+ K : f7 7. Dd5+ antworten.
Falls Weiß im Gambitstil spielen will, so ist statt 4. Lc4 **4. c2-c3** besser.

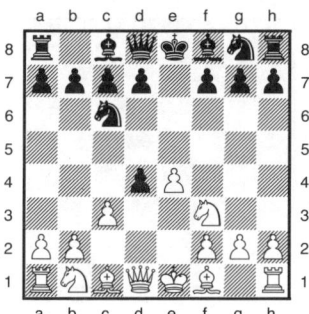

Das führt zu scharfem Spiel, das so verlaufen könnte:
4... d : c 5. Lc4 (oder 5. S : c3 Lb4 6. Lc4 d6 7. Db3 L : c3+ 8. b : c Dd7 9. 0−0 Sa5 10. Db4 S : c4 ohne Probleme für Schwarz) **5... Sf6** (riskant wäre 5... c : b 6. L : b2 Lb4+ 7. Sc3 Sf6 8. Dc2 d6 9. 0−0−0 mit Schwierigkeiten für Schwarz trotz zweier Mehrbauern) **6. S : c3 Lb4 7. 0−0** (auf 7. e5 kann man auch mit 7... d5 antworten) **7... L : c3 8. b : c d6.**
Schwarz hat eine solide Stellung. Auf 9. La3 ist 9... Lg4! möglich, so gespielt von Smyslow gegen den englischen Meister Penrose. Manchmal wird auch gespielt 9. e5 S : e5 (schwächer ist 9... d : e 10. Sg5 0−0 11. La3) 10. S : e5 d : e 11. Db3 De7 12. La3 c5 13. Lb5+ Ld7. Das Material zurückgebend, erhält Schwarz schöne Möglichkeiten: 14. L : d7+ D : d7 15. L : c5 Dc6 16. La3 Sd5 17. Tae1 0−0−0 18. T : e5 The8 usw.

Russische Partie
1. e4 e5 2. Sf3 Sf6

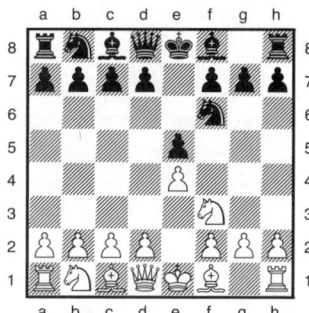

Diese Spielmethode unterscheidet sich grundsätzlich von den bisher bekannten. Schwarz verteidigt e5 nicht, sondern greift seinerseits e4 an. Zwei Grundvarianten zur Betrachtung:

I.

3. S : e5 d6
Weniger solide ist 3... S : e4 4. De2 De7 (4... d5 5. d3) 5. D : e4 d6 6. d4
4. Sf3 S : e4 5. De2 De7 6. d3 Sf6 (auf 6... Sc5 ist 7. Sc3 vielversprechend mit der Drohung 8. Sd5) **7. Lg5 D : e2+** (Bronstein empfiehlt hier 7... Sbd7, möglich wäre auch 7... Le6) **8. L : e2 Le7 9. Sc3 c6 10. 0−0−0 Sa6. 11. The1** (Spasski spielte in einer Begegnung 1969 gegen Tigran Petrosjan 11. Se4 S : e4 12. d : e Sc5 mit ziemlich ausgeglichener Stellung) **11... Sc7 12. Lf1 Se6 13. Ld2 Ld7.** Schwarz steht nicht schlechter.
In der Variante mit 5. De2 flacht der Kampf schnell ab, und es kommt zu einem Positionsspiel mit weißer Initiative. Das Spiel wäre entschieden spannender nach **5. d4.**

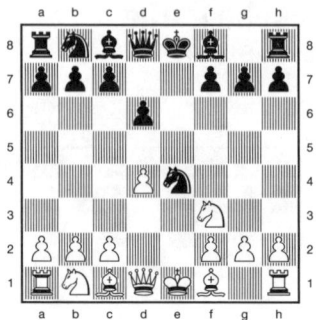

II.

5... d5 6. Ld3 Le7 (gespielt wird auch 6... Ld6 7. 0–0 0–0 8. c4 c6) **7. 0–0 Sc6.**
Diesen starken Zug empfiehlt Jänisch. Der schwarze Plan besteht darin, nach 8. c4 mit 8... Lg4 zu antworten. Nach 9. c : d D : d5 10. Sc3 S : c3 11. b : c 0–0 12. Lf4 Ld6 sind die Chancen wieder ausgeglichen. **8. Te1 Lg4 9. L : e4 d : e 10. T : e4 L : f3 11. D : f3** (auf 11. g : f ist 11... f5 gut) **11... S : d4 12. Dd3 Se6,** mit etwa gleicher Stellung.

Lettisches Gambit

1. e4 e5 2. Sf3 f5
Die Praxis zeigt, daß dieser frühe Angriff nicht berechtigt ist, da Weiß leicht zu Vorteilen kommt. Hier eine typische Variante:
3. S : e5 Df6 (3... f : e? 4. Dh5+) **4. d4 d6** (auch hier ist 4... f : e schlecht wegen 5. Lc4) **5. Sc4 f : e 6. Se3 Sc6** (zu aktiver weißer Stellung führt 6... c6 7. Lc4 d5 8. Lb3 Le6 9. c4) **7. d5 Se5 8. Le2.**
Im weiteren Spielverlauf verfolgt Weiß den Plan 0–0, Sd2 und f3. Die korrekte Ausführung führt zu Vorteilen.

Die Wiener Partie

1. e4 e5 2. Sc3
Ein angemessener Entwicklungszug,

weiter nichts. Er stellt keine Drohungen auf und gibt dem Nachziehenden die Möglichkeit der Wahl zwischen mehreren guten Antworten:

I.

2... Sc6 3. Lc4 Sf6

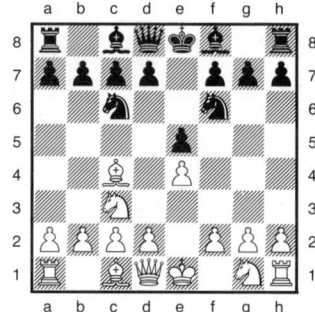

Wahrscheinlich riskanter ist 3... Lc5 wegen des interessanten Ausfalls 4. Dg4. Auf 4... Df6? folgt 5. Sd5! D : f2+ 6. Kd1 Kf8 7. Sh3 Dd4 8. d3 d6 9. Df3 L : h3 10. Tf1! und Schwarz kann Materialverlust nicht mehr verhindern. Statt 4... Df6? ist 4... g6 erforderlich.
4. d3 Lb4 5. Lg5 h6 6. L : f6 (auf 6. Lh4 kann Schwarz vorläufig auf die Rochade verzichten und 6... d6 spielen, auf folgende Variante hoffend: 7. Sge2 Le6 8. 0–0 g5) **6... L : c3+ 7. b : c D : f6. 8. Se2 d6 9. 0–0 g5** (auch hier ist dieser Zug äußerst wichtig, da er den Angriff f2–f4 verhindert) **10. d4 Se7.**
Mit der Verlagerung des Springers auf g6 behält Schwarz das Zentrum, außerdem ist im geeigneten Moment der Sprung auf f4 möglich.
Beachten Sie den 6. Zug von Schwarz. Warum wird der Springer ausgerechnet in diesem Moment geschlagen? Weil auf 6... D : f6 Weiß mit 7. Sge2 fortsetzt, worauf der Springer den Abtausch auf c3 vornehmen kann, um später das Zentralfeld d5 zu besetzen.

II.

2.. Sf6 3. f4
An dieser Stelle wird ebenfalls oft 3. Lc4 gespielt, worauf die einfachste Antwort 3... Sc6 ist. Zu größeren Komplikationen kann 3... S : e4 4. Dh5! Sd6 5. Lb3 (5. D : e5+ De7 beruhigt das Spiel wieder) 5... Sc6 6. Sb5 g6 7. Df3 f5 8. Dd5 führen.

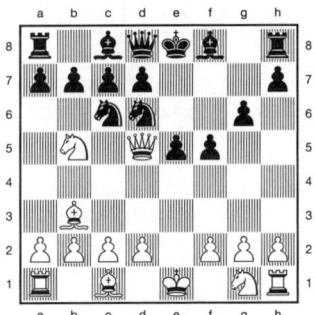

Mit diesem Qualitätsopfer erhält Schwarz einen gefährlichen Angriff: 8... De7 9. S : c7+ Kd8 10. S : a8 b6 11. Sf3 Lb7. Diese Stellung wurde umfangreich analysiert. Die Diagnose lautet: Der schwarze Angriff ist eine vollständige Kompensation für den materiellen Nachteil.
3... d5 (aber auf keinen Fall 3... e : f 4. e5 De7 5. De2) **4. f : e S : e4 5. Sf3** (auf Df3 ist 5... Sc6 6. Lb5 S : c3 7. b : c Dh4+ 8. g3 De4+ möglich. Auf 6. S : e4 folgt Sd4! mit möglicher Fortsetzung 7. Df4 d : e 8. Lc4 Lf5) **5... Le7 6. d4 0−0 7. Ld3 f5 8. e : f e. p. L : f6 9. 0−0 Sc6 10. S : e4 d : e 11. L : e4 S : d4**

Scharfes Spiel, doch ohne Nachteile für Schwarz.

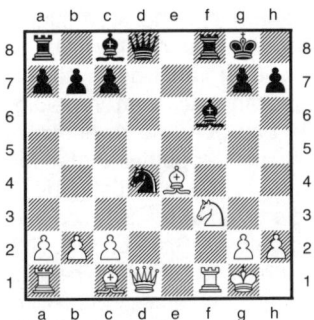

Das Mittelgambit

1. e4 e5 2. d4 e : d 3. D : d4
Die Dame greift viel zu früh ins Spielgeschehen ein, so kann Schwarz mühelos Ausgleich schaffen.
3... Sc6 4. De3 (Der beste Plan. Von hier aus hält die Dame den Bauernvorstoß d7−d5 auf. Schlecht ist natürlich 4. Dc3? wegen Lb4.) **4... Sf6 5. Sc3 Le7.**
Aktiver ist 5... Lb4, z. B. 6. Ld2 0−0 7. 0−0−0 Te8 8. Dg3 S : e4 9. S : e4 T : e4 10. Lf4 Df6 − nun ist 11. L : c7 schlecht wegen 11... d6 12. L : d6 Dh6+.
6. Ld2 d5 7. e : d S : d5 8. S : d5 (oder 8. Dg3 S : c3 9. L : c3 Lf6) **8... D : d5 9. Se2 0−0 10. Sc3 Dc5.** Schwarz hat keine Schwierigkeiten.

Nordisches Gambit

1. e4 e5 2. d4 e : d 3. c3 d : c 4. Lc4 c : b 5. L : b2

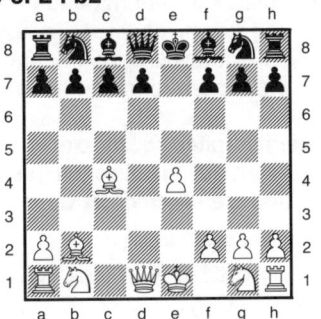

Zwei Bauern opfernd, überflügelt Weiß den Gegner in der Entwicklung, seine Läufer zielen auf den Königsflügel. Schwarz kann sich nun verteidigen 5... d6 6. f4 Le6 oder die Angriffsabsichten von Weiß mit der gutbekannten Methode entschärfen – Materialrückgabe. Hier die Variante: 5... d5 6. L : d5 (6. e : d Sf6 7. Sc3 Ld6 8. Sf3 0–0 9. 0–0 Lg4 und Schwarz besitzt einen Mehrbauern in einer wieder ruhigen Stellung) 6... Sf6 7. L : f7+ K : f7 8. D : d8 Lb4+ 9. Dd2 L : d2+ 10. K : d2 c5 (auf 7. Sc3 folgt Le7 8. Db3 0–0). Materialausgleich mit guter schwarzer Stellung.

Nicht viel aussichtsreicher für Weiß ist 6. L : d5 Lb4+ 7. Sc3 L : c3+ 8. L : c3 Sf6.

ÜBUNGEN

Kommentieren Sie nachstehende Partiebeispiele. Wo wurden Fehler gemacht? Finden Sie die korrekte Fortsetzung!

Nr. 39: 1. e4 e5 2. Sf3 2... Sc6 3. d4 e : d 4. S : d4 Dh4 5. Dd3 Sf6 6. Sd2 Sg4 7. g3 Df6 8. S4f3 Sce5 9. Dc3 Lb4 10. D : b4 S : f3+ 11. S : f3 D : f3. Weiß gibt auf.

Nr. 40: 1. e4 e5 2. Sf3 Sc6 3. d4 e : d 4. Lc4 Lc5 5. Sg5 Sh6 6. Dh5 Se5 7. Se6 d : e 8. D : e5. Weiß gewinnt.

Nr. 41: 1. e4 e5 2. Sf3 Sf6 3. S : e5 d6 4. Sf3 S : e4 5. d4 d5 6. Ld3 Ld6 7. 0–0 Lg4 8. c4 0–0 9. c : d f5 10. Te1 L : h2+ 11. K : h2 S : f2 12. De2 S : d3 13. D : d3 L : f3 14. D : f3 Dh4+. Schwarz gewinnt.

Nr. 42: 1. e4 e5 2. Sc3 Sf6 3. Lc4 S : e4 4. Dh5 Sd6 5. Lb3 Le7 6. d3 0–0 7. Sf3 Sc6 8. Sg5 h6. 9. h4 Se8 10. Sd5 Sf6 11. Dg6 f : g 12. S : e7+. Matt im nächsten Zug.

Nr. 43: 1. e4 e5 2. d4 e : d 3. D : d4 Sc6 4. De3 Sf6 5. Lc4 Se5 6. Lb3 Lb4+ 7. c3 Lc5 8. Dg3 L : f2+. Weiß gibt auf.

15. Halboffene Spiele

Das ist die üblich gewordene Bezeichnung für alle Eröffnungen, in denen Schwarz auf 1. e4 nicht mit 1... e5 antwortet. Heißt das, daß dabei dem Gegner das Zentrum kampflos überlassen wird? Keineswegs! Auch in den halboffenen Spielen bleiben die Zentralfelder Mittelpunkt des Kampfgeschehens, nur wird hier dieser Kampf mit anderen Methoden und einem anderen Tempo geführt – die Entwicklung geht langsamer vor sich als in den Varianten der offenen Spiele.

In diesem Kapitel sollen die Hauptvarianten einer der klassischen halboffenen Eröffnungen betrachtet werden.

Französische Verteidigung

· **1. e4 e6 2. d4 d5**

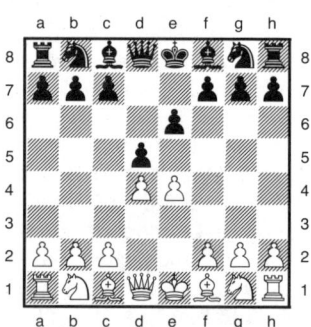

Schwarz befestigt dauerhaft den Zentralstützpunkt d5 und erhält somit einen soliden Aufbau. Der Hauptnachteil dieser Eröffnung ist der eingesperrte Läufer auf c8. Seine Aktivierung ist die spielbestimmende Sorge von Schwarz.

Den Charakter des daraus entstehenden Kampfes kann man in beispielhafter

Weise an folgenden Entwicklungssystemen studieren:

I.

3. e5
Die Bauernaufteilung bestimmt die weitere Entwicklung. Weiß wird am Königsflügel aktiv werden wollen, den Vorposten e5 nutzend, während Schwarz den Gegenangriff auf dem Damenflügel forcieren wird.
3... c5 4. c3
Zu interessanten Verwicklungen führt das Bauernopfer 4. Sf3 Sc6 5. Ld3 c : d 6. 0−0. Weiß besitzt Entwicklungsvorteile, Schwarz muß vorsichtig spielen. Möglich ist 6... Lc5 7. Sbd2 Sge7 8. Sb3 Lb6 9. Lf4 Sg6.
4... Sc6 5. Sf3 Db6
In der Französischen Verteidigung trifft man diesen frühen Damenausfall oft an, womit der Druck auf d4 vergrößert werden soll, samt Angriff auf den Bauern b2. Dieser konkrete Plan berechtigt den „Verstoß" gegen die Eröffnungsprinzipien.
6. Le2
Auf den scheinbar aktiveren Zug 6. Ld3 spielt Schwarz 6... Ld7 (auf keinen Fall 6... c : d 7. c : d S : d4? 8. S : d4 D : d4 9. Lb5+), und der Läufer muß weichen.
6... Sge7 7. Sa3 c : d 8. c: d Sf5 9. Sc2 Le7 10. Tb1 a5 mit gleichen Aussichten für beide.
Auch nach 7. d : c Dc7 8. Sd4 D : e5 keine Probleme für Schwarz.

II.

3. Sc3
Wenig versprechend ist der Tausch auf d5: 3. e : d e : d 4. Ld3 Sc6 5. Se2 Ld6 6. c3. Hier zog Aljechin mutig 6... Dh4. Wieder berechtigt ein konkreter Plan den frühen Vorstoß. Weiß kann nicht

rochieren, und auf 7. g3 Dh5 kommt es zu Schwächen am Königsflügel.
3... Sf6
Früher spielte man an dieser Stelle 4. e5. Auf den ersten Blick scheint dieser Zug günstig für Weiß zu sein, denn der Bauer stößt mit Tempo vor, den Springer vertreibend. Allerdings zeigt der schwarze Vorstoß c7−c5 auch, daß der Springer auf c3 nicht gut postiert ist. Hier der Beweis: 4. e5 Sfd7 5. f4 c5 6. d : c (c2−c3 ist nicht mehr möglich, die Stellung im Zentrum ist schwer zu halten) 6... Sc6, anschließend kann Schwarz den Bauern auf c5 je nach Lage mit Läufer oder Springer schlagen und erhält Gegenspiel.
Neben 5. f4 ist auch 5. Sce2 c5 6. c3 Sc6 7. f4 f6 8. Sf3 Db6 möglich, und Schwarz steht nicht schlechter.
Die natürliche Fortsetzung 4. Lg5 ist auch die meistgespielte, wobei der Druck auf d5 verstärkt wird. Mögliche Entwicklung: **4... Le7 5. e5 Sfd7.**

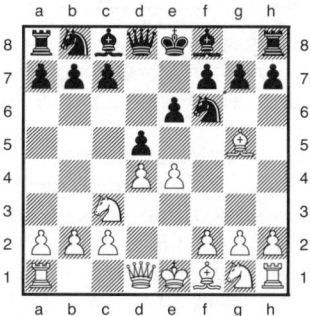

In dieser Stellung gibt es eine interessante Angriffsvariante: 6. h4. Es wäre gefährlich, das Bauernopfer anzunehmen. 6... L : g5 7. h : g D : g5 8. Sh3 Dh6 9. g3. Nach der Läuferentwicklung auf g2 folgt der Springerzug auf f4, und die schwarze Dame steht unter Beschuß. Am besten setzt man fort mit 6... h6, 6... a6 oder 6... c5 7. L : e7 K : e7

(aber nicht 7... D : e7 8. Sb5) **8. f4 Sc6.**
6. L : e7 D : e7 7. f4 (auf 7. Sb5 antwortet Schwarz 7... Sb6) **7... 0—0 8. Sf3 c5 9. d : c Sc6 10. Ld3 f5** (Eine unumgängliche Vorsichtsmaßnahme! Die schwarzen Figuren haben sich vom Königsflügel entfernt, und auf das naive 10... S : c5 wäre folgende Kombination möglich: 11. L : h7+ K : h7 12. Sg5+) **11. e : f D : f6 12. g3 S : c5.** Eine kampfbetonte Stellung mit Chancen für beide Seiten.

Statt 4... Le7 kann man den Läufer auch aggressiver entwickeln: **Lb4** mit Gegenangriff auf den Bauern e4.

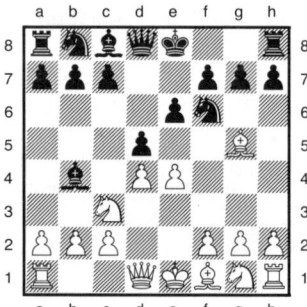

Ein interessantes System, gefunden vom Amerikaner MacCutcheon. Denkbar wäre die Fortsetzung **5. e5 h6 6. Ld2.**
Nicht viel einbringen kann 6. e : f h : g 7. f : g Tg8 8. h4 g : h (muß genommen werden, weil sonst der Vorstoß des weißen Bauern auf h5 droht) 9. Dh5 Df6 10. T : h4 D : g7. Falls 9. Dg4, bleibt die Antwort 9... Df6 10. T : h4, und jetzt nicht 10... T : g7? wegen 11. Th8+ Lf8 12. S : d5! mit Gewinn für Weiß. Richtig ist 10... D : g7.
6... L : c3 7. b : c Se4 8. Dg4 g6 9. Ld3 S : d2 10. K : d2 c5 11. h4 Sc6 (falsch wäre 11. L : g6? wegen Tg8).
Eine äußerst angespannte Situation. Der Angriff wird auf verschiedenen Flügeln geführt. Die Chancen sind etwa gleichmäßig verteilt.

III.

3. Sc3 Lb4

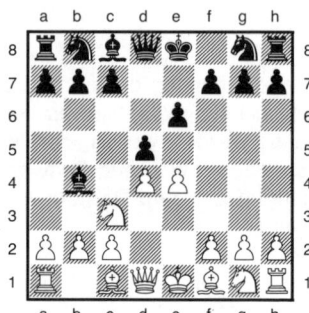

Durch die Fesselung des Springers c3 verstärkt Schwarz seinen Druck auf das Zentrum. Umso wichtiger wird der Zug c5. In der Turnierpraxis ist diese Variante oft anzutreffen.
4. e5 c5 5. a3
Von da aus sind verschiedene scharfe Fortsetzungsvarianten möglich: 5. Dg4 oder 5. d : c. Früher mal versetzte der bescheidene Zug 5. Ld2 in Panik, um im Falle von 5... c : d mit 6. Sb5 zu antworten. Am besten ist wohl 5... Sc6, und auf 6. Sb5 folgt 6... L : d2+ 7. D : d2 S : d4 8. S : d4 c : d 9. D : d4 Se7. Für Schwarz ungefährlich ist auch 8. Sd6 + Kf8 9. 0—0—0 Sh6 10. Ld3 f5.
5... L : c3+ (schwächer ist 5... c : d 6. a : b d : c wegen einer Variante des sowjetischen Theoretikers Rauser: 7. Sf3 c : b 8. L : b2 Se7 9. Ld3. Für den geopferten Bauern erhält Weiß Initiative) **6. b : c Se7.**
(Siehe nächstes Diagramm)
7. Sf3 (auf 7. Dg4 spielt man am besten 7... Dc7 8. D : g7 Tg8 9. D : h7 c : d 10. Kd1 Sbc6 11. Sf3 d : c 12. Sg5 Tf8 13. f4 Ld7 14. Dd3 0—0—0. Beide Seiten haben interessante Fortsetzungsmöglichkeiten) **7... Da5 8. Ld2 c4 9. Le2 Sbc6 10. 0—0 0—0.**

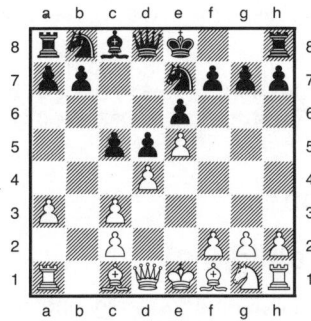

Weiß muß den Angriff auf dem Königsflügel organisieren, doch wird der Durchbruch nicht einfach zu realisieren sein. Schwarz kann am Damenflügel aktiv werden oder nach der Entwicklung des Läufers auf d7 den Gegenschlag mit f6 organisieren.

IV.

3. Sd2

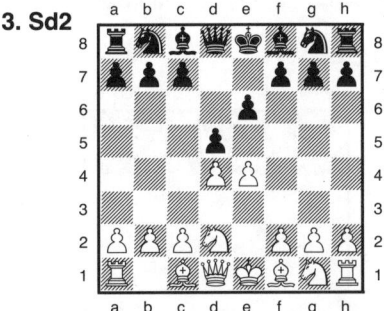

So vermeidet Weiß die Fesselung mit 3... Lb4 und bereitet das Abblocken des Bauers d4 mit c2-c3 vor. Doch ist der Springer auf d2 nicht sehr aktiv, so daß Schwarz Ausgleich erreicht.
3... c5 (der einfachste und logischste Zug) **4. e : d e : d 5. Sgf3.**
Schwarz hat nun einen isolierten Bauern; warum also die ganze Aktion? Weil der Bauer c5 großen Einfluß auf die Zentralfelder ausübt, umso mehr als sich der weiße Springer auf d2 und nicht auf c3 befindet.

5... Sc6 6. Lb5 Ld6 7. 0−0 Sge7 8. d : c L : c5 9. Sb3 Ld6 10. Sbd4 0−0.
Schwarz besitzt reelle Gegenangriffschancen.

V.

3. Sc3 d : e 4. S : e4

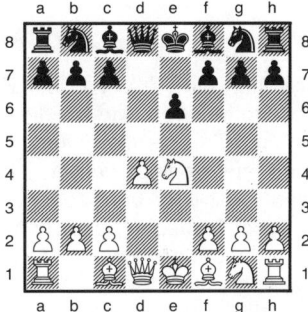

Die sogenannte Abtauschvariante. Dem Anziehenden eine Bauernübermacht im Zentrum überlassend, muß Schwarz die Zentralfelder ständig im Auge behalten und per Figurendruck auf sie einwirken.
4... Sd7 5. Sf3 Sgf6 6. S : f6+ S : f6 7. Ld3 Le7 8. 0−0 0−0 9. Se5 c5 10. d : c Da5 11. De2 D : c5 12. Lg5
Eine gefestigte aber passive Stellung für Schwarz. Das Problem der Entwicklung des Läufers auf c8 ist nicht leicht zu lösen.

ÜBUNGEN

Kommentieren Sie folgende Beispiele. Finden Sie die gemachten Fehler! Wie müßte der korrekte Zug lauten?
Nr. 44: 1. e4 e6 2. d4 d5 3. Sc3 Sf6 4. Lg5 Le7 5. L : f6 L : f6 6. e5 Le7 7. Ld3 c5 8. d : c L : c5 9. Dg4 0−0 10. Sf3 Sc6 11. L : h7+ K : h7 12. Dh5+ Kg8 13. Sg5 Te8 14. D : f7+ Kh8 15. Dh5+ Kg8 16. Dh7+ Kf8 17. Dh8+. Schwarz gibt auf!
Nr. 45: 1. e4 e6 2. d4 d5 3. Sc3 Sf6 4. Lg5 Le7 5. e5 Se4 6. L : e7 D : e7 7. Dg4 0−0 8. Ld3 S : c3 9. b : c c5 10. Sf3 c4 11. L : h7+ K : h7 12. Dh5+ Kg8 13. Sg5. Weiß gewinnt!
Nr. 46: 1. e4 e6 2. d4 d5 3. Sc3 d : e 4. S : e4

Ld7 5. Sf3 Lc6 6. Ld3 Sf6 7. S : f6+ D : f6
8. Lg5 L : f3 9. Dd2 D : d4 10. Lb5+. Schwarz
gibt auf!
Nr. 47: 1. e4 e6 2. d4 d5 3. Sc3 Lb4 4. e5 c5
5. a3 c : d 6. D : d4 Sc6 7. Dg4 L : c3+

8. b : c S : e5 9. D : g7 Df6 10. Lh6. Schwarz
gibt auf!
Nr. 48: 1. e4 e6 2. d4 d5 3. Sc3 Lb4 4. e5 c5
5. Dg4 Se7 6. D : g7 Tg8 7. D : h7 c : d 8. a3
Da5 9. Tb1 d : c 10. a : b Da2. Weiß gibt auf!

16. Hart auf hart

(Die Sizilianische Verteidigung)

Es war schon die Rede von der Eintei-
lung der Eröffnungen, wie sie die Theorie vorsieht. Wie bereits erwähnt, ist die
Einteilung nur bedingt verbindlich und
kann den Charakter und Verlauf eines
Spieles nicht festlegen. Manchmal ver-
falle ich auf die Idee, eine neue Klassifi-
zierungsmöglichkeit vorzuschlagen:
a) stehende b) gehende c) stürmende
Eröffnungen.
Dies ist natürlich als Spaß zu verstehen,
doch darin steckt vielleicht ein Körnchen
Wahrheit.
Es gibt tatsächlich Eröffnungen, deren
Varianten und Stellungen seit vielen
Jahren auf der Stelle treten, sich kaum
weiterentwickeln. So z. B. die Italienische Eröffnung, die Wiener Partie oder
das Vierspringerspiel . . . Ebenso scheinen manche Eröffnungen fortzuschrei-
ten, sich weiter zu bewegen, manche
langsamer, manche schneller. So z. B.
in der Spanischen Partie oder in der
Französischen Verteidigung.
Schließlich gibt es einige Eröffnungen,
deren Theorie sich stürmisch weiterent-
wickelt. Bei fast jedem Turnier tauchen
neue Ideen auf, aufgrund derer neue
Problemvarianten entstehen, neue un-
bekannte Wege begangen und gefunden werden. Es findet eine Entwicklung
statt, die in etwa dem Prinzip des Wett-
laufs „neue Waffe – neue Gegenwaffe"
ähnelt. Dabei wird der weiße Angriff
stetig verstärkt, während aber auch
Schwarz die Macht seiner Verteidi-

gungsmaßnahmen ständig und mit Erfolg steigert.
Zum Kreis dieser „stürmenden" Eröffnungen gehören vor allem jene, in denen eines der wichtigsten Themen der
modernen Theorie erprobt wird: der Figurendruck auf das gegnerische Bauernzentrum. Dabei überläßt eine Seite
dem Gegner das Bauernzentrum, um es
dann unter den „Beschuß" seiner Figuren zu nehmen.
Dazu gehört in erster Linie die Sizilianische Verteidigung.
1. e4 c5

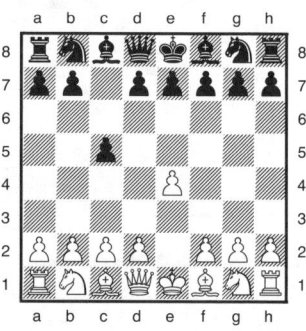

Mit diesem Zug eröffnet Schwarz den
Kampf um das Feld d4 und zeigt gleichzeitig seine Absicht, am Damenflügel
aktiv zu werden. Falls Weiß jetzt d4
zieht, wird Schwarz sofort abtauschen,
um für seine Schwerfiguren die c-Linie
zu öffnen. Im allgemeinen kommt es bei
diesem System zu weißen Aktivitäten im
Zentrum und am Königsflügel, entsprechend zu schwarzen am Damenflügel.

Aus der großen Zahl verschieden scharfer und komplizierter Varianten werden wir die sog. „Drachenvariante" untersuchen, wobei das Spiel über die verschiedenen Flügel hervorragend demonstriert wird.

2. Sf3 d6 3. d4 c : d 4. S : d4 Sf6 5. Sc3 g6

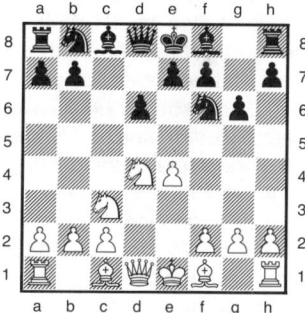

Die Flankierung des Läufers f8 ist die charakteristische Methode dieses Systems. Der Läufer unterstützt von g7 aus die aggressiven Aktionen auf dem Damenflügel. Weiß verfolgt zwei Hauptstrategien:

a) Kurze Rochade, um mit f2–f4 den Angriff auf dem Königsflügel zu eröffnen. Gleich vorweg gesagt – viele Versuche, diesen Angriff maximal zu verbessern, waren nicht vom Erfolg gekrönt. Schwarz hat gutes Gegenspiel.

b) Lange Rochade, um nach geeigneter Figurenentwicklung die schwarze Königsstellung mit den Bauern zu stürmen. Dieser, von Rauser empfohlene Plan bereitet Schwarz schon mehr Kopfzerbrechen.

Als Beispiel zu a) folgende Variante:

6. Le2 Lg7 7. Le3 Sc6 8. 0–0 0–0 9. Sb3 Le6 10. f4 Sa5 11. f5 Lc4 12. S : a5 L : e2 13. D : e2 D : a5 14. g4 Tac8

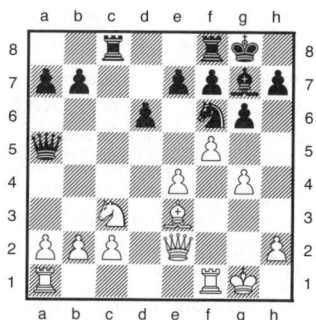

Die Angriffsabsichten beider Seiten werden hier deutlich sichtbar. Auf 15. g5 folgt 15... T : c3! 16. g : f (oder b : c S : e4 mit sehr guten Aussichten für Schwarz) 16... T : e3 17. D : e3 L : f6. Schwarz erhält zwar nur einen Bauern für die Qualität, aber sein Läufer ist ausgezeichnet postiert. Möglich wäre nun 18. c3 Tc8 mit gutem Gegenspiel für Schwarz. Statt 15. g5 spielt man auch 15. Ld4; aber auch da gibt es Möglichkeiten, das Gleichgewicht zu erhalten nach 15... Db4 16. Tad1 Dc4.

9. Sb3 spielt man, um den von Schwarz angestrebten Vorstoß d6–d5 zu stoppen, doch Schwarz kann nun seine Figuren umgruppieren und den nicht gerade idealen Standort des Springers ausnützen.

9. Sb3 a5 10. a4 Le6 11. Sd4 d5 (möglich wäre auch 11... S : d4 12. L : d4 Tc8 13. f4 Lc4) **12. S : e6 f : e 13. e : d S : d5!**

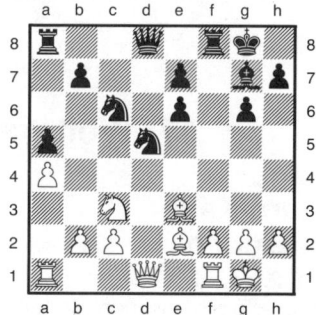

65

Der Läufer g7 greift nun aktiv ein. Auf 14. Lg4 ist am einfachsten 14... S : e3 15. L : e6+ Kh8 16. f : e Db6.
Nicht viel mehr erreicht Weiß mit 12. e : d L : d5 13. S : d5 S : d5 14. S : c6 b : c 15. Ld4 e5 16. Lc5 Te8. Die Chancen sind ausgeglichen!
Wie entwickelt sich nun das Spiel nach der langen Rochade von Weiß?

1. e4 c5 2. Sf3 d6 3. d4 c : d 4. S : d4 Sf6 5. Sc3 g6 6. Le3 Lg7 7. f3 0—0 8. Dd2 Sc6 9. Lc4 Ld7 10. Lb3 Tc8 11. 0—0—0.

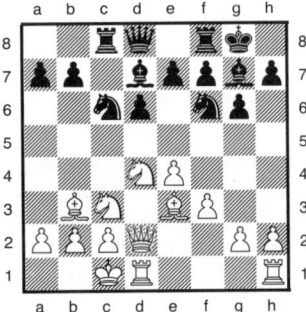

Weiß kann hier den Plan h2—h4—h5 verfolgen, mit dem Ziel, die h-Linie für den weiteren Angriff zu öffnen.
In dieser Variante kommt es zu ausnehmend scharfen Positionen, da sich Schwarz nicht nur auf Verteidigungsmaßnahmen beschränkt, sondern seinerseits den weißen König anzugreifen versucht.

Wer besitzt die besseren Chancen? Darüber werden bis heute heiße Diskussionen geführt. Die Theoretiker tun dies in ihren Analysen, die Meister in ihren Turnierkämpfen.
Statt 11. 0—0—0 kann man auch gleich 11. h4 spielen. Dann lautet die Antwort 11... Se5 12. h5 S : h5 13. Lh6 L : h6 14. D : h6. Das ist der entscheidende Augenblick für die schwarze Aktion 14... T : c3 15. b : c Da5 16. 0—0—0 Tc8 mit beiderseitigen gefährlichen Drohungen.
11... Se5 (interessant ist auch 11... S : d4 12. L : d4 a5) **12. h4 a5 13. h5.**
Wer ist schneller? In solchen Situationen bedeutet Zögern gleichzeitig Aufgabe.
Auf 13. g4 ist 13... a4 gut, mit nachfolgendem 14. S : a4 Sc4 15. L : c4 T : c4 16. Sc3 Da8 17. h5 Tfc8 18. Dd3 b5 und Schwarz ist schneller.
13... a4 14. S : a4 L : a4 14. L : a4 Sc4 16. Dd3 Da5 17. Lb3
An dieser Stelle empfiehlt der sowjetische Großmeister und Theoretiker Simagin eine interessante Fortsetzung: 17... d5 und auf 18. e : d folgt 18... S : d5 19. L : c4 T : c4 20. D : c4 (20. Sb3? D : a2) 20... S : e3 21. Db3 S : d1 22. T : d1, und der Läufer zielt von g7 aus bedrohlich auf die weiße Königsstellung.
Die Sizilianische Verteidigung ist reich an solchen und ähnlichen schwindelregenden Varianten und zieht deswegen die Aufmerksamkeit aller Freunde der scharfen Spielweise auf sich.

17. Weitere halboffene Spiele

Die Caro-Kann-Verteidigung
1. e4 c6 2. d4 d5
Wie in der Französischen Verteidigung verstärkt Schwarz d5 und erreicht eine gesicherte Stellung. Bei dieser Eröffnung stellt sich die Frage, wohin mit dem Springer b8, nachdem ihm das organische Entwicklungsfeld c6 genommen ist.

I.

3. e5 Lf5

(Im Caro-Kann – System fühlt sich der Läufer c8 recht wohl.) **4. Ld3 L : d3 5. D : d3 e6 6. Sc3** (oder 6. Se2 Db6 und dann c6−c5) **6... Db6 7. Sge2 c5.** Die schwarze Stellung ist solide.

II.

3. Sc3 d : e

Unlogisch wäre hier natürlich e6?, da damit der Läufer c8 eingesperrt werden würde, und auf 3... Sf6 erfolgt 4. e5 Sfd7 5. e6! f : e 6. Ld3 mit Angriff für Weiß. **4. S : e4 Lf5 5. Sg3 Lg6 6. Lc4** Weiß kann auch den seit alters her gespielten Zug anwenden: 6. h4 h6 7. Sf3 Sd7 (Der weiße Springer darf das Feld e5 nicht besetzen! Schlecht wäre 7... e6 8. Se5 Df6? 9. Lg5! und Weiß gewinnt!) 8. h5 Lh7 9. Ld3 L : d3 10. D : d3 Dc7 11. Ld2 e6 12. De2 Sf6 13. 0−0−0 0−0−0 14. Se5. Weiß hat die aktivere Stellung. **6... e6 7. S1e2 Sf6 8. Sf4** mit besseren Aussichten für Weiß.

III.

3. Sc3 d : e 4. S : e4 Sf6 5. S : f6+ e : f

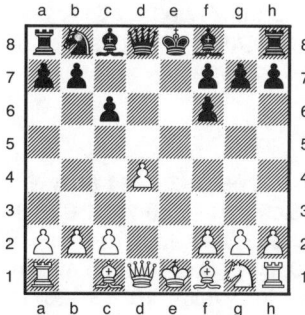

Eine ruhige Fortsetzung. Man spielt auch 5... g : f mit möglicher Antwort 6. c3 Lf5 7. Se2 h5 8. h4 Sd7 9. Sg3 Lg4 10. Le2 (10. f3 Dc7!) 10... L : e2

11. D : e2 Da5 12. 0−0 0−0−0 mit beiderseits scharfem Spiel. Betrachten Sie das Diagramm noch einmal genauer! Nach Abtausch aller Figuren wäre Weiß zweifelsohne im Vorteil, denn seine Bauern sind besser gestaffelt, und die Möglichkeit, sich einen Freibauern zu schaffen, besteht auch. Doch wie S. Tartakower sagte, „vor das Endspiel haben die Götter das Mittelspiel gesetzt". Verständlicherweise ist Schwarz nicht auf eine weitgehende Vereinfachung aus. Den Doppelbauern auf der f-Linie will er zur Vorbereitung des Figurenspiels nutzen, als Kontrolle über so wichtige Felder wie e5 oder g5. Weiterhin wäre möglich 6. Lc4 Ld6 7. De2+ Le7 (Die Dame vor dem Abtausch schützend, wird Schwarz nach der Rochade den Läufer wieder auf d6 postieren mit Möglichkeiten zum aktiven Spiel. Schwächer ist 7... De7). 8. Sf3 0−0 9. 0−0 Te8 10. Te1 Sd7 11. c3 Sf8 12. Lf4 Le6 13. Lb3 L : b3 14. a : b a5. Auf 13. Ld3 kann Schwarz mit 13... Ld5 antworten. Die Chancen sind jeweils gleich.

Die Skandinavische Verteidigung

1. e4 d5 2. e : d

Der Zug 1... d5 besitzt eine jahrhundertealte Geschichte. Darin spiegelt sich der schwarze Wunsch nach schnellen Aktivitäten. Allerdings sind die Grundvoraussetzungen dafür nicht vorhanden – eine entsprechend vorbereitete Figurenstellung.

Weiß erhält gutes Spiel auch nach **2... D : d5 3. Sc3 Da5** (3... Dd8 4. d4 günstiger für Weiß) **4. d4 Sf6 5. Sf3 Lg4** (oder 5... Lf5 6. Se5 mit der Drohung Sc4) **6. h3 Lh5** (gute Aussichten für Weiß auch nach 6... L : f3 7. D : f3 c6 8. Ld2 Sbd7 9. 0−0−0) **7. g4 Lg6 8. Se5 c6**

9. h4. Ernste Schwierigkeiten für den Nachziehenden.

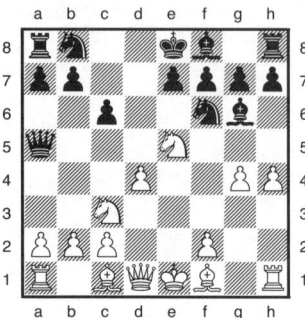

Nach 1. e4 d5 2. e : d kann Schwarz auch im Gambitstil fortfahren mit 2... Sf6 und besitzt nach 3. c4 c6 4. d : c S : c6 offensichtliche Entwicklungsvorteile. Für Weiß günstiger ist 3. d4 S : d5 4. c4 mit Vorteilen im Zentrum.

Alexander Aljechin

Aljechin – Verteidigung
(Originalaussprache Aljóchin)
1. e4 Sf6
Ein originelles System, in die Praxis von A. Aljechin eingeführt. Schwarz läßt die Bildung eines weißen Bauernzentrums zu und übt Figurendruck auf die Zentralfelder aus.

I.

2. e5 Sd5 3. c4 Sb6 4. d4 d6
(2. Sc3 e5 leitet in die Wiener Partie über)

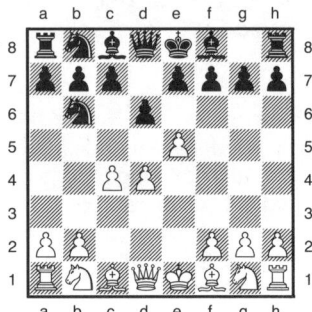

5. f4 (scharfe Variante, der sog. Vierbauernangriff) **5... d : e 6. f : e Sc6 7. Le3 Lf5 8. Sc3 e6 9. Sf3 Le7 10. Le2 0—0 11. 0—0 f6 12. e : f L : f6 13. Dd2.** Eine Stellung voller Leben, doch mit besseren Aussichten für Weiß, z. B. 13... De7 14. Tad1 Tad8 15. Dc1, und die schwarzen Figuren haben wenig Bewegungsfreiheit.

II.

5. e : d e : d 6. Le3 Le7 7. Ld3 Sc6 8. Sc3 eine feste aber passive Stellung für Schwarz.

III.

1. e4 Sf6 2. e5 Sd5 3. d4 d6 4. Sf3 Lg4 5. Le2 Sc6 6. 0—0 e6 7. c4 Sb6 8. e : d c : d 9. Sc3 Le7 (auf keinen Fall 9... L : f3 10. L : f3 S : c4 11. d5 mit Angriffschancen für Weiß!) **10. b3 Lf6 11. Le3 0—0 12. a3.**
Die Springervorposten auf dem Damenflügel ermöglichen die weiße Bauernoffensive. Auf 12... d5 folgt 13. c5 Sd7 14. b4.

Aaron Nimzowitsch

Nimzowitsch-Eröffnung

1. e4 Sc6

Im Prinzip die gleiche Idee wie in der Aljechin-Verteidigung, doch ist der Springerzug c6 weniger aktiv, denn der Bauer e4 wird nicht angegriffen. Nach 2. d4 d5 3. Sc3 d : e 4. d5 Sb8 5. Lc4 Sf6 6. Lf4 c6 7. Sge2 c : d 8. S : d5 S : d5 9. L : d5 e6 10. Lc4 D : d1+ 11. T : d1 hat beispielsweise Weiß Stellungsvorteile.

Die Pirč-Ufimzew-Verteidigung

(Originalaussprache Pirtsch)
1. e4 d6 2. d4 Sf6 3. Sc3 g6

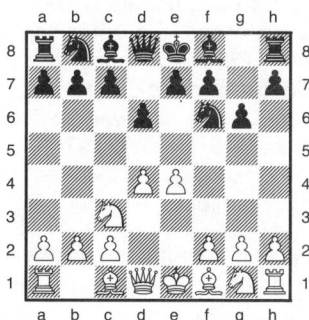

Eine außerordentlich komplizierte Eröffnungsvariante, deren Theorie sich ständig verändert und weiter entwickelt. In einem scharfen Kampf kann Schwarz der Theorie zufolge aktives Gegenspiel erreichen. Hier eine der möglichen Fortsetzungen:

4. Sf3 Lg7 5. Le2 0—0 6. 0—0 c6
Schwächer ist wohl 6... Sbd7 7. e5 Se8 8. Lf4 Sb6 9. h3 c6 10. Dc1. Auch nach 6... Lg4 7. Le3 Sc6 8. Dd2 e5 9. d5 besitzt Weiß die aktivere Stellung.
7. h3 Sbd7 8. e5 d : e 9. d : e Sd5 10. S : d5 c : d 11. D : d5 S : e5 mit gleichen Aussichten.

ÜBUNGEN

Kommentieren Sie nachstehende Partien. Wo wurden Fehler gemacht? Finden Sie die korrekte Fortsetzung!

Nr. 49: 1. e4 c5 2. Sf3 e6 3. d4 c : d 4. S : d4 Sf6 5. Sc3 Lb4 6. e5 Da5 7. e : f L : c3+ 8. b : c D : c3+ 9. Dd2 D : a1 10. f : g Tg8 11. c3 Db1 12. Ld3 Db6 13. Dh6 f5 14. D : h7 Kf7 15. S : f5 und Weiß gewinnt!

Nr. 50: 1. e4 c6 2. d4 d5 3. Sc3 d : e 4. S : e4 Sf6 5. Sg3 h5 6. Lg5 h4 7. L : f6 h : g 8. Le5 T : h2 9. T : h2 Da5+ 10. c3 D : e5+ 11. d : e g : h und Schwarz gewinnt!

Nr. 51: 1. e4 Sf6 2. e5 Sd5 3. c4 Sb6 4. d4 d6 5. f4 Lf5 6. Ld3 L : d3 7. D : d3 d : e 8. f : e c5 9. d5 e6 10. Sc3 Dh4+ 11. g3 D : c4 mit Materialvorteil für Schwarz!

Nr. 52: 1. e4 d5 2. e : d D : d5 3. Sc3 Da5 4. d4 Sf6 5. Lc4 Lf5 6. Ld2 e6 7. Sd5 Da4 8. Lb5+ D : b5 9. S : c7+. Schwarz gibt auf!

Nr. 53: 1. e4 d5 2. e : d D : d5 3. Sc3 Dd8 4. d4 Sc6 5. Sf3 Lg4 6. d5 Se5 7. S : e5 L : d1 8. Lb5+ c6 9. d : c a6 10. c7+ a : b 11. c : d8 = D+ T : d8 12. S : d1 und Weiß gewinnt!

Nr. 54: 1. e4 d6 2. d4 g6 3. Sf3 Lg7 4. Sc3 Sd7 5. Lc4 Sgf6 6. e5 d : e 7. d : e Sg8 8. L : f7+ K : f7 9. Sg5+ Ke8 10. Se6. Schwarz gibt auf!

18. Geschlossene Spiele

In diesem Kapitel werden einige klassische Varianten des Damengambits besprochen.
1. d4 d5 2. c4.

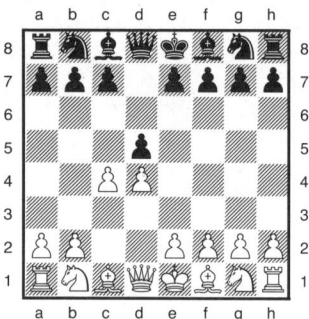

Diese beliebte Eröffnung verlangt von den Spielern schnelle Entscheidung hinsichtlich der Lösung von Problemen, die mit dem Zentrum verbunden sind. Schwarz hat einige Schwierigkeiten zu überstehen, und seine Verteidigung muß durchdacht und präzis sein.

Das angenommene Damengambit

2... d : c 3. Sf3 (hier darf Schwarz nicht spielen 3... b5? 4. a4 c6 5. e3 Db6 6. a : b c : b 7. Se5! Lb7 8. b3) **3... Sf6 4. e3 e6 5. L : c4 c5 6. 0−0 a6 7. De2** (7. a4 schafft für Schwarz die Gelegenheit zum Manöver Sc6−b4) **7... Sc6 8. Sc3 b5 9. Lb3 Lb7 10. Td1.**
Weiß besitzt Initiative, aber auch die schwarzen Verteidigungsaussichten sind nicht schlecht. Möglich wäre z. B. 10... Le7 11. d : c Dc7 12. e4 L : c5.

Die orthodoxe Verteidigung

2... e6

Nun erhält der Bauer d5 eine verläßliche Stütze, wodurch die schwarze Stellung im Zentrum sehr stabil wird. Schlecht an diesem Zug ist, daß dem Läufer c8 der Weg versperrt wird. Die Hauptidee dieser Variante ist es, die Stützpunkte im Zentrum zu sichern und die Entwicklung des Läufers c8 vorzubereiten.
3. Sc3 Sf6 4. Lg5 Le7 5. e3 0−0 6. Sf3 Sbd7 7. Tc1.

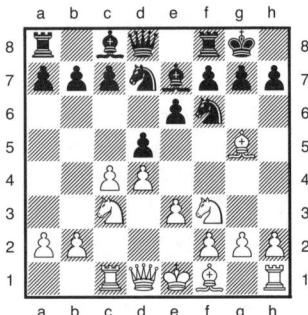

Ein starker und aktiver Zug. Wenn Schwarz nun 7... c5 spielen sollte, folgt 8. d : c d : c 9. c6!, und Schwarz befindet sich in einer unangenehmen Lage. Auf 8... Da5 käme 9. a3 D : c5 10. Sb5 Db6 11. Lf4, und Weiß ist im Vorteil.
Bei 7. Dc2 (statt 7. Tc1) kann Schwarz 7... c5 antworten, um auf 8. 0−0−0 mit Da5 zu antworten. Ein gefährlicher Gegenangriff! Bei der Öffnung der c-Linie steht die Dame auf c2 ungünstig. Weiß kann den Bauern d5 zwar isolieren mit 8. c : d S : d5 9. L : e7 D : e7 10. S : d5 e : d 11. d : c S : c5, doch ist dieser schwer angreifbar, während Schwarz die Zentralfelder kontrolliert.
7... c6 (Nach 7... b6 8. c : d e : d 9. Ld3 Lb7 10. 0−0 c5 11. De2 hat Weiß eine aktive Stellung mit Angriffsmöglichkeiten

auf dem Königsflügel. Neben 9. Ld3 ist auch 9. Lb5 spielbar.)

8. Ld3

Das ist der natürlichste Zug, obwohl Schwarz ein Tempo gewinnt, durch Schlagen auf c4. Beim Versuch von Weiß, die Läuferentwicklung von f1 aus zu verzögern, läßt sich Schwarz ebenfalls mit dem Schlagen auf c4 Zeit. Z. B. 8. Dc2 h6 9. Lh4 a6.

(Schwarz hat folgendes vor: d : c, b7—b5 mit Lb7; Weiß spielt nicht c4—c5, was auch für andere Varianten des Damengambits gilt, weil dadurch der Bauer d5 gestärkt wird und gleichzeitig der Vorstoß e6—e5 ermöglicht wird.) 10. a3 Te8 11. Ld3 d : c 12. L : c4 b5 13. La2 c5 und nach der Läuferentwicklung über b7 kann Schwarz Ausgleich schaffen.

8... d : c 9. L : c4 Sd5 (das Capablanca-System) **10. L : e7.**

Die weiteren Fortsetzungen sind für Weiß weniger überzeugend:

a) 10. Lf4 S : f4 11. e : f c5 12. d5 Sb6 oder 12. d : c S : c5 oder 12. 0—0 Sb6 13. Ld3 c : d 14. S : d4 Lf6 mit Vorteilen für Schwarz.

b) 10. h4 S : c3 11. b : c (11. T : c3 verliert Qualität: 11... f6 12. L : e6+ Kh8 — der Läufer g5 ist angegriffen, und es droht 13... Lb4) 11... b6. Schwarz kann die Entwicklung nun mit c5 und Lb7 fortsetzen, während die weiße Stellung geschwächt ist. Der König bleibt im Zentrum, die kleine Rochade ist riskant.

c) 10. Se4 Da5+ 11. Kf1 (11. Sed2 L : g5 12. S : g5 S : e3) 11... f6 12. Lh4 S7b6 mit Initiative für Schwarz.

10... D : e7

Schlecht wäre 10... S : c3? wegen 11. L : d8 S : d1 12. Le7 und auf 12... Te8 folgt 13. La3.

11. 0—0 S : c3

Schwarz verfolgt konsequent seinen Plan. Nicht so gut ist 11... S5b6 12. Lb3 e5 13. Se4 e : d 14. D : d4 mit sehr aktiver Stellung für Weiß, Schlecht ist z. B. 14... Tb8 15. Tfd1, da Schwarz ganz passiv steht. Unlogisch wäre 11... S7b6 oder 11... S7f6, denn in diesem Falle wäre der wichtige Zug e6—e5 sehr erschwert.

12. T : c3 e5

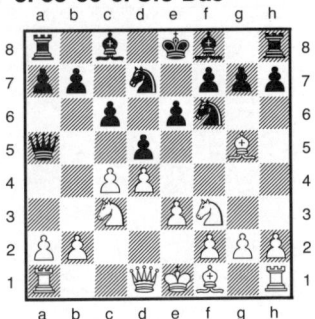

Ein Triumph der Strategie. Die Läuferentwicklung ist gesichert, die schwarze Gesamtstellung ist nicht schlechter. Möglich ist 13. d : e S : e5 14. S : e5 D : e5 15. f4 Df6 16. e4 Le6 17. e5 De7 18. Lb3 f5, wie schon in der Partie Capablanca – Lasker (Moskau, 1936) gespielt wurde. Wenn statt 16. e4 16. f5 kommt, dann ist 16... b5 17. Ld3 Td8 eine gute Erwiderung.

Die Cambridge-Springs-Variante

1. d4 d5 2. c4 e6 3. Sc3 Sf6 4. Lg5 Sbd7 5. e3 c6 6. Sf3 Da5

Fehlerhaft wäre 5. c : d e : d 6. S : d5? wegen 6... S : d5 7. L : d8 Lb4+ 8. Dd2 L : d2+ 9. K : d2 K : d8 mit Figurengewinn für Schwarz.

Die Idee dieses Systems besteht darin, die Fesselung des Springers c3 auszunutzen und am Damenflügel aktiv zu werden. Weiß muß vorsichtig spielen. Schlecht ist z. B. 7. Ld3 Se4 und auf 8. L : e4 folgt 8. ...d : e – der Läufer auf g5 bleibt ungedeckt.

Am besten für Weiß ist das ruhige 7. Sd2. Das Spiel könnte sich daraus so entwickeln: 7... Lb4 8. Dc2 (auf keinen Fall 8. Db3? wegen 8... d : c) 8... 0–0 9. Lh4 (oder 9. Le2 e5 10. d : e Se4 mit für Schwarz günstigen Verwicklungen) 9... c5 10. Sb3 Da4 11. L : f6 S : f6 12. d : c L : c3+ 13. D : c3 Se4 14. Da5 D : a5 15. S : a5 S : c5 16. c : d e : d. Von Aljechin empfohlene Variante, mit leichten Vorteilen für Weiß.

Die Slawische Verteidigung

1. d4 d5 2. c4 c6

Mit diesem Zug befestigt Schwarz d5, ohne den Läufer c8 einzusperren. Der Schwachpunkt dieser Variante ist die nicht mehr ideale Entwicklungsmöglichkeit für den Springer b8.

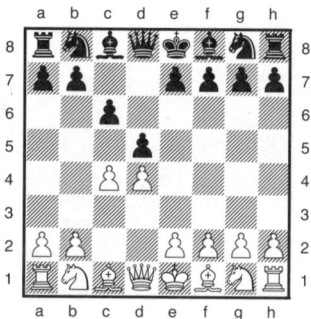

I.

3. Sf3 Sf6 4. Sc3 d : c (auf 4... Lf5 folgt 5. c : d c : d 6. Db3 mit Druck auf den Bauern b7; auf 6... b6 werden die Felder b5, a6 und c6 geschwächt)

5. a4

(Falls 5. e3, folgt 5... b5 6. a4 b4 7. Sa2 e6 8. L : c4 Le7 9. 0–0 0–0 10. De2 Lb7 11. Tb1 a5 12. Ld2 Sbd7 13. Sc1 Db6 14. Sb3 c5. Schwarz steht blendend, wie in der Partie Reshevsky–Smyslow, 1945.)

5... Lf5 6. e3 e6 7. L : c4 Lb4 8. 0–0 0–0 9. De2 Sbd7 (von Smyslow empfohlen) **10. e4 Lg6 11. Ld3 Lh5** mit Ausgleich.

II.

3. Sf3 Sf6 4. e3 e6 5. Sc3 Sbd7 6. Ld3 d : c (Nach 6... Le7 7. 0–0 0–0 8. e4 d : e 9. S : e4 b6 10. De2 Lb7 11. Td1 Dc7 hat Schwarz eine passive Stellung.) **7. L : c4 b5 8. Ld3** (auf 8. Lb3 folgt 8... b4 9. Sa4 La6) **8... a6 9. e4 c5** (die sog. Meraner Variante, von Rubinstein eingeführt) **10. e5 c : d** (schlecht wäre 10... Sd5 11. S : d5 e : d 12. 0–0, und der Bauer e5 drückt sehr auf die schwarze Stellung) **11. S : b5 a : b 12. e : f Db6 13. f : g L : g7 14. 0–0 0–0 15. De2 Lb7.**

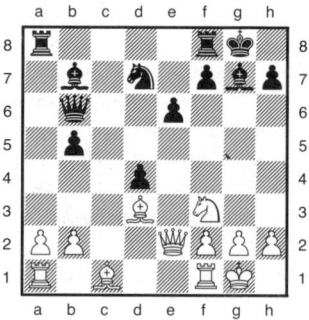

Eine sehr komplizierte Stellung. Die schwarzen Bauernschwächen werden durch das gute Figurenspiel ausgeglichen.

Die Tarrasch-Verteidigung
1. d4 d5 2. c4 e6 3. Sc3 c5

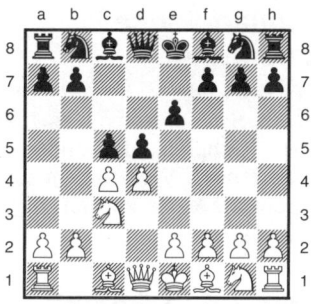

Die Schwäche dieser Verteidigung ist der schwarze Bauer d5, der sofort unter Beschuß gerät.
4. c : d e : d 5. Sf3 Sc6 6. g3 (die logische Fortsetzung – Druck auf Bauer d5)
6... Sf6
(auf 6... c4 folgt 7. Lg2 Lb4 8. 0–0 Sge7 9. Se5 0–0 10. S : c6 b : c 11. e4. Die schwarzen Zentralbauern sind unstabil.)
7. Lg2 Le7 8. 0–0 0–0 9. Lg5 Le6 10. d : c L : c5 11. Tc1 Le7 12. Sd4 S : d4 13. D : d4. Weiß besitzt die bessere Stellung.
Bei 11... Lb6 12. b3 ist die Situation zweischneidig, doch ist die Schwäche auf d5 deutlich spürbar.

Albins Gegengambit
1. d4 d5 2. c4 e5

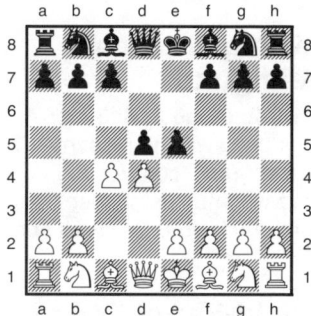

3. d : e (Die Annahme des Gambits ist fast immer die wirkungsvollste Bekämpfung desselben.) **3... d4 4. Sf3**
(Unkorrekt ist 4. e3 Lb4+ 5. Ld2 d : e 6. L : b4 e : f+ 7. Ke2 f : g = S+! 8. Ke1 Dh4+ – der Angriff ist nicht mehr zu parieren! Das Zwischenschach 6. Da4+ rettet auch nicht wegen 6... Sc6, und auf 7. L : b4 folgt 7... e : f+ 8. K : f2 Dh4+ 9. g3 Dd4+ – die Lage ist kritisch!)
4... Sc6 5. g3 (eine Variante von Tschigorin) **5... Lg4 6. Lg2 Dd7 7. 0–0 0–0–0 8. Da4 Kb8 9. Sbd2 Sge7 10. Sb3 Sc8 11. c5** mit Vorteilen für Weiß.
Das Thema „Damengambit" ist mehr als umfangreich und somit durch unsere Betrachtungen längst nicht vollständig erfaßt. Es kann weiter anhand von Meisterpartien oder Spezialwerken studiert werden.

19. Weitere geschlossene Spiele

Es gibt deren eine ganze Reihe, fast alle sind kompliziert und schwierig zu behandeln. So, als ob sie die zweite Stufe der Eröffnungstheorie darstellen würden. Im Großteil dieser Systeme entwickelt sich das Spiel nach taktischen Gesichtspunkten. Der Gesamtkomplex der Indischen Verteidigungen, heute in der Turnierpraxis mit an führender Stelle, basiert auf der Idee, dem gegnerischen Bauernzentrum entsprechend druckvolles Figurenspiel entgegenzusetzen. Diese Strategie verlangt ernsthafte Vorbereitungen und ein gutes Verständnis für Stellungsfinessen. Hier einige kurze Angaben zu diesen in letzter Zeit immer beliebter werdenden Systemen.

Die Königsindische Verteidigung

1. d4 Sf6 2. c4 g6 3. Sc3 Lg7 4. e4 d6
Ein altes und ewig interessantes Thema: Bauernzentrum contra Figurendruck. Schwarz wird nun versuchen, das weiße Zentrum durch e5 oder c5 zu sprengen.

Grünfeld-Verteidigung

1. d4 Sf6 2. c4 g6 3. Sc3 d5 In diesem System kommt es früher zum Angriffsmotiv auf das weiße Bauernzentrum. Die Hauptvariante: 4. c : d S : d5 5. e4 S : c3 6. b : c c5.

Die Damenindische Verteidigung

1. d4 Sf6 2. c4 e6 3. Sf3 b6
Durch die Flankierung des Läufers b7 möchte Schwarz das Feld e4 unter Kontrolle halten, um die weißen Aktionen im Zentrum zu stören. Gewöhnlich verläuft das Spiel so: 4. g3 Lb7 5. Lg2 Le7 6. 0–0 0–0 7. Sc3 Se4 mit solider schwarzer Stellung.

Nimzo-Indisch

1. d4 Sf6 2. c4 e6 3. Sc3 Lb4
Direkter Figurendruck auf das Feld e4 und Gegenangriff im Zentrum durch Schwarz. Auf 4. e3 ist 4... c5 oder 4... d5, und auf 4. Dc2 ist 4... d5 spielbar.

Ragosin-Verteidigung

1. d4 Sf6 2. c4 e6 3. Sc3 d5 4. Sf3 Lb4
Äußerlich erinnert die Konstruktion an das System von Nimzowitsch, doch ist der Plan der weiteren Ausführung ein anderer. Schwarz will im geeigneten Moment auf c4 abtauschen, um den Bauernvorstoß e6–e5 zu ermöglichen. Dazu kehrt der Läufer von b4 meist auf d6 zurück.

Die Holländische Verteidigung

1. d4 f5 2. c4 e6
In diesem System kommt es meist zu scharfen Kämpfen, die zudem recht kompliziert sind. Weiß ist im Zentrum aktiv, Schwarz versucht den Angriff auf dem Königsflügel.

Das Staunton-Gambit

1. d4 f5 2. e4 f : e 3. Sc3
Ein mutiger Versuch, durch das Bauernopfer Initiative zu erlangen. Nach 3... Sf6 4. Lg5 kann Schwarz nicht mit 4... d5 fortsetzen, wegen 5. L : f6 e : f 6. Dh5+ g6 7. D : d5 mit Vorteilen für Weiß. Statt 4... d5? spielt man meist 4... Sc6.

Richard Réti

Réti Eröffnung

1. Sf3 d5 2. c4
Weiß spielt weiterhin g3, Lg2 mit Druckverstärkung auf d5. In dieser Eröffnung

gestattet Weiß ein schwarzes Bauernzentrum, das zum Ziel seiner Angriffe wird.

Bird-Eröffnung

1. f4

Weiß übernimmt sofort die Kontrolle über e5 und setzt meist fort mit Sf3, b3 und Lb2. Allerdings hat der Zug f4 einige Schwächen.

Froms Gambit

1. f4 e5 2. f : e d6

Nach dem Bauernopfer versucht Schwarz über 3. e : d L : d6, den Angriff auf den weißen König zu forcieren. Meist wird so weitergespielt 4. Sf3 g5 5. d4, was zu großen Verwicklungen führt.

Das Budapester Gambit

1. d4 Sf6 2. c4 e5

Obwohl das Bauernopfer mit geistvollen taktischen Angriffen verbunden ist, ist es nicht ganz überzeugend. Weiß kommt in Vorteil. Hier die mögliche Fortsetzung: 3. d : e Sg4 4. e4 S : e5 5. f4 Sec6 6. Le3.

Sokolski Eröffnung

(Orang-Utan-Eröffnung)

1. b4

Schwarz kann auf verschiedene Weise zu befriedigendem Spiel kommen. Möglich ist 1... e5 2. Lb2 f6 3. b5 d5 4. e3 Le6. Schwarz besitzt eine gute Stellung, als logische Folge der weißen Spielweise, der zwei Tempi für das Vorziehen des Bauern b2 verbraucht.

Die Königsindische Eröffnung

Für die moderne Eröffnungsstrategie ist folgende Methode immer charakteristischer: Weiß verwendet Systeme, die eigentlich von Schwarz gespielt werden, allerdings mit einem Tempo Vorsprung, sog. Verteidigungen „im Anzug". So wird hier das Prinzip der Königsindischen Verteidigung von Weiß übernommen.

1. Sf3 d5 2. g3 Sf6 3. Lg2 Lf5 4. 0−0 c6 5. d3 Sbd7 6. Sbd2 e6 7. De1 Le7 8. e4 d : e 9. d : e Lg6; eine der typischen Varianten. Die Chancen sind gleichmäßig verteilt.

Englisch

1. c4

Ein elastisches Eröffnungssystem, das die Möglichkeit in sich birgt, das Spiel in andere Formationen umzuleiten. So kann z. B. 1... Sf6 in altindische Varianten überleiten, nach 1... e5 kommt es zu einer Stellung aus der Sizilianischen Verteidigung mit vertauschten Farben. Diese Eröffnung ist heute sehr beliebt. Hier einige Auswahlvarianten als Beispiel.

1... e5 2. Sc3 Sf6 3. Sf3 Sc6 4. d4 e : d 5. S : d4 Lb4 (Interessant ist auch 5... Lc5 6. S : c6 b : c 7. g3. Eine scharfe Fortsetzung empfiehlt Aljechin: 7... h5 8. h4 Sg4) 6. Lg5 (schwächer ist 6. S : c6 b : c 7. g3? De7 8. Lg2 La6 9. Dd3 d5) 6... h6 7. Lh4 L : c3+ 8. b : c d6 9. e4 Se5 10. Le2 Sg6. Ein scharfer Kampf steht bevor.

1... e5 2. Sc3 Sc6 3. g3 g6 4. Lg2 Lg7 5. e3 Sge7 6. Sge2 d6 7. d4 Weiß steht besser.

1... c5 2. Sc3 Sf6 3. Sf3 d5 4. c : d S : d5 5. e4 Sb4 (auf 5... S : c3 kommt 6. b : c e6 7. d4 mit minimalen Vorteilen für Weiß) 6. Lc4 e6 7. 0−0 a6 8. a3 S4c6 9. d3 Le7 10. Le3 Sd4 Schwarz steht nicht schlechter.

20. Wie lernt man die Eröffnungen?

Wie soll man beim Studium der Schacheröffnungen vorgehen? Muß man denn alle Varianten, die in dicken Eröffnungswälzern angeführt werden, kennen und auswendig lernen? Die Zahl dieser Varianten geht in die Tausende...

Hier soll noch einmal ausdrücklich betont werden, daß Eröffnungsvarianten nichts weiter sind als in der Turnierpraxis bereits erprobte mögliche Fortsetzungen. Sie können nicht in vollem Umfang die Vielfältigkeit des Schachspiels erschöpfend wiedergeben, noch sind sie Beweis dafür, daß es nicht andere ebenso annehmbare Fortsetzungen gibt. Tschigorin hat mit Recht darauf hingewiesen, daß es in jeder Eröffnung möglich ist, die Schablonen, wie sie in den Büchern angegeben sind, zu vermeiden, wobei die erzielten Ergebnisse keineswegs schlechter sind, vielleicht sogar noch besser.

Noch krasser drückte sich Réti in dieser Frage aus. Seiner Ansicht nach ist „ein nur auf Variantenkenntnis aufgebautes Wissen – eine Fata Morgana".

Man darf die Eröffnungsvarianten tatsächlich nicht als etwas Erstarrtes, Ewiges ansehen. In Wirklichkeit sind sie nur ein Spiegel der Turnierpraxis und verändern und vervollkommnen sich ständig. Die Ansichten über einzelne Varianten und sogar über ganze Systeme verändern sich auch. Oft erlangen Fortsetzungen, die schon lange im Archiv ruhten, neue Bedeutung wegen eines versteckten Manövers, das früher mal falsch eingeschätzt worden war. Das ist der natürliche Entwicklungsprozeß.

Das mechanische Auswendiglernen von Varianten ist nicht nutzbringend. Das wirklich sinnvolle Wissen um die Eröffnungstheorie erwirbt man sich auf andere Art und Weise – durch gewissenhafte Erarbeitung der Verständnisses für die allgemeine Eröffnungsstrategie und die Ideen von Eröffnungssystemen.

Dabei muß erwähnt werden, daß, obwohl solche Weisheiten wie die schnelle Entwicklung der Figuren, oder die Bedeutung der Zentralfelder so selbstverständlich sind, manchmal selbst erfahrene Spieler nach wenigen Zügen diese vergessen und sich im Streben nach vermeintlichem Materialgewinn in nutzlose Kombinationen vertiefen. Das führt zur wohlbekannten „Zerstörung des natürlichen Gleichgewichts" und, wenn der Gegner entsprechend stark ist, auch zum Verlust.

In diesem Lehrbuch wurde die größte Beachtung den Ideen der Eröffnungssysteme gewidmet. Das Studium von konkreten Varianten und allgemeinen Prinzipien muß dabei in ständiger Verbindung miteinander gesehen werden, basierend auf der praktischen Erprobung im Spiel. Die Übungen dienen der Förderung der selbständigen Arbeit, die Ihnen zur Gewohnheit werden sollte, um den Sinn der Eröffnungsprinzipien und die Anwendung des theoretischen Wissens am Schachbrett begreifen zu lernen.

Bei der Durcharbeitung des Materials in diesem Buch darf es keine Unklarheiten geben. Insofern Ihnen der Sinn eines Zuges unklar bleibt, bemühen Sie sich nochmals, das Gemeinte zu erfassen, studieren Sie weitere Meisterpartien zu diesem Thema.

Allerdings wird das hierbei erworbene Wissen immer nur totes Kapital bleiben, wenn Sie die für Sie interessanten Varianten nicht selbst in der Spielpraxis erproben. Die gespielten Partien sollen dabei mitgeschrieben werden, damit man in späteren Analysen Fehler finden und an deren Verbesserung arbeiten kann.

Was das Eröffnungsrepertoire angeht, wird es am besten sein, mit den offenen Spielen anzufangen. In diesem Theoriebereich kommen so wichtige Begriffe wie Figurenentwicklung, Zentrum, Zusammenwirken der Kräfte, Entwicklungstempo und Raumbesetzung besonders klar zum Ausdruck.

Tschigorin war der Ansicht, daß vor allem das Gambitspiel die kombinatorischen Fähigkeiten schult. Réti hat mehrfach betont, daß man das Eröffnungsstudium unbedingt mit den klassischen offenen Partien zu beginnen habe. Capablanca hat die Spanische Partie als den Prüfstein für das Verständnis des Positionsspiels und des Manövrierens bezeichnet.

Schließlich möchten wir die Leser darauf hinweisen, daß eine allzu große Ehrfurcht weder vor den allgemeinen Eröffnungsprinzipien noch vor der Vielzahl der theoretischen Varianten angebracht ist.

Auf die besondere Wichtigkeit der schnellen Figurenentwicklung oder des Bauernzentrums haben wir mehrfach hingewiesen. Nun stellen Sie sich die Situation vor, die Ihnen in einer praktischen Partie ohne weiteres begegnen kann: Schnelle Figurenentwicklung ist möglich, jedoch nur auf ungünstige Felder, weitab vom Zentrum. Ist eine derartige schnelle Entwicklung günstig?

Oder folgendes Problem: Die Behauptung des Zentrums ist mit großen Schwierigkeiten verbunden. Soll man die Errichtung eines solchen Zentrums überhaupt anstreben?

Darin besteht auch der unvergängliche Reiz des Schachspiels. Das eigenschöpferische Moment, die Urteilsfähig-

keit und die Fähigkeit der Voraussicht sind die tatsächlich entscheidenden Elemente, die den guten Schachspieler ausmachen.

Man muß immer im Auge behalten, daß die Eröffnung mit den anderen Partiephasen eng verbunden ist. Oft werden schon in der Eröffnung die Grundlagen für typische Mittelspielstellungen oder sogar Endspielformationen gelegt, wenn es z. B. um Bauernketten geht.

Hier möchten wir nochmals betonen, daß die Analyse von weiteren Meisterpartien auch dieses Zusammenwirken über alle Partiephasen hinweg erkennen helfen kann.

In einem seiner Lehrbücher betont Emanuel Lasker: „Ich möchte meine Schüler so erziehen, daß sie selbständig denken lernen und den Gegenstand des Studiums der Kritik unterziehen können. Ich möchte ihnen keine abstrakten Begriffe und Allgemeinplätze empfehlen... Sie müssen bereit sein, im Spiel ihre eigene Auffassung, Urteil und Entscheidung zu überprüfen und das nicht nur einmal, sondern immer wieder – mit Fleiß und Freude".

Besser kann man die Aufgaben des Schachlehrers bzw. -schülers nicht beschreiben.

Durch die bisher angebotenen Übungen haben Sie unserer Ansicht nach stufenweise eine bereits solide Erfahrung im Kommentieren und in der analytischen Überprüfung erworben. Diesmal werden die Übungen etwas schwieriger sein. Sie sollen nicht nur die Fehler suchen und die richtige Fortsetzung finden, sondern allgemeine Charakteristika für bestimmte Eröffnungssyteme angeben, wobei Sie unsere teilweise recht kurzen Ausführungen erweitern müssen.

ÜBUNGEN

Kommentieren Sie in der angegebenen Weise nachfolgende Partiebeispiele:

Nr. 55: 1. d4 d5 2. c4 d : c 3. Sf3 Sf6 4. e3 b5 5. a4 c6 6. Se5 La6 7. a : b c : b 8. b3 c : b. 9. T : a6 S : a6 10. L : b5+. Schwarz gibt auf!

Nr. 56: 1. d4 d5 2. c4 e6 3. Sc3 Sf6 4. Lg5 Sbd7 5. e3 Le7 6. Sf3 0−0 7. Tc1 c6 8. Dc2 a6 9. c : d e : d 10. Ld3 Te8 11. 0−0 h6 12. Lf4 Sh5 13. S : d5 c : d 14. Lc7. Damengewinn für Weiß!

Nr. 57: 1. d4 d5 2. c4 e6 3. Sc3 Sf6 4. Lg5 Sbd7 5. Sf3 Lb4 6. e3 c5 7. Ld3 Da5 8. Db3 Se4 9. L : e4 d : e 10. Se5 f6 11. S : d7 L : d7 12. Lh4 La4. Damengewinn für Schwarz!

Nr. 58: 1. d4 d5 2. c4 e6 3. Sc3 Sf6 4. Lg5 Sbd7 5. e3 Le7 6. Sf3 b6 7. c : d e : d 8. Lb5 Lb7 9. Se5 0−0 10. Lc6 L : c6 11. S : c6 De8 12. S : e7+ D : e7 13. S : d5 De4 14. S : f6+ g : f 15. Lh6 D : g2 16. Df3. Siehe Diagramm! 16... D : f3 17. Tg1+ Kh8 18. Lg7+ Kg8 19. L : f6 #.

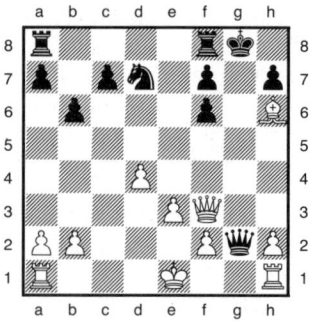

Nr. 59: 1. d4 d5 2. c4 e6 3. Sc3 Sf6 4. Sf3 c5 5. Lg5 c : d 6. S : d4 e5 7. Sdb5 a6 8. S : d5 a : b 9. S : f6+ D : f6 10. L : f6 Lb4+ 11. Dd2 L : d2+ 12. K : d2 g : f. Weiß gibt auf!

Nr. 60: 1. d4 d5 2. c4 c6 3. Sf3 Lf5 4. Db3 Db6 5. c : d D : b3 6. a : b L : b1 7. d : c Le4 8. T : a7 T : a7 9. c7. Weiß gewinnt!

Nr. 61: 1. d4 d5 2. c4 c6 3. Sf3 Sf6 4. Sc3 d : c 5. a4 Lf5 6. Se5 c5 7. e4 S : e4 8. Df3 c : d 9. D : f5 Sd6

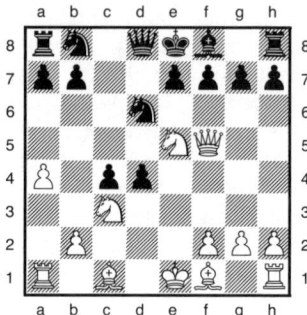

10. L : c4 e6 11. Lb5+ Ke7 12. Sg6+ h : g 13. Sd5+ e : d 14. De5 #

Nr. 62: 1. d4 Sf6 2. c4 e6 3. Sf3 b6 4. g3 Lb7 5. Lg2 Le7 6. 0−0 0−0 7. Sc3 Se4 8. Dc2 S : c3 9. Sg5 S : e2+. Weiß gibt auf!

Nr. 63: 1. d4 Sf6 2. c4 e6 3. Sf3 b6 4. g3 Lb7 5. Lg2 Le7 6. Sc3 0−0 7. 0−0 d5 8. Se5 Sbd7 9. c : d S : e5 10. d6 L : g2 11. d : e D : e7 12. d : e L : f1 13. e : f Vorteil für Weiß!

Nr. 64: 1. d4 Sf6 2. c4 g6 3. Sc3 d5 4. Sf3 Lg7 5. Lg5 Se4 6. S : d5 S : g5 7. S : g5 e6 Weiß verliert eine Figur!

Nr. 65: 1. d4 Sf6 2. c4 g6 3. Sc3 d5 4. c : d S : d5 5. e4 S : c3 6. b : c c5 7. Lc4 Lg7 8. Se2 Sc6 9. Le3 c : d 10. c : d Da5+ 11. Ld2 Da3 12. Tb1 0−0 13. d5 Se5 14. Lb4 Df3 15. g : f S : f3+ 16. Kf1 Lh3 #.

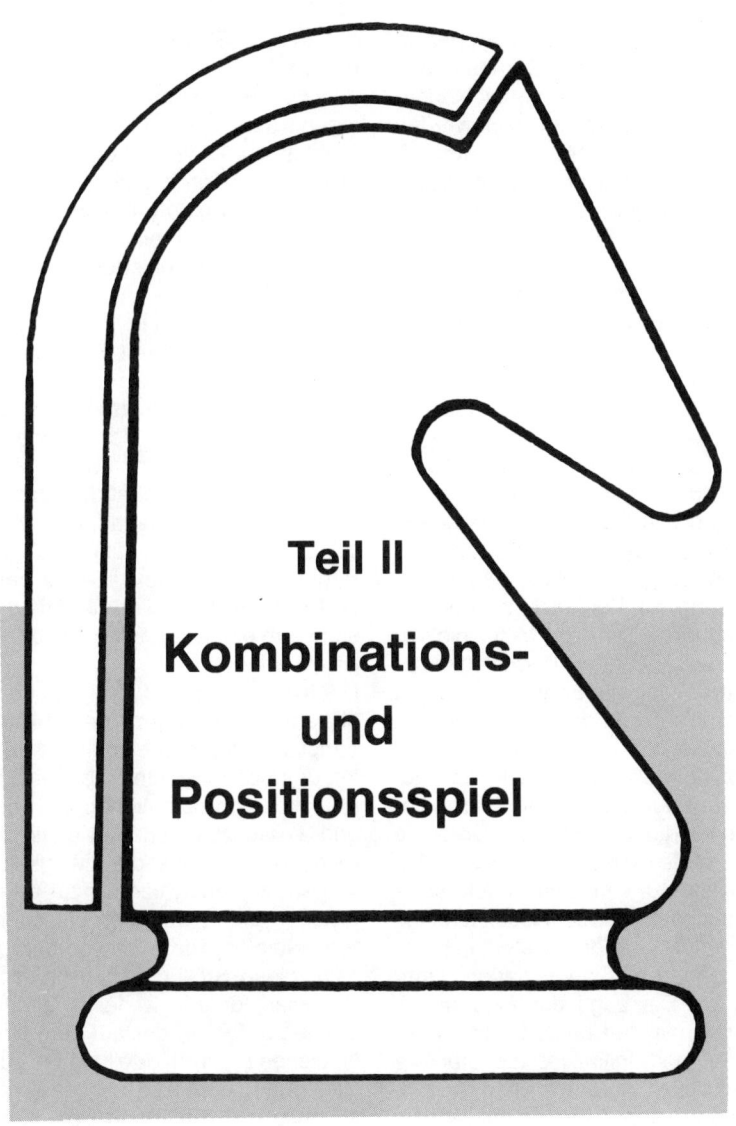

Teil II

**Kombinations-
und
Positionsspiel**

1. Das Mittelspiel

Das Mittelspiel ist die wohl wichtigste Phase des Schachspiels. Gerade in diesem Teil kommt es zu den entscheidenden taktischen Gefechten, hier werden mehrzügige, vorausberechnete Kombinationen gestartet, hier vollziehen sich komplizierte Figurenumgruppierungen, d. h. strategische Pläne. Irgendwie ist ein Meister, der in der Eröffnung nicht so gut spielt oder im Endspiel nicht die erforderliche Korrektheit in der Realisierung eines minimalen Vorteils besitzt, schon noch vorstellbar, aber nie wird jemand die Meisterstufe im Schachspiel erreichen, wenn er nicht im Mittelspiel meisterliches Können vorweisen kann.

Es gibt natürlich eine Unzahl von Spielen, die bereits in der Eröffnung oder erst in der allerletzten Phase entschieden wurden. Doch ist die Zahl dieser Beispiele gering im Vergleich zu der unüberschaubaren Zahl von Mittelspielsiegen aus den Turnieren und Wettkämpfen unseres Jahrhunderts, der Phase des rationellen, des wissenschaftlichen Schachspiels.

Noch vor hundert Jahren war man der Ansicht, daß nur das Talent eines Spielers eine Partie entscheidet. Doch da wies der erste Schachweltmeister Wilhelm Steinitz auf eine erstaunlich einfache Tatsache hin: Das Resultat eines Schachkampfes hängt in erster Linie von den besonderen Eigenschaften einer Stellung ab! Die Lage der Figuren am Brett gibt einem der beiden Kontrahenten Vorteil und Initiative, die stärkere Seite entwickelt daraufhin den Angriff, um entweder den gegnerischen König mattzusetzen oder entscheidenden materiellen Vorteil zu erlangen.

Steinitz brachte uns bei, die verschiedenartigen Stellungen zu analysieren, um im Einklang mit dieser „Diagnose" den weiteren Verlauf des Spieles festzulegen, den Plan zur Fortsetzung des Spieles zu finden. Die Weiterentwicklung dieser Lehre gibt uns heute eine Reihe von Regeln und Gesetzen an die Hand, die auch so ein komplexes Gebiet wie das Mittelspiel erfaßbar und damit trainierbar machen.

In der Schachtheorie schenkt man die größte Beachtung den Eröffnungen, denen Hunderte von Büchern in allen Sprachen der Welt gewidmet sind. Zu den Endspielen gibt es schon weniger Literatur, und nur eine ganz geringe Zahl von Untersuchungen behandelt das Mittelspiel. Man könnte sagen, daß wir uns in der Erforschung des Mittelspiels erst am Beginn eines langen Weges befinden, und daß uns dabei viel, viel Arbeit bevorsteht, um einiges, das heute noch unklar ist, zu erfassen.

Die Kunst der Spielführung in den komplizierten Stellungen des Mittelspiels hängt von drei grundlegenden Fähigkeiten des Schachspielers ab. Zunächst die Fähigkeit, Kombinationen zu erkennen und vorauszusehen sowie sie zu berechnen. Zweitens die Fähigkeit, Stellungen zu analysieren, zu erkennen, welche Elemente die entscheidende Rolle spielen. Die Synthese daraus wird sein, diese Stellung abzuschätzen und den Plan für den weiteren Verlauf des Spieles aufgrund der auf dem Brett befindlichen Figurenverteilung festzulegen. Die dritte Fähigkeit ist das genaue, schnelle und fehlerfreie Berechnen von Varianten.

Aus diesem Grunde werden wir das Mittelspiel in drei Teile aufgegliedert betrachten: Kombinationen, Stellungsbewertung und Planfassung, Variantenberechnung. Nach dem sorgfältigen Studium dieses Kapitels und der Lösung der Aufgaben wird sogar ein nicht erstklassiger Spieler seinen Fortschritt auch in der Praxis verwirklicht sehen.

2. Kombinationen

Während des Mittelspielstadiums versucht jeder Schachspieler dahinter zu kommen, wie sich das Spiel weiterentwickeln wird. Er entwirft in Gedanken seine neuen Züge und sucht nach möglichen Antworten des Gegners. In seiner Vorstellung laufen eine Reihe von Varianten ab, deren Berechnung wahrlich nicht einfach ist.

Manche dieser Varianten haben nicht unbedingt einen von vornherein festgelegten Antwortzug zufolge. In diesem Falle sprechen wir von nicht forcierten Varianten. Bei anderen kommt es vor, daß die Antwortzüge erzwungen sind, um etwa eine Niederlage zu vermeiden. Dann sprechen wir von forcierten Varianten. Zuletzt gibt es forcierte Varianten, mit einem zusätzlichen Opfer verbunden, wobei der Angreifer bewußt Material herschenkt, um schnell zu einem vorausberechneten, entscheidenden Spielvorteil zu kommen. In diesem Fall spricht man von Kombinationen. Eine Kombination ist also eine forcierte Variante mit einem Opfer. Eine Zeitlang wurde in der sowjetischen Schachpresse heiß diskutiert, wann man von einer Kombination zu sprechen hat. Aus einer Reihe von vorgeschlagenen Definitionen hat man sich schließlich auf die oben erwähnte geeinigt.

Dadurch werden zwar einige schöne Kombinationen nicht erfaßt, da ohne Opfer, doch die genannte Definition eignet sich auch vom pädagogischen Standpunkt her, so daß sich die Theoretiker dafür entschieden haben.

Die besondere Rolle, die die Kombination im Verlauf des Schachspiels einnimmt und die wir besonders beachten müssen, ist das Moment der Überraschung. „Die Kombination erfordert eine erneute, unerwartete Berechnung einer Stellung, die bislang als solide angesehen wurde und sich oft als unsolide erweist", sagt dazu der Schachphilosoph Emanuel Lasker.

Ein weiterer Weltmeister gibt ihm recht, Michail Botwinnik: „Schon von den ersten Schritten an gewöhnt sich ein Schachspieler an die üblichen Maßstäbe für den Wert der Figuren. Es ist bekannt, daß ein Turm stärker ist als ein Springer, daß ein Läufer in etwa so viel wert ist wie drei Bauern oder daß ein Läufer und zwei Bauern etwa einen Turm ersetzen usw. Allerdings gibt es Stellungen, in denen diese Wertverhältnisse nicht mehr gelten, wo beispielsweise eine Dame schwächer wird als ein Bauer. Zu solchen Stellungen kommt man durch das geeignete Opfer".

Aus welchen Elementen setzt sich eine Kombination zusammen?

Um überhaupt die Möglichkeit für eine Kombination zu schaffen, d. h. für ein Opfer, das das übliche Wertverhältnis verändert, braucht man als erstes eine geeignete Ausgangsposition, um für das Opfer eine „neue Kraft" der Figuren zu erhalten. Diese Ausgangsposition muß ein besonderes Kombinationsmotiv in sich bergen. Das Motiv einer Kombination ist die Ursache ihres Entstehens, die Eigenheit der Stellung, die das Opfer und das angestrebte Ziel ermöglicht.

„Der Kreis der Bedingungen, in dem das Vorhandensein einer Kombinationsmöglichkeit zu erahnen ist, ist sehr begrenzt", schreibt Lasker. „Das Bestehen dieser Bedingungen läßt im Kopf eines Meisterspielers Ideen entstehen."

Eine Kombination beginnend, alle Varianten und Abwicklungen im Kopf berechnend, muß ein Spieler natürlich die Endstellung bereits im Kopf haben. Diese Stellung nennt man das Thema der Kombination. Schließlich kann man die Endstellung aus der Ausgangsposition nur erreichen, wenn besondere Züge vorhanden sind, um den nötigen Übergang zu ermöglichen. Für diese forcierten Züge gibt es die Bezeichnung Mittel der Kombination. Die Bezeichnung beschreibt den eigentlichen Charakter dieser Züge: Sie sind nur Mittel zum Zweck, also Hilfszüge.

Es wird am einfachsten sein, die Elemente der Kombination an einem berühmten Beispiel zu zeigen, das vielen Schachspielern als erster Schritt bei dem Erlernen der höheren Schachweisheiten gedient hat.

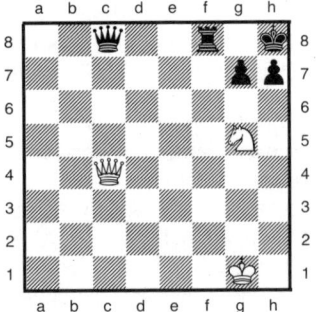

Erfahrene Spieler werden schon auf den ersten Blick erkennen, daß die Bewegungsfreiheit des schwarzen Königs sehr eingeschränkt ist. Die Bauern auf g7 und h7 lassen ihn nicht vorwärts, das Feld g8 wird von der weißen Dame bedroht. Es bestehen also offensichtliche Motive für eine Kombination. Den utopischen Fall vorausgesetzt, daß ein Meisterspieler diese Kombination noch nicht kennt, wird er sie sicherlich bald finden: 1. Sf7+ Kg8 2. Sh6++ Kh8 3. Dg8+! T : g8 4. Sf7#.

Nun sehen wir also die Endstellung, das Thema der Kombination. Der schwarze König stirbt, von den eigenen Figuren erstickt, weswegen auch das Kombinationsthema „ersticktes Matt" genannt wird. Die Mittel der Kombination sind nun auch leicht zu erkennen: Schachgebote durch den Springer und das Damenopfer auf g8.

Noch eine Anmerkung. Neben den Hauptelementen der Kombination gibt es auch begleitende Elemente, die jedoch nicht minder wichtig sind. Wenn sich in der Diagrammstellung die schwarze Dame nicht auf dem Feld c8 befände, könnte Schwarz sofort den Springer auf f7 schlagen, und die Kombination wäre nicht gelungen.

Man kann noch weitere Elemente anführen, die diese Kombination begünstigen, doch das wichtigste ist die Stellung des weißen Springers auf g5. Solche Elemente bezeichnen wir als Begleitmotive der Kombination.

ÜBUNGEN

Nr. 66: Finden Sie das Motiv für die gewinnbringende Kombination von Weiß!

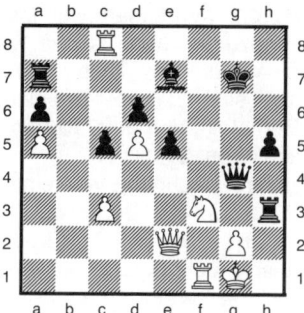

Nr. 69: Zeigen Sie das Motiv der Kombination auf! Wie kann Weiß gewinnen?

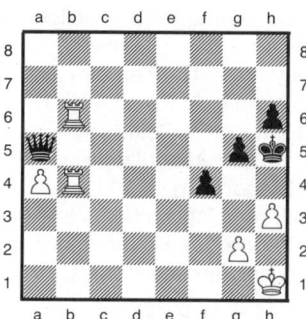

Nr. 67: Welches Kombinationsmotiv verhilft Weiß zum Sieg?

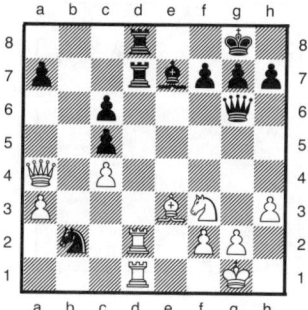

Nr. 70: Welche Motive nutzt Weiß, um die Kombination erfolgreich durchzuführen?

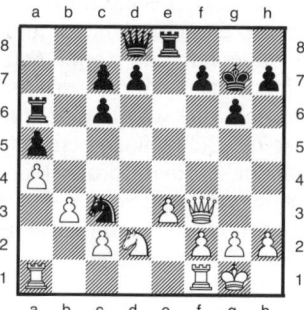

Nr. 68: Welche Stellungsbesonderheit gibt Schwarz die Möglichkeit zu gewinnen?

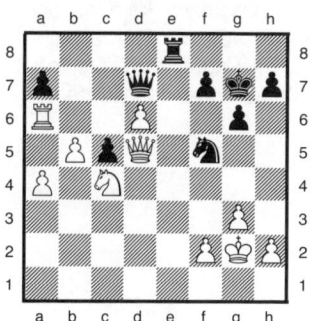

Nun wollen wir die drei Haupttypen der Schachkombinationen betrachten:
– die Mattkombinationen,
– die Bauernkombinationen,
– Kombinationen, die die schlechte Figurenkonstellation des Gegners ausnutzen.

3. Mattkombinationen

Die Möglichkeiten, den gegnerischen König mattzusetzen, sind praktisch unzählig. Wir werden mit Hinblick auf die Endstellung alle Mattkombinationen nach folgenden Themen einteilen:
1. Matt auf der 8. Reihe
2. Matt auf der 7. Reihe
3. Matt unter Ausnutzung von Linien und Diagonalen
4. Angriff auf Schwachpunkte
5. Zerstörung des Bauernschilds
6. Herauslocken des Königs.

Matt auf der 8. Reihe

Schon zu Beginn seiner Theorieerforschung gerät der Amateur in eine Zwickmühle. Man sagt ihm, daß er die den König schützenden Bauern nicht ziehen soll, da der Gegner den vorgerückten Bauern angreifen und somit Angriffslinien öffnen kann. Andrerseits ist ihm wohlbekannt, daß wenn man für den König kein „Schlupfloch" schafft, ein Matt auf der 8. Reihe droht. Man muß also schon von Anfang an dialektisch denken, d. h. entgegengesetzte Prinzipien miteinander verbinden.

Bernstein – Capablanca
Moskau, 1914

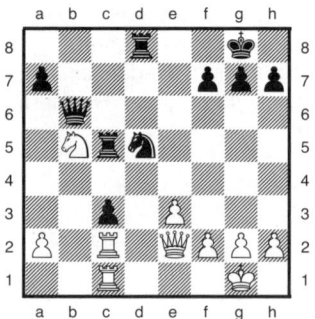

Um mit der Dame bzw. dem Turm auf die 8. Reihe zu gelangen und den König mattzusetzen, kann man viel Material opfern, weswegen auch solche Kombinationen mit diesem Thema oft sehr spektakulär sind. In dieser Stellung entschied Bernstein, den gefährlichen Bauern zu schlagen: 27. S : c3?
Des Meisters Rechnung war einfach – nach 27... S : c3 28. T : c3 T : c3 29. T : c3 Db1+ 30. Df1 D : a2 wäre es zum Tausch der Bauern a2 und c3 gekommen. In der Partie wurden auch fast alle diese Züge gespielt, doch auf 29. T : c3 folgte der Einschlag – 29... Db2!!

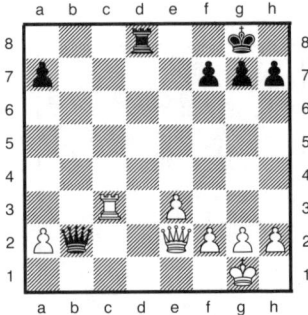

Weiß muß sofort aufgeben, denn es droht zumindest Turmverlust. Die Dame darf wegen des Grundlinienmatts nicht genommen werden.
In der Turnierpraxis kam es schon oft vor, daß gerade die Dame sich in das gegnerische Lager vorwagte, ohne daß sie geschlagen werden durfte.

Adams – Torre
New Orleans, 1921

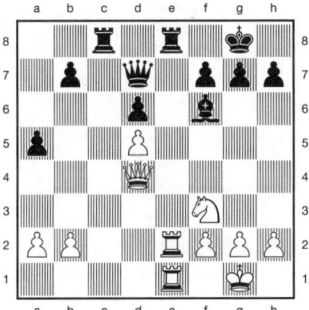

Lassen Sie uns die Stellung vom Standpunkt des Kombinationsmotivs aus durchanalysieren. Weiß ist am Zug. Als erstes fällt auf, daß der schwarze König eingesperrt ist, also wird Weiß danach streben, mit Turm oder Dame auf die 8. Reihe zu gelangen.

Die nächste Eigenheit der Stellung ist schon schwieriger zu entdecken. Nach genauer Analyse wird erkennbar, daß die 8. Reihe nur äußerlich sicher gedeckt ist, wobei die verdoppelten Türme durch den möglichen Einfall auf e8 schon auf die Schwäche hinweisen. Weiß hat für seinen König zwar auch noch kein Schlupfloch geschaffen, doch sind die schwarzen Schwerfiguren noch nicht zum Angriff aufgestellt, es droht also noch keine direkte Gefahr.

Als nächstes fällt auf, daß der Turm und überhaupt das Feld e8 nicht ausreichend geschützt sind. Die schwarze Dame ist gezwungen, ihren Standpunkt nicht verändernd, das Feld e8 zu schützen. Das gibt der weißen Dame die Möglichkeit des Angriffs. Den ersten Zug werden wir jetzt leicht finden. Wir empfehlen Ihnen, die Varianten ausschließlich im Kopf durchzurechnen, ohne die

Figuren zu bewegen. Zunächst soll man versuchen, selbständig den besten Zug zu finden und erst dann, falls dieser Versuch mißlingt, nachschauen, wie der Meister gespielt hat. Doch auch beim Lesen der im Buch angegebenen Kombinationen sollten Sie auf das Bewegen der Figuren verzichten. Das wird Ihre Kombinationsgabe fördern, Ihren Schachverstand schärfen.

Weiß spielte nun: **1. Dg4!**
Die Dame darf natürlich nicht genommen werden, denn es droht Matt auf e8. Aber Weiß greift seinerseits selbst die Dame d7 an. Was tun? Keiner der Türme kann die Dame decken, denn nach Damentausch droht wieder Matt auf e8. Ein Zwischentausch auf e2 bringt auch nichts, da der zweite Turm vom Springer gedeckt wird, so daß Weiß ruhigen Gewissens seinerseits die Dame schlagen kann.

Es bleibt nur eins: Die Dame muß das Feld d7 verlassen. Das einzig verbleibende Feld ist b5, da von dort aus auch das Feld e8 gedeckt wird.

1... Db5
Den nächsten Zug von Weiß zu finden, ist einfacher. Nachdem die schwarze Dame die Diagonale a4–e8 nicht verlassen darf, ist klar, daß der Turm e8 auf den Schutz seines Kollegen auf c8 angewiesen ist. Die weiße Dame kann also ihr Spielchen fortsetzen!

2. Dc4!!
Herrlich! Die Dame setzt sich wiederum mehrfacher Bedrohung aus, doch keine der schwarzen Figuren darf sie schlagen. Auch diesmal ist der Zwischentausch auf e2 nicht möglich, da die schwarze Dame keinen Schutz hat. Es bleibt wieder nur die Flucht als Ausweg, ohne aber das Feld e8 ungeschützt zu lassen.

2... Dd7.
Was wurde bisher erreicht? Zunächst

eines: Die schwarze Dame kann weiter verfolgt werden. Ohne Angst davor geschlagen zu werden, müssen wir versuchen, sie von der Diagonale a4—e8 zu vertreiben. Der nächste Zug ist also einfach.

3. Dc7!!

Auch jetzt hat die schwarze Dame nur ein Fluchtfeld – b5.

3... Db5

Was haben wir jetzt erreicht? Noch keinen sichtbaren Erfolg. Die Wiederholung des Zuges 4. Dc4? ist sicherlich nicht zu empfehlen, aber vielleicht das Schlagen des Bauern auf b7? Damit nehmen wir der gegnerischen Dame das Feld d7 und greifen sie gleichzeitig an. Darf man diesen Zug machen 4. D : b7?

Dies hätte ein trauriges Ende zur Folge: 4. D : b7?? D : e2!! 5. T : e2 Tc1+ 6. Se1 T : e1+ 7. T : e1 T : e1 Matt! So weit führt unvorsichtiges Spiel. Auch in überlegenen Stellungen heißt es, Augen auf!

In der Partie wurde folgender Zug gespielt:

4. a4! D : a4

Schwarz hat keinen anderen Zug zur Auswahl.

5. Te4!

Es droht das Schlagen des Turms auf c8 sowie der Dame auf a4. Schwarz hat wiederum nur eine Antwort –

5... Db5

Nun ist das Schlagen auf b7 möglich.

6. D : b7! Schwarz kann ein Matt oder große Materialverluste nicht mehr vermeiden und gibt auf.

In den bisherigen Beispielen versperren die eigenen Bauern dem König den Ausweg. Es gibt aber auch genügend Situationen, in denen neben den eigenen auch die fremden Bauern das Mattnetz für den König spinnen.

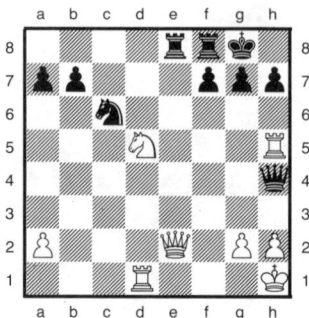

Bei dieser Mattkombination von Weiß auf der 8. Reihe wird der schwarze König nicht nur von Bauern, sondern auch noch vom eigenen Springer eingesperrt.

Sehen Sie den Gewinnweg? **1. D : e8! D : h5 2. Se7+ S : e7.** Der König darf nicht auf h8 ziehen, da der Turm f8 ungedeckt wäre und Matt folgen läßt. Doch nun versperrt der schwarze Springer seinem König den Weg in die Freiheit.

3. D : f8+! K : f8 4. Td8#.

ÜBUNGEN

Nun haben Sie die Aufgabe, in den folgenden Stellungen Gewinnkombinationen zu finden. Wie besprochen, sollten Sie zunächst die Motive und erst dann die Mittel und das Thema der Kombination bestimmen.

In allen sechs Beispielen ergibt sich für Weiß die Möglichkeit zu einer entscheidenden Kombination.

Nr. 71:

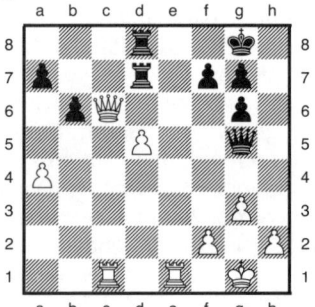

Nr. 72:

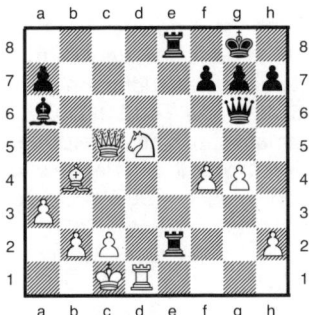

Nr. 75:

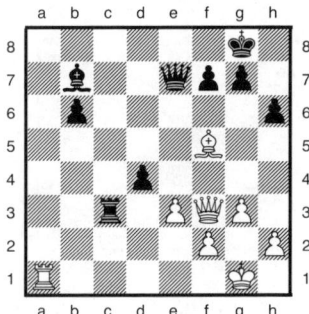

Nr. 73:

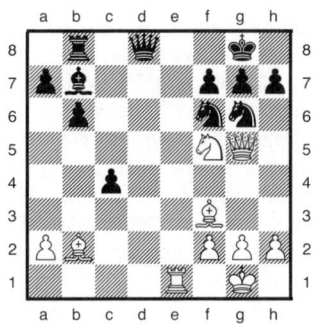

Nr. 76:

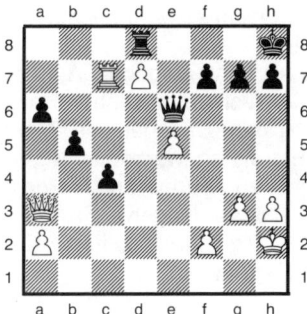

Nr. 74:

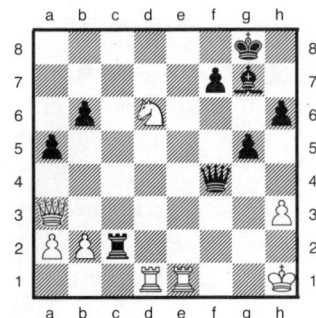

Matt auf der 7. Reihe

Es ist eine bekannte Sache, daß zwei Türme, die auf die 7. (oder 2.) Reihe vorgedrungen sind, großen Schaden anrichten können, vielleicht sogar forciert zum Matt führen. Es gibt zahllose Beispiele für die Ausnutzung der Schwächen auf der 7. Reihe. Hier nur einige davon.

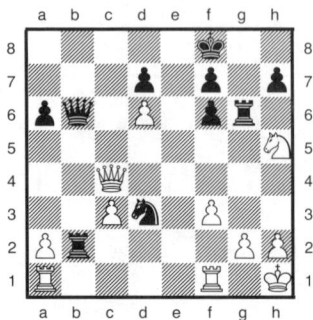

Schwarz ist am Zug. Die weißen Schwächen auf g2 und f2 sind offensichtlich. Es droht unmittelbar der Einschlag auf g2, der aber noch nicht möglich ist, da die weiße Dame mit dem Gegenmatt auf c8 droht.

Die Lösung ist verblüffend und wahrscheinlich nicht sofort erkennbar.

1... Dg1+!

Weiß kann sofort aufgeben. Auf 2. T : g1 folgt das schon bekannte „erstickte Matt" mit dem Springer auf f2. Schlägt der König die schwarze Dame, werden die schwarzen Türme entscheidend auf die 7. Reihe vordringen.

2. K : g1 Tg : g2+ 2. Kh1 T : h2+ 4. Kg1 Tbg2#.

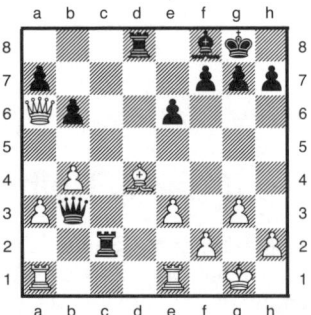

Nicht so schön für's Auge, doch sehr lehrreich ist die Diagrammstellung aus der Partie Nimzowitsch-Capablanca aus dem internationalen Turnier von New York, 1927.

Der Weltmeister opferte einen Bauern, um auch mit dem zweiten Turm auf die vorletzte Reihe einzudringen.

1. ... e5! 2. L : e5 Tdd2 3. Db7

Die thematische, uns bereits bekannte Mattposition würde auf der zweiten Reihe nach dieser Zugfolge entstehen: 3. Tf1 D : e3 4. f : e Tg2+ 5. Kh1 T : h2+ 6. Kg1 Tcg2 #. Keine Rettung für Weiß bringt auch 3. Df1, da die schwarze Antwort 3... Dd5 4. Ld4 Df3 lauten würde, mit der unausweichlichen Katastrophe auf f2.

3... T : f2 4. g4 De6 5. Lg3 T : h2!

Ein neuer, unangenehmer Schlag. Im Fall von 6. L : h2 setzt Schwarz den Angriff mit 6... D : g4+ 7. Kh1 Dh3 fort. Das Matt ist nicht mehr abzuwenden.

6. Df3 Tg2+ 7. D : g2 T : g2+ 8. K : g2 D : g4 und der weiße Widerstand ist zwecklos.

Das Motiv des Angriffs auf eine geschwächte 7. Reihe gilt nicht nur für zwei Türme. Manchmal stellt eine wichtige Hilfe ein auf der Diagonale a1 – h8 postierter Läufer dar. Als das klassische Beispiel für diese, „Mühle" genannte Kombination gilt die berühmte Stellung aus einer Partie zwischen Torre und Lasker, gespielt bei dem internationalen Turnier von Moskau, 1925.

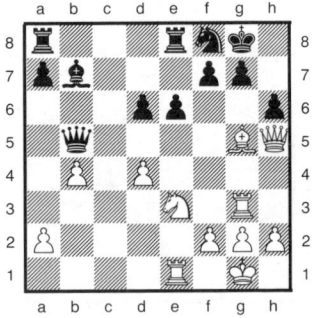

Der mexikanische Spieler nutzte herrlich den schwach geschützten Punkt g7.

1. Lf6!!
Weiß opfert die Dame, um auf originelle Weise den Gegner in die Knie zu zwingen.

1... D : h5 2. T : g7+ Kh8 3. T : f7+.
Das Feld g7 verlassend und immer wieder zurückkehrend, wird der weiße Turm den schwarzen Läufer erobern, um sich später der Dame zu widmen.

3... Kg8 4. Tg7+ Kh8 5. T : b7+ Kg8 6. Tg7+ Kh8 7. Tg5+
Nun begibt sich der Turm auf die andere Seite, um sich die schwarze Dame zu holen.

7... Kh7 8. T : h5 Kg6 9. Th3 K : f6 10. T : h6+ Weiß gewann.
Eine ähnliche Stellung entstand in einer Partie zwischen Antunac und Hübner, gespielt 1969 in München.

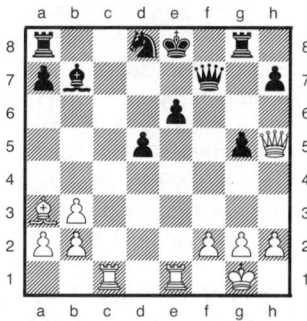

Auf den ersten Blick scheint es, als ob Schwarz die Gefahr gebannt hätte. Doch durch das nachfolgende Damenopfer kommt der Nachziehende unter die Räder.

1. Tc7! D : h5
Eine andere Antwort ist nicht möglich. Nun beginnt die „Mühle zu mahlen".

2. Te7+ Kf8 3. T : b7+ Ke8 4. Te7+ Kf8 5. T : h7+ Ke8 6. T : h5 Schwarz geht mit zwei Bauern weniger in das Endspiel, womit das Spiel entschieden ist.

Die siebte (zweite) Reihe ist ein günstiges Ziel für die angreifenden Türme. Dagegen muß der Verteidiger sofortige Maßnahmen ergreifen, um die bedrohte Reihe zu schützen. Hierbei bringt die Verlagerung des Angriffs auf die 8. oder 6. Reihe den endgültigen Durchbruch.

Larsen – Najdorf
Schacholympiade 1968
in Lugano

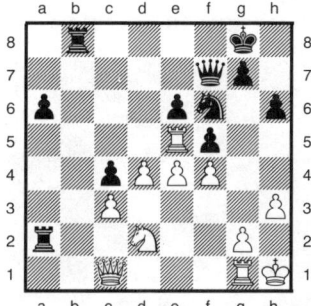

Schwarz ist am Zug und besitzt offensichtlich die Initiative. Nach einem Bauernopfer gelingt der Durchbruch auf die zweite Reihe. Im weiteren Verlauf gelingt es Larsen, den Punkt g2 zu decken. Hierauf verlegt der argentinische Großmeister seine Angriffsrichtung und schließt zwei neue Figuren in den Angriff mit ein – die Dame und den Springer. Darauf wird einer der Türme auf die dritte Reihe verlagert, auf der letztendlich der Schlußangriff statfindet.

So verlief die Partie: **1... T8b2! 2. S : c4 Tc2 3. De3 S : e4.**
Das Bauernopfer auf c4 war nur ein scheinbares – gleichzeitig wird ja der Bauer e4 erobert. Doch ist der weiße Angriff nicht ganz angenehm, und Schwarz muß alle Varianten sorgfältig berechnen.

4. d5! e : d 5. Sb6 T : c3 6. Dd4
Der Angriff auf d5 ist recht gefährlich,
doch ist nach der Umgruppierung des
Turms auf die 3. Reihe eine neue Dro-
hung entstanden: das Opfer auf h3.
Verständlicherweise nützt Schwarz die
Gelegenheit gleich aus.
6... Dh5!
Der Turm wird geopfert, doch ist das
Matt wohl wichtiger.
7. D : d5+ Kh7 8. D : a2 T : h3+!
Der entscheidende Angriff erfolgt auf der
3. Reihe!
9. g : h D : h3+ 10. Dh2 Sf2#.

Bent Larsen

Ähnlich wie im vorigen Beispiel ändert
ein Turm die Angriffsreihe, doch diesmal
sucht er sich die erste Reihe aus.
Nochmal zum Kampfverlauf der bisherigen Beispiele. Die Kombination, so wie
wir sie definiert haben, taucht erst in den
letzten Zügen auf, wenn ein Turm, im
nächsten Beispiel auch die Dame, geopfert wird.
Bis zu diesem Moment wird das Spiel
forciert, doch Opfer gibt es keine. Welcher Augenblick des Spiels kann nun als
Kombination bezeichnet werden? For-
mal gesehen, erst nach dem erfolgten
Opfer. Allerdings werden wir hier etwas

anders verfahren. Auch die vorbereite-
ten Züge, die sozusagen das Präludium
bilden, sollen mit in die Kombination
aufgenommen werden. Solche Beispiele
werden später öfters angeführt.

Goglidze – Botwinnik
Internationales Turnier
Moskau, 1935

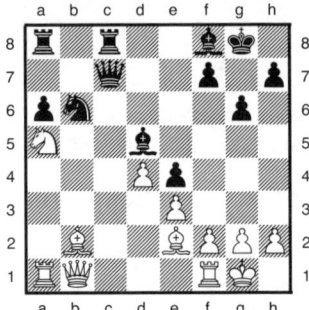

Schwarz ist am Zug. Mit seinem nächsten Zug betont Botwinnik die schlechte
Aufstellung der auf der 2. Reihe angegriffenen weißen Figuren. Das Motiv der
Kombination bildet in diesem Fall die
Schwächung der 2. Reihe. Doch Botwinnik hat in seiner Weitsicht noch eine
Schwäche anvisiert – die nicht genügend gesicherte erste Reihe.
1... Dc2!
Wie soll man nun erwidern? Angegriffen
ist der Läufer e2, und nach dem Schlagen auf c2 greift der Turm gleich zwei
Läufer an.
**2. La3 L : a3 3. T :a3 D : e2 4. D : b6
Tab8 5. Dd6**
Nach dem von Weiß ausgesuchten 2.
Zug lief das Spiel erzwungen ab, nun
folgt der kombinatorische Einschlag:
5. D : f1+! 6. K : f1 Tb1+ 7. Ke2 Tc2#.

Michail Botwinnik

Nr. 79

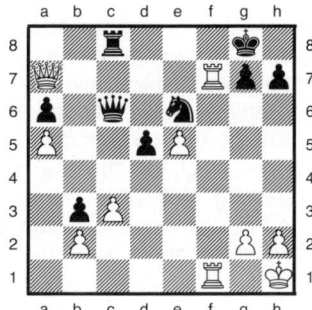

ÜBUNGEN

Nr. 77 Schwarz ist am Zug. Finden Sie den Gewinnweg!

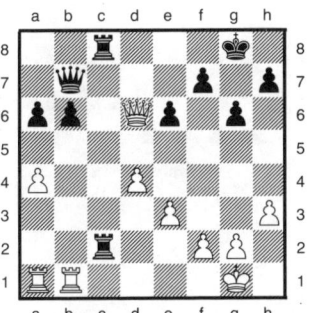

Nr. 80

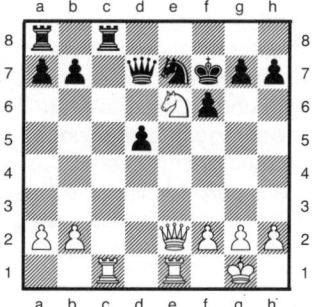

In den übrigen Beispielen kann Weiß jeweils mit einer Kombination das Spiel für sich entscheiden. Finden Sie die Lösung!

Nr. 78

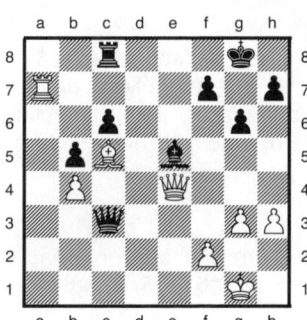

Nr. 81

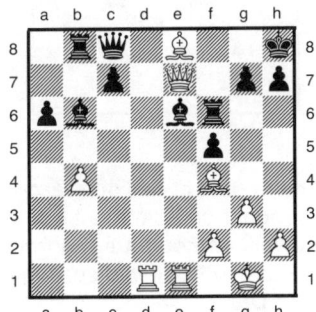

91

Matt unter Ausnutzung von Linien und Diagonalen

Die meisten Kombinationen erfolgen unter Ausnutzung von Linien und Diagonalen. Natürlich sind nicht alle Linien des Schachbretts gemeint, sondern nur die auf die Königsstellung gerichteten. Nach einer langen Rochade verlagert sich die Königsstellung auf den Damenflügel, doch sind in den meisten Fällen die h-, g- und f-Linie gemeint, bzw. die Diagonalen b1−h7, a1−h8 und a2−g8. Falls Schwarz im Angriff ist, handelt es sich um die Diagonalen b8−h2, a8−h1 und a7−g1.

Die Besonderheit dieser Kombinationen ist leicht zu beschreiben. Eine Figur wird geopfert, nachdem sie in das gegnerische Lager eingedrungen ist und dort für Panik gesorgt hat. In die geschlagene Bresche springen unter Ausnutzung der freigewordenen Linien weitere Figuren ein, um den Angriff entscheidend weiterzuführen und abzuschließen.

Besonders gefährlich ist die Besetzung der h-Linie durch eine Schwerfigur des Angreifers.

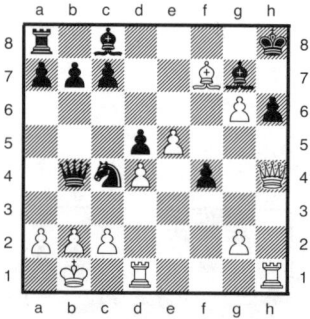

Der Bauer g6 ist in das schwarze Lager eingedrungen, und die machtvoll aufgestellten weißen Figuren ermöglichen einen wirksamen Kombinationsangriff.

1. Dd8+! Df8

Sofort verliert 1... Lf8 2. T : h6+ Kg7 3. Th7#. Aber auch hier erfolgt nach dem Turmopfer der entscheidende Angriff.

2. T : h6+! L : h6 3. Df6+ Dg7

Nicht zu empfehlen ist 3... Lg7 wegen des einfachen 4. Th1#.

4. Th1!!

Ein sogenannter „stiller" Zug, der trotzdem das Spiel entscheidet.

4... D : f6 5. e : f

Das Matt im nächsten Zug ist nicht mehr abzuwehren. Das Schicksal kann nur durch Schachgebote des Springers auf d2 und b3 hinausgezögert werden.

Rossolimo − Reissman
Puerto Rico 1967

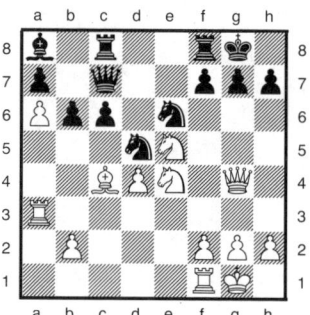

Nach erfolgtem Abtausch und einem Springerschach − **1. L : d5 c : d 2. Sf6+ Kh8** − verblüfft Weiß seinen Gegner mit dem folgenden

3. Dg6!

Die Idee ist einfach. Nach 3... f : g S : g6+ h : g erfolgt Matt durch Th3. Schwarz versucht, den Widerstand zu verlängern, indem er den Punkt h7 auf der Diagonalen verteidigt.

3... Dc2

Aber nun entscheidet sofort der längst geplante Turmwechsel von a nach h.

4. Th3! D : g6 5. S : g6+ f : g 6. T : h7#.

Aus der großen Auswahl von Mattkombinationen auf der freien g-Linie muß das klassische Beispiel aus dem schöpferischen Schatz des großen amerikanischen Champions Paul Morphy erwähnt werden. In einer Partie gegen Paulsen (Weiß) entstand 1857 folgende Stellung:

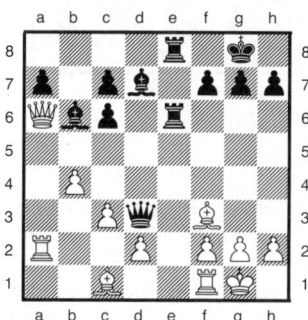

Die ungünstig postierte weiße Dame begünstigt den Angriff mit Öffnung der g-Linie durch ein eindrucksvolles Opfer der schwarzen Dame.

1... D : f3! 2. g : f
Nun richten sich alle schwarzen Figuren energisch auf den weißen König, der entscheidende Angriff erfolgt auf der freigewordenen Linie.

2... Tg6+ 3. Kh1 Lh3
Es droht ein zweizügiges Matt 4... Lg2+ 5. Kg1 L : f3. Weiß hat nur einen Ausweg.

4. Td1 Lg2+ 5. Kg1 L : f3+ 6. Kf1 Tg2!
Ein stiller Zug, dem das Manöver Th2–h1 zu folgen droht oder das einfache Nehmen auf f2. Die unharmonisch verteilten weißen Figuren sind nicht in der Lage, das drohende Unheil abzuwenden. Bei seinem Damenopfer hatte Morphy offenbar ein wichtiges Motiv im Auge – die ungünstige Postierung der weißen Figuren.

7. Dd3
Auch diese verspätete Rückkehr der weißen Dame bringt keine Rettung.

7... T : f2+ 8. Kg1 Tg2+ 9. Kh1 Tg1#.
Nun noch ein Beispiel für eine Angriffskombination mit Öffnung und Nutzung der f-Linie.

Tschigorin – Marco
Berlin, 1897

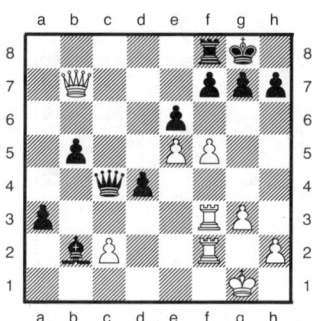

Weiß ist am Zug. Das Motiv der Mattkombination ist unschwer zu erkennen: Der Schwachpunkt f7 auf der f-Linie, die durch Tausch auf e6 sofort und leicht zu öffnen ist.
Tschigorin nutzt beispielhaft das Vorhandensein des Motivs zu einer einfachen aber sehr wirkungsvollen Kombination.

1. f : e D : e6
Schwarz kann sich auch nicht durch eine zweite Dame retten. Nach 1... a2 2. T : f7 a1=D+ 3. Kg2 Da8 setzt 4. Tf8:+ Df8: 5. Tf8:+ Kf8: 6. Df7 matt.
Schwarz verliert auch so, doch ist das nun die Folge einer einfachen doch sehr schönen Kombination.

2. T : f7! D : f7!
Oder 2... T : f7 3. Db8+ mit anschließendem Matt.

3. T : f7 T : f7 4. Da8+ Tf8 5. Dd5+ Kh8 6. e6 und Weiß gewinnt leicht.

Manchmal lassen sich auch zwei Linien öffnen, dann folgt das Matt für den entblößten König noch schneller.

In der Partie Planinc – Marangunić (1969) hat Weiß die schwarze Königsstellung durch ein Damenopfer zerstört. Über zwei geöffnete Linien, g und h, führen die weißen Türme einen unwiderstehlichen Angriff.

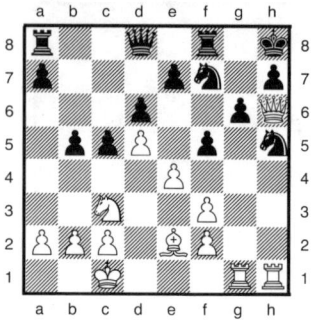

1. D : g6!! h : g 2. T : g6
Es droht ein zweizügiges Matt, die Abwehr muß schnell organisiert werden.
2... Sh6 3. T : h5 Tf7 4. T6 : h6+ Kg7 5. Th7+ Kg8
Oder 5... Kf6 6. T5h6+ Ke5 7. T : f7 mit unabwendbarem Angriff.
6. Th8+ Kg7 7. T5h7+ Kg6 8. e : f+ T : f5 9. T : d8 T : d8 10. Ld3
Schwarz gibt auf.

Bei der Ausnutzung von Diagonalen spielen naturgemäß die Läufer eine besondere Rolle. Im nächsten Beispiel handelt es sich um die Besetzung der Hauptdiagonale a1−h8.

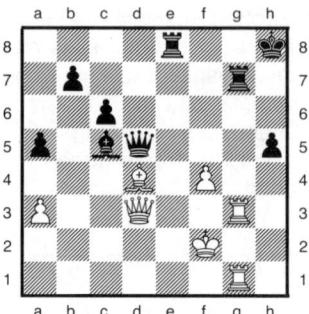

Auf den ersten Blick ist die Lage von Weiß hoffnungslos wegen des gefesselten Läufers auf d4. Doch eine genauere Analyse zeigt, daß Weiß trotzdem die Möglichkeit hat, die Kraft des Läufers auszunützen, durch einen unerwarteten Angriff.
1. Dh7+!!
Dieser Zug dient zum Tempogewinn, um unter dem Schutz des Läufers den Angriff der weißen Türme folgen zu lassen.
1... K : h7 2. T : g7+ Kh8
Kh6 führt zu einem noch schnelleren Ende – es folgt dann 3. T1g6#.
3. Tg8++ Kh7 4. T1g7+ Kh6 5. Tg6+ Kh7 6. T8g7+ Kh8 7. Th6#.
Hier noch eine Kombination, die ebenfalls zu gefallen weiß.

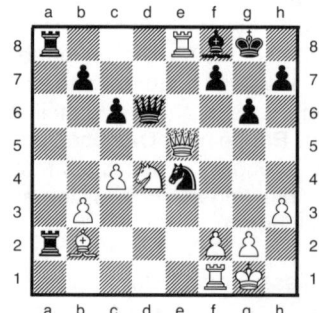

Weiß ist am Zug. Bei der Analyse wird man schnell feststellen, daß die kritischen Stellen die Diagonale a1–h8 sowie die Felder g7 und h8 in der schwarzen Königsstellung sind.
Der Weg zum Sieg ist sehr spektakulär, weil mit einem unerwarteten Damenopfer verbunden:
1. Dg7+!! K : g7 2. Sf5++ Kg8
3. Sh6#.
Dieses Mattbild mit dem Läufer auf der Diagonale a1–h8 und dem Springer auf h6 sollten Sie sich merken, da es häufig vorkommt.
Und nun zur Diagonale b1–h7. In der folgenden Partie von Aljechin nutzt Weiß die Stellung zu einer erfolgreichen Kombination.

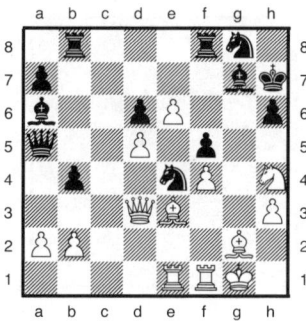

1. D : e4!! f : e 2. L : e4+ Kh8
Das Turmopfer auf f5 ändert am weiteren Ablauf nichts, da einfach der Läufer schlägt.
3. Sg6+ Kh7 4. S : f8++
Weiß hat eine Art „Mühle" aufgebaut, wobei die Rolle des Turms hier vom Springer übernommen wird.
4... Kh8 5. Sg6+ Kh7 6. Se5+ Kh8
7. Sf7#.
Das folgende Beispiel ist besonders wichtig (Spielmann – Decker, Büsum, 1934), da das Motiv des Läuferopfers auf h7 immer wieder vorkommt, so daß die Kenntnis dieser Kombination zum

„technischen Grundwissen" eines jeden Schachspielers gehören sollte.

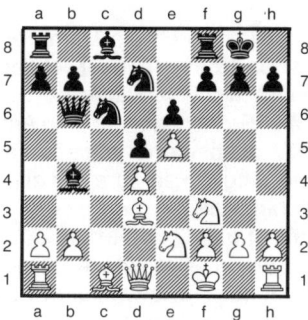

Die Voraussetzung für ein erfolgreiches Opfer auf h7 ist ein weiterer Schwachpunkt in der schwarzen Königsstellung.
1. L : h7+! K : h7 2. Sg5+ Kg8
Manchmal kann sich der König durch forsches Ausbrechen aus solchen Situationen befreien, aber hier ist 2... Kg6 nicht möglich wegen Sf4+.
Vor einem Opfer sollten Sie aber auf jeden Fall alle Varianten auch die eines Königsausfalls auf g6 durchrechnen.
Nach dem Rückzug auf g8 spielt sich die Kombination wie von selbst zu Ende:
3. Dd3 Te8 4. Dh7+ Kf8 5. Dh8+ Ke7
6. D : g7 Kd8 7. D : f7 Sf8 8. h4!
Schwarz gibt auf.
In der Partie Taimanow – Kusminich (Leningrad, 1950) erfolgt der entschei-

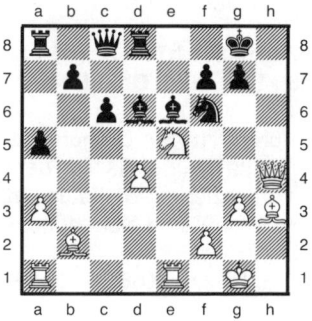

dende Angriff durch den weißen Läufer, der auf die Diagonale a2–g8 wechselt.

1. Sg6!

Es droht Matt durch die Dame auf h8, Schwarz darf den Springer wegen Damenverlust nicht schlagen – 1... f : g 2. L : e6+. Es verbleibt nur eine Antwort.
1... Sh7, doch damit schafft man für Weiß die Möglichkeit zu einer effektvollen Kombination.

2. T : e6! f : e 3. D : d8+!

Dadurch wird die schwarze Dame vom Feld e6 abgelenkt. In weiteren Beispielen werden wir dieses Motiv noch öfters sehen.

3... D : d8 4. L : e6#.

Ein schönes Mattbild.
In der Partie Lochmer – Karkner (1940) versteht es Weiß glänzend, die Kraft seiner auf der Diagonale a2–g8 stehenden Figuren zu nutzen.

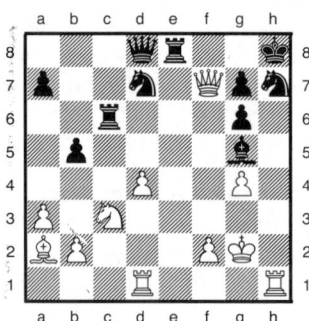

1. T : h7+! K : h7 2. Th1+ Lh6 3. T : h6+! K : h6 4. Df4+!

Mit der durchsichtigen Drohung des einzügigen Matts (Dh2), falls sich der König auf h7 zurückzieht. Der Läufer a2 läßt den schwarzen König nicht auf das Feld g8.

4... g5 5. Dh2+ Kg6 6. Dh5+ Kf6 7. Df7#.

Übungen

Nr. 82. Schwarz ist am Zug. Finden Sie die Gewinnkombination!

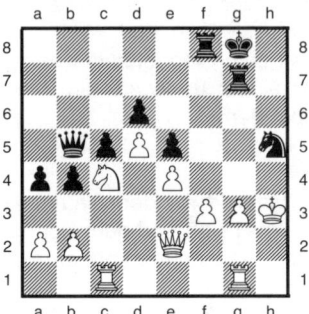

Nr. 83. Schwarz ist am Zug. Finden Sie die Gewinnkombination!

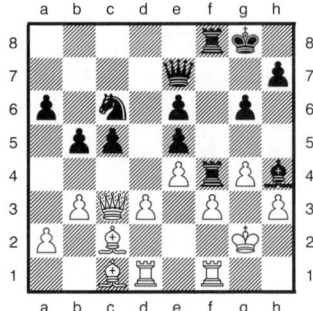

Nr. 84. Mit welcher Kombination gewinnt Weiß?

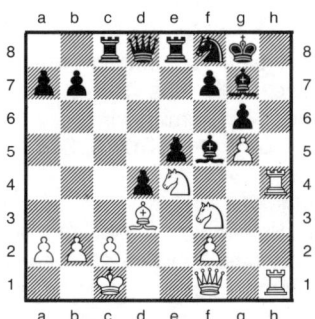

Nr. 85. Schwarz am Zug gewinnt forciert. Wie?

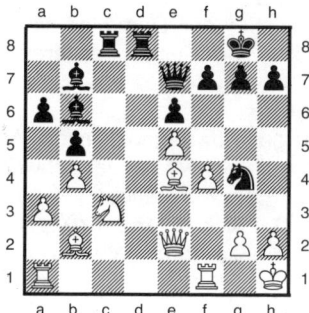

Nr. 88. Finden Sie die Gewinnkombination für Weiß!

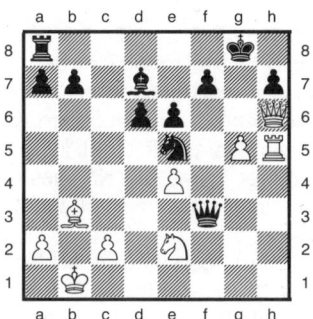

Nr. 86. Finden Sie die Gewinnkombination für Weiß!

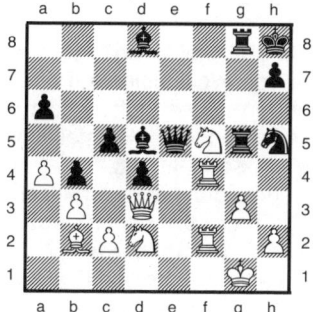

Nr. 87. Wie gewinnt Weiß?

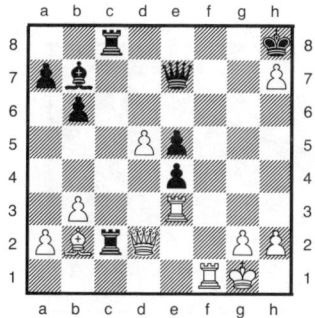

Angriff auf Schwachpunkte

Bei den bisherigen Kombinationsbei-spielen lebte der Angriff von der Wirkung der weitreichenden Figuren Dame, Läu-fer und Turm, die gegebenenfalls auch mehrere Punkte in der gegnerischen Stellung bedrohen können. In diesem Kapitel wenden wir uns den Kombina-tionsangriffen zu unter Einbeziehung der Figuren mit einem begrenzten Radius – der Springer und der Bauern. Hierbei kann der Angriff auf die Schwachpunkte explosiv verlaufen, mit vielen Opfern oder auch langsam, durch stetige Ver-stärkung des Angriffsdrucks.

In folgender Stellung aus der Partie Euwe – Flohr (Amsterdam 1932) führt

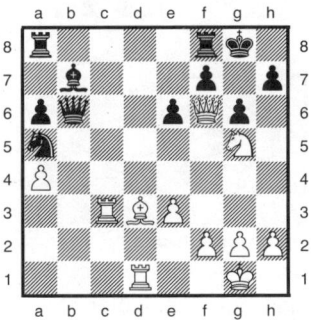

Weiß den Schlußangriff durch ein Springeropfer auf h7.

1. S : h7! K : h7 2. L : g6+!
Durch sein Opfer ermöglicht der Springer seinen weitreichenden Kollegen, sich in den Angriff einzuschalten. Durch ein zweites Opfer, diesmal ist es der Läufer, öffnet Euwe die Königsstellung ganz mit folgendem Schlußangriff vor Augen:
Falls Schwarz den Läufer schlägt 2... f : g, folgt 3. Td7+ Kh6 4. Dh4 #. Der Rückzug auf g8 ist auch nicht besser, da der Läufer weiter zuschlagen würde, diesmal auf h7. Z. B. 2... Kg8 3. Lh7+! K : h7 4. e4. Der Turm schaltet sich ein und bringt die Entscheidung.
Kann sich Schwarz durch eine Ablehnung des Opfers im ersten Zug retten? Auch das nicht! Nach 1... Tfd8! folgt 2. h4! Td7 (oder 2... K : h7 3. D : f7+ Kh8 4. Tc7) 3. h5 K : h7 4. L : g6+ und Weiß gewinnt.
Im vorhergehenden Beispiel wurde die Königsstellung wie durch eine Explosion gesprengt, im folgenden erfolgt der Angriff auf den Punkt g7 in systematischer Weise, obwohl auch hier das Opfer nicht ausbleiben kann.

Figuren auf dem Königsflügel zu trennen.
1. Td5! c : d
Beim Rückzug der Dame erhält Weiß durch den Turm einen weiteren Angreifer.
2. Sh5 g6
Die einzige Abwehrmöglichkeit. Weiß nutzt nun die Schwäche der schwarzen Felder auf dem Königsflügel.
3. Shf6+ L : f6 4. S : f6+ Kg7
Auf 4... Kh8 würde natürlich 5. Dh4 folgen.
5. De5!
Die charakteristische Stellung für einen Angriff auf die schwarzen Felder und in der Turnierpraxis oft anzutreffen. Es droht der Springerabzug mit Doppelschach mit dem entscheidenden Einschlag auf g7.
5... Kh8 6. Lh6 Sc6 7. Lg7+!
Alle Züge von Weiß zielen auf das Feld g7. Durch ein neues Opfer erhält Weiß die gewünschte Figurenkonstellation.
7... K : g7 8. Se8++ Kh6
Fluchtversuch, doch ohne Chancen.
9. Df4+ g5 (oder 9... Kh5 10. Sg7#).
10. Df6+ Kh5 11. Sg7+ Kh4 12. Df2#.
Ein spektakuläres Opfer auf f7 entschied folgende Partie zwischen Lilienthal – Landau (Amsterdam, 1934).

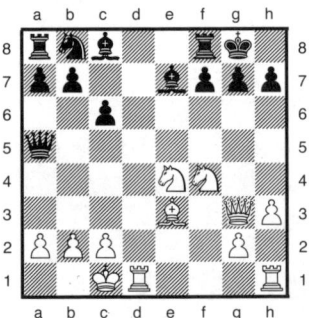

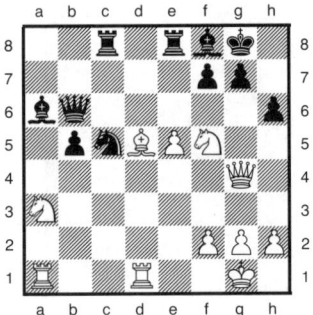

Das einleitende Turmopfer zielt darauf ab, die schwarze Dame von den übrigen

Der Einschlag auf h6 durch den Springer ist momentan nicht möglich, aber das Läuferopfer ermöglicht den Zuzug weiterer Kräfte.

1. L : f7+ K : f7 2. Td6

Beim Rückzug der bedrohten Dame kann Weiß in drei Zügen mattsetzen: 3. S : h6+ g : h 4. Dg6+ Ke7 5. De6#. Der Turm muß also genommen werden, was dem Weißen hilft, das Mattnetz endgültig zuzuziehen.

2... L : d6 3. D : g7+ Ke6 4. S : d6

In allen Varianten behält Weiß die Oberhand. Auf 4... Tf8 folgt 5. S : c8 T : c8 6. D : h6+ und 7. D : b6. Auf 4... Tb8 entscheidet 5. S : e8. Falls Schwarz 4... Dd8 spielt, folgt 5. S : e8 D : e8 6. Df6+ Kd5 7. Dd6+ Ke4 8. Te1+ Kf5 9. Df6+ Kg4 10. h3+ Kh5 11. g4#.

Hier konnte man bereits mehrfach sehen, daß die entscheidende Rolle auch ein scheinbar unwichtiger Bauer spielen kann.

Fischer – Magmarsuren,
Interzonenturnier
Sousse 1967

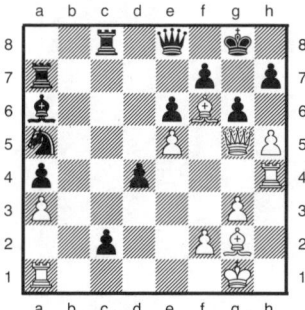

Auch hier führt ein weißer Bauer den entscheidenden Angriff: 1. Dh6! Df8 2. D : h7+! K : h7 3. h : g++! K : g6 4. Le4#.

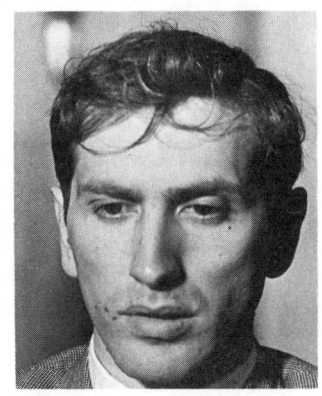

Bobby Fischer

ÜBUNGEN

Finden Sie jeweils die gewinnbringenden Kombinationen für Weiß!

Nr. 89

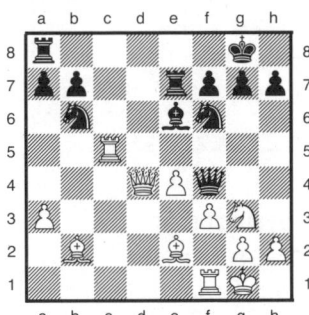

Nr. 90

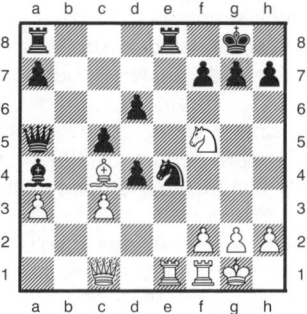

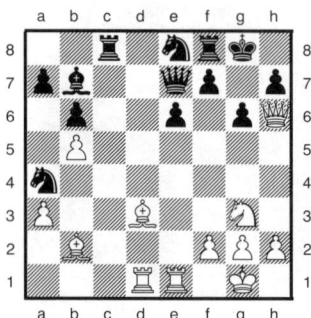

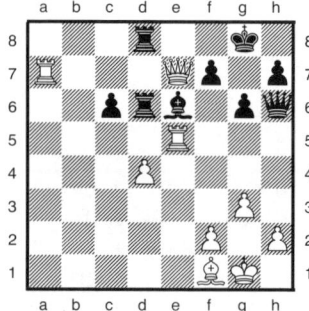

Zerstörung der Königsstellung

Die beiden letzten Kombinationstypen, die Zerstörung der Königsstellung und das Herauslocken des Königs, sind eng miteinander verbunden, doch wollen wir sie beide getrennt betrachten.

Normalerweise ist der König hinter einem Schutzwall seiner Bauern gut geschützt. Durch ein Opfer oder einen Bauernvorstoß kann der Gegner nicht selten diesen Schutz zerstören. Diese Methode kommt vielleicht am häufigsten in der Praxis vor.

Auf einfache aber eindrucksvolle Weise führt uns das Aljechin in seiner Partie gegen Selesnjew (1922) vor.

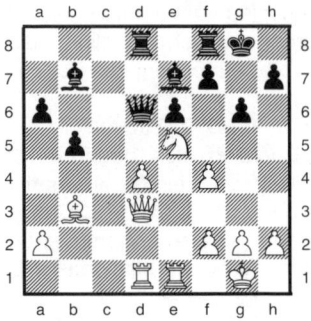

1. S : g6 h : g 2. T : e6! f : e
Falls Schwarz das Turmopfer nicht annimmt, kann dieser auf g6 weiterschlagen.
3. D : g6+ Kh8 4. Lc2, und das Matt ist nicht abzuwehren.

In den folgenden Beispielen erfolgt der Schlußangriff nach vorhergehender Zerstörung der Bauernstellung, die den König vor direkten Bedrohungen schützen sollte.

Tschistjakow – Panow
Moskau, 1949

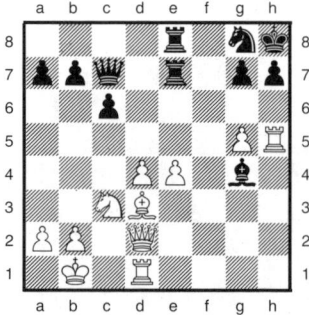

Ein unerwartetes Turmopfer bricht den Bauernschutz:
1. T : h7+! K : h7 2. Th1+ Kg6 3. e5+
Alle weißen Figuren beteiligen sich am Angriff auf den schwarzen König, der, seines Schutzschildes beraubt, in die Brettmitte auszuweichen versucht.

Die Kombination mußte genau durchgerechnet werden, da Schwarz beim Mißlingen der Kombination einen Turm mehr behalten würde.

3... Lf5 4. L : f5+ K : f5 5. Dd3+ Ke6 6. Dh3+ Kf7 7. g6+!
Die letzten Kräfte werden „mobilisiert".
7... Kf8 8. Tf1+ Schwarz gibt auf.
Wohlbekannt ist die Kombination, in der beide Läufer geopfert werden, um die Königsstellung zu entblößen. Zum ersten Mal führte das der Weltmeister Lasker in seiner Partie gegen Bauer vor, seit der die Kombination den Namen „Lasker-Bauer-Kombination" trägt. Sie wurde auch später oft angewendet, so in der Partie Kirilow – Furman.

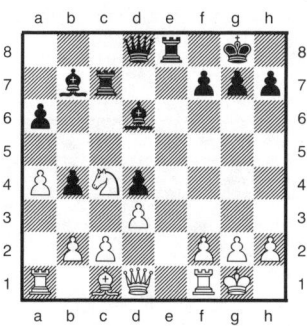

Schwarz ist am Zug und opfert beide Läufer.
1... L : h2+! 2. K : h2 Dh4+ 3. Kg1 L : g2! 4. K : g2 Tc6!
Der schwarze Turm schaltet sich mit ein, Weiß kann es nicht verhindern.
5. Lf4
Auch ein Damenopfer rettet Weiß nicht –
5. Df3 Tg6+ 6. Dg3 Te2! 7. D : g6 f : g und nach dem Schlagen des Bauern auf c2 erreicht Schwarz entscheidenden Vorteil.
5... D : f4
Mit dem nächsten Zug versucht Weiß, die Flucht des Königs über f1 vorzubereiten, doch Schwarz weiß das zu verhindern.

6. Th1 Tf6! 7. Th2 Tg6+ (oder 7. Dd2 Df3+) und Weiß kann aufgeben.
Nach 8. Kh1 folgt Te1+ 9. D : e1 Df3+ 10. Tg2 D : g2 ‡.
Das Einschalten von Bauern in den Angriff ist vielleicht die effektivste Methode, da sie das „billigste Material" darstellen und ein Abtausch das Materialgleichgewicht nicht zerstört.
Die folgende Stellung stammt aus der Partie Gontscharow–Strasduns, gespielt 1960.

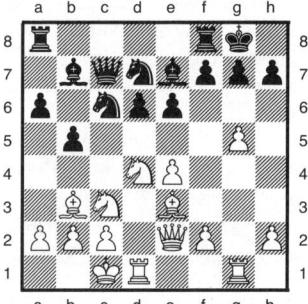

Durch eine Reihe von Einschlägen wird die schwarze Königsstellung zerstört, doch eingeleitet wird der Angriff durch einen weißen Bauern.
1. g6! h : g 2. S : e6! f : e 3. L : e6+ Kh8 4. T : g6 Tf7
Der schwarze König fühlt sich schon recht unsicher, da den gegnerischen Figuren nun viele Angriffswege offen stehen. Zur Niederlage würde der unvorsichtige Zug 4... Sf6 führen wegen 5. T : f6 und 6. Dh5+. Allerdings erreichen die weißen Figuren den schwarzen König auch nach dem angegebenen Zug.
5. Dh5+ Kg8 6. T : g7+!
Noch ein Opfer, das den König endgültig entblößt. Schwarz gibt sofort auf.
Auf originelle Weise zerschlägt Großmeister Portisch die Königsstellung seines Gegners Radulow (Budapest, 1969).

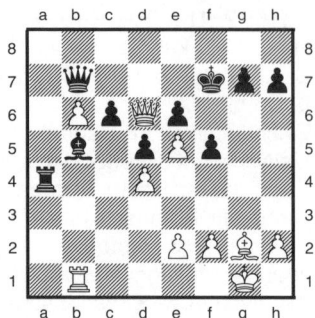

Momentan fühlt sich der schwarze König recht wohl, und ein Weg, ihn direkt anzugreifen, ist nicht in Sicht. Doch ermöglichen hier Bauernopfer den entscheidenden Durchbruch.

1. e4!

Wie soll Schwarz reagieren? Auf 1... d : e folgt 2. d5! e : d 3. Lh3!. Es droht das Nehmen auf f5, und falls sich Schwarz mit g6 verteidigt, folgt 4. Df6+ Kg8 5. L : f5! g : f 6. Kh1. Das auf g1 drohende Matt ist nicht abzuwehren. Z. B. 6... Le2 7. Tg1+ Lg4 8. D : f5.

Es verliert auch 1... f : e, wegen 2. Lh3, wobei sich die Katastrophe nun auf e6 abspielt. 2... De7 3. L : e6+! D : e6 4. D : e6+ K : e6 5. b7!

1... D : b6

Schwarz beseitigt den vorgerückten Bauern, um die Umwandlung in eine Dame zu verhindern. Aber nun zerfällt buchstäblich das schwarze Bauernzentrum.

2. e : f Da7 3. D : e6+ Kf8 4. L : d5 c : d 5. T : b5 T : d4 6. Dc8+ Schwarz gibt auf.

Auf 2... e : f folgt 3. Dd7+ Kf8 4. e6 ohne Aussichten für Schwarz.

Nr. 93 Schwarz am Zug gewinnt durch eine Kombination.

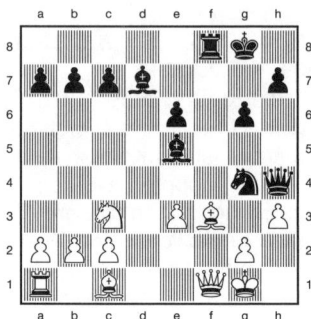

In den nächsten 3 Aufgaben gewinnt Weiß! Finden Sie die Kombinationen!

Nr. 94.

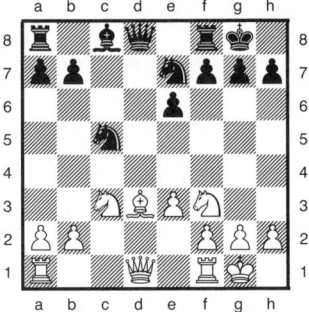

Nr. 95.

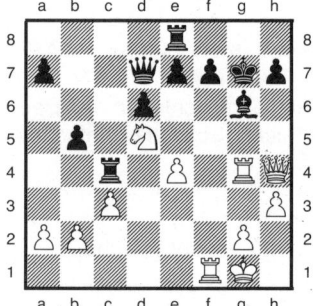

Nr. 96.

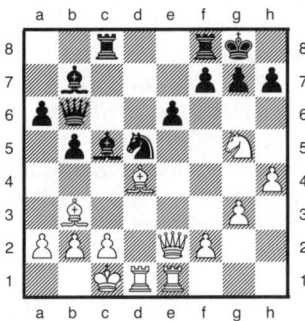

Herauslocken des Königs

Die Kombinationen mit dem Ziel, den in der Ecke versteckten König aus seiner Stellung herauszulocken, bedürfen keiner allzulangen Erläuterung. Durch ein Opfer wird er gezwungen, seine sichere Stellung zu verlassen und manchmal bis in die Brettmitte zu wandern, wo er natürlich leichter das Opfer der gegnerischen Figuren wird. Das Motiv ist ähnlich wie bei anderen Mattkombinationen: die ungenügend geschützten Felder in der Umgebung des Königs.
Ein klassisches Beispiel für diese Kombination ist die Partie Lasker–Thomas (1912).

Alle weißen Figuren sind auf den Königsflügel gerichtet, während Schwarz etwas leichtsinnig die Felder h7 und g6 geschwächt hat. Dieses Motiv ermöglicht für Weiß eine phänomenale Kombination, die inzwischen seit 7 Jahrzehnten Begeisterung weckt.
1. D : h7+!! K : h7 2. S : f6++ Kh6
Der König darf das Feld h8 nicht betreten, wegen des Springermatts von g6 aus. Nun beginnt eine Königsjagd, die an einem völlig unvermuteten Ort endet.
3. Seg4+ Kg5 4. h4+ Kf4 5. g3+ Kf3
Bei allen Schachgeboten hat der König jeweils nur ein Fluchtfeld frei!
6. Le2+ Kg2 7. Th2+ Kg1 8. 0-0-0# oder 8. Kd2#!
Hier noch weitere Beispiele zum Herauslocken des Königs aus der Turnierpraxis.

Rossetto – Cardoso
Portorož, 1958

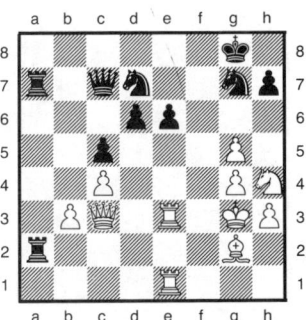

Nach Läufer- und Damenopfer lockt Weiß den schwarzen König aus der Ecke, um ihm mit den restlichen Figuren entscheidend zuzusetzen.
1. Ld5! e : d
Es hilft auch nicht der Versuch, die Schlüsselposition e6 zu behalten. Nach 1... Sf8 entscheidet das doppelte Turmopfer: 2. T : e6! S8 : e6 3. T : e6 S : e6

103

4. L : e6+ Kf8 5. Dh8+ Ke7 6.
Sf5+K : e6 7. De8+ oder noch einfacher 6. Df6+ Ke8 7. Sf5! d5+ 8. Kh4,
und Schwarz kann aufgeben.
2. D : g7+! K : g7 3. Sf5+ Kg6
Ganz schlecht wäre 3... Kg8 4. Sh6+ mit
schnellfolgendem Matt.
4. Te6+ Sf6 5. T : f6+ K : g5 6. T1e6!
Der entscheidende stille Zug! Keine
Möglichkeit, die Mattdrohung durch den
Bauern h3 abzuwenden.
6... Tg2+ 7. K : g2 Dd8 8. Se7!
Schwarz gibt auf.
In der nächsten Stellung, Schwarz ist am
Zug, drängt sich das Damenopfer auf h2
direkt auf. Doch bei diesem Opfer muß
alles genauestens bis zum Ende durchgerechnet werden, da bei einem falschen Zug die gesamte Kombination
mißlingen würde, was bei diesem Materialrückstand den schwarzen Untergang
zur Folge hätte. Versuchen Sie erst mal
im Kopf alle Verwicklungen durchzuspielen!

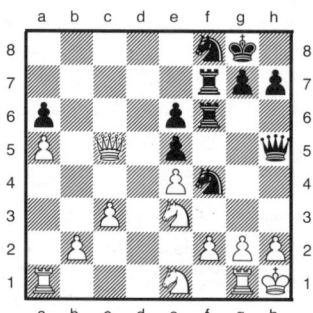

**1... D : h2+!! 2. K : h2 Th6+ 3. Kg3
Se2+ 4. Kg4 Tf4+ 5. Kg5 Th2!**
Diese Stellung ist wert, analysiert zu
werden. Schwarz hat zweifellos auch
andere Wege zum Erfolg. Versuchen
Sie, diese zu finden!
Vielleicht ist der Turmausfall der einfachste und sicherste Weg.
6. D : f8+

Ein letzter Versuch, mit dem Damenopfer vom König abzulenken, doch
Schwarz findet leicht den weiteren Angriffsfortgang.
**6... K : f8 7. Sf3 h6+ 8. Kg6 Kg8!
9. S : h2 Tf5!! 10. e : f Sf4#!**
Ein effektvoller Schlußangriff.
Was passieren kann, wenn man die
Kombination nicht genau durchrechnet,
zeigt folgendes Beispiel.

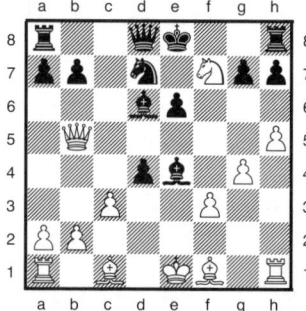

Schwarz opferte hier den Läufer und
einen Bauern in der Annahme, den König auf e4 „irgendwie" mattzusetzen. Es
folgte: **1... Lg3+ 2. Ke2 d3+ 3. Ke3 Df6
4. K : e4 D : f7.**
Die Lage scheint für Weiß hoffnungslos,
aber . . .
5. Th3 a6 6. Dg5 h6? (besser wäre 6...
e5 gewesen) **7. De3 e5 8. K : d3 Lf4
9. Dg1 0-0-0 10. Kc2** und der König ist
entwischt.

Nr. 97 Schwarz ist am Zug.
Wie gewinnt er?

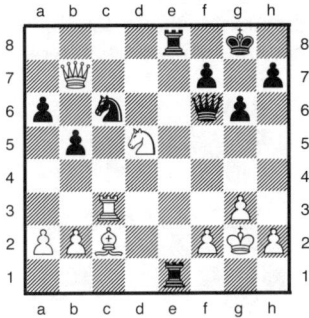

Nr. 100 Wie gewinnt Schwarz?

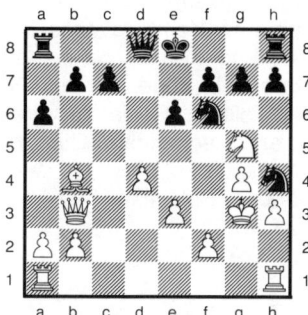

Nr. 98 Wie gewinnt Weiß?

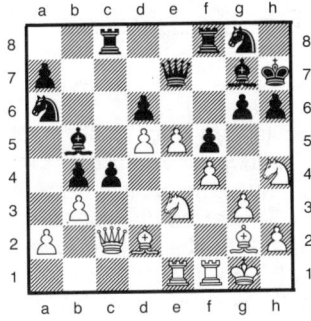

Nr. 99 Wie gewinnt Weiß?

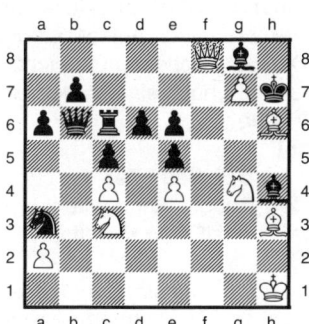

Bauernkombinationen

Von allen Figuren, die sich am Schachbrett befinden, ist nur der Bauer in der Lage, auf der letzten Reihe angelangt, sich in die stärkste Figur zu verwandeln. Diese Möglichkeit des plötzlichen Wechsels der Kräfteverhältnisse öffnet einen weiten Spielraum für Kombinationen. Durch Materialopfer schafft die aktive Seite dem Bauern die Möglichkeit zur Umwandlung, wodurch sofort wieder ein Materialvorteil erlangt wird.

José Raoul Capablanca

Die Motive dieser Kombination sind einfach zu erkennen: das Vorhandensein eines vorgerückten Freibauern sowie die ungenügend geschützte 8. Reihe. Auch das Thema der Kombination ist klar. Die Schlußstellung mit der neu entstandenen Dame. Alle Züge, die dem Bauern verhelfen, die 8. Reihe zu erreichen, sind die entsprechenden Mittel.

Capablanca – Spielmann
New York, 1927

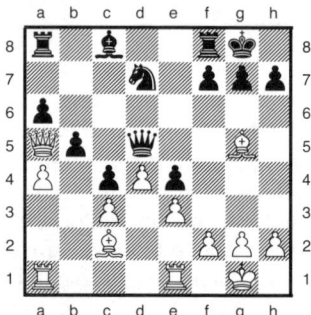

In dieser Stellung spielte Capablanca **1. a : b!! D : g5 2. L : e4.** Langsam wird deutlich, warum er den Läufer opfert. Wenn Schwarz nun mit 2... Ta7 antwortet, kann man den Bauernvorstoß folgendermaßen durchsetzen: 3. b6 D : a5 4. b : a! D : a1 5. T : a1 Sb6 6. a8=D S : a8 7. L : a8, und der Materialvorteil reicht zum Sieg aus. Auch die andere Verteidigungsvariante hilft nicht: 2... Ta7 3. b6 D : a5 4. b : a Lb7. Hier entscheidet 5. T : a5 L : e4 6. T : a6 Ta8 7. Te2 Lb7 8. Ta5 Kf8 9. Tb2 Lc8 10. Tb4 Ke7 11. T : c4, und Weiß gewinnt.
2... Tb8 3. b : a Tb5
Nach dem Damentausch müßte Schwarz für den Bauern a6 noch eine Figur hergeben.
4. Dc7 Sb6 5. a7 Lh3 6. Teb1! (Auch das einfachere 6. a8=D gewinnt, doch Capablanca spielt überzeugender!)

6... T : b1 7. T : b1 f5 8. Lf3 f4 9. e : f Schwarz gibt auf.
Die Begeisterung aller zeitgenössischen und späteren Schachfreunde rief die Bauernkombination aus dem Spiel zweier unbekannter Amateure hervor.

Ortueta – Sanz
Madrid, 1934

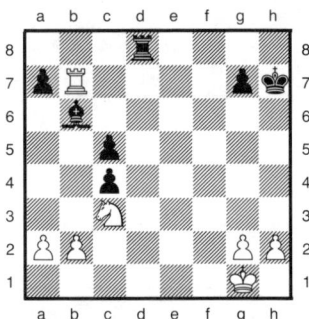

Schwarz ist am Zug, doch macht die weiße Stellung einen soliden Eindruck. Es folgte nun eine geniale Kombination, die dem Schwarzen die Möglichkeit gibt, die Kraft der Freibauern freizusetzen.
1... Td2 2. Sa4 T : b2 3. S : b2 c3
Was soll Weiß spielen? Im Fall von 4. Sd3 c4+ 5. T : b6 c : d wiegen zwei schwarze Freibauern den Springer leicht auf. Der weiße Springer darf sich auf kein anderes Feld zurückziehen, da sonst der Freibauer auf c1 eindringen kann. Der Sieg scheint nun leicht, doch Weiß versucht noch einmal, den Gegner zu überlisten.
4. T : b6!
Auf 4... a : b 5. Sd3 oder 4... c2 5. Sd3 kann der Bauer aufgehalten werden, und Weiß behält eine Mehrfigur.
4... c4!!
Dieser Zug demonstriert die Kraft der Bauern. c4 darf nicht genommen werden

– nach 5... c2 ist die Dame sicher. Es bleibt nur
5. Tb4 a5!!

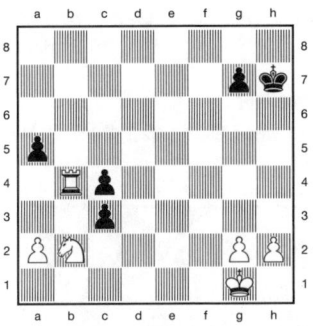

Eine unglaubliche Position! Drei isolierte Bauern, einer davon verdoppelt, siegen über Turm und Springer. Dieses Beispiel zeigt wieder einmal, welch unerschöpfliche Reserven an Ideen und schönen Kombinationen das Schachspiel in sich birgt.
6. Sa4 a : b Weiß gibt auf.
Noch ein Beispiel für die Durchschlagskraft eines bescheidenen Bauern.

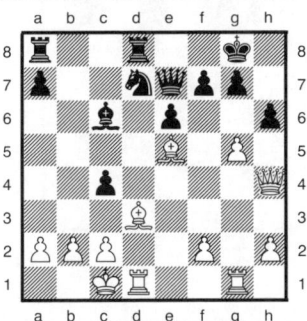

Weiß spielte unerwartet **1. D : h6!! g : h.** Anders kann man das in zwei Zügen drohende Matt nicht abwehren.
2. g : h+ Kf8 3. Tg8+! K : g8 4. h7+ Kf8 5. h8=D#.
In manchen Fällen lohnt es sich für den Angreifer eher, eine andere schwächere Figur zu holen, nicht immer nur die Dame. Auch damit sollte man stets rechnen.

Paul Keres

Furman – Keres
Moskau, 1948

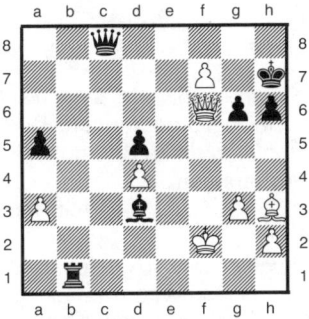

Für den Fall, daß auf dem Brett nun eine weitere weiße Dame auftaucht, hätte Schwarz eine unangenehme Überraschung parat: 1. f8=D? Dc2+ 2. Ke3 De2+ 3. Kf4 De4#. Allerdings wartete auf den Nachziehenden eine noch größere Überraschung – statt einer Dame holte Weiß einen Springer.
1. f8=S+! Kg8 2. Le6+ und Weiß gewinnt. In der Partie folgte noch 2... D : e6 3. D : e6+ K : f8 4. D : d5 Lf5 5. D : a5, und Weiß konnte den Materialvorteil ohne Schwierigkeiten ausnutzen.
Zum Abschluß dieses Kapitels seien noch die Fälle erwähnt, in denen nicht nur ein einzelner Bauer, sondern deren

zwei oder drei zum Angriff übergehen. So kann auch der beste Aufbau überwunden werden.

Zu den bemerkenswertesten Endspielen mit vorgerückten Bauern gehört dieses aus dem Spiel MacDonnell – La Bourdonnais (1834).

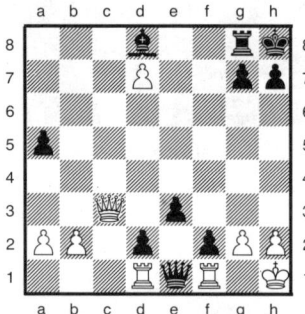

Die schwarzen Bauern sind bis zur 2. und 3. Reihe vorgedrungen. Durch ein Damenopfer kann La Bourdonnais leicht den Sieg erringen.

1... D : d1! 2. T : d1 e2 Weiß muß aufgeben.

Wenn auch selten, so gibt es doch Fälle, wo es durch Bauernumwandlung zu einer „Massenansammlung" von Damen auf dem Brett kommen kann. Hier ein solches Beispiel; entstanden in der Partie Rowner–Guljdin, Moskau 1939.

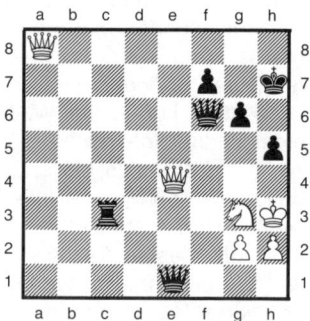

Der weiße Nachteil ist offensichtlich, doch da Weiß am Zug ist, gibt es einen Ausweg aus der drohenden Niederlage. 1. Dg8+! K : g8 2. De8+ Kh7 3. Dg8+! Kh6 4. Dh7+ Kg5 5. Dh6+! K : h6 Patt!

ÜBUNGEN

In allen vier Fällen gewinnt Weiß. Wie?

Nr. 101

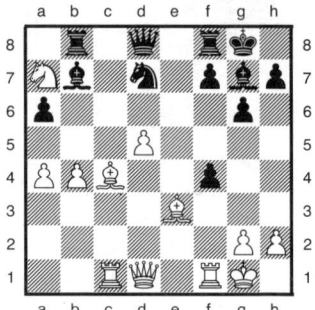

Nr. 102

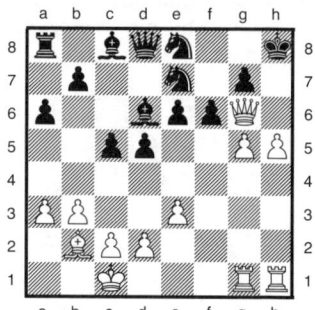

Nr. 103

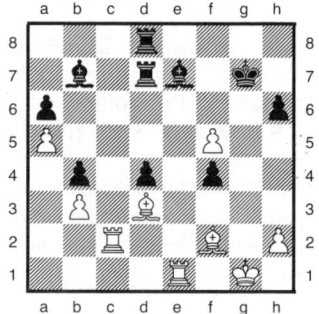

108

Nr. 104

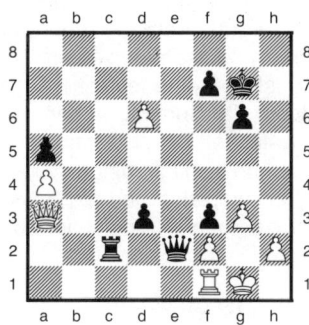

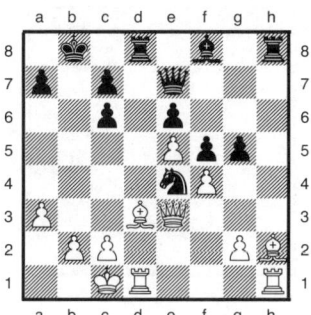

Ausnutzung von ungünstigen Figurenkonstellationen

Der dritte und gleichzeitig ziemlich bedeutsame Bereich von Schachkombinationen lebt von der ungünstigen Postierung der gegnerischen Figuren, womit auch gleichzeitig das Motiv genannt ist. Es gibt hierbei verschiedene Methoden, von denen wir einige besprechen werden wie: Doppelangriff, Fesselung, Hinterhalt usw. Aus einigen besonders verwickelten Figurenstellungen werden sich Themen ergeben wie: Hineinziehung, Ablenkung, Verstellung usw.

Am einfachsten ist die Kombination des Doppelangriffs zu verstehen, da man schon aus den ersten Erfahrungen des eigenen Spiels besonders gern an die Fälle zurückdenkt, wo es einem gelungen ist, mit einer Bauerngabel eine Figur zu gewinnen oder gar mit einem Springer „Familienschach" zu bieten. Damals schon haben wir erfahren, daß sich vor allem Springer für solche Doppelangriffe eignen. Die Praxis beweist es.

Schwarz ist am Zug. Nach genauer Analyse wird man feststellen, daß sich alle weißen Figuren außerhalb der Reichweite des Rösselsprungs befinden. Doch unter Zuhilfenahme von geometrischen Motiven kann Schwarz eine Kombination starten, die die Kraft des Springers zur Wirkung kommen läßt.

1... T : h2
Ein vorbereitender Zug. Der Turm mußte von der Grundreihe weggelockt werden.
2. T : h2 D : a3!!
Ein außerordentlich kraftvoller Zug. Die Mattdrohung auf a1 zwingt Weiß, die Dame zu schlagen. Die andere Lösung 3. Kb1 Sc3+ 4. b : c (oder 4. Kc1 Da1+ 5. Kd2 S : d1 mit Mehrfigur) 4... Ka8 ist keine, da das Matt nicht abzuwehren ist: 5. Lb5 T : d1#.
3. b : a und nun greift der Springer ein.
3... L : a3+ 4. Kb1 Sc3+ 5. Ka1 Lb2+!! 6. K : b2 S : d1+ 7. Kc1 S : e3 Weiß gibt auf.

In der nachstehenden berühmten Partie triumphiert Schwarz mit einer zehnzügigen Kombination, die einem Läufer den Doppelangriff ermöglicht.

Réti – Aljechin
Baden-Baden, 1925

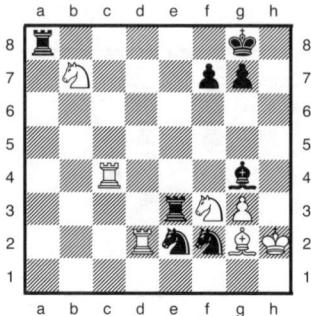

Schwarz spielt nun **1... Le6!** Der weiße Turm muß weichen, die beste Lösung ist **2. Tcc2,** doch nun kommt es zu einer Serie von forcierten Einschlägen:
2... Sg4+ 3. Kh3 Se5+ 4. Kh2
Es ist klar, daß der König nicht auf die 4. Reihe darf, weil dann der entscheidende Schachangriff von Ta4 folgen würde. Aus dem gleichen Grund darf er auch die Grundreihe nicht betreten, wegen Ta1.
4... T : f3!
Weiß darf das Opfer nicht annehmen, sondern schlägt den Springer.
5. T : e2 Sg4+ 6. Kh3 Se3+ 7. Kh2 S : c2 8. L : f3 Sd4 9. Te3 S : f3+ 10. T : f3 Ld5! Weiß verliert den Springer.

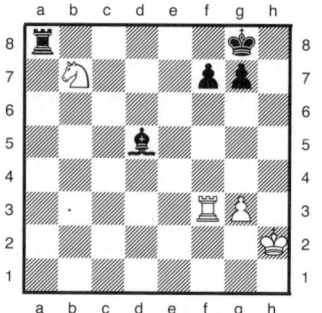

Ebenso wie die „Gabel" ist für den Schachanfänger die Fesselung ein bekannter Begriff, den er schon in der Eröffnung praktisch einsetzen konnte. Auf Sc6 ist Lb5 eine logische Zugfolge, da dadurch der Springer in den meisten Fällen gefesselt ist. Hier noch einige Beispiele, die sich allerdings einige Ebenen höher abspielen und die Fesselung zu mehrzügigen Kombinationen verwenden.

Trifunović – Golombek
Amsterdam, 1954

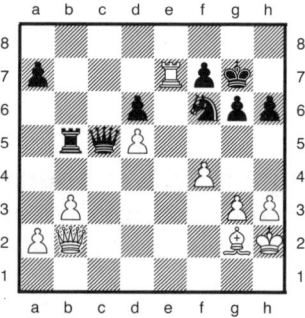

Der Springer auf f6 ist gefesselt. Noch bevor Schwarz die entsprechenden Maßnahmen dagegen unternehmen kann, greift Trifunović die gefesselte Figur an.
1. g4 Es droht g5 mit Springergewinn.
1... g5 2. h4!
Wieder dieselbe Drohung. Schwarz muß sich aus der Fesselung befreien.
2... Kg6 3. Le4+!
Der König wird wieder in die Fesselung gezwungen. Doch statt des Figurenverlustes folgt nun Matt.
3... S : e4 4. h5+ Kh7 5. T : f7+ Kg8 6. Dg7#.
Eine mehrfache Nutzung der Fesselung führt zu einem forcierten „erstickten Matt" in der nachfolgenden Stellung.

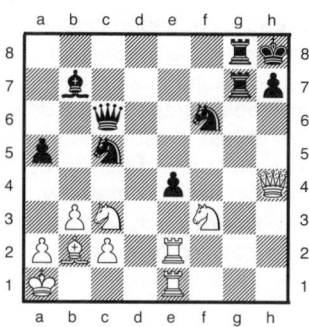

1. S : e4! Sc : e4 2. T : e4 S : e4 3. T : e4 D : e4 4. Sg5!
Es droht das Matt durch Sf7 oder Dh7. Beide Mattbilder werden durch die Fesselung des Turms auf g7 ermöglicht.
4... Dg6 5. D : h7+! D : h7 6. Sf7#.
Aus den Anfängerzeiten wird Ihnen sicherlich auch der Figurenfang bekannt sein, wenn sich etwa ein Läufer im Bauernnetz verfängt oder die Dame, nachdem sie einen Turm auf a1 oder a8 geschlagen hat, sich nicht mehr befreien kann. Hier nur ein Beispiel für diese Kombination mit dem Thema Damenfang.
Im Vergleichskampf Jugoslawien – Ungarn, 1957, war die Partie Karaklajić – Beli schnell zu Ende.

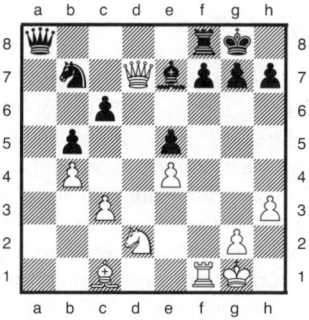

Sorglos zieht Weiß die Dame auf d7. Als Antwort kam ein naives Angebot zum Damentausch.
1... Dc8
Ohne viel zu überlegen und darüber nachzudenken, warum ihm der Läufer geschenkt wird, spielt Weiß 2. D : e7 und nach 2... f6 ging die Falle zu. Wegen Tf7 war die Dame verloren, und Weiß gab auf.
Falls die bisherigen Kombinationen einfach zu durchschauen waren, so erfordern die folgenden bestimmte Erläuterungen. Zunächst zu den Kombinationen zum Thema Hinterhalt. Hier ist der einleitende Zug nicht immer einsichtig, und nur genaues Beobachten und Analysieren deckt die Absicht des Angreifers auf. Die Drohung fällt nicht sofort ins Auge, deswegen auch die Bezeichnung. Doch oft bedeutet das Entdecken nicht, daß man die Bedrohung auch abwenden kann.
Aus diesem Grund sind die Kombinationen mit eingebautem Hinterhalt besonders kompliziert, aber auch effektiv.

Furman – Smyslow
Moskau, 1949

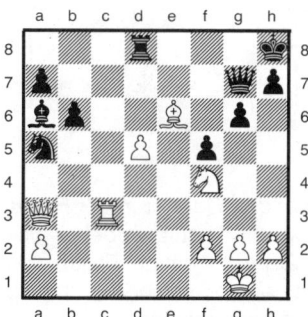

Auf den ersten Blick spricht nichts dafür, daß die schwarze Stellung hoffnungslos ist. Allerdings ist nach dem folgenden Zug, den Furman genial vorbereitet und

Smyslow unterschätzt, die Katastrophe unausweichlich.

1. Db2!!

Ein bescheidener, unauffälliger Zug, der aber viel Kraft in sich birgt. Mit der Dame auf der Diagonale a1−h8 droht nun S : g6+. Wenn der h7-Bauer schlägt, führt Th3+ zum Sieg. Falls die Dame schlägt, kann man das Matt mit Tg3 forcieren. Schwarz merkt noch nichts von der drohenden Gefahr. Es passiert also auch solchen Könnern wie Smyslow, daß in der Vorausberechnung Kombinationen aus dem Hinterhalt übersehen werden.

1... Sc4 2. S : g6+ D : g6 3. T : c4+ Dg7 4. D : g7+ K : g7 5. Tc7+ Kf6 6. f4 Schwarz gibt auf.

Diese Art von Kombination wird in vielen Eröffnungsvarianten als Falle verwendet. Hier eine gebräuchliche Eröffnungsstellung.

Ausnutzung von ungünstigen Figurenkonstellationen, die vielleicht in der Praxis nicht so häufig anzutreffen sind, wie etwa im Problemschach. Trotzdem empfehlen wir Ihnen, diese genau zu studieren, zu verstehen und sich einzuprägen, nicht nur um selbst daraus Nutzen zu ziehen, sondern auch, um selbst nicht das Opfer solcher zu werden.

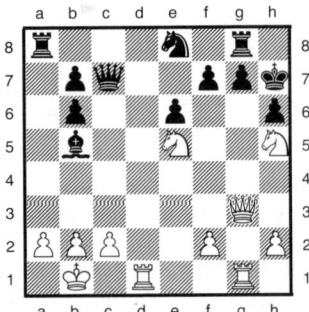

Zur Verwirklichung der geplanten Kombination ist es nötig, den Schutz des Feldes f7 auszuschalten. Diese Aufgabe übernimmt im Diagramm die Dame.

1. Td7! L : d7

Die Wirkungslinie der Dame wird unterbrochen, der Weg zur Mattkombination ist frei!

2. D : g7+! T : g7 3. T : g7+ S : g7 4. Sf6+ Kh8 5. S : f7#.

Leicht zu verstehen ist auch das Thema der Überlastung. Jede Figur hat in beliebiger Stellung eine ganz besondere Funktion. Es kommt vor, daß einige Figuren, die die Königsstellung schützen, überlastet sind und somit nicht alle Funktionen ausüben können. Diese Überlastung kann der Gegner gewinnbringend ausnützen.

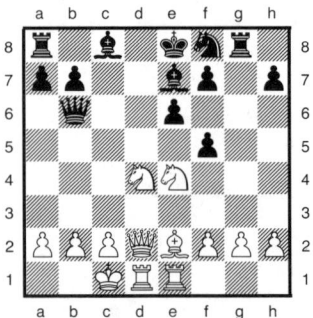

Weiß hat den Gegner in der Figurenentwicklung überflügelt, wobei er gleichzeitig im Zentrum einige Fallen versteckt hat. In einen solchen Hinterhalt ist Schwarz hineingetappt.

Der Gewinn läßt sich durch interessante Kombinationsopfer erringen.

1. S : f5 e : f 2. Sf6+ D : f6 3. Dd8+! L : d8 4. Lb5#

Es verbleiben noch einige Themen zur

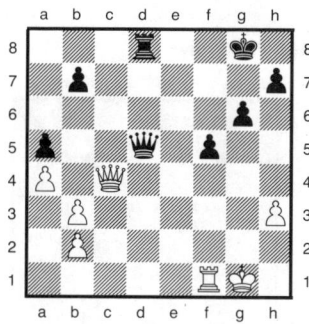

Die schwarze Dame übernimmt die Hauptaufgabe – sie schützt den eigenen König vor der weißen Dame auf der Diagonale a2–g8. Sie darf also die Diagonale nicht verlassen. Wenn die Dame nun durch 1. Td1! angegriffen wird, darf sie den Turm nicht schlagen, sondern muß auf c4 tauschen. Nach dem Zwischenschach auf d8 behält Weiß einen Turm mehr.

Für die Kombination mit dem Thema Ablenkung haben wir ein Beispiel aus der Turnierpraxis von Tarrasch ausgesucht.

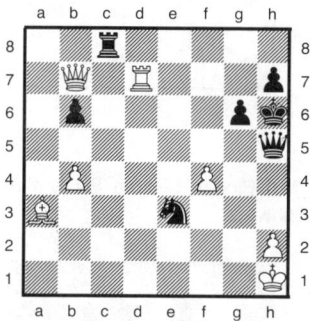

Es scheint, als ob Schwarz, obwohl am Zug, kein Gegenmittel gegen den Einschlag auf h7 besitzt. Er selbst kann kein Schach geben, weder auf d1 noch auf f3. Aber er spielt
1... Tc7!!
Nun muß Weiß nach einer Rettung su-

chen. Die weiße Dame darf den Turm nicht schlagen, wegen Schach auf f3, der Turm auch nicht, wegen Schach auf d1. Für Weiß ist es noch von Vorteil, daß er den rettenden Zug zur Verfügung hat, mit dem Matt auf f8.
2. b5!
Aber Schwarz findet wieder einen Ausweg.
2... Dd1+ 3. T : d1 T : b7 mit Remis.
Die Methode der Hineinziehung illustriert in hervorragender Weise die Partie Lasker – Ragosin, Moskau 1936. Schwarz ist am Zug. Ragosin hat mit feinen Manövern den weißen Turm auf die Diagonale g1–a7 gelockt und erobert dann die Qualität.

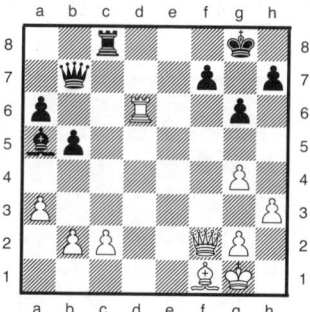

1... Lc7! 2. Tf6 Ld8 3. Td6 Le7 4. Tb6 D : b6! 5. D : b6 Lc5+ 6. D : c5 T : c5
Mit der Mehrqualität gewinnt Schwarz die Partie.

ÜBUNGEN

Nr. 105 Schwarz am Zug gewinnt. Wie?

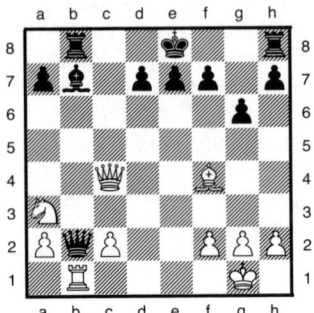

Nr. 108 Weiß gewinnt!

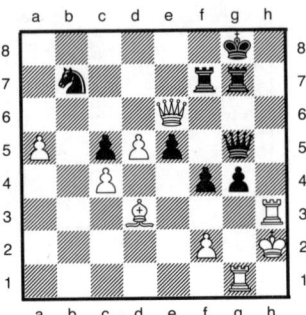

Nr. 106 Weiß gewinnt durch eine Kombination!

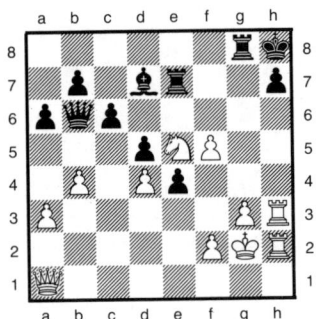

Nr. 109 Welches Motiv kann Weiß ausnutzen? Wie?

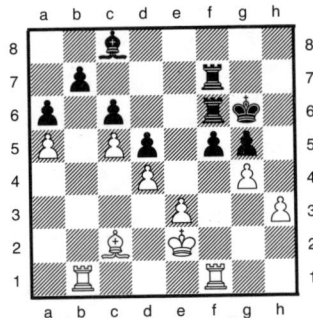

Nr. 107 Weiß gewinnt!

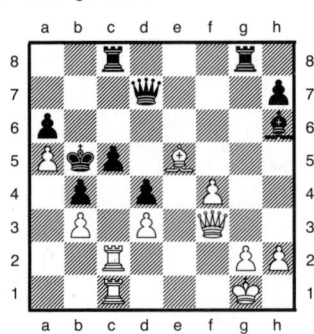

Nr. 110 Finden Sie die Gewinnkombination für Schwarz.

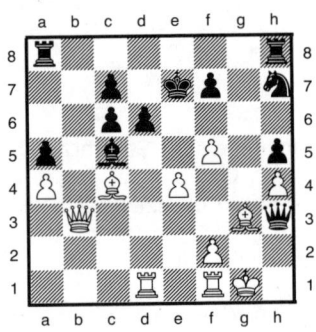

4. Urteil – Analyse – Plan

Wie bereits erwähnt, deckt eine Kombination scheinbar solide Stellungen als unsolide auf. Das Positionsspiel dagegen bekräftigt tatsächliche Vorteile einer Stellung. Man muß dazu sagen, daß in der Praxis Kombinationen recht selten vorkommen, doch mit den Problemen des Positionsspiels wird jeder Schachspieler in fast allen Partien konfrontiert. Es kommt darauf an, die Stellung zu analysieren, das Urteil darüber zu fällen und zu entscheiden, wer in diesem Augenblick besser steht, Weiß oder Schwarz. Vielleicht ist die Stellung sogar ausgeglichen? In jedem Einzelfall entscheiden Qualität und der äußere Stellungseindruck den weiteren Plan des Spieles. Derjenige, der besser steht, hat das Recht und die Pflicht anzugreifen, Zögern kann zum Verlust führen. In einer schlechteren Stellung wird man natürlich verteidigen oder Wege zum Ausgleich suchen. Falls aber die Stellung ausgeglichen ist, gibt es nur eine Lösung: Keine riskanten Angriffe starten, aber auch nicht in Panik verfallen! Es kommt darauf an, durch besonnene Manöver einen Stellungsvorteil zu erlangen. Wie entscheidet man, wer besser steht? Wie schätzt man eine Stellung ab? Früher mal stellten die Schachmeister solche Fragen nicht – sie machten den besten Zug, indem sie sich auf ihre Erfahrung, Intuition und Talent verließen. Erst Steinitz brachte es den Schachspielern bei, wie man analysiert und Stellungen zu beurteilen hat, und damit hat er dem Schachspiel eine neue wirksame Waffe geschenkt.

Ein Chemiker, wenn er vor die Frage gestellt wird, um welche Materie es sich handelt, geht folgendermaßen vor. Zunächst zerlegt er die zu untersuchende Materie in ihre Einzelelemente und stellt dann die Mengenverhältnisse unter diesen fest. So kann er ein genaues Urteil über die vorgelegte Materie abgeben. Genauso verfährt ein „moderner Schachmeister". Zunächst zerlegt er die Stellung in ihre Einzelelemente und vergleicht sie in ihrem Verhältnis zueinander. Diesen Prozeß nennt man Schachanalyse. Danach folgt der Zeitpunkt der Synthese, der Abschätzung der Stellung. Wenn er alles über die Elemente und ihre Anzahl weiß, kann er mit einer gewissen Sicherheit die Stellung beurteilen. Natürlich gibt es in diesem Prozeß keine mathematischen Genauigkeiten, vieles hängt vielmehr vom Eindruck des Spielers, von seinen Vorlieben ab. So kommt es zu verschiedenartigen Beurteilungen ein und derselben Stellung. Doch insgesamt ist diesem Verfahren der Charakter der Objektivität zuzugestehen. Nach erfolgter Einschätzung der Stellung geht der Spieler zur Ausarbeitung des weiteren Plans des Spiels über. Welche Elemente kennt die Schachtheorie? Wie bereits erwähnt, befindet sich die Schachtheorie des Mittelspiels noch in einem Anfangsstadium, die Prinzipien und Gesetzmäßigkeiten sind noch nicht in zusammengefaßter Form faßbar. Doch man kann jetzt schon von den Grundelementen sprechen, die jede Stellung bedingen und auf die der Schachspieler bei seiner Analyse zurückgreift. Das sind: schwache Felder, schwache Bauern, starke und schwache Diagonalen, starke und schwache Linien, Zentrum, Raum sowie die ungünstige Postierung von Figuren. Wann befaßt sich der Spieler mit der Analyse bzw. der Abschätzung der Stellung? Vom ersten Zug an? Selbstver-

ständlich nicht. Das Urteil fällt man in kritischen Schlüsselpositionen, wenn das Kampfgeschehen im Ablauf und Tempo verändert wird, wenn eine neue Richtung eingeschlagen wird. Oder auch wenn der Spieler versucht, Ereignisse und Zugfolgen vorauszuberechnen und ihre Folgen abzusehen.
Nun zu den einzelnen Elementen, die eine Stellung beeinflussen.

Schauen wir uns folgendes Beispiel an. In der Partie Lasker – Capablanca, Petersburg 1914, kam es zu dieser Stellung:

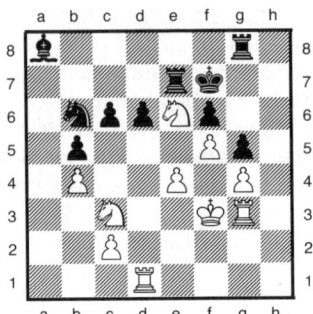

Starke und schwache Felder

Was ist ein schwaches Feld? Die Antwort ist einfach: Ein Feld, das nicht durch einen Bauern angegriffen werden kann. Darauf kann der Gegner ruhigen Gewissens eine seiner Figuren postieren und ein für ihn starkes Feld daraus machen. Wenn zum Beispiel Weiß einen Bauern auf e4 besitzt, Schwarz jeweils einen Bauern auf d6 und e5, dann ist das Feld d5 für Weiß ein starkes, für Schwarz aber ein schwaches Feld.
Auf eines wollen wir Sie noch aufmerksam machen. Wir sprachen bereits über die dogmatischen Regeln von Tarrasch, die sich auch auf den Begriff schwache und starke Felder bezogen. Die moderne Theorie hat diese Tarrasch-Dogmen einer neuen Bewertung unterzogen und teilweise verworfen. So kommt es zum Beispiel im Sizilianischen Aufbau oft zu einer schwarzen Bauernstellung mit d6 und e5 ohne c7, was früher als vollkommen falsch angesehen wurde, heute aber mit Erfolg praktiziert wird. Die theoretischen Untersuchungen zwingen uns zu Definitionen, doch muß man in konkreten Fällen auch Ausnahmen gelten lassen.

Lassen Sie uns die Stellung nach dem Prinzip der Einzelelemente untersuchen. Das wollen wir rein gedanklich machen, wie die Spieler im Verlauf einer Partie, ohne die Steine zu bewegen.
Als erstes fällt die schwarze Feldschwäche auf e6 auf. Der weiße Springer fühlt sich dort wohl, obwohl mitten im feindlichen Lager. Bei näherer Betrachtung wird man bei Schwarz weitere Felderschwächen und zwar auf a5 und h5 entdecken sowie schwache Bauern auf d6 und f6. In der weißen Stellung gibt es auch schwache Felder, h4 und f4 oder c4 und a4 z. B. Es scheint, als ob die Schwächen verteilt sind, doch der Springer auf e6 gibt Weiß einen Riesenvorteil. Nachdem auf dem Brett keine aktiven Läufer oder Damen vorhanden sind, stellt sich die Frage nach den Diagonalen nicht, und was die Linien angeht, so hat Weiß wiederum einen Vorteil. Die Beherrschung der h-Linie spielt hierbei eine wesentliche Rolle. Weiß kann sie mit seinem Turm sofort besetzen. Wichtig ist auch, daß Weiß seine Türme auf der h-Linie schneller verdoppeln kann, oder sogar wenn nötig, auf die a-Linie

verlegen kann. Dieses fällt dem Nachziehenden schwer.

Der weiße Vorteil im Bezug auf den Raum ist durch die bessere Zentrumsbeherrschung ebenfalls gegeben. Und schließlich sind die weißen Figuren viel aktiver postiert. Vor allem ist der Springervorposten auf e6 wichtig, der Turm auf g3 und der Springer auf c3 sind bereit, sofort in das Spielgeschehen einzugreifen.

Der Gesamtbefund lautet nun: Weiß besitzt Vorteile in der Beherrschung des Raumes und der Linien und, was besonders wichtig ist, Schwarz weist viele schwache Felder und Bauern auf. Der Plan kann nur lauten: Weiß wird angreifen, Schwarz muß verteidigen!

Der große Lasker nutzte die Vorteile seiner Stellung meisterlich aus:

1. Th3!

Die Vorherrschaft auf der offenen Linie gibt Weiß Möglichkeit zu einem starken Angriff. Wenn Schwarz nun unvorsichtigerweise 1... Sc4 spielen würde, könnte folgen 2. Th7+ Ke8 3. Ta1! Lb7 4. Sc7+ Kd7 5. T : e7+ K : e7 6. Ta7, und Weiß gewinnt. Schwarz ist auf vorsichtige Manöver angewiesen, wobei ihn der fehlende Raum dabei stört, die Figuren nach den Erfordernissen der Stellung zu postieren.

1... Td7 2. Kg3 Ke8 3. Tdh1 Lb7 4. e5!

Der entscheidende Durchbruch. Den Bauern opfernd, kann Weiß das Feld c5 mit dem Springer besetzen, auch e4 zum Angriff auf das schwache Feld f6. Lasker nützt die Felderschwächen präzise aus, so daß diese Partie als klassisch angesehen werden kann, wenn es um die Methode geht, Bauern- und Feldschwächen des Gegners auszunutzen.

4... d : e 5. Se4 Sd5 6. S6c5!

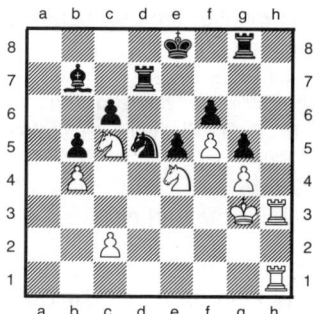

Der weiße Springer galoppiert direkt auf den schwachen Feldern im gegnerischen Lager. Der schwarze Turm darf das Feld d7 nicht verlassen wegen 7. S : b7 und 8. Sd6+. Das führt zu Qualitätsverlust.

6... Lc8 7. S : d7 L : d7 8. Th7 Tf8 9. Ta1!

Der typische Flügelwechsel, ermöglicht durch die großen Freiräume von Weiß.

9... Kd8 10. Ta8+ Lc8 11. Sc5.

Schwarz gibt auf.

Wir empfehlen Ihnen, in keiner Partie die Möglichkeit auszulassen, dem Gegner Felderschwächen zuzufügen, um sie dann später auszunutzen.

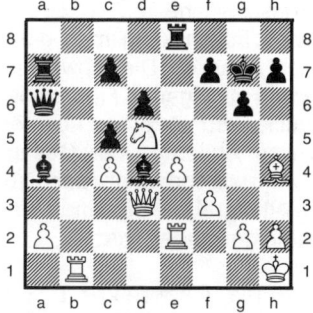

Es ist leicht festzustellen, daß im schwarzen Lager der Punkt f6 sehr schwach ist und sich zudem in Königsnähe befindet. Warum ist das folgende

Manöver wichtig, um den Läufer auf d4 zu tauschen?

1. Lf2! L : f2

Der Läufer wäre auch durch 1... Le5 2. f4 Lf6 3. S : f6 nicht zu retten gewesen.

2. T : f2 Da5

Die weiße Dame darf nicht auf das Feld c3.

3. De2!

Über das Feld b2 dringt die Dame auf die Diagonale a1 − h8 vor.

3... f6 4. Db2 Tf8 5. g4!

Das Spielchen kennen wir schon − Fesselung des Bauern f6.

5... h6 6. f4 g5 7. h4!

Der entscheidende Zug. Die Doppelschlagdrohung auf g5 zwingt Schwarz, das Feld f6 aufzugeben.

7... g : h 8. S : f6!

Der Turm darf nicht nehmen, wegen 9. g5. In der Partie begab sich der König auf die Flucht, doch ohne Erfolg.

Weitere Beispiele zur Ausnutzung der Felderschwächen werden Sie in den Übungsaufgaben finden.

Manchmal kommt es zu einer Schwächung nicht nur eines Feldes, sondern einer ganzen Gruppe von gleichfarbigen Feldern. In diesem Fall spricht man von Perpherieschwäche.

In solchen Fällen kann man die Spielidee leicht erfassen. Die schwachen Felder werden mit eigenen Figuren besetzt, der Druck wird verstärkt, bis es zur qualitativen Änderung der Gesamtstellung kommt, wenn eben der Druck in einen Mattangriff oder in einen Materialgewinn umgewandelt wird.

In der Partie Alatorzew − Löwenfisch (Meisterschaft der UdSSR, 1937) ist Schwarz am Zug. Bei der Durchführung der Analyse wie oben, − wir bitten Sie, diese jetzt gleich zu machen, ohne weiter nachzulesen, − werden Sie feststel-

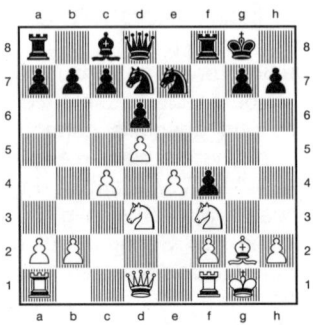

len, daß das Spiel aufgrund vieler Elemente in etwa ausgeglichen ist. Die Stellung weist jedoch eine Besonderheit auf: die Schwäche von Weiß auf den dunklen Zentralfeldern. Schwarz nutzt diesen Umstand energisch aus, indem er fast alle seine Figuren auf das Feld e5 schickt. In der Praxis sah das so aus:

1... Sg6! 2. Tc1 De7 3. Te1 Se5!

Der erste Gast auf e5. Weiß beseitigt ihn sofort, doch der Platz wird sofort wieder eingenommen.

4. Sf : e5 S : e5 5. f3

Die Zahl der schwarzfarbigen schwachen Felder erhöht sich.

5... b6 6. S : e5 D : e5 7. Dd2 Ld7 8. Dc3 Tfe8 9. D : e5 T : e5

Das Spiel von Schwarz scheint einfach zu sein: alle Figuren auf e5!

10. a3 a5 11. b3 Kf7!

Und nun begibt sich sogar „Seine Majestät" selbst auf das kritische Feld, um von dort aus die Offensive seiner Figuren zu leiten.

12. Kf2 Kf6 13. Ke2 Th5 14. Th1 Ke5!

Jetzt braucht man nur einen günstigen Moment abwarten, um mit dem König weiter nach vorn zu stoßen.

15. Kd3 h6 16. h3 Tg5 17. Th2 Tg3 18. h4 Tg8 19. Ke2 g5 20. h : g h : g 21. Kf2 g4 22. Th5+ Kd4

Der kritische Moment ist gekommen; der König geht zum Angriff über.

23. Td1+ Kc3! 24. Th7 g : f 25. Lf1

(oder 25. L : f3 T : f3+ mit Läuferschach auf g4)
25... Kc2! 26. Td3 Lh3! 27. T : f3 T : f3+ 28. K : f3 L : f1 Weiß gibt auf.

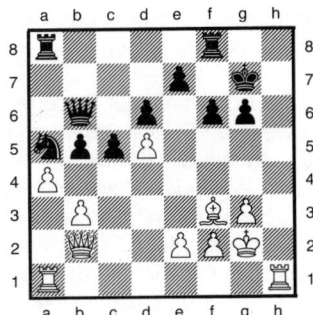

Grigorij Löwenfisch

ÜBUNGEN

Nr. 111 Analysieren Sie die Stellung nach der Methode der Einzelelemente. Finden Sie einen Weg, um die positionellen Besonderheiten der weißen Stellung auszunutzen.

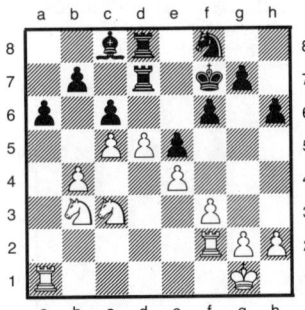

Nr. 112 Wo befinden sich Felderschwächen? Wie kann Weiß die Schwächen im gegnerischen Lager ausnutzen?

Offene Linien

Schon bei der Besprechung der Kombinationen war mehrfach die Bedeutung von offenen Linien erkennbar. Auch im normalen Positionsspiel kann die Beherrschung einer solchen den Ausschlag über den Sieg geben. Besonders spürbar ist das in Stellungen mit einer einzigen geöffneten Linie, die von einem Spieler beherrscht wird.

Die Spielmethode in solchen Fällen wird sein, auf der freien Linie(n) die maximale Anzahl von Schwerfiguren zu konzentrieren, wenn man die Initiative er- oder behalten will. Nun ein erstes Beispiel.

Aljechin – Nimzowitsch
San Remo, 1930

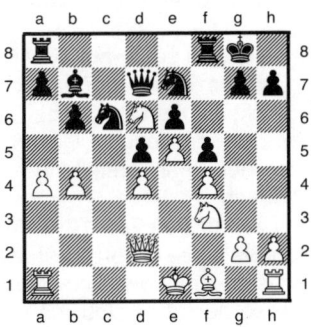

Weiß beherrscht mehr Raum, was nicht so von Bedeutung wäre, wenn Aljechin nicht die schon länger geplante Offensive auf dem Damenflügel inszeniert hätte. Die weiteren Stellungsmerkmale sollen Sie selbständig erarbeiten, was für alle später folgenden Diagramme gilt. In diesem konkreten Fall sind nicht nur die statischen Momente zu beachten, sondern auch die Dynamik des Geschehens, d. h. die Begleitzüge und die Pläne, die von beiden Seiten verfolgt werden.

Aljechin spielte:

1. a5! Sc8

Schwarz will sich so schnell wie möglich vom unangenehmen Springer auf d6 befreien und nimmt dafür sogar eine weitere Einengung seiner Beweglichkeit in Kauf.

2. S : b7 D : b7 3. a6 Df7 4. Lb5!

Der kritische Moment in der Partie. Weiß versucht, den Springer vom Feld c6 zu vertreiben und mit dem Turm auf die 7. Reihe einzudringen. Mit der Einsicht, daß das Eindringen des gegnerischen Turms auf c7 das Ende wäre, entschied sich Nimzowitsch dafür, den Springer auf c6 unbedingt zu behalten, um so den weißen Schwerfiguren den Einbruch ins schwarze Lager zu versperren. Eine schwierige, aber erzwungene Entscheidung.

4... S8e7 5. 0—0 h6 6. Tfc1 Tfc8 7. Tc2 De8

Schwarz läßt sich sogar auf eine Fesselung ein, nur um den Springer nochmals zu überdecken. Das eigentliche Schicksal des dramatischen Geschehens hängt von der Springerstellung auf der freien Linie ab.

8. Tac1 Tab8 9. De3 Tc7 10. Tc3!

Beachten Sie diese Umgruppierung. Am gefährlichsten sind die Schwerfiguren, wenn sie so gestaffelt sind, daß vorne-

weg die Türme angreifen und erst dann die Dame.

10... Dd7 11. T1c2! Kf8 12. Dc1 Tbc8

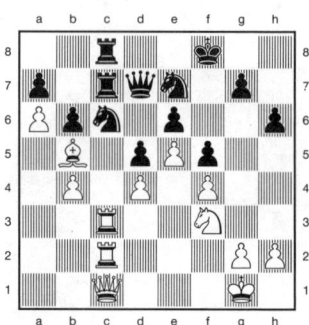

13. La4!

Der entscheidende Schlag. Der drohende Bauernvorstoß b4—b5 zwingt Schwarz dazu, einen Bauern zu opfern.

13... b5 14. L : b5 Ke8 15. La4 Kd8 16. h4!

Schwarz gibt auf, da ihn in dieser Situation jeder beliebige Zug ins Verderben stürzt.

Vertiefen Sie sich in die nächste Stellung. Wenn Sie die vorgegebenen Regeln eingehalten haben, müßten Sie zu dem Schluß gekommen sein, daß Weiß besser steht, wenn auch nur geringfügig.

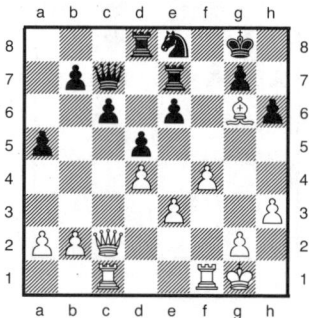

Begründet wird diese Feststellung durch die Beherrschung der Diagonale b1—h7 und den Raumvorteil. Doch wenn man die Dynamik der zu erwartenden Abwicklungen berücksichtigt, ändert sich das Urteil grundlegend. Der konkrete Plan von Weiß, eine wichtige Linie auf dem Königsflügel zu öffnen, ist schon erkennbar. Die Elemente dieses Planes sind: Bauernvorstoß g4—g5, Tausch auf h6 mit der Öffnung der g-Linie. Auf der einzigen freien Linie will Weiß zum Angriff kommen, was einen sehr großen Vorteil bedeuten würde. Wie verlief also die entscheidende Ausführung dieses Planes?

1. Tf3!

Eine wichtige Finesse. Der Bauernvorstoß ist zwar geplant, doch zunächst wird dies verdeckt, um die zukünftig offene Linie möglichst schnell zu besetzen. Der Turm soll endgültig auf g3 landen.

1... Sd6 2. g4 Tf8 3. Kh1 Kh8 4. Tg1 Dd8 5. Tfg3

Die Linienöffnung ist nicht zu vermeiden, Weiß setzt geschickt seine Schwerfiguren ein.

5... Td7 6. g5! Sf5 7. L : f5 e : f 8. g : h g : h 9. Dg2!

Blitzschnell hat sich Weiß eine hervorragende Position geschaffen; alle drei Schwerfiguren befinden sich auf der freien Linie.

Es droht das Eindringen über drei zur Auswahl stehende empfindliche Stellen: g8, g7 oder g6. Schwarz müßte alle drei Felder auf einmal decken, was er nicht kann. Das Ende zeichnet sich ab.

Es droht das entscheidende 10. Tg7 mit nachfolgendem 11. Dg6. Dieser Drohung begegnend, darf Schwarz die Verteidigung von g8 nicht außer Acht lassen.

9... Tdf7

Schwarz will auf 10. Tg7 mit 10... De8 antworten, wonach er eine zufriedenstellende Position hätte, falls Weiß 11. Dg6 spielen würde, wegen 11... De4+! 12. Kh2 Dc2+ 13. Tg2 D : g2+.

10. Tg6!

Nachdem g7 und g8 gesichert sind, dringt Weiß auf das dritte neuralgische Feld und zwingt den Gegner zur Aufgabe.

10... De7 11. Tg8+

Matt im nächsten Zug in allen Varianten.

ÜBUNGEN

Nr. 113 Wie kann Weiß in beiden Fällen die offene c-Linie nutzen?

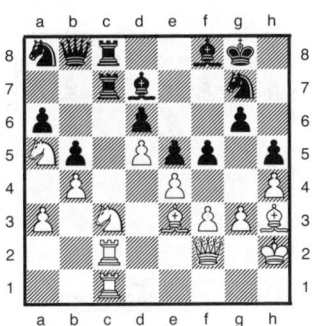

Nr. 114

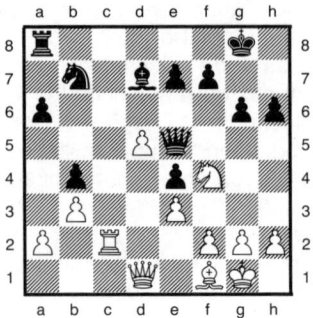

Die Diagonalen

Alles, was über die freien Linien als Entscheidungsmoment gesagt wurde, gilt auch für die Diagonalen. Nach der Besetzung derselben folgt die Konzentration der Kräfte auf ihr mit abschließendem Angriff. Dabei wirken nicht nur „Diagonalfiguren" mit, sprich Läufer und Dame, sondern auch die übrigen Figuren, wenn man sie rechtzeitig am Brennpunkt des Geschehens einsetzen kann.

Analysieren und beurteilen Sie bitte folgende Stellung.

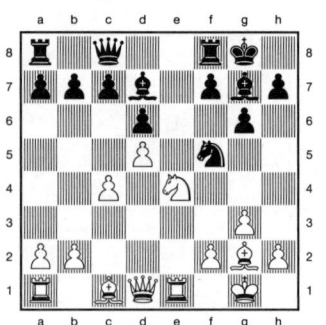

Beide Seiten sind ungefähr gleich, wenn man die Felderschwächen, die Zentrums- und Linienbeherrschung sowie die Figurenverteilung berücksichtigt. Es fällt die Bedeutung der Diagonale a1–h8 auf. Momentan wird sie von Schwarz beherrscht, was den Eindruck eines Vorteiles erweckt. Da unsere Bewertung nicht nur die momentane statische Stellung, sondern auch deren Dynamik zu beachten hat, müssen wir die Situation der nächstfolgenden Züge schon mit einbeziehen. Nehmen wir nun an, daß es Weiß gelingen wird, den schwarzen Läufer abzutauschen, so wird die Diagonale sehr geschwächt ebenso die schwarzen Felder der Königsstellung. Aus dieser Sicht muß man den Vorteil dem Anziehenden zusprechen.

Die Partie verlief folgendermaßen:

1. Tb1!

Weiß plant b4 (oder b3) mit anschließender Flankierung des Läufers auf b2, um ihn abzutauschen.

1... Te8 2. b4 Dd8 3. Lb2 Tb8 4. Dd2 b6 5. L : g7 K : g7 6. Dc3+

Der erste Teil des Angriffsplanes ist geglückt. Die Läufer sind getauscht, die Diagonale ist deutlich geschwächt. Schwarz ist gezwungen, den Bauern f7 vorzurücken, womit er einen neuen empfindlichen Schwachpunkt schafft.

6... f6 7. Tb2!

Das Manöver ist uns schon bekannt. Weiß verlagert den Turm auf e2 und baut damit indirekt Druck auf der zentralen Linie auf.

7... De7 8. f4!

Vorsorge gegen den aktiven Zug von Schwarz De5.

8... Df8 9. Tbe2 Tbd8 10. g4 Sh4

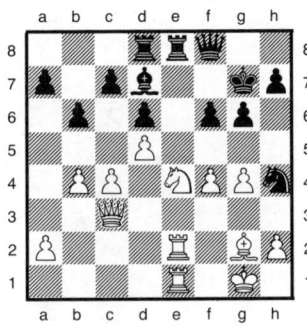

11. S : f6!

Mit einem relativ einfachen taktischen Schlag wird der weiße Plan präzise beendet. Der Springer darf nicht genommen werden wegen Te7+ mit Damengewinn.

11... T : e2 12. S : d7+ Kg8 13. S : f8 T : g2+ 14. Kh1 T : f8 15. Te7

Schwarz gibt auf.

Wer würde bei der folgenden Stellung sagen, daß im weiteren Spielverlauf die Diagonale a1−h8 die entscheidende Rolle spielen wird? Momentan versperren sie die schwarzen Bauern, wobei es keine Hoffnung gibt, sie demnächst öffnen zu können.

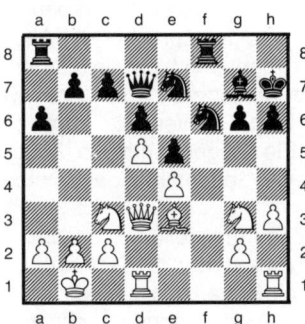

Doch die dynamische Bewertung der Stellung suggeriert uns ernsthafte Vorteile für Schwarz, gerade wegen der

Möglichkeit, die Diagonale zu nutzen. Der folgende dreiteilige Plan bringt die Idee von Schwarz zur erfolgreichen Durchführung.

Die erste und die zweite Etappe des Plans: Schwarz verteidigt den Bauern d6 und als nächstes versucht er mit c6, die Zentrumsposition zu sprengen. Es wäre nicht gut, dies gleich zu tun, da Weiß d5 mit dem Springer schlagen würde, der von dort aus den schwarzen Plan entscheidend stören könnte. Deswegen muß erst der Springer vom Feld c3 vertrieben werden, und das geschieht mit b7−b5−b4.

Die dritte Etappe: Nach dem Abtausch auf d5 wird der Bauer e5 vorgezogen, wenn es sein muß auch geopfert, um die Diagonale zu öffnen.

Nun zur Praxis:

1... b5 2. Sf1 b4 3. Se2 c6!

Die erste Etappe ist fast vollendet. 4. d : c empfiehlt sich nicht für Weiß wegen 4... D : c6 5. D : d6 D : d6 6. T : d6 S : e4 7. Td7 Sf5, und die schwarzen Figuren stehen sehr aktiv.

4. c4

Dieser Zug erleichtert die Durchführung des Angriffs, da nun auch die c-Linie geöffnet wird.

4... b : c 5. d : c D : c6 6. S : c3 Tab8!

Die Nutzung der freigewordenen Linie ist die natürliche Reaktion von Schwarz auf den 4. Zug von Weiß. Sich den neuen Gegebenheiten anpassend, ändert Schwarz seinen Plan etwas. Den Zug d5 noch zurückhaltend, wird die b-Linie durch Schwerfiguren besetzt.

7. Sg3 Tb4 8. Td2 Tfb8 9. Tc1 Db7!

konsequente Fortführung!

10. Tcc2 d5!

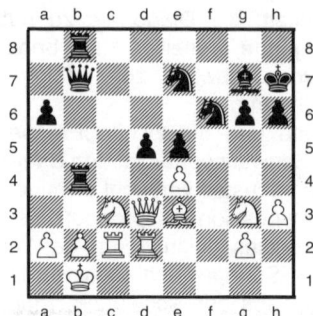

Das Ende des vor zehn Zügen gefaßten Planes. Weiß darf ein weiteres Vordringen des Bauern nicht zulassen, die Abtauschvariante auf e4 gefällt ihm auch nicht. Deswegen muß er auf die Öffnung des Spieles eingehen.

11. e : d e4!

Der schwarze Traum wird wahr. Der Läufer wird von g7 aus zu einem starken Angriffsführer auf den kritischen Punkt b2.

12. De2 S7 : d5 13. Sd1 Sd7 14. Tc4 T : c4 15. D : c4 S : e3 16. S : e3 L : b2!

Zum Schluß ein kleiner kombinatorischer Trick.

17. Db3 Lg7 18. T : d7 D : d7 19. D : b8 Dd3+ 20. Kc1 D : e3+

Weiß gibt auf.

ÜBUNGEN

Nr. 115 Wie kann Weiß die Diagonale a2 – g8 ausnutzen?

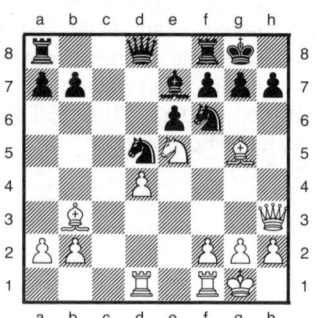

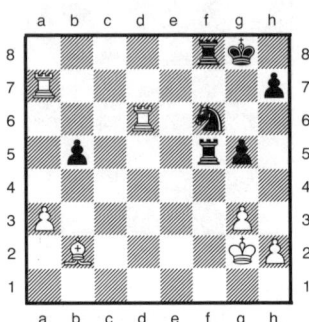

Nr. 116 Finden Sie den Gewinnweg für Weiß unter Nutzung der Diagonale a1 – h8!

Raum und Zentrum

Die beiden Begriffe wollen wir in einer Einheit zusammenfassen, denn Raumvorteile kann man nur über eine Vormacht im Zentrum erreichen. Wenn jemand seine Flügelbauern weit nach vorne gebracht hat, so bedeutet das nicht, daß er Raumvorteil besitzt. Die Beherrschung des Raumes muß man in viel größeren Dimensionen sehen. Es ist sicherlich nicht mehr nötig, die Bedeutung der Zentrumsbeherrschung zu betonen. Denn auch die Flankenangriffe sind von einem starken Zentrum aus besser zu organisieren und ohne dieses kaum erfolgversprechend. Ansonsten könnte man durch einen Gegenangriff gerade im Zentrum überrascht werden. Diese Regel sollten Sie auch beherzigen: „Ein Gegenangriff im Zentrum ist das beste Gegenmittel gegen einen Flügelangriff!"

Die Zentrumsstellung bestimmt den Kampfverlauf der Schachpartie. Wenn es durch Bauern vollbesetzt ist, verlaufen die Aktionen langsamer, wenn es frei ist, haben die Figuren freie Wege. Je nach Charakter kann man auch hierbei verschiedene Typen beobachten:

1. spannungsgeladenes, noch ungelöstes Zentrum

2. geschlossenes Zentrum
3. freies Zentrum
4. bewegliches Zentrum
5. fixiertes Zentrum

Bei einem Zentrum, dessen Spannung noch nicht gelöst ist, sind die endgültigen Bauernzüge noch nicht erfolgt. Sie sollten dabei darauf achten, diese zu Ihren Gunsten durchzuführen. Doch zunächst muß man sich selbst klar werden, welche Zentrumsstellung man erreichen will. Um ein freies Zentrum zu bekommen, muß man Bauerntausch anstreben; wenn man mehr Wert auf ein geschlossenes Zentrum legt, Bauerntausch vermeiden und vorbeiziehen. Wenn man ein fixiertes Zentrum als Ideallösung anstrebt, muß man einige Bauern abtauschen und die restlichen so postieren, daß sie aneinanderstoßen und keine Bewegung mehr zulassen. Das spannungsgeladene Zentrum ist Ausgangspunkt für alle anderen. Die Initiative über die Wahl, welches Zentrum Ihrem Plan am besten entspricht, sollten Sie nicht dem Gegner überlassen. Wie man sich in solchen Situationen verhält und den Plan in die Tat umsetzt, wollen wir Ihnen an einigen Beispielen zeigen.

Réti – Carlos
Baden-Baden, 1925

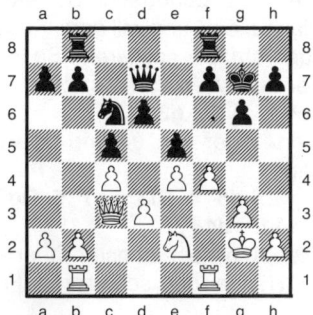

Bauern beider Farben haben das Zentrum eingeschlossen. Naturgemäß wird das Geschehen auf die Flügel verlagert, Weiß wird sein Glück auf dem Königsflügel versuchen, Schwarz auf der anderen Flanke. Die Ereignisse verlaufen langsam, die Figuren müssen über lange Wege das Angriffsziel erreichen.
1. g4 b5 2. f5 f6 3. Dd2 g5 4. h4! h6 5. Th1 b : c
Es wird sich bald herausstellen, daß dieser Tausch dem Weißen zugute kommt. Schwarz kann keine Aktivitäten entwickeln und muß sich auf die Verteidigung der Königsstellung beschränken. Sein Gegenspiel auf dem Damenflügel kommt nicht so recht in Gang. Es wäre besser gewesen, 5... Se7 zu spielen, denn es folgte:
6. d : c Sd4 7. Sc3 Th8 8. Th3 Tbg8 9. Tbh1 Dd8 10. Sd5 g : h
Die Vorteile sind nun klar erkennbar.
11. T : h4 Kf7 12. Kf2 Df8 13. T : h6
Der Anfang vom Ende. Schwarz mußte schon Material hergeben.
13... T : h6 14. T : h6 Dg7 15. Da5!
Flankenwechsel mit entscheidendem Angriff. Schwarz muß aufgeben.

In Stellungen mit einem beweglichen Bauernzentrum lautet die Frage meist so: Wird sich das Zentrum nach vorne orientieren und den gegnerischen Widerstand brechen oder wird die verteidigende Seite den Angriff erfolgreich abwehren, um mit den eigenen Figuren in die freigewordenen Räume einzudringen und den Gegenangriff zu organisieren?
Hier ein Beispiel aus der Partie Kotow – Unzicker aus dem Interzonenturnier 1952.

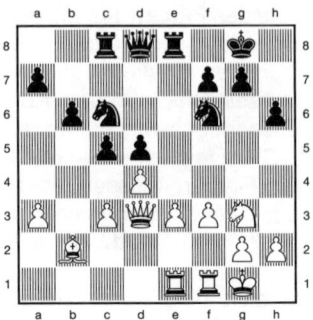

Der Zentralbauer eröffnet den Angriff:
**1. e4! c : d 2. c : d d : e 3. f : e Se5
4. Dd1 Sc4 5. Lc1**
Ein momentaner Rückzug weißer Figuren, um anschließend kraftvoll nach vorne zu eilen.
5... Sh7 6. e5 Te6
Schwarz beeilt sich, die Figuren zum Schutz des Königsflügels bereitzustellen. Allerdings stören die weißen Zentrumsbauern diese Manöver, zusätzlich schalten sich die weißen Figuren machtvoll ein.
7. Te4! Sf8 8. Sf5 Kh8 9. Dh5
Nachdem die weißen Zentrumsbauern die schwarzen Figuren einengen, haben es die weißen Figuren leicht, dort einzugreifen, wo man sie braucht.
9... Tc7 10. Th4 Sh7

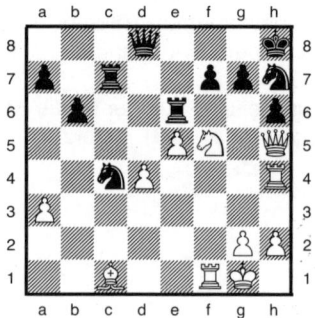

11. S : g7!
Ein von den Kombinationen her bekanntes Motiv, ermöglicht durch das starke Bauernzentrum.
**11... K : g7 12. L : h6+ Kg8 13. Tg4+
Tg6 14. e6!** Schwarz gibt auf.
Manchmal kommt es vor, daß im Zentrum zwei isolierte Bauern aufeinander stoßen. Das Spiel scheint dann einfach zu sein, da das Zentrum ja fixiert ist, doch verlangt es große Meisterschaft, hier richtig zu manövrieren. Das war eine Stärke des Ex-Weltmeisters Botwinnik.

Stolberg – Botwinnik
Meisterschaft der UdSSR, Moskau 1940

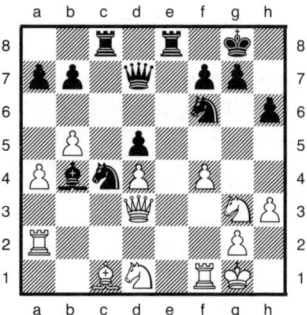

Die Bauern auf d4 und d5 sind Stützpunkte, von welchen aus die Figuren auf die Umgebung wirken können. Während Weiß dahingehend noch nichts unternommen hat, beherrscht Schwarz bereits das Feld c4 und will demnächst den Springer auf e4 postieren. So präzise setzt er sein Werk fort.
1... Se4 2. f5 S : g3
Die Verteidiger von e4 und c4 werden beseitigt.
**3. D : g3 Ld6 4. Df3 Le7 5. Dg3 Lf6
6. L : h6 L : d4+.**
Das Zentrum geht langsam aber sicher in die Hände der schwarzen Figuren über.

7. Kh1 f6! 8. Lc1 Te4 9. Db3 Se5 10. Db1 Tc4

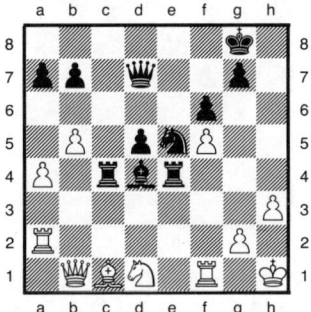

Auf den ersten Blick simple Züge erweisen sich als kraftvolle, präzise Strategie.
11. a5 Lc5 12. b6 a : b 13. Sb2 Tc3 14. Ld2 Tb3 15. Dc2 Db5 16. Tc1 Lf8 17. Td1 Te2
Die typische Umgruppierung – aus dem gestärkten Zentrum weitet sich der schwarze Einfluß auf den Königsflügel aus.
18. Dc1 T : h3+! 19. g : h d4 Weiß gibt auf.

ÜBUNGEN
Nr. 117 Wie führt Weiß den Angriff seiner Figuren durch?

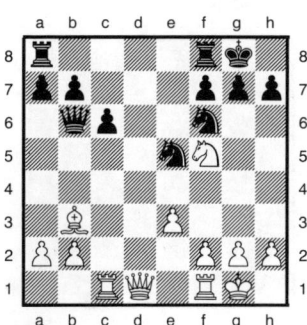

Nr. 118 Entwerfen Sie einen Plan für den Angriff von Weiß.

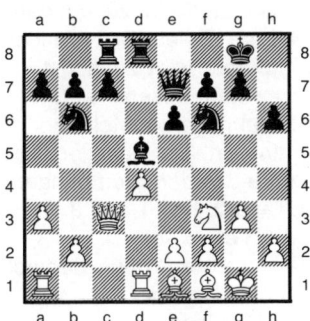

Ungünstige Figurenkonstellation

In diesem Kapitel werden wir über ruhige Stellungen sprechen, in welchen die ungünstige Lage einer oder mehrerer Figuren vom Gegner nicht mit der Methode des scharfen kombinatorischen Angriffs ausgenützt wird, sondern durch langwierige Belagerung und zielstrebige Lavierung.

Kotow – Taimanow
Kandidatenturnier Zürich, 1953

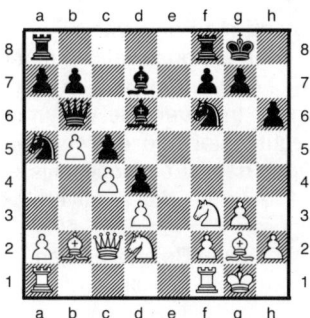

Die schlechte Position des Springers auf a5 ist auffällig. Er kann nicht aktiviert werden, und zusätzlich sind ihm die Rückzugswege abgeschnitten.

Dieses Minus in der gegnerischen Stellung, das sich so schnell nicht beseitigen läßt, veranlaßt Weiß zu ruhigem aber zielstrebigem Spiel. Der schlecht postierte Springer wird zunächst in Ruhe gelassen. Statt dessen wird auf dem Königsflügel mit einer Mehrfigur der Angriff organisiert. Bei richtiger Durchführung müßte das den Sieg bringen.

1 Tae1 Tae8 2. Lc1 T : e1 3. T : e1 Te8 4. T : e8 L : e8

Weiß tauscht gern, denn dadurch wird der fehlende Springer umso deutlicher ins Gewicht fallen.

5. Sh4! a6 6. a4 Da7 7. Sf5 Lf8 8. Se4 S : e4 (weitere Vereinfachung) 9. L : e4 b6 10. Dd1

Die Dame soll auch auf dem Königsflügel eingeschaltet werden.

10. a : b 11. a : b Ld7 12. Dh5 Le6 13. Lf4 Sb3

Endlich bewegt sich auch der Springer wieder, doch ist er vom eigenen Königsflügel noch sehr weit entfernt.

14. Dd1 Da2 15. h4 Sa1 16. h5 Sc2 (Wo ist der Ausgang aus dem Labyrinth?) **17. Le5 Db2 18. Lc7 Sa3 19. Lf4! Sc2 20. De2.**

Der Springer ist gefangen. Schwarz gibt auf.

Wann kann man also von einer ungünstigen Figurenkonstellation sprechen? Dazu gibt es keine allgemein möglichen Aussagen. In jeder Stellung muß das neu begutachtet und entschieden werden. Doch das ist einfacher, als es jetzt klingt. Die Frage der relativen Aktivität von Figuren können Sie selbst klären. Dazu noch zwei Beispielpartien.

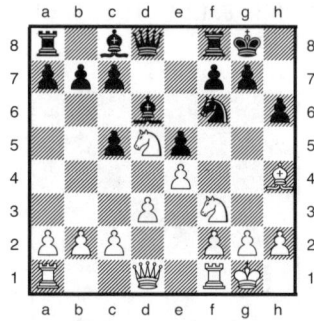

1... g5! 2. S : f6+ D : f6 3. Lg3 Lg4! 4. h3 L : f3 5. D : f3 D : f3 6. g : f f6

Der Läufer g3 sitzt in der Falle. Nun verlegte der kubanische Weltmeister das Kampfgeschehen auf die andere Brettseite und gewann leicht.

7. Kg2 a5 8. a4 Kf7 9. Th1 Ke6 10. h4 Tfb8

Ohne Interesse für die Versuche von Weiß, auf dem Königsflügel aktiv zu werden, greift Schwarz unbeirrt am Damenflügel weiter an.

11. h : g h : g 12. b3 c6 13. Ta2 b5 14. Tha1 c4!

Mit einer „Mehrfigur" kann man sich leicht auf solche Kombinationen einlassen.

15. a : b c : b 16. c : b3 T : b5 17. Ta4 T : b3 18. d4! Tb5 19. Tc4 Tb4 20. T : c6 T : d4 Weiß gibt auf.

Botwinnik – Stahlberg
Moskau, 1935

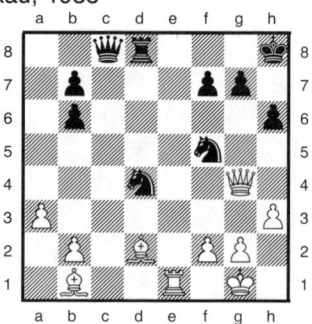

Weiß hat seine Figuren unglücklich entwickelt, und Capablanca, der die schwarzen Steine führte, beendete mit einigen energischen Zügen das Leben des weißen Läufers.

Botwinnik erkannte fein, daß beide schwarzen Springer unglücklich postiert sind und nutzte diesen Umstand glänzend aus. Auf den ersten Blick stehen sie aktiv, doch sind sie zu keinem selbständigen Zug fähig, da sie sich gegenseitig decken müssen. Wie nutzt man das aus?

1. Lc3 Dc5 2. De4! Dc6

Es drohte 3. g4 mit Eroberung eines Springers. Weiß vermeidet den Übergang ins Endspiel, wo Schwarz seine Springer leichter befreien könnte.

3. Df4 Db5 4. Kh2 Kg8 5. Te5 Df1. Das ist die Kapitulation. Die Springer sind aber immer noch nicht frei.

6. L : f5 Se2 7. Lh7+ Kh8 8. T : e2 D : e2 9. D : f7 Schwarz gibt auf.

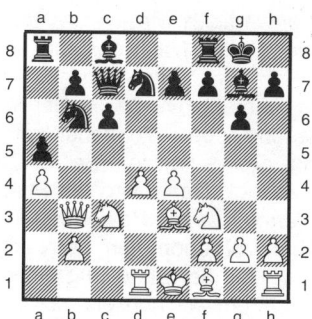

Planfassung

Das planvolle Spiel ist das komplizierteste Problem für den Schachspieler. Eine Meisterschaft darin erlangt man erst auf einer hohen Stufe, die großes Können verlangt. Doch die Grundelemente der Planfassung sollte jeder, der sich irgendwie mit Schachtheorie befaßt, kennen. Auch Sie können nicht früh genug damit anfangen, auf diesem Gebiet schöpferisch tätig zu werden.

Viele sind der falschen Ansicht, daß das Schachspiel nach einem einzigen Plan abläuft, daß der Schachspieler sofort nach der Eröffnung oder sogar noch früher den Plan für den gesamten Spielverlauf bereits fertig hat und ihn strikt in die Tat umsetzt. Dem ist nicht so. Der Plan ist eine Sammlung aller strategischen Operationen, die einander ablösen und jedesmal nach einer ganz bestimmten Idee durchgeführt werden, im Einklang mit den Erfordernissen der gegebenen Stellung.

Welchen Plan aber, welche strategische Operation muß man wann ausführen? Wovon hängt unser Plan ab? Die Antwort kommt wie von selbst. Das hängt von der am Brett entstandenen Stellung ab, deren Besonderheiten, die wir mit Hilfe der Analyse feststellen.

ÜBUNGEN

Nr. 119 Schwarz ist am Zug und gewinnt. Wie?

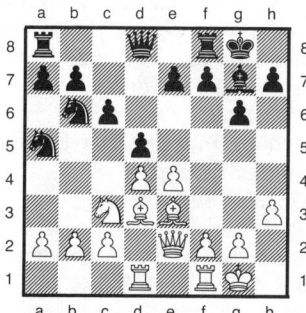

Nr. 120 Wie kann man die ungünstige Figurenkonstellation von Schwarz ausnutzen?

Vergegenwärtigen wir uns das am Verlauf einer Partie. Nach der abgeschlossenen Eröffnung, nachdem alle „Theoriezüge" gemacht wurden, gehen wir zur Planfassung über. Zunächst wird die Stellung analysiert, in ihre Einzelelemente zerlegt. Dann wird als Synthese der Erkenntnisse die Bewertung für beide Farben vorgenommen. Jetzt erst beginnen wir mit der Erstellung eines Planes. Nachdem wir nun die Schwächen und Stärken im gegnerischen und eigenen Lager kennen, können wir leichter die Operationen bestimmen, die beides ausnutzen. Sobald der festgelegte Plan verwirklicht ist, manchmal schon nach ein paar Zügen, geht man daran, einen neuen Plan zu fassen, entsprechend der neu entstandenen Situation am Brett. So wird das bis zum Ende der Partie fortgesetzt.

Karpow – Spasski
Kandidatenturnier, Leningrad 1974

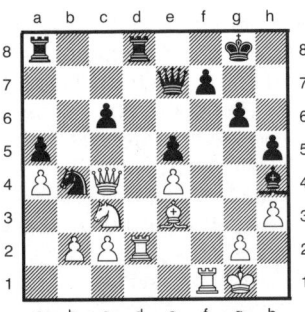

Nehmen wir einmal die Analyse und die Bewertung der gegebenen Stellung vor. Schwarz besitzt schwache Bauern auf a5, c6 und f7. Weiß beherrscht die offene f-Linie, und seine Figuren stehen aktiver. Die weiße Dame steht gefährlich auf der Diagonale a2–g8. Weitere Feinheiten der Stellung sowie deren Bewertung überlassen wir Ihrem Urteil.

Karpow hat nun seinen Plan für die nächsten Spielabschnitte festgelegt: Der Läufer auf h4 soll vertrieben, die Türme auf der f-Linie verdoppelt werden, um den Zug f7–f6 zu erzwingen. Das wird den Punkt e6 schwächen und den Einfall der weißen Dame dorthin erleichtern. Ein knapper und wichtiger Plan.
1. Sb1!

Anatolij Karpow

Eine ausgezeichnete Lösung. Der Springer ist über d2 und f3 auf den Läufer gerichtet und gibt dem Turm die Möglichkeit, von d2 auf f2 zu wandern. Gleichzeitig wird der Zug c2–c3 möglich, um die aktivste schwarze Figur, den Springer, auf b4 zu vertreiben.
1... Db7 2. Kh2!
Eine wichtige Finesse: Der Läufer darf nicht auf das Feld g3.
2... Kg7 3. c3 Sa6 4. Te2!
Vermeidet den Turmaustausch. Weiß braucht sie beide für den Angriff.
4... Tf8 5. Sd2 Ld8 6. Sf3 f6
Der erste Teil des Plans ist gelungen. Weiß entwirft einen neuen: Durch De6 kombiniert mit der Drohung S : e5 und dem Turmvorstoß auf d7 beginnt der direkte Angriff auf die geschwächte

schwarze Stellung im Zentrum und auf dem Königsflügel.

7. Td2! Le7 8. De6! Tad8

Dieser natürlich scheinende Zug führt forciert zum Verlust.

9. T : d8! L : d8 sonst schlägt Weiß S : e5

10. Td1 Sb8 11. Lc5 Th8

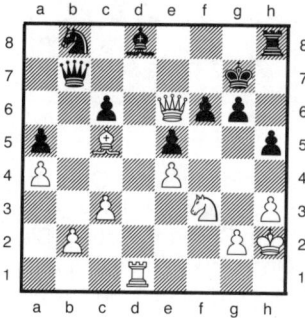

12. T : d8!

Der logische Abschluß zweier Pläne von Weiß, die logisch aufeinanderfolgen. Nach 12... T : d8 13. Le7 gab Spasski wegen zu großer Materialverluste auf.

Die Zahl der möglichen Pläne in einer Partie ist beliebig groß. Weitere Beispiele dafür werden Sie in den Übungsaufgaben vorfinden oder in allen aktuell gespielten Meisterpartien, die Sie nach eigener Wahl speziell darauf untersuchen sollen. Noch zwei wichtige Anmerkungen.

Erstens: Es ist besser, nach einem schlechten Plan zu spielen als nach gar keinem. Die Angst, nicht den besten Plan ausgesucht zu haben, ist unberechtigt. Planvolles, sprich zielgerichtetes Spiel ist auf jeden Fall besser als planloses Antworten auf gegnerische Züge, was zwangsläufig zu kritischen Situationen führt.

Sokolski – Botwinnik
Leningrad, 1938

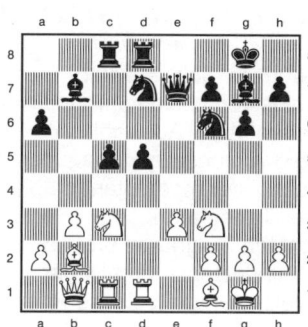

Die Partie ist im Moment ausgeglichen, ihr Ausgang hängt vom besseren Plan ab. Bei Sokolski ist ein solcher in der nächsten Partiephase nicht erkennbar, er bewegt nur die Figuren, während Schwarz einen durchdachten Plan präzise einhält und realisiert.

1. Se2

Schon dieser Zug ist wenig sinnvoll. Statt dessen hätte man den Angriff auf den Bauern c5 vorbereiten sollen, etwa mit 1. Sa4 und 2. La3. Das wäre planvolles Spiel gewesen.

1... Lh6!

Botwinnik organisiert starken Druck auf das Feld e3 und auf den gesamten Königsflügel. Sein erstes Planziel: der Vorstoß d5−d4.

2. La3 Sg4 3. Dd3 Sde5 4. S : e5 D : e5 5. Sg3 Df6 6. Sh1.

Wo sind die weißen Figuren inzwischen gelandet? War das geplant?

6... d4! 7. De2 Se5 8. e : d c : d 9. T : c8 L : c8! 10. Te1 d3!

Jeder Zug von Schwarz ist Teil eines durchdachten Plans, ausgerichtet auf den Freibauern d3, der durch sein Vorwärtsstreben gleichzeitig den Königsflügel zu stürmen helfen soll.

11. Dd1 (oder 11. D : e5? D : e5
12. T : e5 d2 13. Le2 d1=D+)
**11... Lg4! 12. Da1 d2 13. T : e5 d1=D
14. Te8+ T : e8 15. D : f6 Le2** Weiß gibt
auf.

Zweitens: In den meisten Stellungen
sind einige verschiedene Pläne möglich.
Wir treffen eine Auswahl unter ihnen,
abhängig von unserem Charakter, Spielauffassung, der momentanen Spiellaune
oder der Tagesform!
Im nächsten Diagramm eröffnen sich für
Weiß mindestens drei verschiedene,
doch gleichwertige logische Pläne:
1. Scharfer Angriff auf dem Damenflügel
mit b2−b4, Dame auf b3, weiterer Bauernvorstoß;
2. Verlagerung des Angriffs auf den
Königsflügel mit 1. Sh4 g6 2. Dd2 mit
anschließendem Flankenwechsel und
f2−f4.
3. Initiative im Zentrum durch 1. Td2

2. Ted1, mit anschließendem d : e und
Lh3. Weitere Material- und Stellungsvorteile möglich.

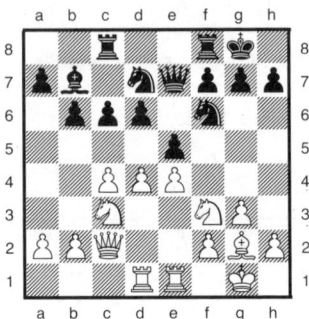

Drei Pläne von gleicher Güte. Vielleicht
inspiriert Sie das bei Ihrer Auswahl in
praktischen Spielen. Haben Sie keine
Angst, einen Plan zu fassen und ihn zu
verfolgen, ganz ohne Plan zu spielen, ist
viel schlimmer.

5. Berechnung von Varianten

Unabhängig von der Spielphase und
dem momentanen Plan befaßt sich der
Schachspieler fast während der gesamten Bedenkzeit mit der Berechnung von
Varianten. Manchmal ist das nur ein
„Durchlaufen" einer Reihe von kurzen,
manchmal ein ganzer Komplex von miteinander verbundenen Varianten.
Die Berechnung von Varianten ist die
Betrachtung von eigenen möglichen Zügen und von gegnerischen Antworten für
den allernächsten Spielabschnitt. Man
versucht, möglichst viele Züge zu erfassen und ebenso möglichst viele Antworten zu überblicken. Die Fähigkeit, eine
möglichst große Anzahl von Zugmög-
lichkeiten detailliert zu berechnen, also
für eine möglichst große Zahl von nach-

folgenden Zügen, ist ein wichtiger Gradmesser für die Meisterschaft eines Spielers.
Ein wichtiger Aspekt dabei ist die Kon-
trolluhr. Für das Berechnen von Zügen
und Varianten hat man eine ganz bestimmte Zeit zur Verfügung: 16 bzw. 20
Züge pro Stunde. Es kommt also nicht
nur darauf an, richtig zu berechnen, man
muß vielmehr möglichst wenig Zeit darauf verwenden. Das erschwert natürlich
unsere Aufgabe und zwingt uns, die Zeit
während einer Partie ständig zu beobachten.
Beim Fernschach allerdings entfällt diese Beschränkung, was die steigende
Zahl der Fernschachspieler erklärt. Hier
wird das Berechnen von Varianten, da

nicht unter Zeitdruck, zu einer Wissenschaft, manchmal sogar zu einer Kunst. Doch wieder zum Turnierschach, wo nicht nur unter Zeitdruck auch sehr guten Schachspielern Fehler bei der Berechnung unterlaufen.

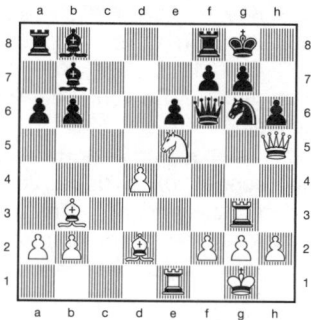

„Man müßte hier opfern!" dachte der Spieler mit den weißen Steinen. „Aber wo? Probieren wir's auf h6. Also, 1. L : h6 g : h6 2. D : h6 L : e5 3. T : e5 Dg7 4. De3 Ld5 – eigentlich habe ich nichts gewonnen. Vielleicht sollte ich doch auf g6 opfern? Dann folgt 1. S : g6 L : g3 2. h : g f : g 3. T : e6 g : h 4. T : f6+ Kh7. Das lohnt sich auch nicht: Der Bauer d4 ist schwach, der schwarze Läufer steht stark. Also nochmal zum Opfer h6. Vielleicht kann ich eine Verbesserung finden. L : h6 g : h 2. D : h6 L : e5. Auch nichts. Also doch Opfer auf g6! 1. S : g6 L : g3 2. h : g f :g 3. T : e6 g : h 4. T : f6+ Kh7 Wieder nichts."
Bei einem Blick auf die Uhr merkt er mit Entsetzen, daß ihn die Berechnungen des Opfers fast eine halbe Stunde gekostet haben und die Zeitnot in drohende Nähe gerückt ist. Ohne noch lange zu überlegen, zieht er nun 1. Lc3, einen „stabilisierenden" Abwartezug. Es folgte 1... Sf4! 2. Dg4 h5! 3. Dd1 h4, und Weiß mußte aufgeben.

Welche Fehler hat der Spieler begangen?
1. Fehler: Weiß begann mit der Berechnung der Varianten, ohne die in Frage kommenden Züge, die wir hier Kandidaten nennen wollen, genau festzulegen. Den Zug 1. Lc3 hat er überhaupt nicht untersucht. Die richtige Reihenfolge bei der Berechnung sieht so aus, daß man die Kandidaten-Züge genau festlegt: 1. L : h6, 1. S : g6 und 1. Lc3. Erst dann beginnt man mit der Berechnung selbst.
Zweiter Fehler: Weiß war nicht entschlossen genug, um schon nach der ersten Berechnung zu sagen: „Alle Möglichkeiten sind berechnet, ich entscheide mich für den Zug . . .!" In der Praxis sind nämlich Fehler, die auf zu kurze Berechnung zurückzuführen sind, seltener als die, die aus Unentschlossenheit verursacht werden. Zudem führt Wankelmut in solchen Fällen zu Zeitnot.
Dritter Fehler: Weiß hat mehrere Male die gleichen Varianten „durchlaufen", eine verschwenderische Vergeudung von Zeit und Energie. Hier wollen wir die richtige Reihenfolge bei der Berechnung von Varianten am gleichen Partiebeispiel festlegen:
Zunächst bestimmen wir die in Frage kommenden Kandidaten 1. L : h6, 1. S : g6 und 1. Lc3. Nun gehen wir einmal die einzelnen Varianten durch bis zu der Tiefe, die von der Stellung und unseren eigenen Fähigkeiten abhängig ist. Wenn alle drei Varianten einmal durchgerechnet sind, unterdrücken wir den normalen Wunsch, alles noch einmal durchzurechnen, und treffen die endgültige Entscheidung über den zu machenden Zug.

Fischer–Najdorf
Schacholympiade Varna, 1962

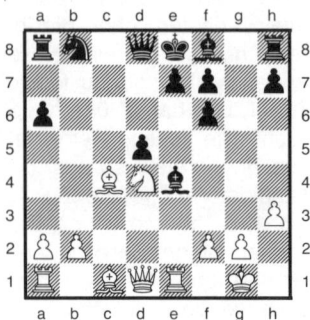

Die Analyse zeigt, daß Weiß den im Zentrum befindlichen König angreifen muß, um seinen Vorteil zu behaupten. Wir entscheiden uns für den zu spielenden Zug – 1. Te1 – und betrachten nun die Alternativzüge von Schwarz. In diesem Falle sind es sieben, und wir wollen sie uns in folgender Reihenfolge merken:

I. 1...Tg8 II. 1...e6 III. 1...h5 IV. 1...Sd7 V. 1...L : g2 VI. 1...d :c VII. 1...e5.

Sieben sind natürlich ungewöhnlich viel. In einer Partie wird man meist mit drei – vier konfrontiert.

Die hier angegebene Reihenfolge ist willkürlich. Nun müssen wir Variante für Variante mit allen möglichen Abwicklungen durchrechnen.

I. 1...Tg8 2. T : e4! d : e 3. Dh5 Tg7 (3...Tg6 4. D : h7) 4. Sf5 und Weiß gewinnt.

II. 1...e6 2. Dh5 (es droht 3. S : e6) Lg6 3. D : d5 D : d5 4. L : d5 Ta7 5. Lf4 Td7 6. S : e6 f : e 7. L : e6 Sc6 8. Tac1 und Weiß gewinnt.

III. 1...h5 2. T : e4 d : e 3. Db3 D : d4 4. Le3 der weiße Angriff entscheidet die Partie.

IV. 1...Sd7 2. Sc6 Dc7 3. L : d5 mit unwiderstehlichem Angriff.

V. 1...L : g2 2. K : g2 d : c 3. Df3 Sd7

4. Sf5 Tg8+ 5. Kh1 (5...e6 6. T : e6+ und 7. Dh5#) e5 6. Le3 mit Vorteilen für Weiß.

VI. 1...d : c 2. T : e4 Dd5 3. Df3 mit Vorteilen für Weiß.

VIII. 1...e5 2. Da4+ Sd7 (2...Dd7 3. Lb5!) 3. T : e4 d : e 4. Sf5 Lc5 5. Sg7+ Ke7 6. Sf5+ Ke8 7. Le3 L : e3 8. f : e Db6 9. Td1 Ta7 10. Td6! Dd8 11. Db3 Dc7 12. L : f7+ Kd8 13. Le6 Schwarz gibt auf. So verlief die Partie in Wirklichkeit.

Wir haben sieben komplizierte Varianten durchgerechnet, ohne dabei von einer zu anderen zu wandern. Um uns den Gesamtprozeß der Berechnung besser zu vergegenwärtigen, wollen wir ihn als Baum wiedergeben, wobei unser erster Zug den Stamm bildet und die sieben alternativen Züge Zweige mit weiteren Verästelungen.

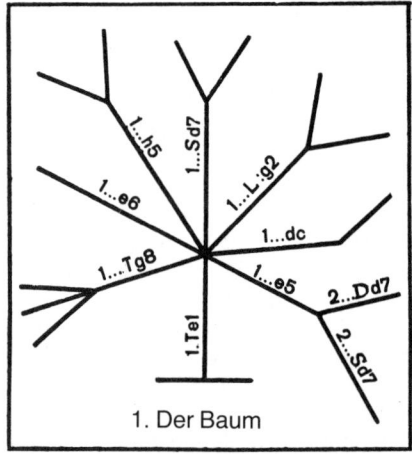

1. Der Baum

Wir wollen dieses Schema „Berechnungsbaum" nennen. Unser Prinzip der Berechnung kann man nun besser zeigen. Sie dürfen nicht von Ast zu Ast hüpfen, sondern sollen eine Variante abschließen, zum Stamm zurückkehren und eine neue beginnen. Zu einer be-

bereits abgeschlossenen Variante sollten Sie nicht mehr zurückkehren.

ÜBUNGEN

Nr. 121 Berechnen Sie den Zug 1. Thg1 und
konstruieren Sie den „Berechnungsbaum"!

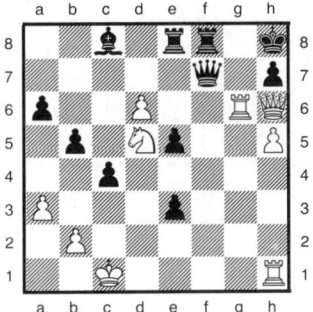

Nr. 122 Berechnen Sie den Zug 1. e8=D und
konstruieren Sie einen „Berechnungsbaum"
dazu!

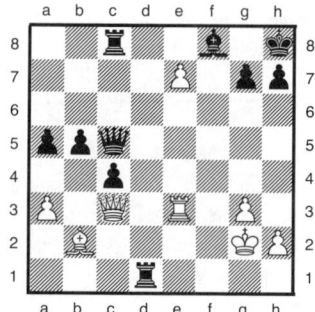

Stellungstypen

In der Schachpartie tauchen Stellungen
verschiedenen Typs auf: Abhängig von
ihren Eigenheiten, wird die Berechnung
ihrer Varianten jeweils unterschiedlich
vorgenommen. Hier z. B. eine Variante
der Spanischen Partie:
1. e4 e5 2. Sf3 Sc6 3. Lb5 a6 4. La4 Sf6
5. 0-0 Le7 6. Tel b5 7. Lb3 d6 8. c3 0-0
9. h3 Sa5 10. Lc2 c5 11. d4 Dc7 12. d5.

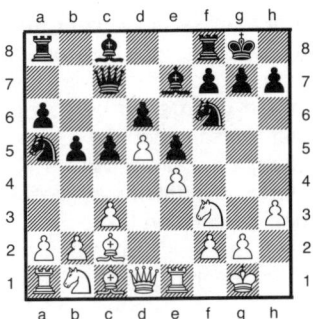

Es entstand eine Stellung mit geschlos-
senem Zentrum. In solchen Fällen verlaufen die Aktionen auf beiden Seiten
relativ langsam und bestehen meist aus
Angriffsvorbereitungen auf den Flügeln.
Es ist leicht zu begreifen, daß weder
Weiß noch Schwarz lange, komplizierte
Varianten durchzurechnen braucht. Es
genügt, sich auf allgemeine Betrachtungen und den Grundgedanken des Plans
zu begrenzen: Wohin mit den Figuren,
wie verteilt man die Bauern?
Ganz anders wird sich der Schachspieler in Stellungen mit einem gespannten
oder freien Zentrum verhalten, wo es
jederzeit zum kampfbetonten Geschehen kommen kann. Hier als Beispiel für
eine solche Stellung eine Variante aus
der Italienischen Partie:
1. e4 e5 2. Sf3 Sc6 3. Lc4 Lc5 4. c3 Sf6
5. d4 e : d 6. c : d Lb4+ 7. Sc3 S : e4
8. 0-0 S : c3 9. b : c d5!

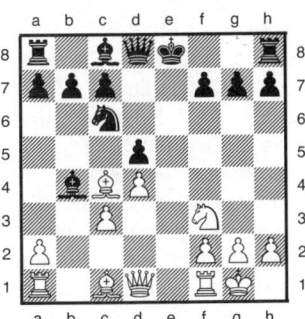

Hier kann man es nicht mehr bei allgemeinen Betrachtungen bewenden lassen. Jeder gegnerische Angriff muß vorausgesehen und genau berechnet werden. Hier entscheidet die Genauigkeit der Berechnung, die konkrete Kalkulation jeder Kombinationsmöglichkeit, eines jeden verdeckten taktischen Tricks. Versuchen Sie nun, alle möglichen Varianten der nachfolgenden Stellung zu berechnen:

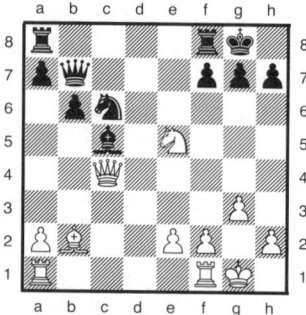

Gehen Sie dabei nach der aufgestellten Regel vor. Zunächst die Auflistung der in Frage kommenden Züge. Hier sind es wieder sieben:
I. 1. S : c6 II. 1. Sd3 III. 1. Dg4 IV. 1. De4
V. 1. Dd5 VI. 1 Tad1 VII. 1. Sg4.
Nun zu den einzelnen Varianten:
I. 1. S : c6 D : c6 2. Dg4 Dg6! Ausgeglichenes Spiel für beide Seiten.
II. 1. Sg4 (es droht 2. Sf6+ Kh8 3. Dh4) 1... h5! 2. Se5 S : e5 3. L : e5 Wieder ausgeglichenes Spiel.
III. 1. Sd3 Ld6 2. Dg4 f5! 3. Df3 Sa5 4. D : b7 S : b7 Ausgleich.
IV. 1. Dg4 S : e5 2. L : e5 f6 ohne Vorteile für eine der beiden Seiten.
V. 1. Dd5 Sa5 (schlechter wäre 1... Tac8 2. Sd7 Tcd8 3. Dg5) 2. D : b7 S : b7 3. Tfd1 Tfd8 mit gleichen Aussichten für beide.
VI. 1. De4 Sd8 2. Dg4 Se6 3. Tad1 Tad8! mit ausgeglichener Stellung.

VII. 1. Tad1 S : e5 2. L : e5 Tac8 auch hier ausgeglichenes Spiel.
Eine graphische Darstellung dieser sieben gleichwertigen Varianten müßte so aussehen:

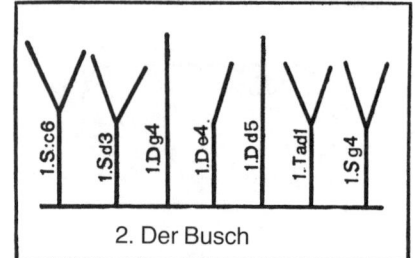

2. Der Busch

Wie verfährt man in solcher Situation weiter? Das hängt alles von unserer Stimmung, vom Kampfgeist, vom Punktekonto ab. Man kann einem Remis zustimmen, selbst ein Remisangebot unterbreiten oder das Manövrieren fortsetzen, auf spätere, wenn auch minimale Vorteile hoffend.
Zur nächsten Position:

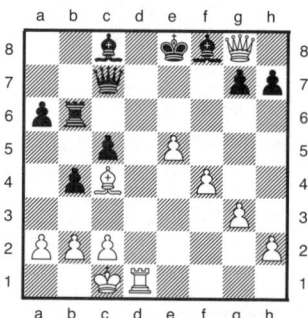

Bei näherer Betrachtung wird man die Möglichkeit eines unerwarteten taktischen Einschlags für Weiß entdecken:
1. Td8+. Ist dieses Opfer korrekt?
Schauen wir uns die Varianten an. Die Dame darf den Turm nicht schlagen wegen Matts auf f7. Also kann nur der König schlagen – 1... K : d8. Daraus könnte die Variante entstehen 2. D : f8+

Kd7 3. D : g7+ Kd8. Auf c6 darf er nicht ziehen, wegen Läuferschachs auf d5 mit Damenverlust.
4. Dg8+ Kd7 5. D : h7+ Kd8 6. Dh8+! Schwächer ist 6. Dg8+ Ke7 7. Df7+ Kd8 8. Df8+ Kd7 9. e6+ T : e6, weil sich Schwarz noch verteidigen kann.
6... Ke7 7. f5! Ein „stiller" und gefährlicher Zug; es droht f6+.
7... L : f5 8. Dg7+ Ke8 9. Dg8+ Ke7 10. Df7+ und Weiß gewinnt.
Ganz unmerklich haben wir eine zehnzügige Variante durchgerechnet. Wie ist das möglich? Ganz einfach, es handelte sich um eine Variante ohne viel Abzweigungen. Eine solche nennen wir „Baumstamm", was sich graphisch so darstellen läßt:

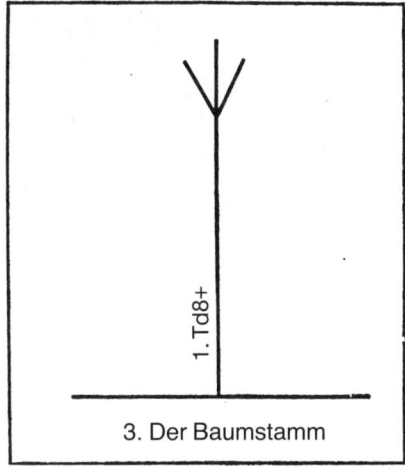

3. Der Baumstamm

Neben den drei bisher gezeigten, klar strukturierten Schemata gibt es auch Beispiele mit vielen, dichtverzweigten Ästen, die man entsprechend „undurchdringlicher Wald" nennen müßte. Hier ein Beispiel.

Kotow – Lissitzyn
Leningrad, 1939

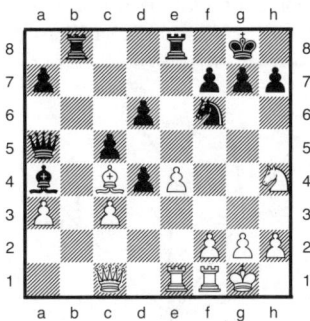

Weiß ist am Zug. Die weiße Drohung am Königsflügel ist leicht erkennbar. Nach dem Zug Sf5, wird die Bedrohung für g7 kritisch. Lohnt sich dieser direkte Angriff? Hat Schwarz Abwehrmöglichkeiten? Führt das nicht einfach zum Verlust des Bauern c3? Die Antwort auf all diese Fragen kann nur die Berechnung aller möglichen Varianten geben. Fangen wir also an. Es geht um die Überprüfung des Zuges 1. Sf5. Als mögliche Antwortzüge kommen in Frage:
I. 1... S : e4; II. 1... Te6; III. 1... T : e4; IV. 1... Ted8; V. 1... D : c3; VI. 1... Te5.
Nun die sechs Varianten einzeln:
I. 1... S : e4 2. T : e4 T : e4 3. Dg5 g6 4. Df6 mit schnellem Gewinn.
II. 1... Te6 2. c : d und dann nur 3. L : e6, denn Schwarz kann nicht 2... c : d spielen wegen 3. Dg5 g6 4. Sh6+ und 5. D : a5.
III. 1... T : e4 2. Dg5 Tg4 3. Sh6+ und 4. S : g4.
IV. 1... Ted8 2. Dg5 Se8 3. De7 und der Punkt f7 fällt.
V. 1... D : c3 2. Dg5 Sh5 3. Tc1 und anschließend 4. D : h5
VI. 1... Te5 (Dieser Zug wurde in der Partie tatsächlich gespielt) 2. S : d6 D : c3 3. Df4 d3 4. Te3! Lc2 5. S : f7 T5e8 6. e5 Dd4 7. Dg5! D : c4 8. Sh6+

Kf8 9. e : f, und Schwarz kann das Matt nicht abwehren.

Die graphische Darstellung dieser sechs komplizierten Varianten sieht so aus:

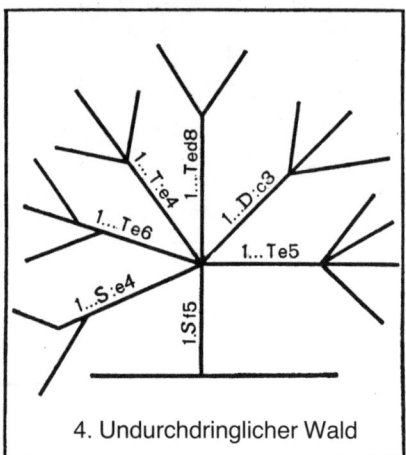

4. Undurchdringlicher Wald

Wir haben Ihnen drei Typen eines Berechnungsbaums vorgeführt: den „Busch", den „Stamm" und den „Wald", in den nachfolgenden Übungen sollen Sie entscheiden, um welchen Typus es sich jeweils handelt.

ÜBUNGEN

Nr. 123 Schwarz ist am Zug
Finden Sie den Gewinnweg, berechnen Sie die Varianten und zeichnen Sie den Berechnungsbaum!

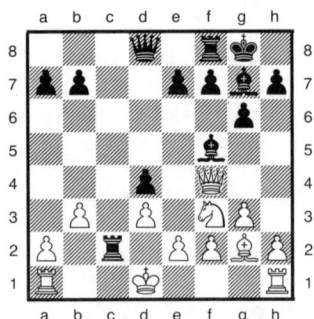

Nr. 124 Schwarz ist am Zug. Finden Sie den Gewinnweg, zeichnen Sie den Berechnungsbaum!

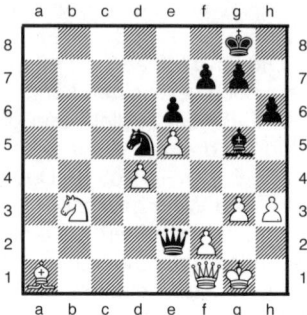

Nr. 125 Weiß ist am Zug. Wie kann er gewinnen? Zeichnen Sie den Berechnungsbaum!

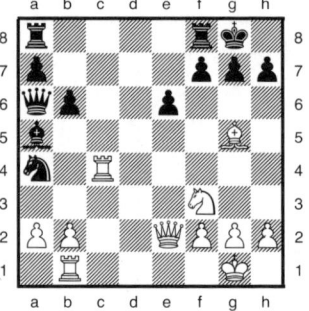

Alternative Züge (Kandidaten)

Zum Abschluß dieses Kapitels wollen wir Sie noch auf zwei wichtige Momente hinweisen. Diese werden Sie vor mancher bösen Überraschung bewahren und Ihnen helfen, die Finessen bei der Berechnung von Varianten zu verstehen.

Warum haben wir darauf bestanden, **vor** der Berechnung, **alle** in Frage kommenden Züge unbedingt **erstmal festzulegen?** Warum ist es unbedingt nötig, alle möglichen Züge zu entdecken? Die Antwort werden Sie wahrscheinlich auch selber inzwischen finden. Es kann passieren, daß wir den einen oder anderen Kandidaten vergessen haben und daß darunter gerade der beste oder sogar der einzig rettende Zug ist. Dann werden natürlich auch die besten Berechnungen hinfällig. Das kann im Kampf gegen die Uhr, die eigenen Nerven und den Turnierstreß leicht passieren. Wenn man sich aber von Anfang an daran gewöhnt, systematisch vorzugehen, wird diese Gefahr spürbar geringer.

In der Partie zwischen Ragosin und Boleslavski, 1953, kam es zu folgender Stellung

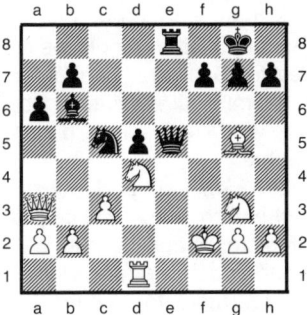

Weiß ist am Zug. Schwarz hat soeben eine Figur geopfert, wozu er wohl auch berechtigt war, wie die Analyse verdeutlicht. Der weiße König ist entblößt und herausgelockt, was ihn verwundbar macht. Die weiße Dame ist weitab vom Geschehen eingesperrt. Die schwarzen Figuren dagegen stehen aktiv, Gefahr geht von der Dame und vom Turm auf e8 aus; Springer und Läufer stehen angriffsbereit auf der Diagonale g1 – a7,

die Bauern am Königsflügel sind zudem sofort einsatzbereit.

Wie kann sich Weiß am besten zur Wehr setzen? Großmeister Ragosin verbrauchte an dieser Stelle ca. eine halbe Stunde, wobei er diese und jene Variante der Verteidigung betrachtete. Dabei führte er folgende komplizierten Berechnungen durch.

A
1. Ld2 Sd3+ 2. Kf1 L : d4 3. c : d Df6+ 4. Kg1 und nun gewinnt 4... Df2+ 5. Kh1 Se1! oder 4... D : d4+ mit einem „erstickten Matt";

B
1. Db4 D : g5 2. D : b6 De3+ 3. Kf1 Sd3 mit zwei undeckbaren Mattmöglichkeiten auf f2 und e1;

C
1. Sf3 Se4++ 2. Ke1! (2. Kf1 D : g3 und Weiß kann aufgeben) De6 3. S : e4 h6! Eine sehr interessante Stellung. Auf 4. L : h6 folgt 4... D : h6 5. T : d5 Dc1+ 6. Ke2 T : e4+ 7. Kd3 Db1+ 8. Kd2 Le3+ 9. Ke2 Lc5+, und Schwarz gewinnt.
Auf 4. Da4 folgt 4... D : e4+ 5. D : e4 d : e 6. Sd4 h : g, und Schwarz gewinnt leicht im Endspiel.

D
1. h4 h6 2. Lc1 Df6+ 3. Kg1 D : h4 Weiß verliert in allen nun möglichen Varianten:
I. 4. Sgf5 Te1+ 5. T : e1 D : e1+ 6. Kh2 D : c1
II. 4. Sdf5 Sd3+ 5. Kf1 Dh2 6. Le3 L : e3 7. S : e3 T : e3
III. 4. Sge2 T : e2 5. S : e2 Sd3+ 6. Sd4 Df2+ 7. Kh1 Se1 8. Td2 (oder 8. T : e1 D : e1+ 9. Kh2 Lc7+) 8... Df1+ 9. Kh2 Lc7+ 10. g3 (oder 10. Kh3 Dh1+ 11. Kg4 g6 mit nachfolgendem Matt) 10... Le5 11. Te2 L : d4 12. T : e1 Lg1+ 13. Kh1 D : e1.
IV. 4. Sf1 Dg4 5. Td2 Te1 6. b4 Se4 7. Td3 De2 8. Tf3 Sg3 und Schwarz gewinnt.

Weiß hat unter ungeheurem Aufwand all diese Varianten berechnet und in der Partie schließlich 1. Lc1? gespielt. Nach 1... Df6+ 2. Kg1 Sd3! 3. h3 Te1+ mußte er schnell aufgeben.

Eine Rettung hätte es dennoch gegeben, wenn er sich an unsere Regel gehalten hätte. Bei der Auflistung der Kandidatenzüge hätte er sich nämlich die Frage stellen müssen, welches Stellungsproblem zu lösen ist.

Um die Königsstellung optimal zu verteidigen, hätte er vor allem die Dame wieder ins Spiel bringen müssen. Viele Möglichkeiten gibt es da nicht, am idealsten ist das Feld c1. Der vorbereitende Zug ist schnell gefunden: b4! Ist er auch der rettende? Durchrechnen!

1. b4 Se6 2. Le3 f5 3. Sd : f5 Df4+ 4. Ke2 oder 1... Se4+ 2. S : e4 D : e4 3. Dc1! rechtzeitiges Eintreffen der Dame. Schwarz müßte sich wahrscheinlich mit einem Remis zufriedengeben nach 1... D : g5 2. b : c De3+ 3. Kf1 Df4+ 4. Kg1 De3+.

Die Anwendung eines nicht systemgerechten Vorgehens bei der Berechnung hat Weiß mindestens einen halben Zähler gekostet. Vielleicht sind Ihnen jetzt unsere Regeln einsichtiger. Schon die Auflistung der Kandidatenzüge erfordert taktisches und planmäßiges Denken, doch erleichtert systematisches Vorgehen diese Aufgabe.

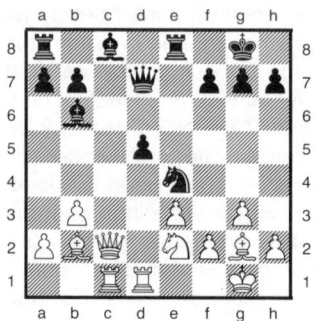

Opotschenski spielte hier 1. Sf4. Das Springeropfer von Schwarz im nächsten Zug sah er wohl, doch gab er ihm nur die Remischance durch Dauerschach, wogegen er nichts einzuwenden hätte. Das Opfer folgte prompt:

1... S : f2! 2. D : f2 L : e3 3. D : e3 T : e3 4. S : d5

Weiß steht scheinbar glänzend. Er greift den Turm an und droht mit Familienschach auf f6. Offenbar gibt es nur einen Ausweg für Schwarz: Turmopfer gegen L auf g2 mit Dauerschach. Doch zum Unglück von Weiß spielte der Weltmeister anders.

4... Te2! 5. Sc7 De7 6. S : a8

Wahrscheinlich fand sich der tschechische Meister innerlich nun mit einem Remis ab, doch wartete eine unangenehme Überraschung auf ihn.

Noch ein Wort über zwei Erscheinungen im Schachspiel: den taktischen Einschlag und „hinterhältige" Züge.

In der Partie Opotschenski − Aljechin entstand diese Stellung:

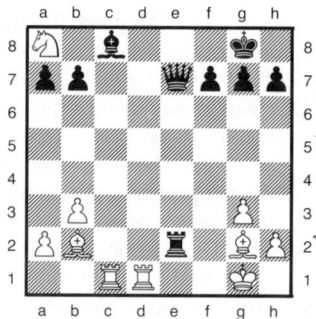

6... Lh3!
Ein fürchterlicher Zug, in seiner Wirkung und Kraft ausnehmend. Der Läufer verläßt das bedrohte Feld c8, verteidigt es aber noch, da er nicht geschlagen werden darf, wegen Matts in vier Zügen (7... De3+). Die weiße Stellung ist hoffnungslos.

Wahrscheinlich ist dieser Zug nicht der systematischen Entwicklung des bisherigen Kampfes entsprungen, doch ist er auf dem Schachbrett gegeben. Solche Donnerschläge, die nicht unbedingt der logischen Voraussicht entspringen, muß man vorher rechtzeitig spüren. Weil das nicht einfach ist, entscheiden solch taktische Einschläge oft einzügig das Spiel, was Sie vielleicht auch schon verspürt haben dürften, negativ und vielleicht auch positiv.

Es gibt Schachspieler, die ihr ganzes Spiel nur auf das Aufspüren solcher Einschläge, auf das Bereitstellen von Fallen und Tricks aufbauen. Gegen das rechtzeitige Erkennen und Verwenden solcher Möglichkeiten ist nichts einzuwenden, wenn die Qualität des Stellungsspiels, der Sinn für die Analyse und Bewertung, die Fähigkeit für die Fassung von strategischen Plänen nicht darunter leiden. Nur die Harmonie des Stils führt zur Meisterschaft und Erfolg. Die einseitige Betonung der momentanen Taktik führt dagegen unweigerlich zu schlechteren Ergebnissen, zur Abwertung von schöpferischen und sportlichen Erfolgen.

Im Schach gibt es viele schöne Kombinationen, doch mich persönlich beeindrucken vor allem die sog. „verdeckten" Züge, ähnlich denen, die wir „stille" genannt haben. Hier ein eindrucksvolles Beispiel.

Petrosjan – Smyslow
Kandidatenturnier Zürich, 1953

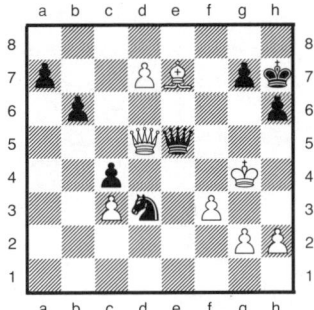

Der letzte Zug von Schwarz war logisch und ergab sich wie von selbst. De5 mit einer zweizügigen Mattdrohung 1... Sf2+ 2. Kh4 D : h2#. Smyslow hat deshalb den Springer d3 mit der Dame geschlagen und anschließend eine weitere Dame auf d8 geholt, was zu einem Remis führte. Weiß hätte allerdings einen „verdeckten Zug" zur Verfügung gehabt, der ihm den Sieg gebracht hätte. Mit 1. Dd6!! hätte er nicht nur die Mattdrohung abgewendet, sondern auch die Umwandlung in die Dame erzwungen. Wie wir sehen, sind „verdeckte Züge" auch von Großmeistern nicht immer zu entdecken.

III
Theorie und Praxis der Endspiele

1. Grundcharakteristika des Endspiels

Im Verlauf des Schachkampfes schwinden die Kräfte auf beiden Seiten langsam, das Spiel wird vereinfacht und geht in die letzte entscheidende Phase über – das Endspiel.

Abhängig davon, in welcher Situation das Spiel in die Endspielphase übergegangen ist, gibt es drei verschiedene Aufgaben zu lösen. Wenn der Spieler Material- oder Stellungsvorteil besitzt, muß er versuchen, diesen zu realisieren und den Sieg zu erringen. Wenn der Vorteil auf des Gegners Seite ist, muß er versuchen, durch geeignete Verteidigung diesen zu neutralisieren und somit die Partie Remis werden zu lassen. Und schließlich, wenn es keinem der Spieler gelungen ist, im Mittelspiel die Situation zu eigenen Gunsten zu beeinflussen, kann man dies gerade im Endspiel versuchen.

Aufgrund dieser Charakteristik lassen sich alle Endspiele in zwei Gruppen einteilen. In die erste gehören Endspiele, in denen eine der beiden Seiten materielle Vorteile besitzt und deswegen den gegnerischen König mattzusetzen versucht. Diese Gruppe werden wir die „technischen Endspiele" nennen; von der Theorie sind sie schon längst erfaßt und erforscht. Einen großen Teil davon haben Sie sicher schon als Anfänger üben können, z. B. wie man einen König mit Turm und König mattsetzt.

In die zweite, bedeutend größere Gruppe gehören die Endspiele, in welchen aufgrund der vorhandenen Kräfte kein Matt möglich ist und deswegen ein anderer Weg zum Sieg eingeschlagen werden muß. Einen solchen Weg stellt der zielgerichtete Bauernvorstoß mit der Umwandlung in die Dame dar. Der letzte Teil dieses Buches wird vor allem diesem, im wahrsten Sinne des Wortes, Endspiel gewidmet sein.

Wir haben also festgestellt, daß das Endspiel vor allem anderen ein neues strategisches Ziel vefolgt – die Bauernumwandlung in die Dame.

Die weiteren charakteristischen Besonderheiten sind leicht aufzuzählen:

1. Falls dem König kein Matt droht, kann er „frei atmen", kann er sein Versteck verlassen und aktiv am Spiel teilnehmen. Er kann jetzt, als neue offensive Figur, die gegnerischen Figuren angreifen und fällt oft als erster in das gegnerische Lager ein.

2. Nachdem im Endspiel weniger Figuren auf dem Brett übrigbleiben, erhöht sich ihr relativer Wert. Während im Mittelspiel das Übergewicht der Kräfte auf einem der beiden Flügel zum Sieg ausreichen kann, genügt es im Endspiel in der Regel nicht, einzelne Kräfte nacheinander zu aktivieren, man muß vielmehr das geeignete Zusammenwirken aller am Brett befindlichen Figuren organisieren.

3. Die Rolle der Bauern wird im Endspiel eine ganz neue, es kommt ihnen viel mehr Bedeutung zu. Im Mittelspiel wird sich das Fehlen eines Bauern kaum auswirken, im Endspiel bedeutet das meist schon die Niederlage.

4. Der Spielplan hängt im Mittelspiel von der Spiellaune und der Fantasie der Gegner, im Endspiel nur von den spezifischen Bedingungen der Stellung ab.

5. Nachdem das Endspiel von relativ wenigen Figuren und Bauern bestritten wird, läßt es sich leichter klassifizieren und studieren als andere Spielabschnitte. Das haben Theoretiker in den zurückliegenden Jahrzehnten getan, und für alle Positionen den besten Weg gefun-

den, gegen den auch die beste Meisterschaft nichts mehr hilft. Das theoretische Schachwissen tritt also wieder mehr in den Vordergrund. Viele Endspielstellungen sind eigentlich nur logische Aufgaben mit nur einem streng vorgeschriebenen Lösungsweg.

Keine Angst, im Endspiel braucht man relativ wenig zu wissen: die charakteristischen Besonderheiten der einzelnen Figuren, die Grundlagen der Spielmethode, typische Pläne und einige wichtige theoretische Positionen. Und all das wird im dritten Teil dieses Buches besprochen.

Das Endspiel muß man beherrschen können. Auch wenn man aus dem Mittelspiel einen Vorteil mitbringt, wird es nicht immer gelingen, ohne Endspieltechnik den Vorteil auch zu verwirklichen. Die Technik der Realisierung des Vorteils ist das sichere Zeichen eines starken Spielers. Es ist kein Zufall, daß alle bisherigen Weltmeister diesen Abschnitt virtuos beherrscht haben.

Unerfahrene Spieler versuchen in der Regel, die Vereinfachung des Spieles zu verhindern, aus Angst vor „langweiligen" Stellungen. Diese Auffassung ist falsch. Auch im Endspiel gibt es genügend Freiraum für Fantasie. Bevor man seine Liebe fürs Endspiel entdeckt, muß man dessen Besonderheiten kennen und verstehen lernen, muß man die Technik erarbeiten. Erst dann wird es seine Geheimnisse offenbaren und so interessant werden wie für Sie vielleicht das Mittelspiel.

Und schließlich, was auch Capablanca betonte, ist das Endspielstudium nicht nur für die Beherrschung dieser Phase wichtig, sondern auch für die Vervollkommnung des Stellungsverständnisses und der allgemeinen Spielauffassung in ihrer Gesamtheit.

ÜBUNGEN

Wir zweifeln nicht an Ihren guten technischen Endspielfähigkeiten. Zur Übung versuchen Sie nun mal, den schnellsten Weg zum Ziel in den nachfolgenden Stellungen zu finden. Es ist jeweils Weiß am Zug:

Nr. 126

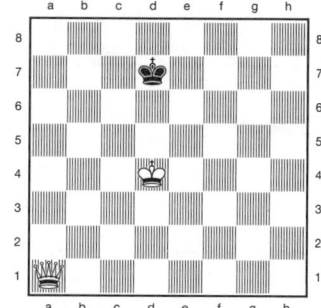

Matt in 4 Zügen

Nr. 127

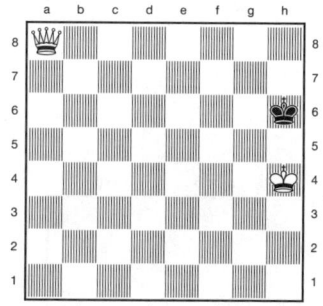

Matt in 4 Zügen

145

Nr. 128

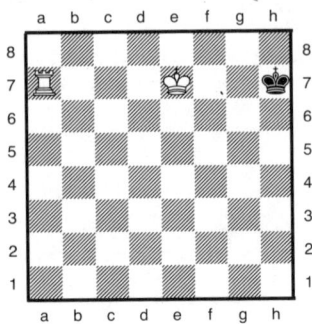

Matt in 3 Zügen

Nr. 129

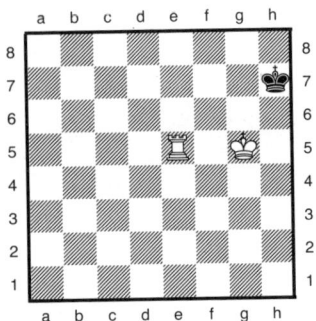

Matt in 3 Zügen

Nr. 130

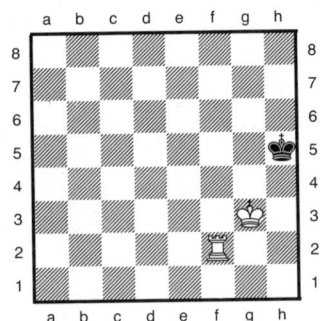

Matt in 7 Zügen

Nr. 131

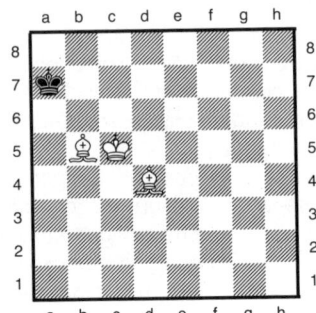

Matt in 5 Zügen

Nr. 132

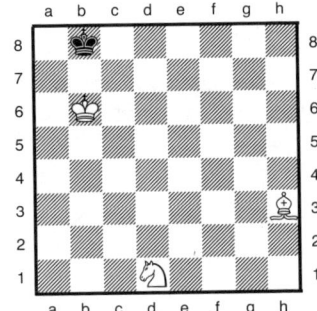

Matt in 5 Zügen

Nr. 133

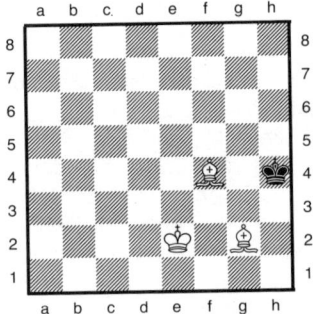

Matt in 7 Zügen

2. Bauernendspiele

König und Bauer gegen König

Der König behindert die Umwandlung des gegnerischen Bauern, weil er ein Feld besetzt hat, das sich auf dem Weg des Bauern zum Umwandlungsfeld befindet. Aber er kann sich nicht ewig auf diesem Feld aufhalten. Die wechselnde Zugfolge zwingt ihn, dieses Feld zu räumen und dem Bauern den Weg zu öffnen. Unter dem Schutz des eigenen Königs wird der Bauer weiterziehen und schließlich folgende kritische Stellung entstehen lassen, in der der König nicht mehr zurückweichen kann.

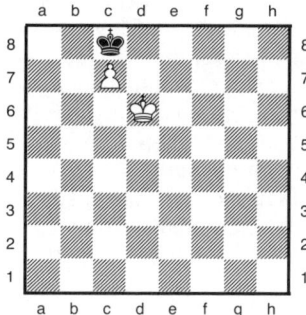

Vor uns ist die Stellung des beiderseitigen Zugzwanges, d. h., daß die am Zug befindliche Farbe verliert. Weiß am Zug kann nur 1. Kc6 spielen, wenn er nicht den Bauern verlieren will, doch das führt zu Patt, also Remis. Schwarz am Zug muß 1... Kb7 spielen. Nach 2. Kd7 kann der Bauer das Umwandlungsfeld erreichen.

Beim Vorziehen des Bauern wird Weiß versuchen müssen, die im Diagramm abgebildete Stellung zu erreichen, wobei Schwarz am Zug sein soll, für Schwarz gilt genau das Gegenteil.

Versuchen wir nun festzustellen, wann das möglich ist. Schauen wir uns dazu die Stellung mit dem Bauern auf c5 an.

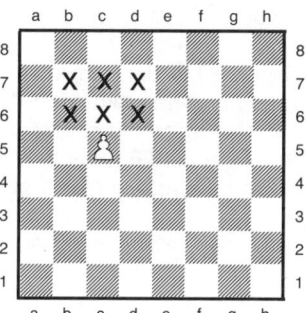

Es ist klar, daß wenn der weiße König eines der Felder vor dem Bauern (b7, c7, d7) besetzen kann, dieser das Umwandlungsfeld erreichen wird. Wie sieht es nun mit dem König auf d6 aus? Falls sich dabei der schwarze König auf c8 befindet, dann entscheidet das Königsmanöver: 1. Kc6 Kd8 2. Kb7 (oder 1... Kb8 2. Kd7); falls sich der schwarze König auf d8 befindet, entscheidet der Bauernvorstoß: 1. c6 Kc8 2. c7 Kb7 3. Kd7.

Die Analyse fortsetzend, werden wir feststellen, daß Weiß gewinnt, wenn sich sein König auf c6 oder b6 befindet, egal wo sich der schwarze König aufhält.

In der Theorie der Bauernendspiele haben diese sechs Felder – b7, c7, d7, b6, c6, d6 – den Namen „Schlüsselfelder" des Bauern c5 bekommen: Erreicht der weiße König eines von diesen Feldern, wird er auch sein Ziel erreichen – die Umwandlung des Bauern.

Schwarz kann Remis halten, wenn er dem gegnerischen König das Betreten dieser Felder verwehrt. Es ist leicht festzustellen, daß er dabei auf d7 oder c7 postiert sein muß, wenn sein Gegenpart auf d5 steht bzw. auf b7 oder c7 postiert sein muß, wenn sich der weiße König auf b5 befindet. In diesem Fall muß sich der schwarze König nach dem Bauernzug 1. c6 so zurückziehen, daß er auf die Züge 2. Kb6 und 2. Kd6 die Antwortmöglichkeiten 2... Kb8 und 2... Kd8 hat.

Beispielsweise hat der schwarze König von c7 aus nur einen rettenden Zug 1... Kc8 zur Verfügung; würde er auf d8 oder b8 ziehen, führt 2. Kd6 (oder 2. Kb6) 2... Kc8 3. c7 zum Zugzwang und zur Niederlage.

Hier noch eine wichtige Stellung mit beiderseitigem Zugzwang. Die Schlüsselfelder hier sind b4, c4 und d4.

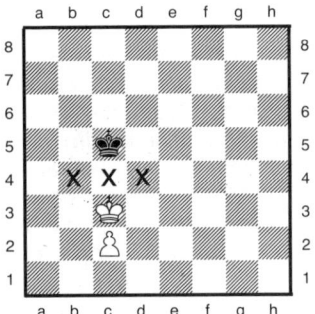

Schwarz soll am Zug sein. Er ist gezwungen, mit 1... Kb5 (oder Kd5) zu beginnen, wonach 2. Kd4 folgt. Nun wird der Bauer direkt in die Dame verwandelt, z. B. 2... Kc6 3. Kc4 Kb6 4. Kd5 (Umgehung) 4... Kc7 5. Kc5 Kd7 6. Kb6!

Durch das Umgehungsmanöver hat Weiß eines der Schlüsselfelder besetzt und kann den Bauern umwandeln.

Anders verhält es sich, wenn Weiß am Zug ist. Auf 1. Kb3 setzt Schwarz mit 1... Kb5 fort, und auf 1. Kd3 mit Kd5, den weißen König nicht nach vorne lassend. Z. B. 2. c4+ Kc5 3. Kc3 Kc6 (möglich ist auch 3... Kd6 und 3... Kb6) 4. Kd4 Kd6

5. c5+ Kd7 6. Kd5 Kc7 7. c6 Kc8! 8. Kd6 Kd8! und, wie schon bekannt, kann Schwarz Remis halten.

So wird der Kampf um die Schlüsselfelder geführt. Um den gegnerischen König nicht nach vorne zu lassen, hat Schwarz das einzig helfende Gegenmittel angewendet – er hat seinen König vor den gegnerischen postiert, sich in Opposition aufgestellt. Die Oppositionsstellung ist für den Schwächeren das einzig mögliche Mittel im Kampf um die Schlüsselfelder, die sich nebeneinander auf der gleichen Reihe befinden.

In manchen Lehrbüchern legt man das Hauptaugenmerk bei den Bauernendspielen auf diese Opposition. Das ist nicht ganz die richtige Methode. Wir werden noch mehrfach sehen, daß gerade der Kampf um die Schlüsselfelder das Leitmotiv der meisten Bauernendspiele ist. Nur für den Fall, daß sich drei Schlüsselfelder nebeneinander auf der gleichen Reihe befinden, muß man die Opposition anstreben, um die Umgehung zu vermeiden.

Versuchen wir nun, die Lösung in der nächsten Diagrammstellung zu finden, von der Theorie der Schlüsselfelder ausgehend.

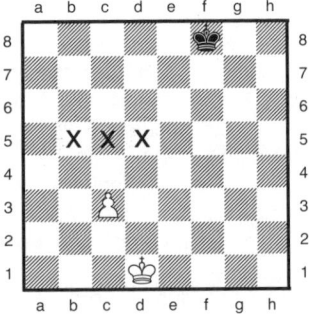

Die Schlüsselfelder für den Bauern c3 sind d5, c5 und b5. Wenn also der weiße

König auf d4 steht, muß der schwarze auf d6 stehen, wenn der weiße König auf c4 kommt, dann auf c6, falls· auf b4, dann muß der schwarze König auf b6 stehen. Alle diese Felder kann der weiße König gleich schnell erreichen – mit drei Zügen. Gleichzeitig benötigt der schwarze König, um auf das Feld d6 zu gelangen, zwei Züge, für das Erreichen des Feldes c6 drei und des Feldes b6 sogar vier Züge. Die einfache Arithmetik zeigt nun, daß wenn sich der weiße König gleich auf das Feld b4 begibt, Schwarz nicht rechtzeitig das Feld b6 erreichen kann und damit verliert. Die Lösung lautet also:

1. Kc2! Ke7 2. Kb3! Kd6 3. Kb4! Kc6 4. Kc4!

Schwarz ist im Zugzwang und kann das Umgehungsmanöver des weißen Königs nicht verhindern, nach der Einnahme eines der Schlüsselfelder erreicht Weiß sein Ziel.

Falls wir es mit einem Randbauern zu tun haben und der gegnerische König ein vor ihm liegendes Feld besetzt, so kann dieser wegen Patts nicht mehr verdrängt werden. Allerdings besitzt auch ein Randbauer seine Schlüsselfelder, und wenn sein König diese besetzen kann, ist die Damenumwandlung gesichert.

In der angegebenen Diagrammposition sind das die Felder g7 und g8. Die Beurteilung der Stellung hängt davon ab, wer am Zug ist. Zieht Weiß, so kann der König das Feld g7 erreichen und gewinnen:

1. Kg4 Kc5 2. Kg5 Kd6 3. Kg6 Ke7 4. Kg7 und Schwarz kann das Vordringen des Bauern nicht mehr verhindern. Anders verhält es sich, wenn Schwarz am Zug ist: 1... Kc5 2. Kg4 Kd6 3. Kf5 Ke7 4. Kg6 Kf8 5. Kh7.

Weiß muß diesen Zug ausführen, da ansonsten der schwarze König ins Eck gelangen kann, woraus er nicht mehr zu verdrängen wäre.

5... Kf7 6. h4 Kf8 7. h5 Kf7 8. h6 Kf8 und Weiß kann sich nun aussuchen, welchen Remisweg er einschlagen will – sich selbst pattzusetzen oder den gegnerischen König.

Nun zu einem Fall, bei dem beide Könige vom Bauern entfernt sind.

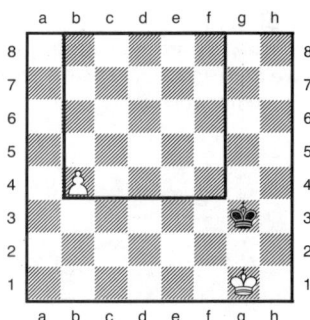

Auch hier hängt die Lösung davon ab, wer am Zug ist. Weiß am Zug kann den Bauern umwandeln:

1. b5 Kf4 2. b6 Ke5 3. b7 Kd6 4. b8D+ Schwarz am Zug kann den Bauern einholen:

1... Kf4 2. b5 Ke5 3. b6 Kd6 4. b7 Kc7.

Um schnell feststellen zu können, ob der König den gegnerischen Bauern erreichen kann, wendet man in solchen End-

spielstellungen die sog. „Quadratregel"
an.

Das Quadrat des Bauern b4 (b4-b8-f8-
f4) ist im Diagramm mit der schwarzen
Umrandung gekennzeichnet.

Die Quadratregel lautet nun: Wenn sich
der König im Quadrat des Bauern befindet oder im nächsten Zug dieses betreten kann, wird er den Bauern erreichen.
Im gegenteiligen Fall wird er es nicht
schaffen.

Wenn sich der Bauer noch auf seinem
Ausgangsfeld befindet, von wo aus er
um zwei Felder ziehen dürfte, muß man
sein Quadrat um eine Reihe nach vorne
verlegen.

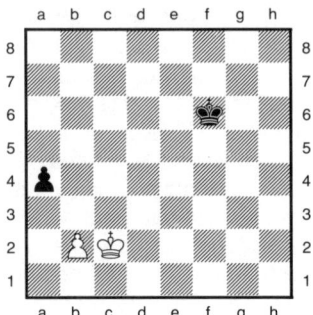

Nr. 136 Weiß ist am Zug und hat die gleiche
Aufgabe wie vorhin.

ÜBUNGEN

Nr. 134 Weiß ist am Zug. Sein König hat
bereits die Schlüsselfelder besetzt. Darf Weiß
seinen Bauern vorziehen?

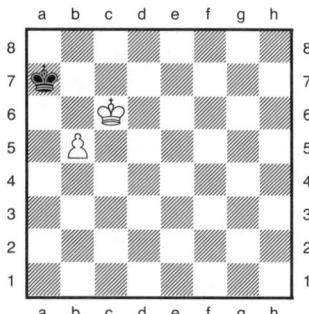

Nr. 135 Weiß ist am Zug. Er muß den
gegnerischen Bauern erobern und die
Schlüsselfelder des eigenen Bauern besetzen. Wie kann er das erreichen?

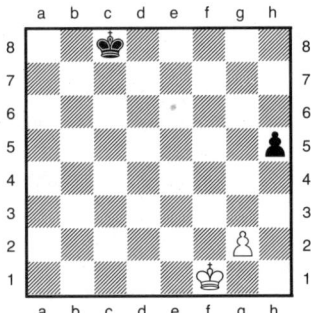

Nr. 137 Weiß ist am Zug. Seine Aufgabe: den
eigenen Bauern preisgeben, aber den gegnerischen König von den Schlüsselfeldern fern-
halten. Geht das?

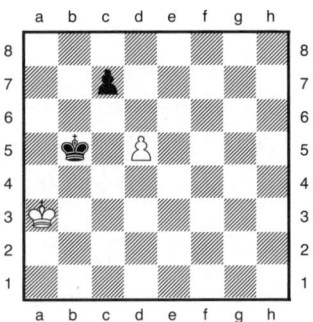

Felder und Entfernungen

Erinnern wir uns daran, was uns über die Klassifikation der Bauern bekannt ist und übertragen es auf das folgende Diagramm.

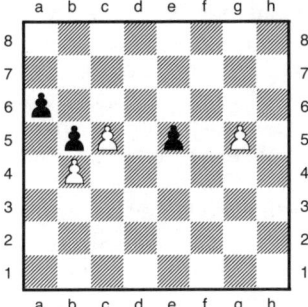

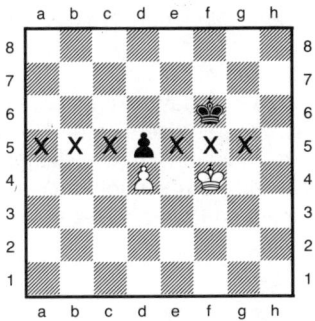

Die Bauern b4 und b5 (charakteristisch ist die Stirn-an-Stirn-Stellung) sind sogenannte blockierte Bauern, weil sie unbeweglich geworden sind. Die Bauern c5, e5 und g5 sind Freibauern, denn auf ihrem Weg befinden sich keine gegnerischen Bauern. Die Freibauern unterscheiden sich jedoch voneinander. Bc5 ist ein geschützter Freibauer, Be5 und g5 sind isolierte Freibauern. Ba6 ist ein rückständiger Bauer. Wenn beide Könige auf dem Damenflügel wären, würde der Bauer g5 der entfernte Freibauer heißen, da er am weitesten entfernt ist. Wir können uns die verschiedenartigsten Bauernstellungen ausdenken und können dabei für jeden der Bauern dessen Schlüsselfelder bestimmen. Hier ein Beispiel:

Wir haben die einfachste Stellung mit blockierten Bauern vor uns. Die erste Aufgabe für Weiß ist es, den gegnerischen Bauern zu erobern, um anschließend den eigenen in eine Dame umzuwandeln. Der Plan besteht also aus zwei Teilen. Falls der weiße König eines der Felder e5, f5, g5, a5, b5, c5 erreichen kann, so ist klar, daß der schwarze Bauer verloren ist. Diese Felder sind also die Schlüsselfelder. Wenn der weiße König sie besetzen kann, ist sein erstes Ziel, die Eroberung des schwarzen Bauern, gelungen.

Also besitzen blockierte Bauern ein eigenes Schlüsselfeldsystem. Wir möchten gleich betonen, daß das Erreichen des ersten Zieles noch nichts über das zweite aussagt. Nach dem Verlust des eigenen Bauern kann nämlich die schwächere Seite nun ihrerseits die Umwandlung des gegnerischen Bauern verhindern. Die obige Stellung ist ein solches Beispiel. Schwarz am Zug muß den gegnerischen König auf eines der Schlüsselfelder vorlassen: Auf 1... Ke6 folgt 2. Kg5 Ke7 3. Kf5 Kd6 4. Kf6 Kc6 5. Ke5, und Schwarz verliert den Bauern.

Allerdings folgt nun 5... Kc7! 6. K : d5 Kd7! und Remis, da der weiße König nicht mehr die Schlüsselfelder vor dem Freibauern d4 erreichen kann.

Die logische Frage des Lesers könnte

jetzt lauten: „Welchen praktischen Nutzen hat man von den Schlüsselfeldern?" Anhand der nachfolgenden Beispiele werden Sie sich davon überzeugen können, daß Ihnen dieser Begriff die Analyse von beliebigen Bauernendspielen erleichtern wird, um schnell und fehlerfrei einen präzisen Plan zu fassen.

N. Grigorjew
1921

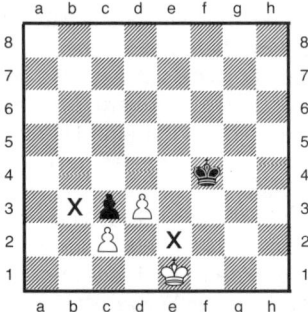

Schwarz ist am Zug

Weiß droht, mit 1. Ke2 die Partie sofort zu gewinnen, weil er von da aus den schwarzen König zurückdrängt, den eigenen d-Bauern vorantreiben und den gegnerischen Bauern erobern kann. Es ist unschwer zu erraten, daß e2 das erste Schlüsselfeld ist. Das zweite Schlüsselfeld ist auch leicht zu bestimmen – b3. Von hier aus kann der Bauer c3 sofort geschlagen werden. Schwarz kann sich retten, wenn es ihm gelingt, den gegnerischen König von diesen Feldern fernzuhalten. Das geht nur nach dem folgenden Zug: 1... Kf3! Z. B. 2. Kd1 Ke3 3. Kc1 Kd4 4. Kb1 Kc5 5. Ka2 Kb4 und der König kommt rechtzeitig. Sie können sich selbst davon überzeugen, daß der Zug 1...Ke3 zur Niederlage führt.

Beim Manöver des weißen Königs von e1 nach a2 hat Schwarz jeweils immer

nur einen entsprechenden Zug, um von f3 nach b4 zu gelangen. Die Wege der beiden Könige scheinen wie miteinander verbunden. Dem Feld e1 entspricht nur das Feld f3, dem Feld d1 nur e3, c1 nur d4, b1 nur c5, a2 nur b4. Diese Verbindung nennt man „Gegenfelder".

Der schwarze König, um den anderen König am Erreichen der Schlüsselfelder zu hindern, darf sich nur auf diesen Feldern bewegen. Die Gegenfelder sind also ein Mittel im Kampf um die Schlüsselfelder.

Das nachfolgende Beispiel zeigt, daß es unweigerlich zur Niederlage kommen muß, wenn die Gegenfelder nicht mehr gehalten werden können.

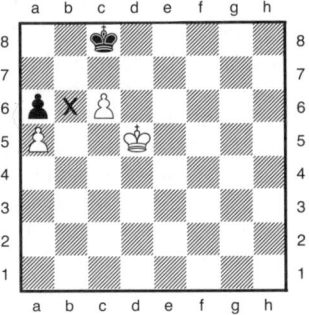

Auf den ersten Blick scheint es, als könnte sich Schwarz hier erfolgreich verteidigen. Auf 1. Kc5 mit der Drohung des Vorstoßes auf das Schlüsselfeld b6, hat Schwarz nur einen zufriedenstellenden Zug 1... Kc7, auf 1. Kd6 nur 1... Kd8. Hier haben wir wieder ein Beispiel für sich entsprechende Gegenfelder: c5 – c7, d6 – d8, d5 – c8.

Also, um den Bauern herum kann Schwarz die Gegenfelder halten. Versuchen Sie aber nun, den König auf d4 zurückzuziehen. Schwarz kann nun verständlicherweise nicht mit 1... Kc7 ant-

worten, wegen 2. Kc5. Also muß er 1...
Kd8 oder 1... Kb8 spielen. Und was
passiert, wenn man einen Abwartezug
macht – 2. Kc4? Unschwer zu erkennen,
daß in diesem Fall das Gegenfeld nicht
gehalten werden kann. Auf 2... Kc8 entscheidet 3. Kd5! Kd8 4. Kd6, oder auf
2... Kc7 – 3. Kc5.
In diesem Beispiel haben wir den einfachsten Fall der Gegenfelder kennen-
gelernt, das sog. „Dreieck" (die Felder
d5, c4, d4). In diesem Dreieck ziehend,
kann Weiß das Gleichgewicht zu seinen
Gunsten verändern.
Nun wollen wir einige Besonderheiten
der Geometrie des Schachbretts betrachten.

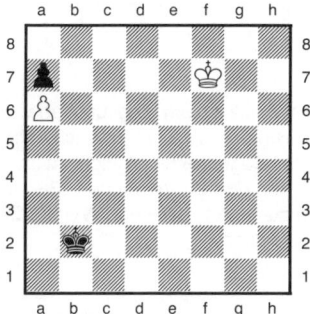

Weiß ist am Zug und erobert den Bauern
a7. Um die Partie zu retten, muß der
schwarze König das Feld c7 erreichen,
wenn der weiße König den schwarzen
Bauern schlägt. Dann könnte der weiße
König keines der Schlüsselfelder (b7
und b8) mehr besetzen.
Dem Bauern a7 kann sich der weiße
König auf verschiedenen Wegen mit der
gleichen Zugzahl nähern: e7-d7-c7-b7
oder e6-d6-c6-b7 oder e6-d5-c6-b7 oder
schließlich e8-d7-c6-b7!
Wundert Sie das nicht, daß der gerade
Weg auf dem Schachbrett nicht kürzer
ist als eine Zick-zack-Linie? Nachdem
wir diese verblüffende Besonderheit des

Schachbrettes kennen, versuchen wir
nun den König so zu ziehen, daß wir
gleichzeitig die Annäherung des schwarzen Königs an das Feld c7 behindern. Im
vorliegenden Beispiel ist es möglich, auf
diese Art und Weise beide Vorhaben in
Einklang zu bringen. Nach 1. Ke6 Kc3
2. Kd5! kann der weiße König seinen
Gegner „mit der Schulter" abdrängen.
Dieser ist zum Rückzug gezwungen und
kann das Ziel nicht mehr erreichen: 2...
Kb4 3. Kc6 Ka5 4. Kb7 Kb5 5. K : a7
Kc6 6. Kb8 und Weiß gewinnt.
Dieses Abdrängen ist eine beliebte Methode in den Bauernendspielen. Nachdem wir es nun kennen, wird uns die
Lösung der nächsten Studie leichtfallen.

N. Grigorjew
1931

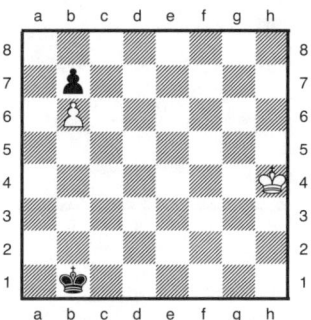

Der Versuch von Weiß, das Feld c7 zu
erreichen, würde für ihn tragisch enden,
denn auch der schwarze König erreicht
a6 nach fünf Zügen, worauf der weiße
Bauer auf b6 fällt. Wenn also der Bauer
b6 nicht erhalten werden kann, muß
Weiß im selben Zug, mit dem sein Bauer
geschlagen wird, das Feld b4 mit dem
König besetzen, um den gegnerischen
König nicht auf die Schlüsselfelder des
Bb7 (a5, b5, c5) zu lassen. Mit geradli-
nigem Vorgehen kann er das aber nicht
erreichen: 1. Kg4 Kc2 2. Kf4 Kd3! und

153

Schwarz kann seinen Gegner abdrängen.
Die Verteidigungsidee stützt sich vielmehr auf ein feines Königsmanöver, das den Kampf „Mann gegen Mann" vermeidet: 1. Kg3! Kc2 2. Kf2! Kd3 3. Ke1! Kc4 4. Kd2 Kb5 5. Kc3 K : b6 6. Kb4 und das Ziel ist erreicht.

Das Thema des Einklangs (von zielgerichtetem Ziehen und gleichzeitigem Abdrängen) verbunden mit der eigenartigen Geometrie des Schachbretts ist besonders markant in der folgenden berühmten Studie.

R. Reti
1928

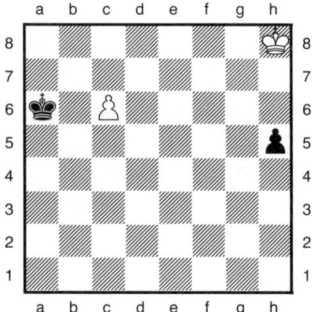

Remis in dieser Stellung? Der weiße König ist hoffnungslos weit vom schwarzen Bauern entfernt, der weiße Bauer scheint auch verloren. Doch ist die Lösung dieses sehr schwierigen Problems möglich.

Dem schwarzen Bauern nachjagend, muß Weiß gleichzeitig versuchen, seinem Bauern zuhilfe zu kommen. Diese „Jagd nach beiden Seiten" ist erfolgreich:
1. Kg7! Kb6 2. Kf6! h4 3. Ke5 h3 4. Kd6!
Der gegnerische Bauer wird nicht erreicht, doch kann nun der eigene Bauer erreicht und gerettet werden: 4... h2 5. c7 Kb7 6. Kd7 Remis!

ÜBUNGEN

Nr. 138 Weiß ist am Zug und soll gewinnen.
1. d4 führt nicht zum Ziel wegen: 1... Ke4 2. Kc3 Kf5! 3. Kd3 Kf4! Die Lösung ist über die Schlüsselfelder und die Gegenfelder zu suchen. Die Schlüsselfelder sind e2 und d4. Ihre Aufgabe ist es, die Gegenfelder und den Gewinn zu finden.

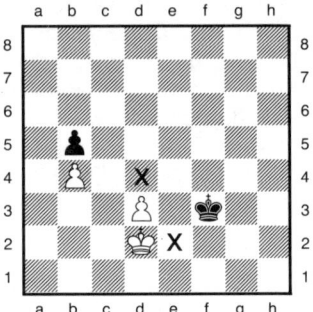

Nr. 139 Weiß ist am Zug und gewinnt. Die Schlüsselfelder sind c7 und c8. Die erste Reihe der Gegenfelder ist leicht zu finden: d6-b6, d7-b7, d8-b8. Versuchen Sie nun die übrigen zu finden sowie den Weg für Schwarz diese zu halten.

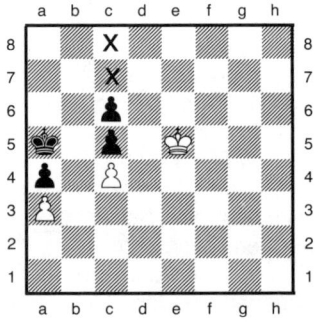

Nr. 140 Weiß ist am Zug und gewinnt. Wenn der weiße König sofort zum Bauern g6 losziehen würde, brächte ihm das keinen Erfolg:
1. Ke5 Kc4 2. Kf6 Kd4 3. K : g6 Ke4 4. Kg5 Kf3. Sie müssen den Weg finden, wie man den gegnerischen König abdrängen kann.

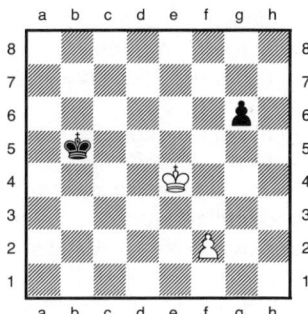

Bevor man sich um die Schaffung eines Freibauern bemüht, sollte man sich um eine bessere Postierung des eigenen Königs kümmern, um jetzt schon dem gegnerischen König möglichst keine Chancen zu geben, sich dem vordringenden Bauern in den Weg zu stellen. Hier ein Schulbeispiel:

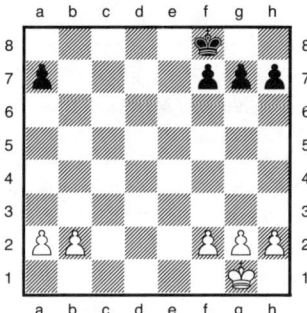

Zunächst wird der König ins Spiel gebracht: **1. Kf1 Ke7 2. Ke2 Kd6 3. b4** (um den König nicht auf c5 vorzulassen; möglich wäre auch 3. Kd3 Kc5 4. Kc3 a5 5. b3 mit anschließendem 6. a3 und 7. b4) **3... Kd5 4. Kd3 f5 5. f4 g6 6. g3 a6 7. a4 Kc6.**

Der König kann seine aktive Stellung nicht halten.

8. Kd4 Kd6 9. b5 a : b 10. a : b Kc7 11. Ke5

Am einfachsten. Weiß gibt den Freibauern her, um entscheidenden Vorteil am anderen Flügel zu erreichen. Möglich wäre auch gewesen 11. Kc5 Kb7 12. b6 Kb8 13. Kc6 Kc8 14. b7+ Kb8 15. Kb6 h6 16. h4 g5 (ein verzweifelter Versuch, Patt zu erreichen) 17. h : g h : g 18. f : g f4 19. g6 f3 20. g7 f2 21. g8D#.

11... Kb6 12. Kf6 K : b5 13. Kg7 Kc4 14. K : h7 Kd4 15. K : g6 und Sieg.

Nr. 141 Weiß ist am Zug. Remis. Die weiße Stellung scheint total hoffnungslos, aber dennoch ist die Partie zu retten! Wie?

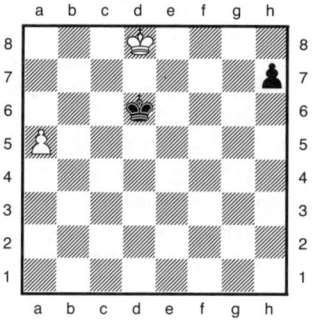

Realisierung des Vorteils

Gewöhnlich reicht in Bauernendspielen ein Mehrbauer, um den Vorteil ohne Schwierigkeiten erfolgreich zu verwerten. Es genügt, sich einen Freibauern zu verschaffen und ihn zu verwandeln. Sogar für den Fall, daß sich der gegnerische König dem Bauern entgegenstellt, kann man Lösungswege finden, indem z. B. der eigene König, unbedrängt vom gefesselten König, am anderen Flügel Materialvorteil erlangen und somit gewinnen kann.

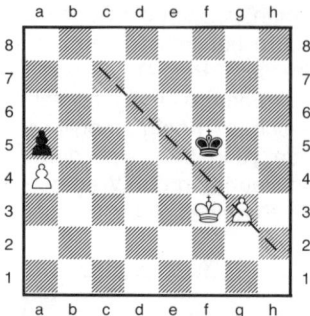

Das impulsive Vorwärtsstürmen mit dem Bauern führt nur zu Remis: 1. g4+ Kg5 2. Kg3 Kg6 3. Kf4 Kf6 4. Ke4 (weiteres Vorziehen des Bauern führt zu Patt) 4... Kg5 5. Kd4 K : g4 6. Kc4 Kf5 7. Kb5 Ke6 8. K : a5 Kd7 9. Kb6 Kc8.
Der richtige Weg zum Ziel ist der Angriff auf den a-Bauern. 1. Ke3 Kg4 2. Kd4 K : g3 3. Kc4 Kf4 4. Kb5 Ke5 5. K : a5 Kd6 6. Kb6! Kd7 7. Kb7 und Weiß gewinnt.
Für ähnliche Situationen hat der Analytiker W. Bähr eine einfache Regel auf gestellt, die deren Beurteilung erleichtert: In Stellungen mit blockierten Bauern a4-a5 ist die Gewinnzone des Freibauern durch die Diagonale c7-h2 beschränkt.

Aljechin – Yates
Hamburg, 1910

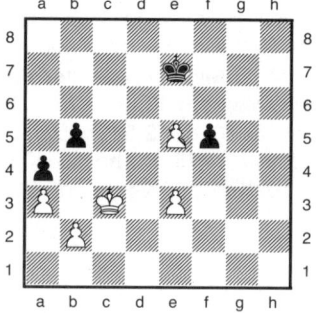

Einige Finessen bei der Verwertung eines Mehrbauern im Endspiel kann man anhand der Partie Aljechin – Yates studieren.
Der Angriff auf die gegnerischen Bauern bringt dem Anziehenden keinen Vorteil, da Schwarz seinerseits die Bauern e5 und e3 angreifen kann. Zum Sieg führt das sehenswerte Königsmanöver 1. Kd3! Kd7 2. e4! f4 3. Ke2 Ke6 4. Kf2! In ähnlichen Stellungen nennt man die Bauern e4 und f4 „unverwundbare Bauern", da sich der Königsangriff auf diese nicht lohnt. Der schwarze König muß auf e5 nehmen und sich dem Bauern e4 nähern, worauf 5. Kf3 entscheidet.
Die Eigenheiten der Bauernformation, die Tempi und die Position der Könige entscheiden die Abschätzung der Bauernendspielsituation.
Ein entfernter Freibauer oder die Möglichkeit einen solchen zu schaffen bedeuten meist entscheidenden Stellungsvorteil. In solchen Fällen sieht der Spielplan so aus: Der gegnerische König wird durch den vordringenden Bauern abgelenkt, um mit dem eigenen König in das gegnerische Lager am anderen Flügel einzudringen. Hier ein charakteristisches Beispiel:

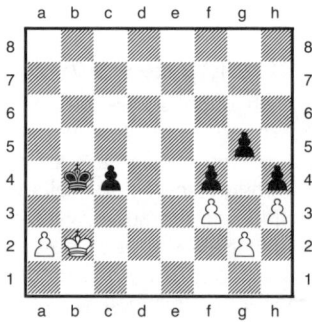

Der entfernte Freibauer a2 ist bedeutend gefährlicher als der Bauer c4. Nach dem forcierten Abtausch dieser Bauern hat der weiße König einen wesentlich kürzeren Weg zu den Bauern am Königsflügel als sein Kontrahent, und das entscheidet.

1. Kc2 Ka3
Falls Schwarz hartnäckig mit 1... Kc5 fortsetzt, wird er nach 2. Kc3 Kb5 3. a3 Kc5 4. a4 Kd5 5. a5 Kc5 6. a6 zum Abtausch gezwungen, in einer für ihn noch ungünstigeren Situation.
2. Kc3 K : a2 3. K : c4 Kb2 4. Kd4 Kc2 5. Ke4 Kd2 6. Kf5 Ke2 7. K : g5 Kf2 8. K : f4 K : g2 9. Kg4 und Weiß gewinnt.
Sogar dort, wo es keinen Freibauern gibt, kann die Bauernformation die Möglichkeit zum Durchbruch bieten, wenn durch das Opfern eines oder mehrerer Bauern einem weiteren der Weg freigemacht werden kann.

K. Cozio
1766

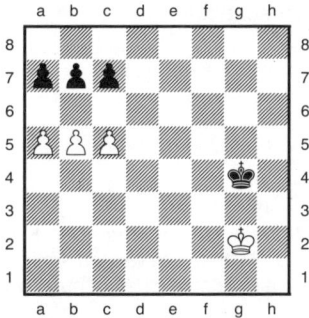

Der schwarze König ist weit weg, und Weiß führt den charakteristischen Durchbruch aus:
1. b6 c : b 2. a6! b : a 3. c6 und der Bauer kann nicht mehr aufgehalten werden. Oder 1... a : b 2. c6! b : c 3. a6! Schwarz am Zug könnte diesen Vorstoß leicht verhindern mit 1... b6.
Der Kampf ums Tempo wird in allen typischen Bauernendspielen geführt. Die Bedeutung eines Tempos läßt sich kaum überschätzen. Mit Hilfe eines Tempos kann der Kampf um die Schlüsselfelder, eine Zugzwangsituation und damit das ganze Spiel entschieden werden.
Hier zwei Beispielsituationen, in denen nur Tempovorteile über die gesamte Spielstrategie entscheiden.

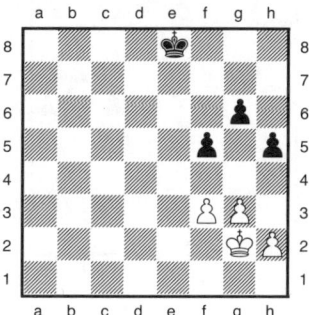

Nach N. Grigorjew
Drei Mehrtempi ermöglichen dem Anziehenden zu gewinnen. Ein Tempo braucht er, um nach g5 zu gelangen, das zweite, um nach h6 zu kommen und das letzte, um die entscheidende Umgehung zu den Schlüsselfeldern zu vollführen.
1. Kh3 Kf7
1... g5 hilft auch nicht wegen 2. f4! g : f 3. g : f Kf7 4. Kh4 Kg6 5. h3! (das entscheidende Tempo) 5... Kh6 6. Kg3 Kg6 7. Kf3 Kf6 8. Ke3 Ke6 9. Kd4 Kd6 10. h4!
2. Kh4 Kf6
Es gelingt auch der Gegenangriff nicht: 2... f4 3. g : f! Kf6 4. Kg3 Kf5 5. h4 Ke6 6. Kf2 Kf6 7. Ke2 Ke6 8. Kd3 Kf5 9. Ke3 Kf6 10. Ke4 Ke6 11. f5+ g : f 12. Kd4 Kd6 13. f4 und Weiß gewinnt.
3. f4 Kf7 4. Kg5 Kg7 5. h3! Kf7 6. Kh6 Kf6 7. Kh7 Kf8 8. h4! Kf6 9. Kg8 und Weiß gewinnt.
Falls sich allerdings der weiße Bauer auf f4 befunden hätte, wäre das Vordringen des Königs auf g5 unnötig gewesen, da

157

die Tempi nicht ausgereicht hätten. Aber dafür entscheidet in diesem Fall das Umgehungsmanöver über die linke Seite, wobei schon zwei Mehrtempi zum Sieg reichen.

Nach N. Grigorjew

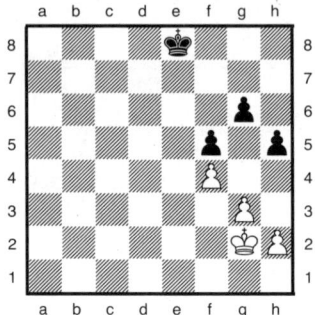

Weiß gewinnt
1. Kf3 Ke7 2. Ke3 Ke6 3. Kd4 Kd6 4. h3! Ke6 5. Kc5 Ke7 6. Kc6
Nur so! Zu nichts führt 6. Kd5 Kd7 7. Ke5 Ke7 8. h4 Kf7 9. Kd6 wegen 9... Kf6.
6... Ke6 7. h4 Ke7 8. Kc7 Ke6 9. Kd8! (Umgehung) **9... Kf7 10. Kd7 Kf6 11. Ke8** usw. Auch die aktive Verteidigung kann Schwarz nicht retten: 9... Kd5 10. Ke7 Ke4 11. Kf6 Kf3 12. K : g6 K : g3 13. Kg5!
Wir haben uns schon davon überzeugt, daß im Bauernendspiel der König die aktivste Hauptfigur ist. Er kämpft um die Schlüsselfelder, er greift die gegnerischen Bauern an, er drängt den gegnerischen König ab.

Im folgenden Beispiel entscheidet die unterschiedliche Königsposition über das Schicksal der Partie.

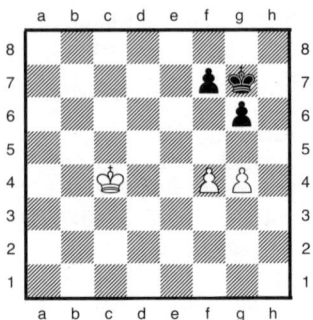

1. Kd5 Kf8!
Schwarz versucht mit diesem Zug der Absicht des Weißen, auf e7 vorzudringen, zuvorzukommen.
2. Kd6 Ke8 3. f5 g5 4. Kc7! Ke7 5. Kc8! Kd6
Eine andere Möglichkeit gibt es nicht. Auf 5... Ke8 entscheidet 6. f6.
6. Kd8 Ke5 7. Ke7 f6 8. Kf7 Kf4 9. K : f6 K : g4 10. Kg6 und der weiße Bauer ist schneller.

ÜBUNGEN
Nr. 142 Weiß ist am Zug. Der Freibauer bremst die Aktionen des weißen Königs. Kann trotzdem der Materialvorteil genutzt werden?

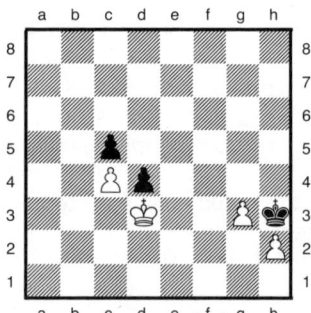

158

Nr. 143 Weiß ist am Zug. Es gilt zu beweisen, daß die weißen Bauern gefährlicher sind als die schwarzen.

Nr. 144: Weiß ist am Zug. Nach 1. h6 Kf8 2. g5 erhält Weiß einen gedeckten Freibauern. Reicht das zum Sieg aus?

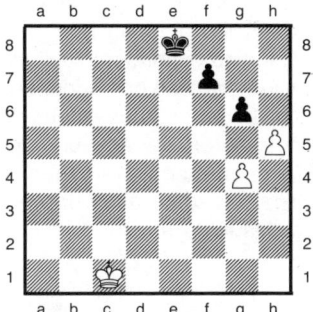

Nr. 145: Schwarz ist am Zug. Weiß hat den Übergang in dieses Endspiel forciert und spielt nun g2-g4, in der Annahme, damit den Königsflügel zu verriegeln, um die gegnerischen Bauern auf dem Damenflügel anzugreifen. Ist diese Idee gut?

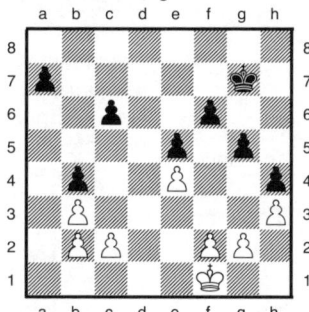

3. Springerendspiele

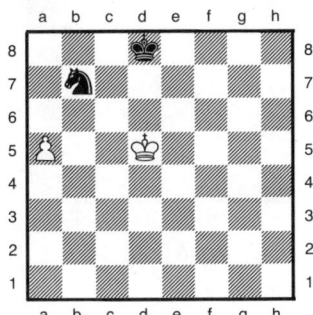

Springer gegen Bauer

Der Springer hält den Bauern auf, indem er ein Feld auf dessen Weg besetzt. Deswegen muß er sich in Bauernnähe aufhalten. Allerdings ist der Springer manchmal eine „unbeholfene" Figur, so daß die Bauernnähe nicht immer auch tatsächlich den Erfolg garantiert.

Auf der im Diagramm angegebenen Stellung kann der Bauer nach 1. a6 umgewandelt werden. Der Springer selbst kann ihn nicht mehr aufhalten und stört zudem den eigenen König. Natürlich ist dies eine besondere Stellung, die gleichzeitig zeigt, daß der Randbauer für den Springer am gefährlichsten ist.

Mit allen anderen Bauern, die die vorletzte Reihe erreicht haben, tut sich der Springer leicht, sogar auch ohne Unterstützung des Königs.

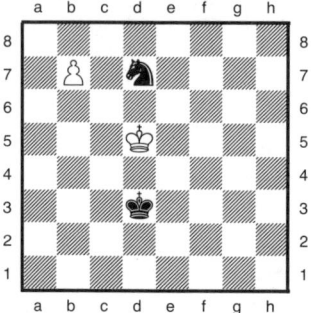

Hier schafft es Weiß nicht, den Springer zu vertreiben: 1. Kc6 Sb8+ 2. Kc7 Sa6+ 3. Kb6 Sb8 usw.

Beim Randbauer schaut die Lage anders aus.

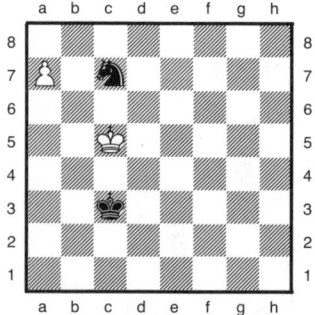

Nach 1. Kb6 Sa8+ 2. Kb7 sitzt der Springer in der Falle.

Wenn sich der Bauer auf der sechsten Reihe befindet, schafft es der Springer ohne weiteres, ihn aufzuhalten.

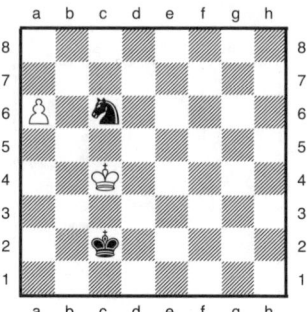

1. Kb5 Sa7+ 2. Kb6 Sc8+ 3. Kb7 Sd6+ 4. Kc7 Sb5+ 5. Kb6

Es scheint fast, als hätte es Weiß geschafft, den Springer zu vertreiben, doch nach 5... Sd6! gibt es kein Weiterkommen mehr: Auf 6. a7 folgt 6... Sc8+. Um den Bauern hüpfend, hindert der Springer diesen, sich zu bewegen. Die „Springergabel" ist dabei ein wichtiges taktisches Mittel.

Wie der Springer den Bauern aus größerer Entfernung erreichen kann, zeigt das nächste Beispiel.

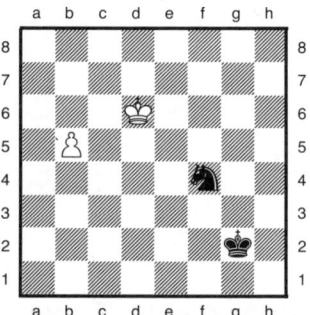

Um den Bauern aufzuhalten, muß der Springer b7 oder b8 erreichen. Von rechts kann er sich dem Bauern nicht nähern, da ihn der gegnerische König stört. Also, muß er es von der anderen Seite versuchen: 1... Sd3 2. b6 Sb4 3. b7 Sa6 und Remis.

Manchmal, wenn es scheint, daß der Springer den Bauern nicht mehr erreichen kann, kann ihm sogar der gegnerische König zu Hilfe kommen.

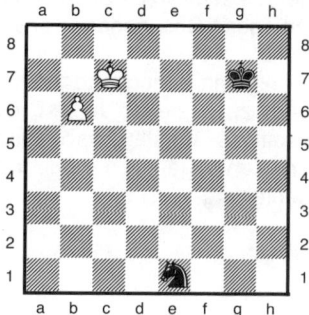

Schwarz ist am Zug und rettet sich: 1... Sd3 2. b7 Sc5! 3. b8 = D Sa6+.
Die Position des Königs bringt die Rettung. Das gleiche passiert, wenn sich der König auf a2 befindet.
1... Sd3 2. b7 Sb4+! 3. Kb3 Sc6.
Für Sie ist es immer nützlich, eine wichtige Fähigkeit des Springers im Auge zu behalten: Durch Schachgebote kann er wichtige Tempi gewinnen.
Das nächste Beispiel zeigt in hervorragender Weise alle Möglichkeiten eines Springers.

N. Grigorjew
1938
(Ende einer Studie)

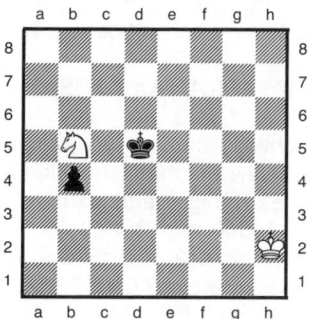

Weiß ist am Zug
Schwarz droht, mit dem Zug 1... Kc5 den Springer zu vertreiben, um anschließend den Bauern zu verwandeln. Weiß kann Remis halten, wenn es ihm gelingt, eines der Felder a3, c3 oder d2 zu besetzen, wenn der gegnerische Bauer die vorletzte Reihe erreicht hat.
Vor allen Dingen ist es hier nötig, die Position des Springers zu verbessern und die des gegnerischen Königs zu bestimmen.

1. Sc7+! Kc4!
Die unangenehmste Antwort für Weiß. Nach 1... Kd4 kann sich der König nähern, denn auf 2... b3 folgt 3. Sb5+ und 4. Sa3. Nach 1... Kc6 folgt 2. Sa6! b3 3. Sb4+, und mit 4. Sd3 kann Weiß den Bauern sofort aufhalten.
2. Se8!
Ein ausgezeichneter Zug! Um nach vorwärts zu gelangen, macht der Springer erst einen Schritt zurück. Das Feld e8 ist ein wichtiger Knotenpunkt. Abhängig davon, wo sich der schwarze König befindet, wird sich der weiße Springer seinen Weg nach b1 suchen: Der Weg könnte lauten e8 – c7 – b5 – a3 oder e8 – f6 – e4 – d2. Auf 2... b3 folgt 3. Sd6+ Kb4 4. Se4 b2 5. Sd2. Bei 3... Kd3 folgt 4. Sb5 b2 5. Sa3. Deswegen versucht Schwarz, dem Springer das Feld d6 zu nehmen.
2... Kc5 3. Sf6! Kd4 4. Se8! (zurück auf das entscheidende Feld) **4... Ke5**
Nach 4... b3 5. Sd6 Kc3 6. Se4+! Kc2 7. Sd6! b2 8. Sc4! kommt Weiß rechtzeitig an.
5. Sc7! Kd6 6. Se8+!
Wiederum die einzige rettende Antwort. Nach 6. Sb5+? Kc5 7. Sc7 b3 8. Se6+ Kc4! verliert Weiß.
6... Kc5 7. Sf6! Kd4 8. Se8! b3 9. Sd6 Kc3 10. Se4+! Kc2 11. Sd6! b2 12. Sc4 b1=D 13. Sa3+ und Remis.

Es ist ebenfalls nützlich, sich mit einer anderen wichtigen Fähigkeit des Springers vertraut zu machen – mit der Fähigkeit, auf dem Weg des gegnerischen Königs „Barrieren" aufzubauen.

J. Awerbach
1956

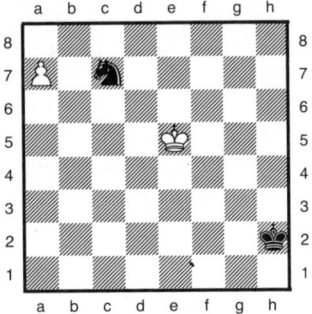

Der gut postierte Springer hat eine „Barriere" errichtet, die dem weißen König den Zugang zu den Feldern d4, d5, d6, e6 versperrt. Dieser ist gezwungen, einen weiten Umweg zu machen, so daß der schwarze König Gelegenheit bekommt, zu Hilfe zu kommen. Z. B. 1. Kf6 Kg3 2. Ke7 Kf4 3. Kd7 Sa8 4. Kc6 Ke5 5. Kb7 Kd6 6. K : a8 Kc7 Patt!
Eine ähnliche Situation ist auch auf dem nächsten Diagramm dargestellt.

J. Awerbach
1956

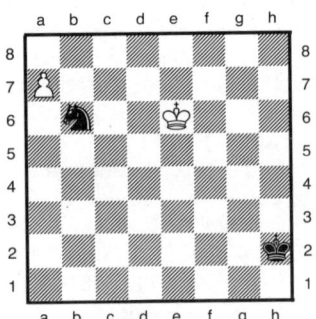

Hier ist dem König der Zugang zu den Feldern d5, d6, d7, e7 versperrt. Er muß die Barriere umgehen. Bei der Überprüfung werden Sie leicht feststellen, daß auch hier der schwarze König rechtzeitig den Ort des Geschehens erreichen kann.
Wenn König und Springer gegen mehrere Bauern zu bestehen haben, ist ein „gegenseitiges Verständnis" zwischen den beiden unumgänglich – eine genaue Aufgabenteilung.

J. Awerbach
1954

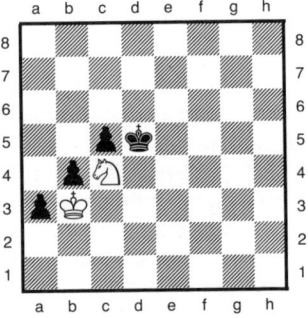

Hier hängt alles davon ab, wer am Zug ist. Weiß am Zug kann die Wirkungsweise seiner Figuren hervorragend organisieren:
1. Se3+ Kd4 2. Sc2+ Kd3 3. Sa1!
Die Besetzung dieses Feldes ist besonders wichtig – nun wird der weiße König aktiv.
3... Kd2 4. Lc4! Kc1 5. Sb3+ Kb2 6. S : c5 a2 7. Sb3
Falls Schwarz am Zug ist, kann er die weißen Pläne durch durchdachte Manöver seines Königs verhindern: 1... Kc6! und auf 2. Se3 folgt 2... Kb5 3. Sc4 a2. Besser ist 2. Kc2 Kb5 3. Sd6+ Ka4! 4. Sc4 b3+ 5. Kc3 a2 6. Kb2 Kb4 7. Se3 c4 8. Sd5+ Kc5 9. Sc3 Kd4.

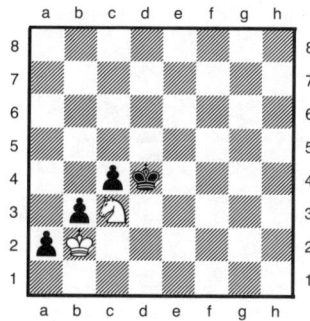

Bauernverlustes darf der König kein Feld der c-Linie betreten. So folgt auf 1... Kc2 2. Se4 f5 3. Sg3 f4 4. Se2 f3 5. Sd4+.

Weiß ist am Zug, Schwarz gewinnt.

Diese Stellung hat schon 1880 Horwitz analysiert. Nach 10. Sa4 c3+ 11. S : c3 a1=D+ 12. K : a1 K : c3 gewinnt Schwarz. Auch andere Antworten helfen nicht. Z. B. 10. Se2+ Kd3 11. Sc1+ Kd2 12. Ka1 b2+ 13. K : b2 a1=D+ 14. K : a1 K : c1 usw.
Folgende Stellung hat Seltenheitswert.

W. Tschechower
1938

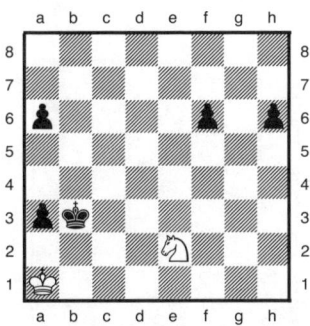

Remis
Die weißen Figuren sind voneinander getrennt. Um zu gewinnen, müßte sich der schwarze König nur seinen Bauern auf dem Königsflügel nähern können, doch das gelingt ihm nicht. Nach 1. Sg3 stellt Weiß eine „Barriere" auf der c-Linie auf. Es droht 2. Se4 f5 3. Sg3 f4 4. Se2 f3 5. Sd4+ mit Bauerngewinn. Wegen

ÜBUNGEN

Nr. 146: Weiß ist am Zug. Kann der Bauer zur Umwandlung gebracht werden?

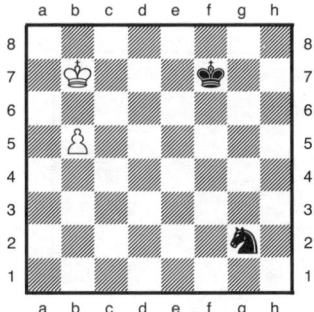

Nr. 147: Weiß ist am Zug. Kann der Bauer aufgehalten werden?

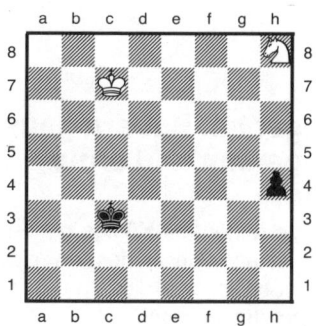

Nr. 148: Weiß ist am Zug. Kann die aussichtslos scheinende Situation noch gerettet werden?

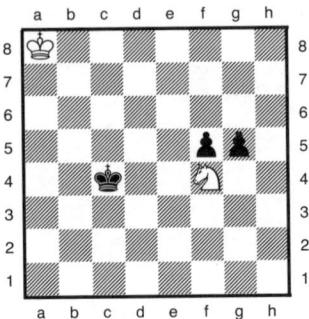

Nr. 149: Weiß ist am Zug. Versuchen Sie, die rettende „Barriere" aufzubauen!

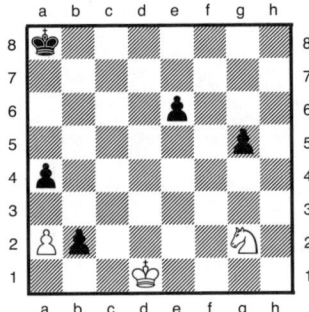

Springer mit Bauern gegen Springer mit und ohne Bauern

Das beste Mittel des Königs gegen den Bauern ist es, sich in dessen Weg zu stellen, wobei ihn allerdings der Springer aktiv unterstützen muß.

Hier muß der schwarze König vorläufig allein gegen die weißen Kräfte kämpfen. 1. Ke6 Sb4 (Der Springer eilt zu Hilfe!) 2. d7 Kc7 3. Sa6+! Dieser Zug entscheidet. Sofortiges Ke7 geht nicht wegen Sd5+ mit Remis, deswegen wird zunächst der Springer abgelenkt.

3... S : a6 4. Ke7 und der Bauer ist nicht mehr aufzuhalten.

Falls sich der gegnerische Bauer nur noch einen Schritt vorm Umwandlungsfeld befindet, hilft in der Regel nur noch ein Dauerschach.

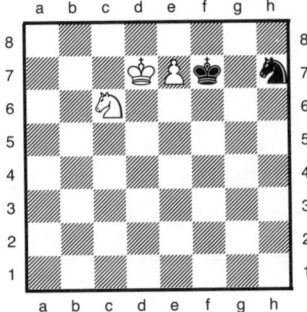

Schwarz ist am Zug
Zum Remis führt 1... Sf8+ 2. Kd8 (2. Kd6 Sg6) 2... Se6+.
Wenn allerdings der Springer dem König helfen könnte, dem Dauerschach zu entgehen, wäre der Sieg für Weiß sicher. Hier eine Stellung, in der der Springer das Feld e6 kontrolliert.

M. Botwinnik
1952

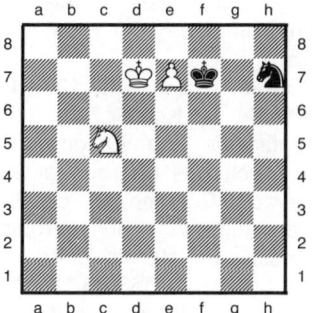

Schwarz ist am Zug
Schwarz hat es hier schwer. 1... Sf6+
2. Kd8 Se8 3. Se6! Sd6 (oder 3... Sf6
4. Sg5+ und 5. Se4! mit Ablenkung des
Springers) 4. Kd7 Se8 5. Sg5+ mit Ablenkung des Königs.
In solchen und ähnlichen Situationen
gewinnt also Weiß durch Ablenkung der
gegnerischen Figuren vom Kampf um
den Bauern; dies geschieht durch ein
Springeropfer, die typische Methode in
Springerendspielen.
Falls der Bauer nicht sofort umgewandelt werden kann, wachsen die Chancen
für die schwächere Seite.

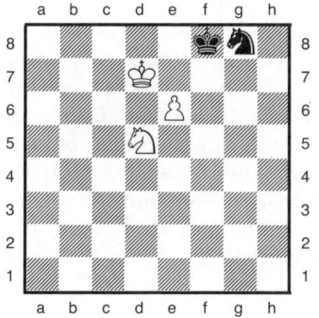

Schwarz ist am Zug
Eine typische Remisstellung. Der Sprin-
ger blockiert den Bauern, während der
König herummanövriert und nur ein-
greift, wenn es unbedingt nötig ist. 1...
Kg7 2. Ke8 Sh6! 3. Se7 (3. e7 Sf5) 3...
Kf6 4. Kd7 Kg7 5. Sd5 Sg8 und Weiß hat
nichts erreicht.
Es ist uns bekannt, daß ein Bauer ge-
fährlicher wird, je näher er sich dem
Rand befindet. Am Brettrand sind die
Springerqualitäten eingeschränkt. Um
sich davon noch einmal zu überzeugen,
hier eine Stellung von Réti mit einem
Randbauern.

R. Réti
1929

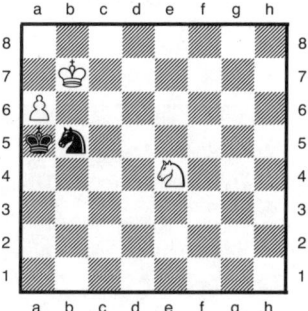

Falls Schwarz am Zug ist: 1... Kb4
2. Kb6 Kc4 3. Sc3! (Ablenkung) Sd6
4. Kc7 Kc5 5. a7 usw.
Falls Weiß am Zug ist, muß er durch ein
feines Manöver das Zugrecht an
Schwarz abgeben.
1. Sc5! Kb4
Mit 1... Sd6+ wäre die Aufgabe von
Weiß leichter mit nachfolgendem 2. Kc7!
Sb5+ 3. Kc6 Sa7+ 4. Kb7 Sb5 5. Se4,
und das Ziel ist erreicht.
2. Kb6 Sd6 3. Se4! Sc8+ 4. Kc7
Eine unumgängliche Maßnahme. Nach
4. Kb7 Kb5 5. Sc3+ Ka5 wäre Schwarz
gerettet.
4... Kb5 5. Kb7 Ka5 6. Sc5 Sd6+ 7. Kc7
Sb5+ 8. Kc6 Sa7+ 9. Kb7 Sb5 10. Se4
und Weiß konnte seinen Plan ausführen.

Ein Mehrbauer kann in einem Springer-endspiel in etwa genauso einfach mit Vorteil verwertet werden wie im Bauern-endspiel. Der Gewinnplan ist in den Hauptzügen derselbe: Nach günstiger Postierung der Figuren (Springer und König) und der Bauern versucht man, sich einen Freibauern zu verschaffen. Der restliche Spielverlauf hängt von der Verteidigungsmethode ab. Wenn der Bauer gegen den Springer anzukämpfen hat, wird man bestrebt sein, diesen zu verdrängen. Falls dem Springer der König zu Hilfe kommt, versucht die stärkere Seite meist, durch Vorstoß von König und Springer die Bauern am anderen Flügel abzuräumen.

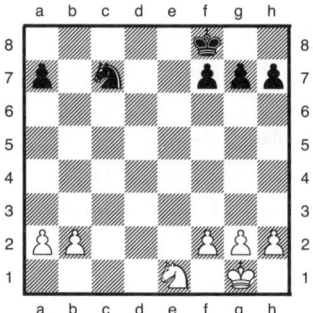

Weiß sorgt zunächst für eine günstige Position des Königs, indem dieser zum Damenflügel geschickt wird, wo die Schaffung des Freibauern bevorsteht.
1. Kf1 Ke7 2. Ke2 Kd6 3. Kd3 Kc5
Schwarz versucht, die Bildung eines Freibauern zu verhindern.
4. Sc2 Sd5 5. g3 a5 6. b3 f5 7. a3 g6 8. b4+!
Weiß opfert einen Bauern, um in ein gewonnenes Endspiel überzuleiten, dank der aktiveren Stellung des eigenen Königs. Diese Methode – Vergabe eines Vorteils um den Gewinn eines anderen – nennt man Transformation des Vorteils.

Diese werden wir noch öfters antreffen. Schwarz nimmt das Opfer nicht an, und es kommt zum nächsten Spielabschnitt – dem Kampf um die Promotion des Bauern.
8... a : b 9. a : b+ Kd6 10. Kd4 Sc7 11. f4 Sb5+ 12. Kc4 Sc7 13. Se3
Der einfachste Zug. Es gewinnt auch 13. b5, doch das erfordert eine lange und genaue Berechnung, da Schwarz die Möglichkeit zum Springeropfer und zu komplizierten Verwicklungen besitzt: 13... S : b5 14. K : b5 Kd5 15. Se1 Ke4 16. Kc5 Ke3 17. Kd5 Kf2 18. Ke5! (Durch ein Gegenopfer gewinnt Weiß wervolle Zeit!) 18... K : e1 (zum gleichen Ergebnis führt 18... Kg1 19. Sf3+ Kg2 20. Kf6!) 19. Kf6 Kf2 20. Kg7 Kg2 21. K : h7 K : h2 22. K : g6 K : g3 23. K : f5 mit Gewinn.
13... Kc6 14. Kd4 Kd6 15. Sc4+ Kc6
Bei 15... Ke6 wird der b-Bauer gefähr-lich: 16. Se5 Kd6 17. Sf7+ Ke7 18. Sg5 h6 19. Sf3 Kf6 (es drohte 20. Sh4) 20. Kc5 Se6+ 21. Kd6 g5 22. b5 Sd8 23. Sd4 Sb7+ 24. Kc7 Sc5 25. b6 Kg6 26. Kc6 Sa6 27. b7 usw.
16. Ke5 Kb5 17. Se3 Sa6 18. Sd5 Kc4 19. Sf6 h5 20. Sd5 Sb8 21. Se7 und Weiß kann die schwarzen Bauern am Königsflügel erobern.
Bei Materialgleichstand kann ein ent-fernter Freibauer bzw. die Möglichkeit, einen solchen zu erreichen, ein wichtiger Stellungsvorteil werden. Der Springer ist keine weitreichende Figur, er kann nicht am Kampfgeschehen auf beiden Flügeln gleichzeitig teilnehmen. Wenn er es mit einen Freibauern zu tun hat, ist er an diesen gebunden.

Tschigorin – Marshall
Karlsbad, 1907

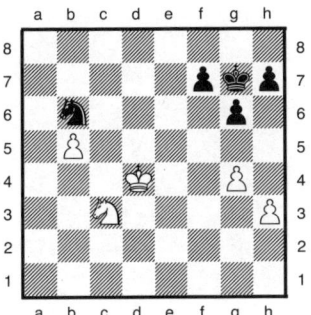

Weiß ist am Zug
Weiß besitzt einen entfernten Freibauern und kann die Bildung eines schwarzen Freibauern verhindern. Das genügt zum Sieg.
1. Sd5! Sd7 2. g5! h6 3. Sf6 Sb6 4. h4 h : g 5. h : g Kf8 6. Kc5 Sa4+ 7. Kd6 Kg7 8. Kc6 Kf8 9. b6 S : b6 10. K : b6 Ke7 11. Kc7 Kf8
Der Versuch eines Gegenangriffs scheitert: 11... Ke6 12. Kd8 Kf5 13. Sh7 usw.
12. Kd7 Kg7 13. Ke7 Kh8 14. Se8 Kg8 15. Kf6 Schwarz gibt auf.

Barcza – Simagin
Moskau, 1949

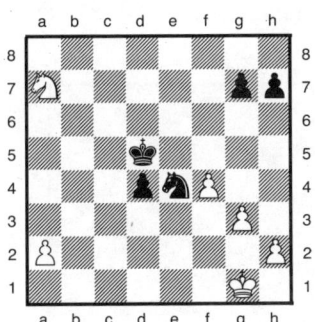

Schwarz ist am Zug

Hier hat Weiß einen freien Mehrbauern. Doch das ist für die Beurteilung der Stellung von nicht allzu großer Bedeutung. Von den Figuren unterstützt, ist der schwarze Zentralbauer viel gefährlicher, da Weiß Schwierigkeiten hat, seine Kräfte gemeinschaftlich gegen diesen einzusetzen. Allerdings muß Schwarz energisch vorgehen.
1... d3 2. Kf1 Sc3 3. Ke1 Kd4 4. Kd2 Se4+ 5. Kc1 Sd6!!
Der einzige Weg zum Ziel. Weiß darf seine Kräfte nicht vereinen. Der Zug 5... Ke3 6. Sb5 d2+ 7. Kc2 Ke2 führt nur zum Remis wegen 8. Sd4+.
6. Kd2 (oder 6. Sc6+ Kc3! 7. Se7 d2+ 8. Kd1 Se4 9. Sd5+ Kc4 mit Gewinn)
6... Sc4+ 7. Kc1 d2+ 8. Kc2 Ke3 9. Sb5 Sa3+!! Weiß gibt auf.

ÜBUNGEN

Nr. 150 Schwarz ist am Zug. Die Position ist durch die Verschiebung der Stellung von S. 165 um eine Linie nach rechts entstanden, die wir als Remis erkannt haben. Ändert sich das durch die Verschiebung?

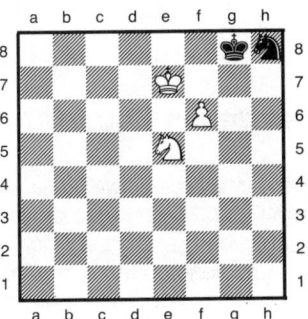

Nr. 151 Weiß ist am Zug. Der schwarze König ist weit weg vom Bauern. Kann man das ausnützen?

Nr. 152 Weiß ist am Zug und gewinnt. Die schwarzen Figuren sind sehr beengt, was Weiß ausnutzen kann.

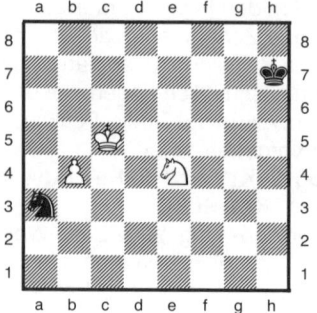

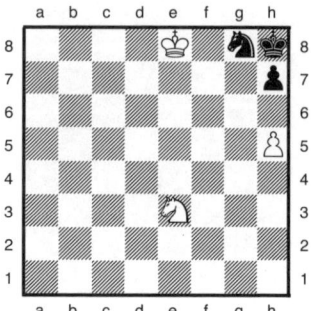

Nr. 153 Weiß ist am Zug und kann die ungünstige Stellung der schwarzen Figuren ausnutzen. Auf welche Weise?

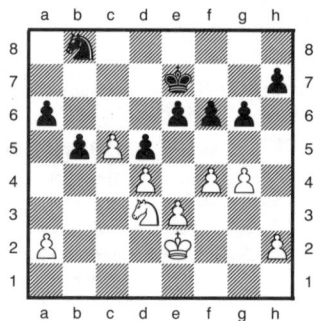

4. Läuferendspiele

Läufer gegen Bauer(n)

Der Läufer ist eine weitzielende und schnelle Figur. Er kann von einem Brettende aus das andere Ende beherrschen. Aus diesem Grund kommt er mit einem gegnerischen Bauern gut zurecht, egal wo sich dieser befindet. Es genügt, ein Feld auf dessen Weg von der Ferne aus zu beherrschen.

Falls der Gegner mehrere Bauern besitzt, muß der Läufer in Zusammenarbeit mit dem König vorgehen.

M. Henneberger   (Ende der Studie)
1916

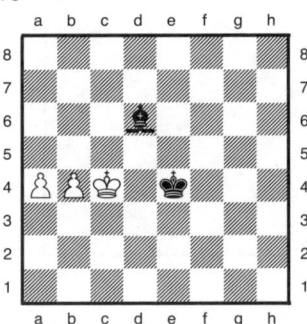

Remis

Schauen wir uns einige Beispiele für das harmonische Zusammenspiel von Figuren an.

Der schwarze König ist schlecht postiert, so daß sich als erstes der Plan aufdrängt, ihn umzustellen, um die Bauern besser angreifen zu können. Dieser Plan führt allerdings nicht zum Erfolg: 1... Ke5 2. a5 Ke6 3. a6 Lb8 4. Kc5 Kd7 5. Kb6 Kc8 6. a7 mit Gewinn.

Der richtige Plan besteht darin, zunächst den Läufer so zu postieren, daß er sich möglichst wirkungsvoll den Bauern entgegenstellen kann. Dies erreicht man mit dem Zug 1... Lf4! (1... Lg3 oder auch 1... Lh2), wonach die Verlagerung auf die Diagonale a7−g1 erfolgen kann. Hier zwei Hauptfortsetzungen.

A.
2. Kc5 Le3+! 3. Kc6 Kd4! 4. b5 Kc4 5. a5 (5. b6 Kb4 6. b7 La7) 5... Kb4 6. a6 Ka5 und beide schwarze Figuren wirken hervorragend zusammen.

B.
2. a5 Le3! 3. b5 Ke5! (Der König eilt auf die Seite, auf der er nicht vom gegnerischen König gestört werden kann.) 4. b6 Ke6 5. Kb5 Kd7 6. Ka6 (6. a6 Kc8 7. Kc6 L : b6) 6... Kc6 7. Ka7 Lf2 und Weiß hat nichts erreicht.

N. Grigorjew
1927

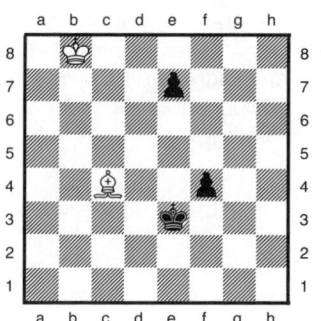

Remis

Falls sich der weiße König sofort auf die Bauern zu bewegt, wird der Erfolg ausbleiben:
1. Kc7 e5 2. Kd6 Kd4! 3. La6 e4 4. Ke6 f3 5. Lb7 (es drohte 5... e3) 5... f2 6. La6 Ke3 7. Ke5 Kf3 8. Kd4 e3 9. Lb7+ Ke2 10. La6+ Kd2 und Schwarz gewinnt.

Zum Remis führt 1. Le6! Neben der besseren Läuferposition gewinnt Weiß ein Tempo zur Heranführung des Königs und der Figurenkoordinierung.

1... f3 2. Kc7 f2 3. Lh3 Kf3!
Der gefährlichste Zug für Weiß. Nach 3... e5 4. Kd6 Kd4 5. Ke6 e4 6. Kf5 e3 7. Lf1 Kc3 8. Kf4 Kd2 9. Kf3 wirken die weißen Figuren hervorragend zusammen.

4. Kc6! (wieder die einzige Antwort) 4... e5 5. Kd5 e4 6. Kd4 e3 7. Kd3 e2
Es scheint, als ob Weiß zu spät dran wäre, aber...

8. Lg4+!! K : g4 9. K : e2 Kg3 10. Kf1 und Remis.

A. Selesnjew
1917

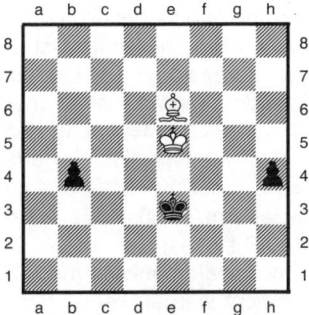

In dieser Studie steht Weiß vor einer schweren Aufgabe. Er muß die Rollen für seine Figuren getrennt verteilen. Zu welchem der Bauern soll der König hin? Nach 1. Kf6 Kf4 2. Kg6 Kg3 3. Kf5 h3 4. Ke4 h2 wird sichtbar, daß der König dem Läufer im Wege steht, während folgende Aufgabenverteilung die Ret-

tung bringt: 1. Kd6! Kd4 2. Kc6 Kc3
3. Kd5 b3 4. Ke4 b2 5. La2!
Im Kampf gegen zwei Bauern ist die
Verwirklichung des Prinzips „jeder deckt
seinen Mann" besonders wichtig. Wie
beim Fußball sind auch hier Positionswechsel möglich.

Aus einer Analyse von Aljechin
1934

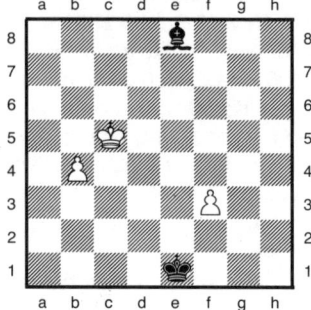

Schwarz ist am Zug
A. Aljechin war hier der Ansicht, daß der
schwarze König seinem Läufer nicht
erfolgversprechend helfen kann, da er
zu weit vom Bauern entfernt ist. Dem ist
aber nicht ganz so. Wie seinerzeit Nogowizin zeigte, kann Schwarz nach 1...
Ke2 2. f4 Ke3 3. f5 Ke4 4. f6 Ke5 5. b5
durch Rollentausch Remis erreichen.
5... Ke6!! – der König übernimmt nun
den b-Bauern! 6. b6 Kd7! 7. Kb5 Kc8
8. Ka6 Kb8 Remis!
Falls das Zusammenwirken der Figuren
nicht erreicht werden kann oder gestört
wird, führt das in solchen Fällen meist
zur Niederlage.

G. Otten
1892

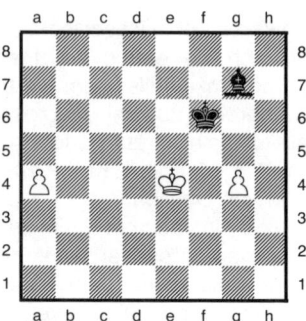

Weiß am Zug gewinnt
Schwarz am Zug könnte noch Remis
erreichen – entweder mit 1... Ke6, wobei
der König den a-Bauern angreift und der
Läufer den g-Bauern kontrolliert, oder
mit 1... Kg6 2. a5 Lf8 3. Kd5 Lh6 4. a5
Lf4, wobei nun der Läufer den a-Bauern
bewacht und der König den g-Bauern.
Aber Weiß ist am Zug und kann die
ungünstige Position des gegnerischen
Königs ausnützen.
1. a5 Lf8 2. Kd5 Lh6 3. g5+!
Der Bauer wird geopfert, um das Zusammenwirken der schwarzen Figuren zu
verhindern. Auf 3... K : g5 entscheidet
4. a6 und bei 3. L : g5 4. Ke4 Lh4 folgt
5. Kf3 – die schwarzen Figuren behindern sich gegenseitig.
Falls der Gegner drei verbundene Bauern hat, dann muß man zunächst dafür
sorgen, ihr Vorwärtskommen zu verhindern. Im Diagramm ist eine der typischen Stellungen angegeben, die anzustreben sind.

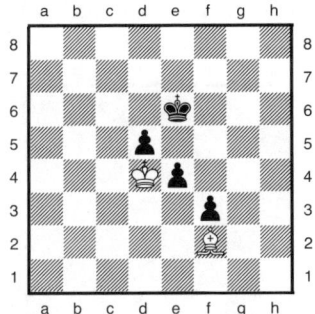

Remis
Hier haben die weißen Figuren maximale Aktivität entwickelt: Der König greift dabei die einzige Schwäche in der schwarzen Stellung an, den Bauern auf d5. Schwarz kann nichts Erfolgversprechendes unternehmen.

J. Awerbach
1954

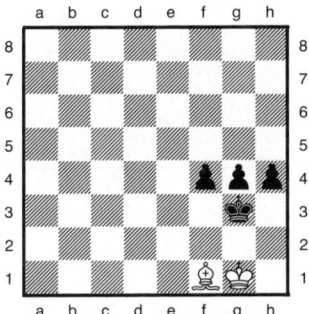

Remis
Auch in dieser Stellung kann Weiß auf Rettung hoffen, wenn der Läufer sofort hinter die Bauernfront gebracht werden kann. 1. Lb5! f3 2. Ld7! Kf4 3. Le6 g3 4. Kf1 Ke3 5. Lh3!
Der Sinn dieser Aktion: Die Aufgaben werden wieder verteilt. Der weiße König läßt seinen Kontrahenten nicht heran, der Läufer hält den gefährlichsten der drei Bauern auf der g-Linie auf. Es

drohte 5... g2+ 6. Kg1 Ke2 mit Gewinn, z. B. 7. Lg4 h3! 8. Lh5 h2+ 9. K : h2 Kf2. Vielleicht hätte Schwarz besser spielen können? Die Überprüfung zeigt, daß auch auf 1... h3 nur Remis folgt: 2. Ld7 f3 3. Le6! Kf4 4. Ld7 Ke3 5. L : g4 f2+ 6. Kf1 h2 7. Lf3!
Normalerweise schätzt man den Wert eines Läufers auf drei Bauern ein, allerdings kann ein Läufer auch Remis halten, wenn er gegen mehr als drei Bauern anzutreten hat. Hier zwei Beispiele.

J. Awerbach
1954

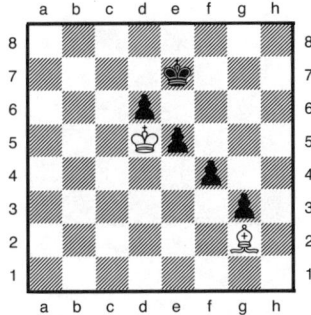

Schwarz zieht – Remis
Die weißen Figuren stehen ideal, Schwarz hat keine Aussichten auf Gewinn. Z. B. 1... Kf6 2. K : d6 Kf5 3. Kd5 e4 4. Lh3+ (das Einfachste) 4... Kg5 5. K : e4 usw.

S. Loyd, 1868

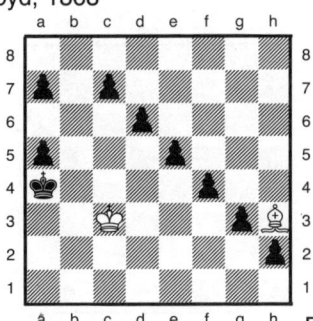

Remis

Schwarz besitzt acht Bauern für einen Läufer, doch nach 1. Ld7+ Ka3 2. Lc6 Ka2 3. Kc2 kommt es zu einer tragikomischen Situation – die Bauernkette ist unbeweglich geworden, der König kann nicht aushelfen. Ein echter Triumph der Blockade.

ÜBUNGEN

Nr. 154 Weiß ist am Zug. Der Läufer ist durch die Bewachung beider Bauern überlastet. Kann man diese ausnutzen?

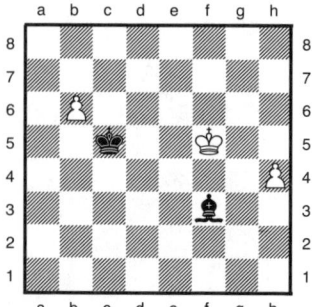

Nr. 155 Der weiße König ist zu sehr von den Bauern entfernt, und trotzdem gelingt es Weiß seine Figuren harmonisch zusammenwirken zu lassen. Wie?

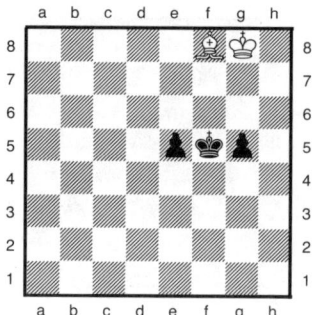

Nr. 156 Schwarz ist am Zug. Ist ein Sieg möglich?

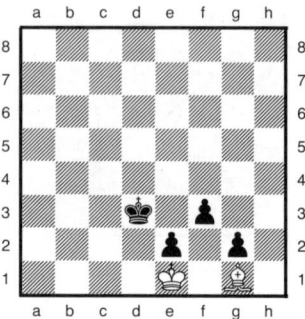

Nr. 157 Weiß ist am Zug. Versuchen Sie zu beweisen, daß der Läufer in seinen Aufgaben überlastet ist.

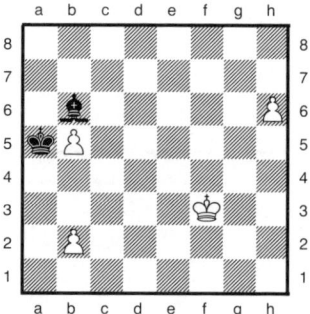

Gleichfarbige Läufer

Läufer und Bauer gegen Läufer

Falls es dem König der schwächeren Seite gelingt, sich auf ein Feld auf dem Weg des Bauern zur Umwandlung zu stellen, das nicht vom Läufer angegriffen wird, ist das Remis offensichtlich. Viel komplizierter ist die Verteidigung, falls es dem König nicht gelingt, ein solches Feld zu erreichen.

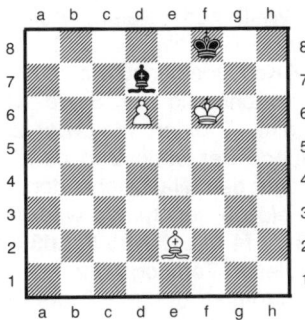

Weiß am Zug setzt fort mit 1. Lh5, um dem König den Zugang zum Feld d8 zu versperren.
1... Lh3 2. Ke5
Um den Läufer zu verdrängen, muß der König das Feld c7 erreichen. Schwarz wird hier die Abwartetaktik anwenden.
2... Ld7 3. Kd5 La4 4. Kc5 Ld7 5. Kb6 La4 6. Kc7 Lb5

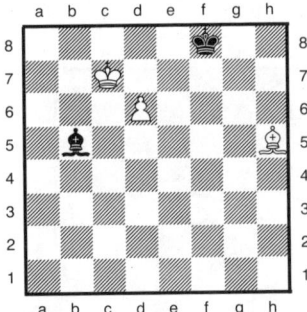

Weiß gewinnt

Dargestellt ist eine Stellung, in der Weiß mit dem Manöver Lh5-f3-c6 den schwarzen Läufer beseitigen kann. Falls Schwarz den Läufer auf der c8-h3 Diagonale behält, entscheidet das Manöver Lh5-f3-b7-c8.
Eine passive Verteidigung führt also zur Niederlage. Der Läufer allein kann gegen die gegnerische Übermacht nicht viel ausrichten.

Kann Schwarz das Manöver von Weiß verhindern? Entscheidend war der weiße Läuferzug auf c6. Schwarz könnte diesen verhindern, wenn sich sein König auf c5 befände. Es ist unschwer zu erkennen, daß in diesem Fall Weiß den Bauern nicht zur Umwandlung führen kann.

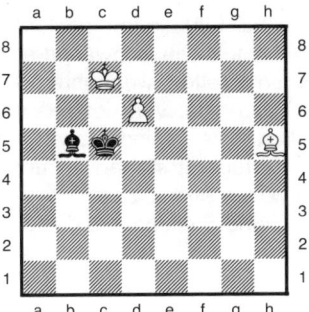

Remis

Zum Beispiel: 1. Lg4 La4 2. Ld7 Ld1 3. Lc6 Lg4 und Weiß hat nichts erreicht. Nun zurück zum ersten Diagramm dieses Kapitels. Während sich der weiße König zum Feld c7 begibt, muß sein schwarzer Kontrahent das Feld c5 erreichen. Nach 2. Ke5 muß fortgesetzt werden mit 2... Kg7! 3. Kd5 Kf6 4. Kc6 Ke5 5. Kc7 Kd4 6. Ld1 Kc5, und Schwarz hat sein Ziel erreicht.

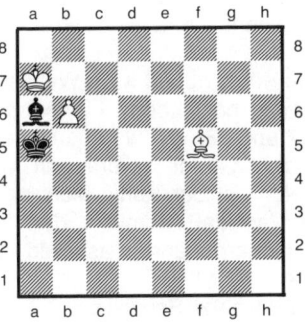

Dieses Diagramm zeigt, daß die Kontrolle über das Eliminierungsfeld nicht immer rettet. Wenn die Beweglichkeit des Läufers eingeschränkt ist, kann eine Zugzwangssituation entstehen.

Mit einem einfachen Abwartezug des Läufers auf der Diagonale h3-d7 gerät Schwarz in Zugzwang und Weiß erreicht sein Ziel.

Für ähnliche Situationen besteht eine wichtige Regel: Die schwächere Seite kann sich nur retten, wenn ihrem Läufer auf der Diagonale, von der aus er den Bauern kontrolliert, mindestens drei Felder zur Verfügung stehen. In unserem Beispiel waren es nur zwei.

Hier noch eine Stellung, die diese Regel bestätigt.

L. Centurini
1848

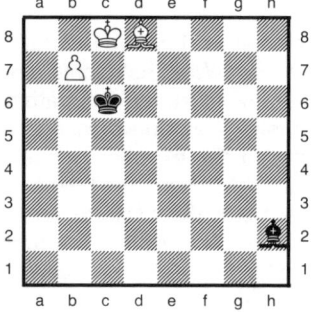

Weiß gewinnt

Mit dem König auf a8 wäre Weiß schnell erfolgreich nach dem Läufermanöver über a7 und b8, von wo aus dieser den schwarzen Läufer verdrängen würde. Aber leider ist der König nicht so ideal postiert, so daß Schwarz den Läufer daran hindern kann, das Feld a7 zu erreichen.

Auf **1. Lh4** setzt Schwarz mit **1... Kb5! 2. Lf2 Ka6!** fort.

Was soll Weiß nun spielen? Auf den Abwartezug 3. Le3 folgt 3... Ld6! 4. Lg5 Kb5 5. Ld8 Kc6, und der schwarze König ist wieder rechtzeitig zur Stelle. Und trotzdem gibt es einen Weg, der zum Gewinn führt. Der erste Zug dazu ist **3. Lc5**, womit dem Nachziehenden das wichtige Feld d6 genommen wird. Nun folgt auf **3... Lf4 4. Le7 Kb5 5. Ld8 Kc6 6. Lg5!** (Dieser Tempogewinn ist das wichtigste Moment des Manövers!) **6... Lh2 7. Le3**, und der Läufer hat das Feld a7 erreicht.

Die Kenntnis solcher und ähnlicher kritischer Stellungen ist sehr wichtig. Ohne diese kann man in komplizierteren Stellungen kaum den richtigen Weg zum Sieg oder zum Remis finden.

Hier ein Beispiel aus der Großmeisterpraxis.

Capablanca – Janowski
New York, 1916

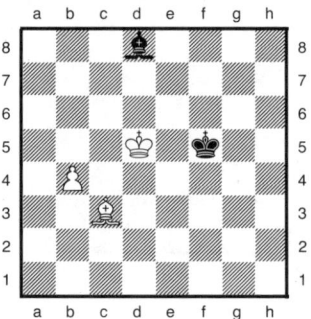

Schwarz zieht – Remis

Schwarz hat in dieser Stellung die Partie als verloren angesehen und aufgegeben. Bei richtiger Spielweise allerdings kann die Niederlage abgewendet werden, wenn auch bei höchster Präzision. Der schwarze König muß einen Umweg machen.

1... Kf4! 2. Ld4 (auf 2. Le5+ folgt Ke3
3. b5 Kd3 4. Kc6 Kc4 mit klarem Remis)
**2... Kf3! 3. b5 Ke2! 4. Kc6 Kd3 5. Lb6
Lg5 6. Kb7** (die gefährlichste Fortsetzung) **6... Kc4 7. Ka6 Kb3! 8. Lf2 Ld8
9. Le1 Ka4!** und der König ist rechtzeitig
zur Stelle.
Falls aber der Läufer auf d2 statt c3
stehen würde, wäre der Gewinn für Weiß
sicher. Schwarz ist am Zug, Weiß gewinnt:

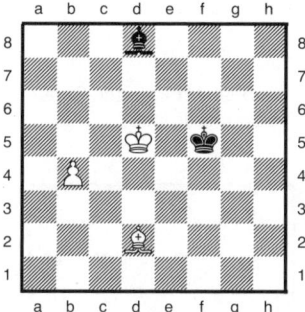

1... Kg4 2. b5 Kf3 3. Kc6 Ke4
Das Unglück für Schwarz besteht darin,
daß er nicht zum Tempogewinn mit dem
Zug 3... Ke2 kommen kann. Weiß würde
daraufhin fortsetzen 4. Lf4 Kd3 5. Lc7,
und der Bauer kann die Grundlinie erreichen. Deswegen muß der König das
Feld f4 kontrollieren.
4. Kb7!! (Der einzige Zug, der zum Sieg
führt!) **4... Kd3 5. Le1! Kc4 6. Ka6 Kb3
7. La5 Lg5 8. b6** mit Gewinn.
Falls die stärkere Seite zwei Mehrbauern besitzt, stellt die Realisierung des
Materialvorteils meist keine Probleme.
Es gibt allerdings Ausnahmen, in denen
dies nicht der Fall ist.

R. Fine
1941

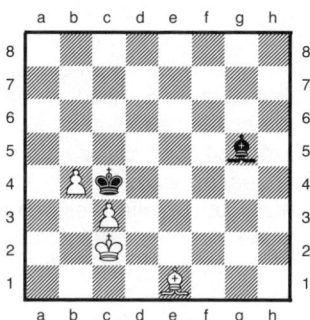

Vor uns ist ein klassisches Beispiel für
eine Blockade. Der schwarze König
blockiert den einen und kontrolliert den
anderen Bauern. Alle Versuche von
Weiß, sich zu befreien, sind vergeblich:
1. Kd1 Kd3 2. b5 Ld8 und anschließend
3... Kc4. Oder 1. Kb2 Lf4 2. Ka3 Lg5
3. Ka4 Ld8! (König darf nicht auf a5)
4. b5 Lb6 usw.

Zum Schluß eine Ausnahmestellung:
Benediktsson – Olafsson
Reykjavik, 1956

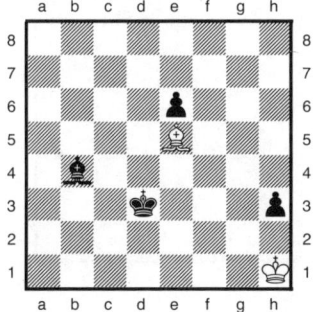

Wenn Weiß seinen Läufer für den e-
Bauern opfert, kommt es zum Remis, da
der König nicht aus der Ecke vertrieben
werden kann. Deswegen kann Schwarz
bei richtiger Verteidigung nie den Bauern von e6 weiterziehen.

Das Spiel verlief so: **1... Lc3 2. Ld6 Ke4 3. Le7.**
Einfacher wäre es, mit dem Läufer so zu manövrieren, daß das Feld e5 immer unter Kontrolle bleibt. Doch dieser Läuferzug führt auch noch nicht zur Niederlage, denn auf 3... e5 folgt 4. Lf6.
3... Le5 4. Lb4 Lc7 5. Lc3 und alles kann von neuem beginnen.
Doch statt 5. Lc3 spielte Weiß fehlerhaft 5. Le7?, und nach 5... Kf5 6. Lh4 Lf4! 7. Le1 e5 8. Lc3 e4 kam der Bauer durch.
Die Partie endete folgendermaßen: 9. Ld4 Kg4 10. Lf2 Kf3 11. Lh4 e3 12. Lf2 e2 13. Le1 Lg3 14. Lb4 Kf2 15. Lc5 + Kf1 16. Lb4 Le1 17. Le7 Ld2 18. Lh4 Le3. Weiß gibt auf.

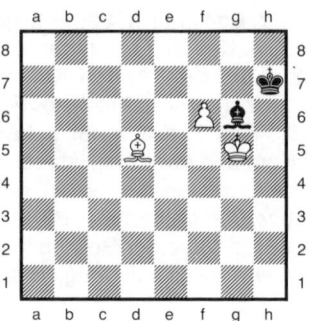

Nr. 160 Weiß ist am Zug, mit Bauerngewinn. Reicht das zum Sieg aus?

ÜBUNGEN

Nr. 158 Schwarz ist am Zug. Es droht 1. d7+ Kf8 2. Lc5+ Kg7 3. Le7. Kann Schwarz diese Drohung abwenden und Remis erreichen?

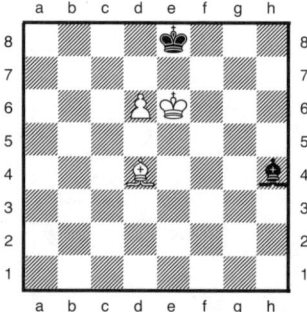

Nr. 159 Weiß ist am Zug. Falls der König sofort das Feld e7 zu erreichen versucht, wird er wenig ausrichten, da Schwarz rechtzeitig e5 besetzen kann. Um zu gewinnen, müßte Weiß entscheidendes Tempo gewinnen. Wie ist das möglich?

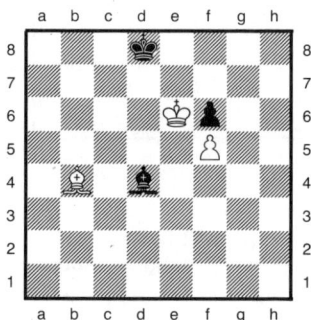

Nr. 161 Weiß zieht und gewinnt. Keine leichte Aufgabe!

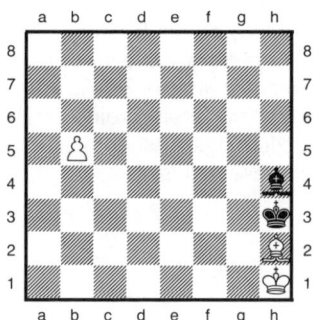

Realisierung des Material-vorteils

Bei gleichfarbigen Läufern bedeutet ein Mehrbauer meist den Sieg. Der Plan der Verwirklichung kann in folgende Haupt-etappen aufgeteilt werden:
1. König und Läufer werden günstig postiert (Stärkung der Figurenstellung).
2. Die Bauern werden auf möglichst günstige Felder gebracht – Vorbereitung eines Freibauern (Stärkung der Bauern-stellung).
3. Schaffung eines Freibauern, der mit Unterstützung des Königs vorwärts mar-schiert. Der weitere Verlauf hängt von der Verteidigungsmethode ab.
4. Falls der Gegner versucht, den Bau-ern mit dem Läufer zu blockieren, so verdrängen bzw. isolieren ihn König und Läufer gemeinsam, und der Bauer kann weiterziehen.
5. Falls der gegnerische König versucht, den Freibauern aufzuhalten, wird dies zum Angriff auf die anderen gegneri-schen Bauern auf dem entfernten Flügel mit Materialvorteil ausgenutzt.
Schauen wir uns an, wie Weiß in folgen-der Stellung seinen Vorteil verwirklicht.

Nach R. Fine
1941

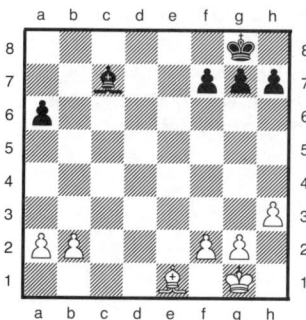

Weiß gewinnt

1. Kf1 Kf8 2. Ke2 Ke8 3. Kd3! Der Kö-nig eilt zum Feld c4, um von dort aus die Schaffung eines Freibauern zu unter-stützen.
3... Kd7 4. Kc4 Kc6 5. Lc3 g6 6. b4 Lb6 7. f3 Lc7 8. a4 Lb6 9. Ld4
Der Läufer hat eine starke Zentralposi-tion eingenommen. Im weiteren Verlauf wird er von hier aus den Freibauern unterstützen.
9... Lc7 10. b5+ a : b 11. a : b Kb7 12. Kd5
Der Versuch, den weißen König am Vordringen zu hindern, führt sofort zum Verlust: 11... Kd6 12. Lc5+ Kd7 13. b6 Lg3 14. Kd5 Lf4 15. Ld4 und 16. Le5.
Bislang verlief alles nach Plan. Der schwarze König ist mit dem Freibauern beschäftigt, und Weiß geht zum Angriff auf die Bauern auf dem Königsflügel über. Ein Hindernis ist noch zu überwin-den: Der schwarze Läufer kontrolliert von weitem den Zugang zu den Bauern, um so das gegnerische Eindringen zu verhindern.
12... Lb8
Nach 12... Lf4 13. Le5 Le3 14. Kd6 kann Weiß das schwarze Lager stürmen. Aber nun nützt 13. Le5 La7 14. Kd6 nichts, wegen 14... Lb8+. Der Angriff mißlingt auch nach 14. Ld6 Lf2! 15. Ke5 Lg3+. Wie soll man nun gegen den Läufer vorgehen? Kann man vielleicht seine Bewegungsfreiheit einschränken? Ge-nau das ist die Lösung!
13. Lf2 Lc7 14. g3 h5 15. h4 Lb8 16. b6!
Die Aufgabe ist gelöst. Schwarz ist im Zugzwang und kann das Manöver 17. f4, 18. Ld4 und 19. Le5 nicht abweh-ren. Es hilft auch nicht 16... Kc8, denn es folgt 17. Kc6 Le5 18. f4 Lb8 19. b7+ Kd8 20. Lb6+ Ke7 21. Lc7 mit Gewinn.
Wenn man Springerendspiele mit den Läuferendspielen vergleicht, wird man feststellen, daß im zweiten Fall zusätzli-che Komplikationen auftreten, die den

Gewinn schwieriger werden lassen. Sogar in diesem Idealbeispiel mußte Weiß viel Mühe aufwenden, um seinen Vorteil zu verwirklichen, was ihm nur unter Herbeiführung des Zugzwanges gelang. Bei Materialgleichheit entscheidet vor allem ein Element die Beurteilung der Stellung – der Freibauer. Hier ein Beispiel zu diesem Thema.

Lissizin – Löwenfisch
Leningrad, 1932

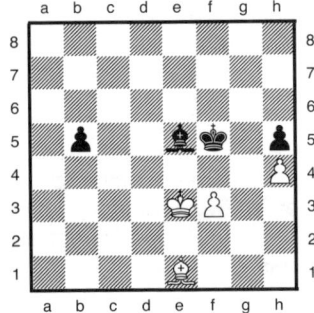

Schwarz zieht

Schwarz besitzt einen entfernten Freibauer. Außerdem befindet sich der weiße h-Bauer auf einem Feld, das vom Läufer angegriffen werden kann, und muß also verteidigt werden. Aber auch die schwarzen Aussichten werden geringer, wenn man bedenkt, daß sich auf dem Brett nur wenige Figuren befinden und der Läufer nicht das Umwandlungsfeld auf der h-Linie deckt. Das Läuferopfer von Weiß für den b-Bauern bringt also Remis.

1... Lf6!
Weiß ist im Zugzwang: Wenn der Läufer gezogen wird, folgt Bauernverlust bzw. Bauernvorstoß, auf 2. Ke2 folgt 2... Kf4.

2. f4 Lb2
Mit 2... Kg4 kann Schwarz nur Remis erreichen wegen 3. Ke4 Le7 4. f5 b4 5. f6! Lf8 6. f7 b3 7. Kd3. Oder 4... Lf6 5. Kd5 K : f5 6. Kc6 Kg4 7. K : b5 L : h4 8. La5 Lg3 9. Ld8 Lf4 10. Kc4 Lg5 11. L : g5 und 12. Kd3.
3. Ld2 Lg7 4. Lb4 Lf6 5. Le1 Le7!
Erneut Zugzwang, der König muß ziehen.
6. Kf3 Ld6 7. Ld2 Lc7!
Weiß ist gezwungen, seine Stellung weiterhin zu verschlechtern. Auf einen Läuferzug auf der Diagonale c1-e3 entscheidet 8... b4, und auf 8. Kg3 – 8... Ke4. Da entledigt sich Weiß lieber des f-Bauern.
8. Lc3 L : f4 9. Lb4 Le5 10. La5 Lf6 11. Le1 Le7! 12. Kg3 Ke4
Wiederholt Rückzug wegen Zugzwangs! Nun entscheidet der Zugang des Königs zum Freibauern:
13. La5 Kd3 14. Le1 Kc4 15. Kf4 Lf6 16. Kf5 Lc3 17. Lg3 b4 18. Ld6 b3 19. La3 Kd3 20. Kg5 Kc2 21. K : h5 Ld2 22. Kg4 Lc1 mit Gewinn.
In diesem Fall hat der schwache Bauer auf h4 die weißen Aktivitäten vollkommen lahmgelegt. Wenn sich in Läuferendspielen die Bauern auf Feldern befinden, die der Farbe des gegnerischen Läufers entsprechen, so ist das ein ganz wesentlicher Nachteil. Erstens muß man ständig an ihre Verteidigung denken, zweitens sind die andersfarbigen Felder um den Bauern nicht vom eigenen Läufer gedeckt, was dem gegnerischen König den Angriff erleichtert.

Hier ein Schulbeispiel:

Smyslow – Keres
Moskau, 1951

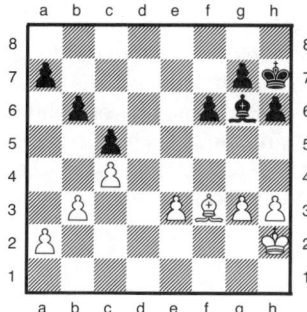

Der schwarze Vorteil ist nicht zu übersehen. Die weißen Bauern auf dem Damenflügel müssen geschützt werden, was den weißen Läufer bindet. Auf dem anderen Flügel sind die schwarzen Bauern aber auch besser postiert. Auch der schwarze König ist recht aktiv. Also entscheidende Vorteile für Schwarz, die so realisiert wurden:

1... Lb1 2. a3 a5!
Die schwachen weißen Bauern werden festgenagelt.
3. Ld1 Kg6 4. Kg2 Kf5 5. Kf3 Ke5
Langsam wächst die Gefahr des Zugzwanges für Weiß.
6. a4 g5 7. Ke2 Lf5! 8. g4
Offensichtlich erzwungen. Auf 8. h4 folgt 8... Lg4+ mit leichtem Sieg.
8... Lb1 9. Kf3 f5 10. g : f
Auch nicht besser ist 10. Ke2 Le4 11. Kf2 f4 12. e : f K : f4. Weiß ist im Zugzwang und muß den gegnerischen König in sein Lager eindringen lassen.
10... K : f5 11. Kf2 Le4 12. Kg3 Kg6
Die letzte Reserve wird mobilisiert – der h-Bauer.
13. Kf2 h5 14. Kg3 h4+ 15. Kf2 Lf5 16. Kg2 Kf6 17. Kh2 Ke6 Weiß gibt auf.

Nach 18. Kg2 Ke5 19. Kh2 Lb1 20. Kg2 Ke4 dringt der schwarze König ein; z. B. 21. Kf2 Kd3 22. Kf3 Kd2 23. Le2 Lf5 24. e4 L : e4+ 25. K : e4 K : e2 26. Kf5 Kf3 27. K : g5 Kg3 usw.

Dieses Beispiel zeigt den Plan der Vorteilsrealisierung , wenn sich die gegnerischen Bauern auf Feldern befinden, die der Läuferfarbe entsprechen. Auch dieser Plan besteht aus mehreren Etappen:
1. Fixierung der schwachen gegnerischen Bauern;
2. Bindung der gegnerischen Kräfte durch Verteidigung der Bauern;
3. Aktivierung des Königs, Ermöglichung des Eindringens in das gegnerische Lager durch Besetzung von Zugangsfeldern;
4. Als Höhepunkt des Planes stellt sich die Schaffung einer Zugzwangsituation dar, die entweder dem König das Eindringen in die gegnerische Stellung oder anderweitigen Materialgewinn ermöglicht.

ÜBUNGEN

Nr. 162 Weiß zieht und gewinnt. Der Materialvorteil ist nicht groß, ein Doppelbauer am Brettrand. Allerdings sind die schwarzen Figuren beengt und alle schwarzen Bauern auf vom Läufer bedrohten Feldern. Insgesamt also ein gewinnbringender Vorteil. Versuchen Sie, den Gewinnweg zu zeigen!

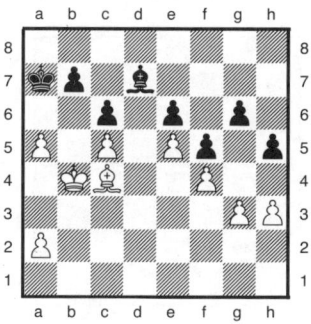

Nr. 163 Weiß zieht und gewinnt, was nur bei ganz präzisem Spiel möglich ist. Finden Sie den Gewinnweg!

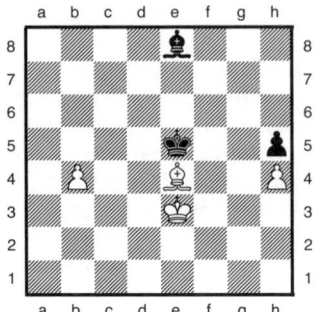

Nr. 164 Schwarz zieht und gewinnt. Der Weg zu den gegnerischen Bauern ist für den schwarzen König frei. Allerdings hat Weiß für den Zug 1... Kf4 eine feine Antwort auf Lager: Kd5. Also Vorsicht!

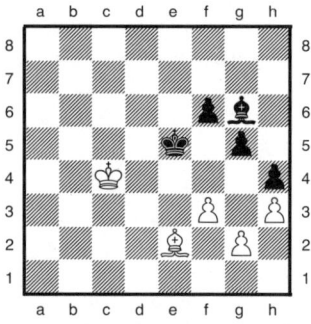

Nr. 165 Weiß zieht und gewinnt. Die Aufgabe besteht darin, Schwarz in Zugzwang zu bringen. Wie kann man das erreichen?

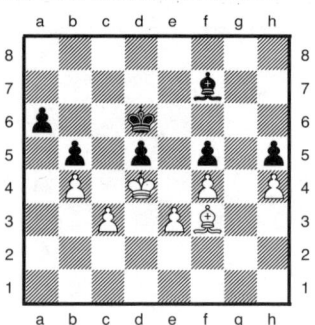

Verschiedenfarbige Läufer

Läufer mit Bauern gegen Läufer mit und ohne Bauern

In Endspielen mit verschiedenfarbigen Läufern spielt der materielle Vorsprung keine so entscheidende Rolle. Während in anderen Endspielen zwei Mehrbauern zum Gewinn meist leicht ausreichen, ist das bei verschiedenfarbigen Läufern nicht annähernd so einfach.

C. Salvioli
1887

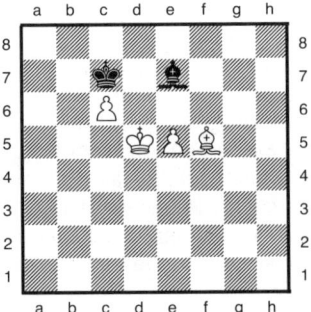

Remis

Wie leicht zu erkennen ist, kann Weiß nicht mehr als nur ein Remis erreichen; z. B. 1. Ke6 Lb4 2. Le4 Kd8 3. Kf7 La3 4. e6 Lb4. Schwarz kann jederzeit den Läufer für zwei Bauern hergeben.

Allerdings genügt es, die Ausgangssituation etwas zu verändern, und schon ist das Ergebnis ein anderes.

C. Salvioli
1887

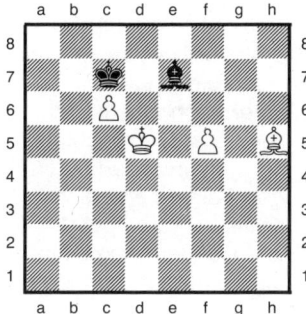

Weiß gewinnt

Hier kann der schwarze König nicht mehr so erfolgreich gegen die weißen Bauern operieren. Nach 1. Lf3 Kd8 2. Ke6 Lb4 3. f6 La5 4. f7 Lb4 5. Kf6 Lc3+ 6. Kg6 Lb4 7. Kg7 kann Weiß für einen Bauern den Läufer bekommen und den zweiten Bauern zur Umwandlung bringen.

Es kommt dabei aber nicht nur auf den Abstand zwischen den Bauern an. Hier eine Stellung, die nicht gewonnen werden kann, obwohl die Bauern drei Linien voneinander entfernt sind.

J. Awerbach
1950

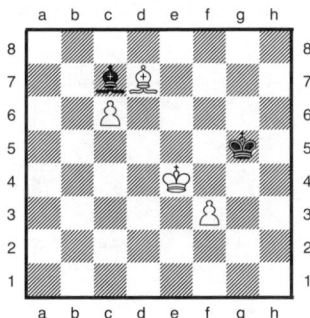

Remis

Wichtig ist hier, daß der weiße König seine Bauern nicht unterstützen kann und sie somit nicht bis zur Umwandlung vordringen können.

Nun eine typische Remis-Stellung bei zwei verbundenen Bauern.

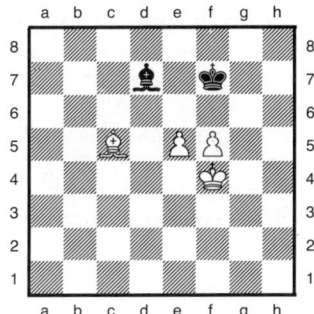

Remis

Der schwarze Läufer greift einen Bauern an und hindert den anderen am Vorziehen. Weiß kann nichts dagegen unternehmen.

Auch drei verbundene Bauern garantieren keinen Erfolg, wenn man sie entsprechend blockiert.

A. Chéron

1952

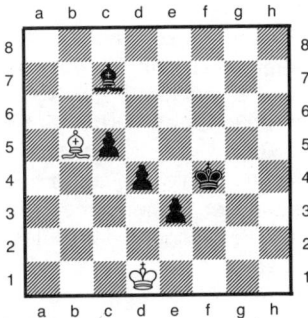

Weiß zieht – Remis

Um Erfolg zu erzielen, muß der schwarze König die Bauern unterstützen. Aber es gelingt ihm nicht, ins weiße Lager einzudringen.
1. Ke2! Ke4 2. Lc4 Lg3 3. Lb5 Kd5 4. Kd3 Le1 5. La6 Kc6 6. Kc2 Kb6 7. Lc4 Ka5 8. Kb3! Der Weg ist versperrt.
Ähnliches spielt sich ab, wenn beide Seiten Bauern besitzen. Ein oder zwei Mehrbauern garantieren auch da keinen Gewinn.
Hier als Beispiel eine typische Stellung mit einem Mehrbauern. Eine ähnliche Stellung mit gleichfarbigen Läufern konnte Weiß gewinnen, hier ist es eindeutig Remis.

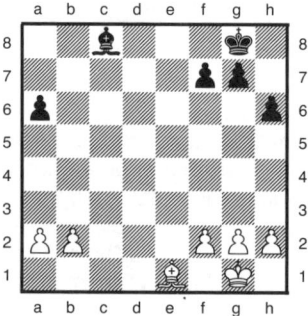

Überzeugen Sie sich: 1. Kf1 Kf8 2. Ke2 Ke7 3. Kd3 Le6 4. b3 Kd6 5. Lb4+ Kc6 6. Kc3 g6 7. a4 Kb6 8. Lf8 h5 9. b4 Ld5 10. g3 Le6.
Wie Sie sehen, gelingt es Weiß nicht, einen Freibauern zu schaffen. Aber vielleicht kann er zu den Bauern am anderen Flügel vordringen?
11. Kd4 Lb3! 12. a5+ Kb5 13. Ke5 Le6 14. Kf6 Kc6.
Obwohl der König am anderen Flügel weilt, kann der Läufer ohne Schwierigkeiten die Verteidigung der Bauern allein bewältigen.
15. Kg5 Kb5 16. h4 Kc6 17. f3 Ld5!
Vorsicht ist geboten, es drohte 18. g4! mit Schaffung eines gefährlichen Freibauern auf der h-Linie.

18. Kf4 Kb5 19. g4 Kc6 20. g : h g : h und Weiß kann nichts Gewinnbringendes mehr unternehmen.
Dieses Beispiel verdeutlicht klar die Grundcharakteristika des Endspiels mit verschiedenfarbigen Läufern:
1. Der Läufer kann einen Freibauern in seinem Vorwärtsdrang nicht unterstützen, da der gegnerische Läufer die andersfarbigen Felder beherrscht.
2. Ebensowenig kann der Läufer die gegnerischen Bauern angreifen, sobald sie sich auf Feldern der anderen Farbe befinden.
Diese Grundsätze lassen drei Remisstellungen erkennen, die für dieses Endspiel typisch sind.

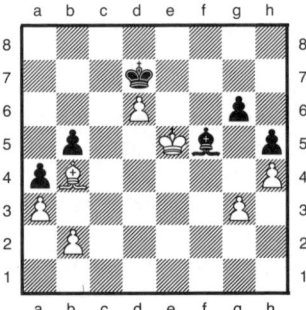

Zur Erreichung des Remis genügt es, wenn Schwarz auf der Stelle tritt. Der Läufer kann ohne weiteres allein seine Bauern auf beiden Flügeln decken.

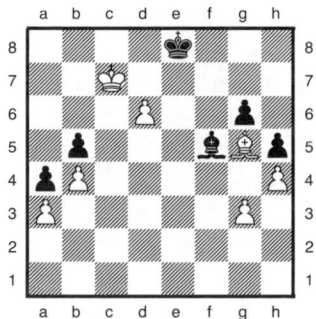

Obwohl hier die schwarzen Figuren viel ungünstiger verteilt sind, als im vorigen Beispiel, kann auch diesmal Weiß nichts erreichen. Schwarz muß sich natürlich vor solchen Fehlzügen wie 1. Kb6 Ld3?? hüten, da Weiß nach 2. Kc6 leicht gewinnt. Richtig ist 1... Ld7.

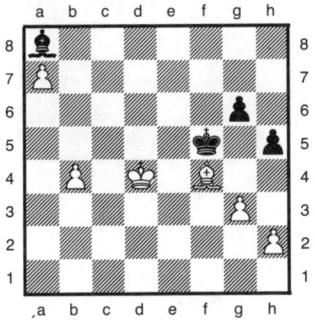

In diesem Fall kann Weiß seine materielle Überlegenheit nicht ummünzen, da der schwarze König seinen Kontrahenten am Vordringen hindert.
1. Kc5 Ke6! 2. Kb6 Kd7! 3. b5 Kc8! Es wäre ein grober Fehler, mit dem Läufer das Feld a8 zu verlassen, wegen 4. a8=D+ L : a8 5. Ka7 Lf3 6. Kb8 (Weiß gibt Material zurück, um mit dem König vordringen zu können, um so den Bauern zu unterstützen.) 6... Lg2 7. b6 Kc6 8. Ka7, und Weiß gewinnt.
Während in den ersten beiden Beispielen auch eine passive Taktik ausreichte, mußte man im letzten das Remis aktiv erkämpfen.
In welchen Fällen aber sind Siegeschancen im Endspiel mit verschiedenfarbigen Läufern gegeben?
Die folgenden Beispiele sollen die Antwort darauf bringen.

Kotow – Botwinnik

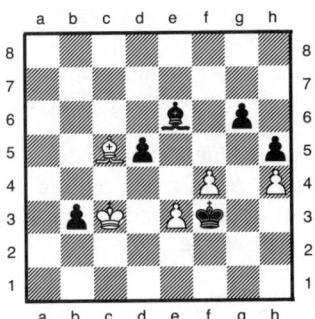

Schwarz zieht

Man könnte meinen, ein typisches Remis. Der König hält den Freibauern auf, der Läufer deckt die Bauern auf beiden Flügeln. Allerdings spielte Schwarz 1... g5!! 2. f : gd4+ 3. e : d Kg3 4. La3 K : h4 5. Kd3 K : g5 6. Ke4 h4 7. Kf3 Ld5+ und Weiß gibt auf.
Es verliert auch 2. h : g h4 3. Ld6 Lf5 4. g6 L : g6 5. f5 L : f5 6. K : b3 Kg2 und Weiß muß für den h-Bauern die Figur hergeben.

Awerbach – Ljubljinski
Moskau, 1950

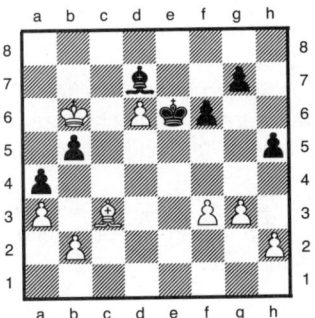

Weiß zieht

Wenn sich der schwarze König auf e8 befinden würde, könnte Weiß kaum etwas Erfolgversprechendes unternehmen. Bei dieser Aufstellung allerdings kann Weiß zu einem Freibauern am Königsflügel kommen.
1. Kc7 Le8 2. h4 Ld7 3. g4! h : g 4. f : g Le8 5. h5. Schwarz gibt auf, da auf 5... Ld7 das entscheidende 6. L : f6! g : f 7. h6 folgen würde.

Euwe – Yanofsky
Groningen, 1946

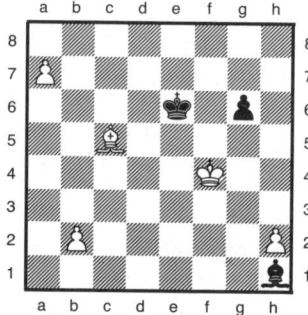

Weiß zieht

Der erste Eindruck suggeriert, daß der weiße König es nicht schaffen wird, zu seinen Bauern auf dem Damenflügel zu gelangen. Dem ist aber nicht so. 1. Kg5 Kf7 2. Ld4 Lg2 3. h4 Lh1 4. b4 Lg2 5. b5 Lh1 6. Lf6!
Der Schlüsselzug des weißen Planes. Der Läufer trennt den schwarzen König vom Damenflügel und kontrolliert den schwarzen Bauern.
6... Lg2 7. h5! g : h 8. Kf5! Der Weg für den weißen König ist nun offen, und Schwarz gab auf.

Max Euwe

ÜBUNGEN

Nr. 166 Weiß ist am Zug. Nach 1. Lg5 kann der schwarze König nicht mehr auf das Feld c8. Wie muß man die Partie zu Ende spielen?

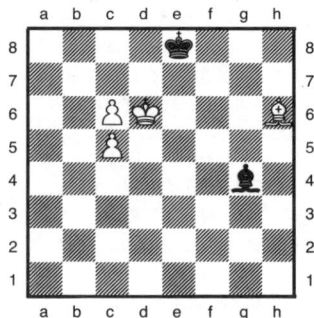

Nr. 167 Schwarz ist am Zug. Kann der schwarze König seinen Bauern zu Hilfe kommen?

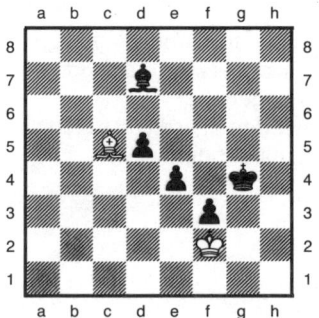

184

Nr. 168 Schätzen Sie die Stellung ab und zeigen Sie den möglichen Plan für die Fortsetzung! Schwarz ist am Zug.

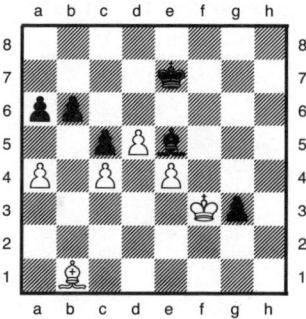

Nr. 169 Schwarz ist am Zug. Kann der Mehrbauer gewinnbringend ausgenutzt werden?

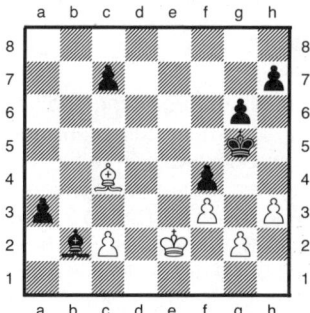

Läufer gegen Springer

Läufer plus Bauer gegen Springer bzw. Springer plus Bauer gegen Läufer

Im Kampf Läufer und Bauer gegen Springer hängt das Resultat davon ab, ob es der materiell stärkeren Seite gelingt, den Aktionsradius des Springers einzuengen und eine Zugzwangsituation herbeizuführen. Wenn das gelingt, ist der Gewinn möglich; falls nicht, ist nur ein Remis möglich trotz Mehrbauer.

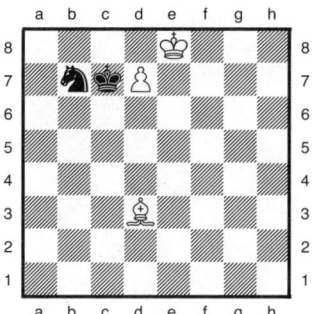

Weiß gewinnt

Ein einfaches Manöver führt zum Ziel: 1. Ke7! Sd8 2. Le4! Sf7 3. Lf3 Sd8 4. Ld5! Der Weg zum Ziel ist für solche Situationen typisch.
Die folgende Stellung stellt eine Ausnahme dar.

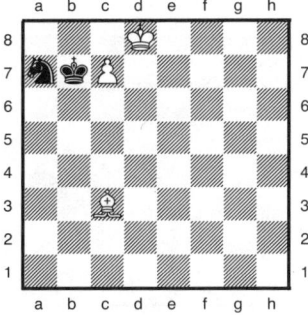

Remis 1. Kd7 Sc8 2. Ld4 Se7 3. Le3 Sc8 4. Lc5
Bislang verläuft alles wie im vorangegangenen Beispiel, doch nun kommt 5... Ka8! 5. Kc6 Sb6!! Die Pattmöglichkeit nutzend, erreicht Schwarz das rettende Remis.

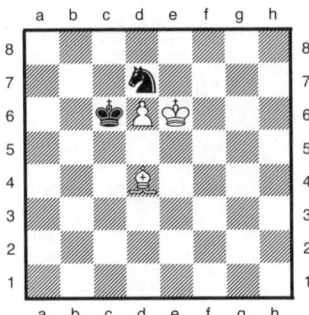

Schwarz zieht – Remis

In dieser Stellung schafft es Weiß nicht, den schwarzen Springer ganz einzuengen. Nach 1... Sf8+ oder 1... Sb8 kann Schwarz leicht Remis halten.
Aber dieselbe Stellung an den Brettrand verlagert zeigt die eingeschränkte Beweglichkeit des Springers.

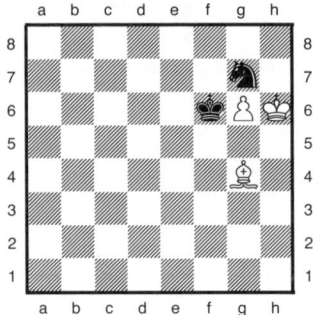

Weiß gewinnt

Nach 1. Ld7 gerät Schwarz sofort in Zugzwang. Etwas komplizierter ist die Lage, wenn Schwarz am Zug ist. Um in diesem Falle siegreich zu bleiben muß Weiß so manövrieren, daß das Erstzugsrecht an ihn übergeht. Das erreicht man auf folgende Weise: 1... Se8 2. Ld7 Sg7 3. Kh7 Sh5 4. Lg4 Sg7 5. Lh3 Sh5 (oder 5... Se8 6. Ld7 Sg7 7. Kh6) 6. Kh6 Sg7 7. Ld7.
In den bisher gezeigten Stellungen war das Feld vor dem Bauern für den Läufer nicht zugänglich. Nun schauen wir uns Fälle an, in denen der Läufer das Feld vor dem Bauern angreifen kann.

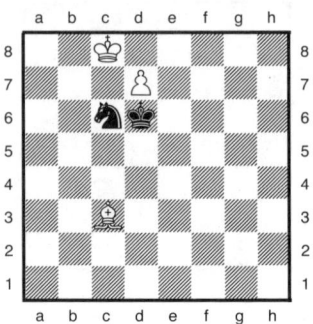

Weiß am Zug gewinnt
Schwarz am Zug hält Remis
Der weiße Plan besteht darin, den Springer zu verdrängen. Als Anziehender kann Weiß es schaffen: 1. Lb4+ Ke6 2. Kc7 Kd5 3. La3.
Schwarz ist im Zugzwang und kann den Bauern nicht mehr aufhalten. Selbst am Zug kann Schwarz sich retten, da er die Stellung seiner Figuren optimieren kann: 1... Se7+ (oder 1... Sa7+) 2. Kd8 Sc6+ 3. Ke8 Ke6. Neben der Figurenumstellung hat Schwarz gleichzeitig den gegnerischen König abgedrängt. Weiß kann keine Zugzwangstellung herbeiführen und die Partie wird Remis.

„Chess Players Chronicle" 1856

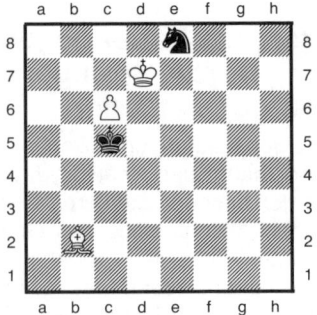

Schwarz ist am Zug

In diesem „betagten" Beispiel erreicht Weiß eine Zugzwangsituation nach einem interessanten Läufermanöver. Schwarz hat nur einen Zug zur Verfügung, der Widerstand leisten kann – **1... Kb6.** Sofort verliert 1... Kd5 oder 1... Kb5 wegen 2. Ld4.
2. Le5 Kc5! (2... Kb5 3. Ld4) **3. Lc3 Kb6 4. La5+ Kb5 5. Ld8** (Die Schachdrohung auf f6 muß abgewendet werden.) **5... Kc5 6. Lh4 Kb5 7. Lg5!**
Dieser Abwartezug entscheidet, denn Schwarz hat keine zufriedenstellende Antwort zur Verfügung, z. B. 7... Kc5 8. Le3+ Kd5 9. Ld4! Sd6 10. c7 mit Gewinn.
Falls Springer und Bauer gegen Läufer zu bestehen haben, hängt das Ergebnis davon ab, ob es gelingen wird, den Läufer zu verdrängen oder die Diagonale, auf der er angreift, mit dem Springer zu verstellen.

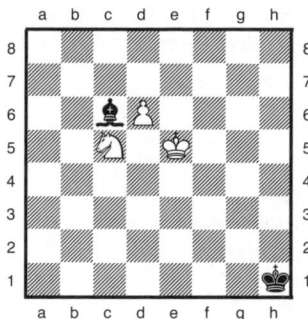

Remis

Hier erfüllt der Läufer seine Pflicht hervorragend. Z. B. 1. Ke6 Lb5 2. Ke7 Lc6 3. Kd8 Lb5 4. Kc7 Kg1 5. Sd3 Kh1 (Der König überläßt den Bauern dem Läufer!) 6. Se5 Le8! (wegen der Drohung 7. Sc6) 7. Sd7 Kg1 8. Kd8 Lg6 9. Ke7 Lf5 10. Sc5 Lc8! 11. Sd7 Kh1 12. Kd8 La6 13. Kc7 Lb5 14. Se5 Le8! und Weiß hat nichts erreicht.

Wie Sie sehen, auch ohne Hilfe des Königs hat Schwarz den Bauern halten können. Dazu kam es, weil der Läufer auf den Diagonalen a4-e8 und c8-h3 mindestens fünf Felder zur Verfügung hatte und weil König und Springer zusammen jeweils nur vier Felder kontrollieren können.

J. Awerbach
1958

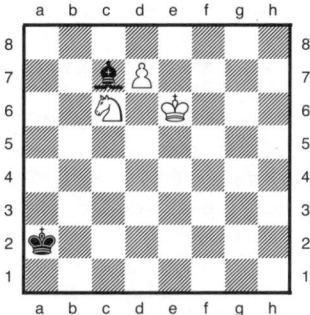

Schwarz am Zug hält Remis
Weiß am Zug gewinnt

Ohne Mithilfe des Königs kann Schwarz hier nicht auskommen. Der Läufer hat auf der Diagonale a5-d8 vier Felder zur Verfügung, von denen zwei vom Springer bedroht sind. Falls der weiße König das Feld b7 erreicht, kann sich der Läufer nicht mehr auf der rettenden Diagonale aufhalten und Weiß wird gewinnen.
Weiß am Zug zieht mit dem König sofort in Richtung b7.
1. Kd5 Ka3
Im Fall von 1... Kb3 hätte Weiß noch eine Drohung: mit dem Manöver 1. Sd4+ und 2. Se6 könnte er den Läufer ausschalten, da es keine Abwehr gegen 3. Kc6 und 4. Sc7 gibt.
2. Kc4!
Eine wichtige Vorsichtsmaßnahme. Nach dem natürlich scheinenden 2. Kc5

folgt 2... Ka4, und Weiß ist im Zugzwang: 3. Sd4 Ld8! 4. Se6! Lh4! und der Läufer wechselt auf die lange Diagonale.

2... Ka4 3. Kc5!

Nun ist Schwarz im Zugzwang und muß den Rückzug antreten, womit der Weg frei wird für Weiß. Nach 3... Ka3 4. Kb5 Kb2 5. Ka6 und Kb7 gewinnt Weiß.

Falls also eine Diagonale, auf der ein Läufer einen Bauer unter Kontrolle hält, weniger als fünf Felder hat, entscheidet der Einsatz des Königs den Ausgang. Wenn der König das Abdrängen des Läufers verhindern kann, wird es ein Remis, wenn nicht, gewinnt der Mehrbauer. Schwarz am Zug konnte hier die weißen Drohungen neutralisieren: 1... Kb3! 2. Kd5 (2. Sd4+ Kc4) 2... Kc3! 3. Kc5 Kd3! (d6 ist das Ziel) 4. Kb5 Ke4 5. Ka6 Kd5 6. Kb7 Kd6.

Der weiße König konnte am Erreichen des Feldes b7 nicht gehindert werden, doch der schwarze König kam seinem Läufer rechtzeitig zu Hilfe. So konnte der Läufer auf der Diagonale a5-d8 bleiben und das Remis halten.

Beim Randbauern scheint die Aufgabe ganz leicht, da der Läufer nur eine Diagonale zur Verfügung hat und bei entsprechender Entfernung des gegnerischen Königs, leicht zu verdrängen sein müßte. Allerdings gibt es auch hier einen Spezialfall, den man kennen sollte.

Nach B. Horwitz 1885

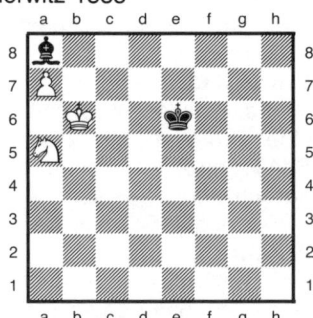

Weiß zieht und gewinnt

Weiß hat vor, den König auf das Feld b8 zu bringen, den Läufer zu vertreiben, um anschließend mit dem Springerzug Sb7 die Läuferdiagonale zu versperren. Wie kann sich Schwarz dem widersetzen?

1. Kc7 Ke7 2. Kc8!

Die erste Finesse! Es stellt sich heraus, daß die Taktik der direkten Aktion nur Remis ergibt. Auf 2. Kb8 folgt 2... Kd8! 3. K : a8 (3. Sb7+ Kd7) 3... Kc7! und Weiß kann seinen König nicht befreien. Das Erreichen dieser Stellung ist das Hauptziel der schwarzen Verteidigungsstrategie.

2... Ke8

Schwächer ist 2... Kd6 3. Kb8 Kd7 4. Sb7!, und Schwarz ist im Zugzwang, denn auf 4... Kc6 entscheidet 5. K : a8 Kc7 6. Sd6!

Die Aufgabe von Weiß besteht darin, diese Zugzwangsituation zu erreichen.

3. Sc4! Ke7 (Läuferzüge verlieren wegen 4. Sd6+ und 5. Sb7) **4. Kb8 Kd8 5. Sd6 Kd7 6. Sb7!** Die Zugzwangsituation ist erreicht. Schwarz muß aufgeben.

ÜBUNGEN

Nr. 170 Kann Weiß den Nachziehenden in Zugzwang bringen? Analysieren Sie die Stellung wechselweise, wobei einmal Weiß, einmal Schwarz anfängt.

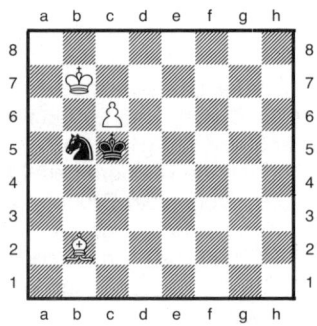

Nr. 171 Weiß ist am Zug. Die Idee dieser Studie besteht im Einfangen des Springers. Versuchen Sie, dieses nicht ganz leichte Problem zu lösen.

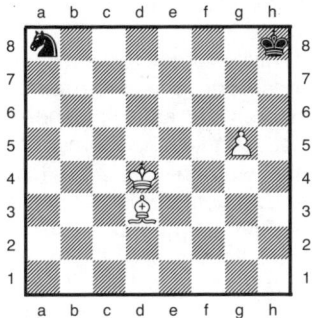

Nr. 172 Weiß ist am Zug. Kann der Bauer umgewandelt werden?

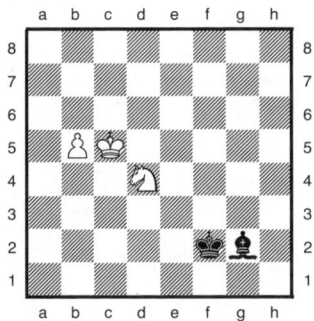

Nr. 173 Kann Weiß die Partie retten?

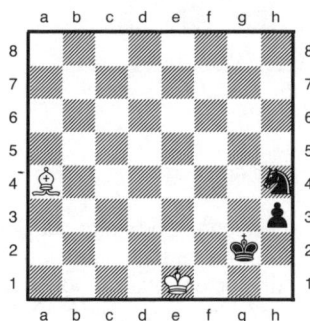

Realisierung des Vorteils

Ein Mehrbauer, egal ob an der Seite eines Springers oder eines Läufers, ist meist ein entscheidender Vorteil. Die Realisierung dieses Vorteils erreicht man nach dem bereits bekannten Plan: Schaffung eines Freibauern, der zur Umwandlung gebracht werden muß. Mit einigen typischen Eigenschaften, die sich dabei ergeben, werden wir bei der Analyse der nachfolgenden Beispiele Bekanntschaft machen.

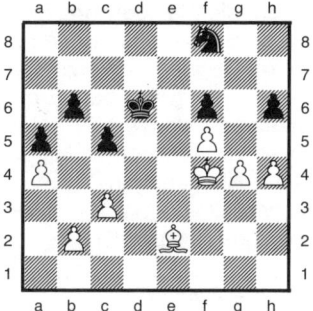

Weiß ist am Zug

Weiß hat alles zur Schaffung eines Freibauern vorbereitet. Die Partie wurde wie folgt fortgesetzt: **1. g5 h : g+ 2. h : g f : g+ 3. K : g5 Ke5 4. Ld3.**
Weiß umgeht die Falle 4. f6? Sh7+.
4... Sd7 5. Kg6 Sf6
Ein weiteres Vorziehen des Bauern ist nicht möglich, da das Feld f6 für den Läufer nicht zugänglich ist. So kann der weiße König auf Umwegen die Bauern auf der anderen Seite angreifen, da die schwarzen Figuren mit dem Bauern beschäftigt sind.
6. Kf7! Sd5 7. Lc4 Se3 8. Le6 Sg4
Das Schlagen des Bauern würde zu einem hoffnungslosen Bauernendspiel führen.
9. Ke7 Sf6 10. Lc8 Se4 11. Kd7 K : f5

**12. Kc6+ Ke5 13. K : b6 Sd6 14. La6
Kd5 15. Lb5.**
Weiß hat es nicht eilig, der Bauer a5 ist
rettungslos verloren.
**15... Sc8+ 16. K : a5 Kd6 17. La6 Se7
18. Kb6 Sd5+ 19. Kb7 Se3 20. Le2 c4
21. a5** und Schwarz gibt auf.
Falls der Bauernvorteil bei der Seite mit
dem Springer vorliegt, ist der Gewinnplan in Hauptzügen derselbe. Hier
braucht man sich mit der Schaffung des
Freibauern und seinem Vordringen nicht
so sehr zu beeilen, da es passieren
könnte, daß dadurch die Beweglichkeit
des Läufers nicht eingeschränkt wird.
Als erstes ist es nötig, Bauernschwächen beim Gegner hervorzurufen, mit
dem Ziel, seine Figuren vom Freibauern
abzulenken oder dem eigenen König die
Möglichkeit zu verschaffen, ins gegnerische Lager einzudringen.
Das nächste Diagramm bringt ein charakteristisches Beispiel.

Löwenfisch – Rauser
Tiflis, 1937

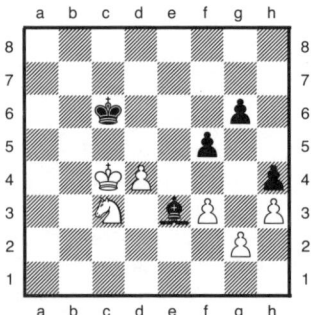

Weiß zieht

Schlecht wäre 1. Sb5 Lf2 2. d5+ Kd7,
da Weiß dadurch kaum seine Position
stärken würde. Der richtige Plan lautet:
Angriff auf die gegnerischen Bauern.
**1. Sd5 Lg5 2. f4! Ld8 3. Sb4+ Kd6
4. Sd3 g5**

Nach 4... Ke6 5. Se5 Kf6 6. Kc5 ist der
Weg für den Freibauern offen.
**5. Se5 Ke6 6. d5+ Kf6 7. Kc5 g : f
8. Sc6.** Schwarz gibt auf, denn der Bauer kann nur mit Läuferverlust aufgehalten werden.
Bei Materialgleichheit spielen in Leichtfigurenendspielen schon bekannte Stellungsfaktoren die entscheidende Rolle:
entfernter Bauer, Bauernschwächen
usw. Hier werden wir speziell nur die
Faktoren betrachten, die für den Kampf
Läufer – Springer charakteristisch sind.
Der Läufer kommt gegen den Springer
besonders dann gut zurecht, wenn die
Stellung offen ist, wenn er frei manövrieren kann und die Bauern nicht blockiert
sind. Wichtig ist natürlich auch die Aktivität des Königs. Ein aktiver König in
Zusammenarbeit mit dem Läufer ist eine
wirkungsvolle Waffe. Dazu ein überzeugendes Beispiel.

Stoltz – Kashdan
Haag, 1928

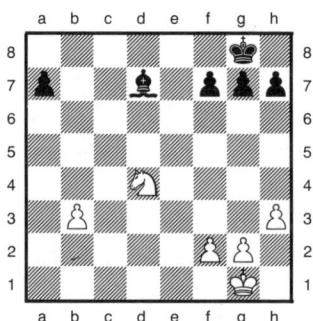

Schwarz ist am Zug

Weiß hat anscheinend keinerlei Schwächen, sein Springer ist gut postiert. Doch
das ist nur der oberflächliche Eindruck.
Der Vorteil ist tatsächlich auf der

schwarzen Seite und besteht darin, daß Schwarz am Zug die Möglichkeit hat, seine Figuren optimal zu postieren, während Weiß zur Taktik des Abwartens gezwungen ist. Das Spiel verlief folgendermaßen:

1... Kf8 2. Kf1 Ke7 3. Ke2 Kd6 4. Kd3 Kd5

Schwarz hat das erste Ziel erreicht: Sein König steht aktiv.

5. h4 Lc8!

Auch der Läufer hat eine bessere Position eingenommen. Über a6 kann er die weißen Figuren noch mehr einengen und den Bauern g2 bedrohen.

6. Sf3 La6+ 7. Kc3

Nach 7. Ke3 Kc5 8. Sg5 Kb4 9. S : f7 K : b3 erhält Schwarz einen gefährlichen entfernten Freibauern, was in diesem Fall ein entscheidender Vorteil wäre.

7... h6 8. Sd4 g6 9. Sc2 Ke4

Der schwarze König ist noch aktiver und hat die Ausgangsstellung zum Eindringen in das gegnerische Lager eingenommen.

10. Se3 f5 11. Kd2 f4

So wird der Springer vertrieben. Auf 12. Sc2 folgt nämlich 12... Lf1 13. Se1 Kf5 14. f3 g5 15. h : g K : g5 und der König dringt auf g3 vor.

Aus Einsicht, daß weitere passive Verteidigungsmaßnahmen erfolglos wären, versucht Weiß einen Gegenangriff, doch zu spät.

12. Sg4 h5 13. Sf6+ Kf5 14. Sd7 Lc8! 15. Sf8 g5! 16. g3.

Nach 16. h : g säße der Springer in der Falle.

16... g : h 17. g : h Kg4 18. Sg6 Lf5 19. Se7 Le6 20. b4 K : h4 21. Kd3 Kg4 22. Ke4 h4 23. Sc6 Lf5+ 24. Kd5 f3 25. b5 h3 26. S : a7 h2 27. b6 h1=D 28. Sc6 Db1 29. Kc5 Le4. Weiß gibt auf.

Der von Schwarz angewendete Plan ist typisch für offene Stellungen. Er besteht aus folgenden Grundetappen:

a) Der König nähert sich so weit wie möglich den gegnerischen Bauern;

b) Im gegnerischen Lager werden Schwachpunkte geschaffen, um besser eindringen zu können;

c) Aufgabe des Läufers ist es, die gegnerischen Figuren zu binden. Gezwungen, den Zugang zum eigenen Lager zu versperren, ziehen sie sich zurück und verlieren an Aktivität;

d) Der König dringt in das gegnerische Lager ein und verschafft sich entscheidenden materiellen Vorteil.

Die folgende Stellung ist charakteristisch für die Übermacht des Springers gegenüber dem Läufer.

Awerbach – Lilienthal
Moskau, 1949

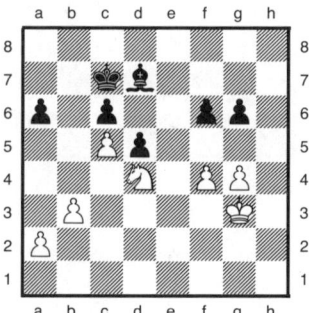

Weiß ist am Zug

Schwarz besitzt einen gedeckten Freibauern, aber das ist nicht das entscheidende Element: diesen blockierend greift der weiße Springer gleichzeitig aktiv ins Spielgeschehen ein. Der Läufer ist weit weniger aktiv, da er die Bauern zu verteidigen hat. Ähnliches kann man vom schwarzen König sagen.

Nach **1. g5!** öffnet Weiß den Weg ins gegnerische Lager und gewinnt. Falls die Antwort 1... f5 lautet, was den König zunächst aufhält, folgt 2. Sf3 Le8 3. Se5

Kd8 4. Kf3 Ke7 5. Ke3 Ke6 6. Kd4 Ke7
7. Sd3! Ke6 8. Sb4 a5 9. Sd3 Ld7 10. a4
Le8 11. b4 a : b 12. S : b4, und der freie
a-Bauer entscheidet das Spiel.
In der Partie erfolgte **1... f : g 2. f : g Lc8
3. Kf4.** Hier gab Schwarz auf wegen der
Variante 3... a5 4. Ke5 Lg4 5. Kf6 Lh5
6. Ke7 Lg4 7. a3! Ld1 8. Se6+ Kb7
9. Kd6 L : b3 10. Sd8+ Kc8 11. S : c6
a4 12. Se7+ und Weiß gewinnt.

ÜBUNGEN

Nr. 174 Weiß zieht. Versuchen Sie den Vorteil
des Mehrbauern umzumünzen!

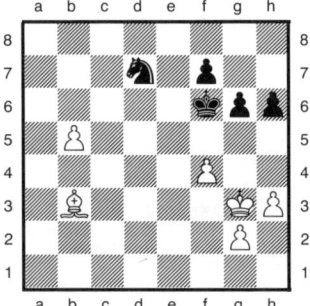

Nr. 175 Weiß ist am Zug. Wie kann er am
einfachsten gewinnen?

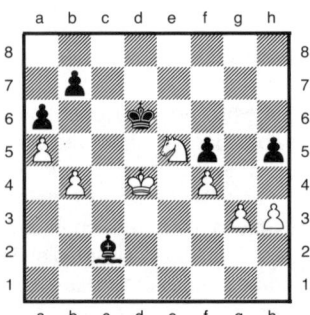

Nr. 176 Schwarz am Zug kann sich einen
Freibauern verschaffen, was ein entscheidender Vorteil wäre. Zeigen Sie den Gewinnweg!

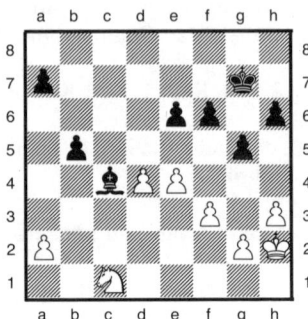

Nr. 177 Weiß zieht. Beweisen Sie, daß er in
dieser Stellung entscheidende Vorteile besitzt.

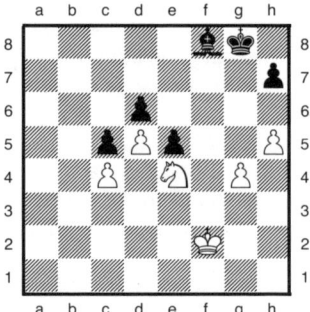

5. Turmendspiele

Turm gegen Bauer

Der Turm ist eine Figur, die mattsetzen kann, deswegen haben diese Endspiele eine besondere Note und das erfolgreiche Durchbringen des Bauern eine besondere Bedeutung. Normalerweise aber gewinnt der Turm gegen einen Bauern. Sogar dann, wenn sein König weit entfernt ist und sich dennoch nähern kann.

Hier eine solche Stellung:

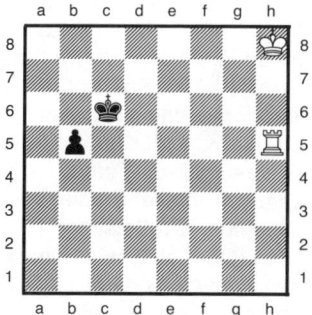

Schwarz zieht, Weiß gewinnt

Ohne Unterstützung des Königs kommt Schwarz nicht mit dem Bauern voran:
1... b4 2. Kg7 b3 3. Th3 b2 4. Tb3.
Falls Schwarz versucht, mit Hilfe des Königs vorwärtszukommen, kommt der weiße König rechtzeitig an, um den Turm zu unterstützen:
1... Kb6 2. Kg7 Ka5 3. Kf6 Ka4 4. Ke5 b4 5. Kd4 b3 6. Kc3 mit Gewinn.

Es ist nützlich, folgende Regel zu kennen: Falls der Bauer die Demarkationslinie noch nicht überschritten hat und der König der schwächeren Seite sich hinter ihm befindet, reicht es normalerweise zum Gewinn aus, wenn der Turm den König auf der 4. Reihe vom Bauern trennt, vom Ausgangsfeld der schwächeren Seite aus gesehen.

In diesem Endspiel hängt also alles davon ab, ob der König seinem Turm zu Hilfe kommen kann oder nicht.

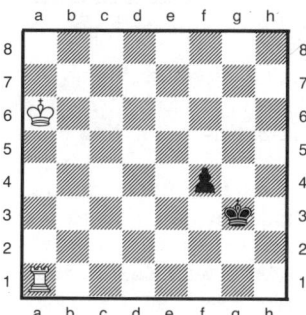

Weiß zieht

Nach **1. Kb5** f3 2. Kc4 Kg2 3. Kd3 f2 4. Ke2 kommt der König rechtzeitig an. Doch Schwarz kann sich besser wehren, mit **1... Kf2! 2. Kc4 Ke3!**, um den gegnerischen König nicht an den Bauern herankommen zu lassen. Diese Methode des Abdrängens ist uns ja schon bekannt. Um sich dem Bauern nähern zu können, müßte Weiß eine Möglichkeit finden, seinerseits den gegnerischen König abzudrängen. In diesem Fall hat er sogar mehrere.

3. Kc3 f3 4. Te1+ Kf2 5. Kd2 Kg2 6. Ke3 f2 7. Te2. Möglich ist auch 6. Te8 f2 7. Tg8+ Kf1 8. Tf8 Kg2 9. Ke2.

Falls Schwarz versucht, diesem Manöver auszuweichen und 3... Ke2 spielt, ist am einfachsten 4. Kd4! f3 5. Ta2+ Kf1 6. Ke3, und Weiß gewinnt. Im übrigen ist auch möglich 4. Ta2+ Ke3 5. Ta8! f3 6. Te8+ Kf2 7. Kd2 usw.

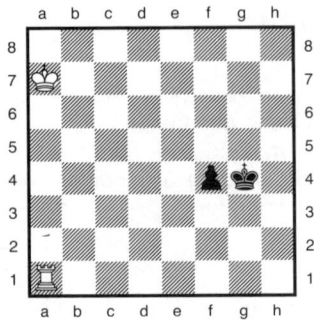

Weiß zieht

Das direkte Vormarschieren führt zur Niederlage von Schwarz: 1. Kb6 f3 2. Kc5 f2 3. Kd4 Kf3 4. Kd3 Kg2 5. Ke2 usw.

Zunächst muß die Annäherung des weißen Königs an den Bauern verhindert werden.

1. Kb6 Kf3! 2. Kc5 Ke3! 3. Ta3+

Es scheint, als hätte Schwarz keine Chancen mehr. Auf 3... Ke2 folgt 4. Kd4! f3 5. Te3+ Kf2 6. Ke4. Aber Schwarz hat eine bessere Antwort: **3... Ke4!.** Nun kann der weiße König seinen Turm nicht mehr unterstützen, also Remis!

In den Turmendspielen ist also der Kampf zwischen den beiden Königen entscheidend: Ein König versucht, sich dem Bauern zu nähern, um seinem Turm zu helfen, der andere versucht, ihn daran zu hindern.

Das folgende Beispiel ist außerordentlich charakteristisch (F. Amelung):

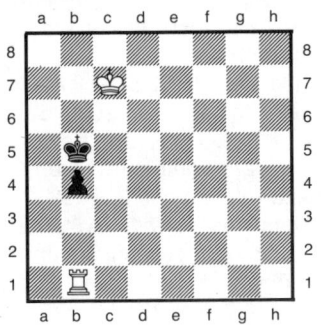

Weiß zieht und gewinnt
Schwarz zieht und hält Remis

Der weiße König muß den Bauern erreichen. Nach 1. Kd6 Kc4! 2. Ke5 b3 3. Ke4 Kc3 4. Ke3 b2 schafft er das nicht. Der einzige richtige Zug ist 1. Kb7! Schwarz befindet sich plötzlich im Zugzwang. Egal wie Schwarz fortsetzt, schafft es Weiß immer, den gegnerischen König zu umgehen. Z. B. 1... Kc4 2. Kb6! b3 3. Ka5! Kc3 4. Ka4 b2 5. Ka3 mit Gewinn. Oder 1... Ka4 2. Kb6! b3 3. Kc5! mit dem gleichen Ergebnis.

Falls allerdings Schwarz am Zug ist, folgt 1... Kc5!, und nun ist Weiß im Zugzwang. Egal wohin sich der weiße König begibt, der schwarze Kontrahent wird ihm jedesmal den Weg versperren. Z. B. 2. Kb7 Kb5! 3. Ka7 Ka5! Auch ein Abwartezug mit dem Turm hilft nicht. Nach 2. Tb2 Kc4 3. Kb6 Kc3 erreicht Schwarz das rettende Tempo.

Seinerzeit war diese Studie von Reti eine Sensation. Großmeister R. Spielmann behauptete, daß kein Schachspieler auf der Welt die Lösung in der Praxis am Brett finden könnte. Wenn aber jemand die Stellung von Amelung kennt, wird auch diese Studie kein Problem für ihn sein.

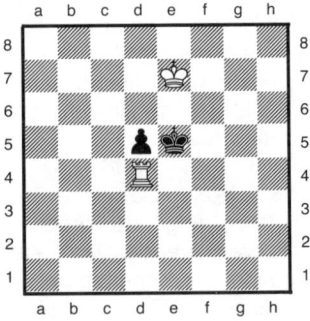

Weiß zieht und gewinnt

Nach dem natürlich scheinenden Zug 1. Td1 käme 1... d4 2. Kd7 Kd5! Weiß gerät in Zugzwang – Remis. Nach dem paradox erscheinenden 1. Td3 oder 1. Td2 d4 2. Kd7 Kd5 3. Td1! gerät Schwarz in Zugzwang. Darin besteht die eigentliche Idee der Studie.

Wie schon gesehen, hängt der Ausgang diesen Beispielen ähnlicher Endspiele von einem einzigen Tempo ab. Das nächste Beispiel verdeutlicht, wie man dieses Tempo gewinnt.

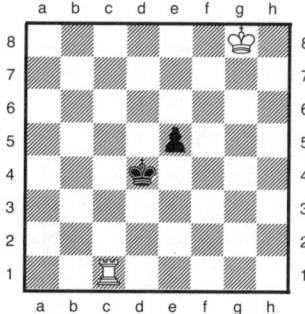

Weiß ist am Zug

Die logische Fortsetzung 1. Kf7 e4 2. Ke6 e3 3. Kf5 e2 4. Kf4 Kd3 5. Kf3 Kd2 ermöglicht es Schwarz, durch Angriff auf den Turm ein wichtiges Tempo zu gewinnen und die Partie zu retten. Wenn aber Weiß 1. Td1+! spielt, kann er seinerseits ein Tempo gewinnen und den Turm besser postieren: 1... Kc3 2. Te1 Kd4 3. Kf7 e4 4. Ke6 e3 5. Kf5 Kd3 6. Kf4 e2 7. Kf3 mit Gewinn.

Zum gleichen Ergebnis führt auch 1... Ke3 2. Te1+ Kf4 3. Kf7 e4 4. Ke6 e3 5. Kd5! Kf3 6. Kd4 usw.

Falls sich der Bauer kurz vor der Umwandlung befindet, kann es ungünstige Turmpositionen geben, wobei man den Bauern nicht mehr aufhalten kann. Die nächste Stellung wird Ihnen zweifellos gefallen.

F. Saavedra
1895

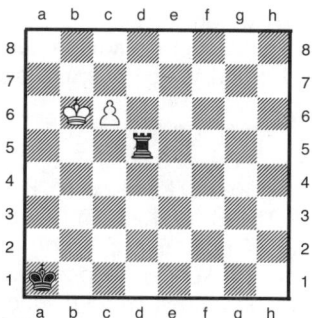

Weiß gewinnt

Die ersten Züge sind klar: 1. c7 Td6+ 2. Kb5 Td5+ 3. Kb4 Td4+ 4. Kb3 Td3+ 5. Kc2.

Das Spiel scheint entschieden, aber Schwarz hat eine herrliche Möglichkeit – 5... Td4! Auf 6. c8=D hat Schwarz die Antwort parat 6... Tc4+ 7. D : c4 Patt! Aber Weiß hat auch eine entsprechende Antwort: 6. c8=T!!

Ironie des Schicksals! Schwarz scheitert, weil sich sein König im Eck befindet. Auf die einzig mögliche Antwort 6... Ta4 entscheidet 7. Kb3!, und Schwarz verliert den Turm wegen der Drohung 8. Tc1#.

Im Kampf gegen zwei Bauern kann sich der Turm auf der sich verteidigenden Seite befinden.

N. Kopajew
1956

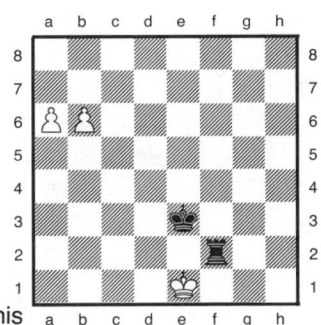

Remis

195

Nach 1. b7 Tb2 2. Kd1! Kd3 3. Kc1 Kc3
4. a7 Th2 5. Kd1 Kd3 6. Ke1 Ke3 7. Kf1
Kf3 8. Kg1 gewinnt Weiß.
Schwarz nutzt aber die Mattdrohung auf
andere Art und Weise aus, um sich zu
retten:
1... Th2! 2. Kf1 Kf3 3. Kg1 Tg2+ 4. Kh1
Tg8! 5. a7 Th8+ 6. Kg1 Tg8+ 7. Kf1
Th8 8. Ke1 Ke3 9. Kd1 Kd3 10. Kc1 Kc3
11. Kb1 Th1+! 12. Ka2 Th2+ 13. Ka3
Th1 14. Ka4 Kc4 15. Ka5 Kc5
Beide Bauern können jederzeit in eine
Dame umgewandelt werden, doch der
weiße König schafft es nicht, sich zu
befreien. Aber vielleicht hat Weiß zunächst den falschen Bauern vorgezogen?
1. a7 Ta2! 2. Kd1 Kd3 3. Kc1 Kc3 4. Kb1
Ta6! 5. b7 Tb6+ 6. Kc1 Th6! 7. Kd1 Kd3
8. Ke1 Ke3 9. Kf1 Kf3 10. Kg1 Tg6+!
11. Kf1 Th6
Auch in dieser Variante gelangen die
Bauern nur bis zu vorletzten Reihe,
weiter kommen sie nicht.

ÜBUNGEN
Nr. 178 Weiß ist am Zug. Kann er hier
gewinnen?

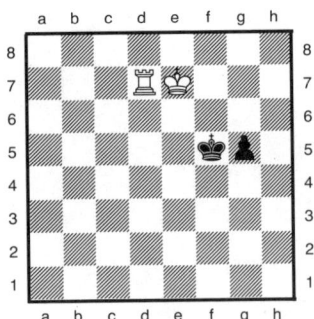

Nr. 179 Weiß am Zug gewinnt. Die Aufgabe
ist nicht leicht!

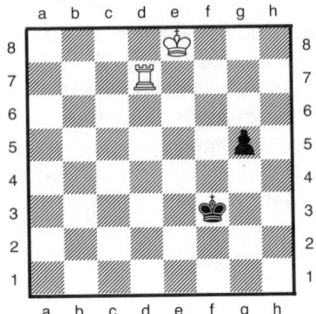

Nr. 180 Weiß ist am Zug. Die schwarzen
Bauern scheinen sehr gefährlich, und dennoch soll Remis erreicht werden!

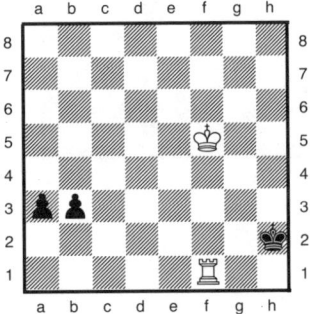

Nr. 181 Der weiße König ist abseits vom
Geschehen, so daß Remis für Schwarz möglich scheint. Doch Weiß zieht und soll gewinnen. Wie?

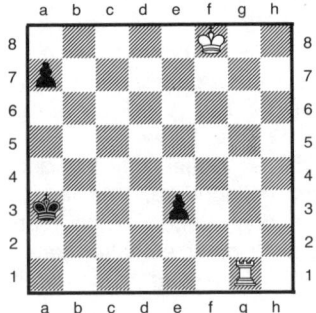

Turm und Bauer gegen Turm

Der König stört den Bauern am besten, indem er sich ihm in den Weg stellt, wobei ihm allerdings der Turm aktiv helfen muß.

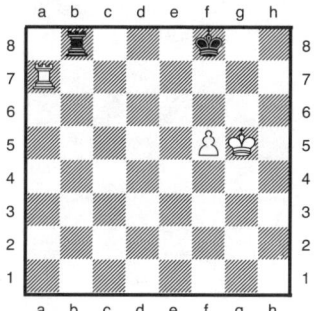

Weiß zieht und gewinnt
Schwarz zieht und hält Remis

Weiß am Zug spielt 1. Kg6 und nach 1... Tb6+ 2. f6 Tb8 3. Th7 Kg8 4. f7+ und 5. Th8+ ist der Sieg sicher, da der Turm den König nicht unterstützen kann. Schwarz schafft es auch nicht, von hinten anzugreifen: 1... Tb1 wegen 2. Ta8+ Ke7 3. f6+ Ke6 4. Te8+ Kd7 5. f7, und der Bauer kommt durch.

Wenn Schwarz am Zug ist, kann er das Vordringen des gegnerischen Königs mit dem Zug 1... Tb6! verhindern. Die Drohung 2. f6 mit dem Hintergedanken 3. Kg6 kann Schwarz mit dem Gegenangriff abwenden: 2... Tb1! Das Remis ist gerettet.

Diese Grundmethode der Verteidigung entdeckte bereits im 18. Jh. der große Philidor. Er war der Ansicht, daß in der gegebenen Stellung alle anderen Pläne zur Niederlage von Schwarz führen, aber das stimmt nicht. Schwarz kann sofort den Angriff von hinten inszenieren, doch muß er dabei mit größter Präzision vorgehen. Nach **1... Tb1 2. Kg6** ist die beste Antwort **2... Tf1!** Nun bringt 3. Ta8+ Ke7 nichts, da der Zug 4. f6+ fehlt. Deswegen antwortet Weiß mit **3. Kf6!**, und der schwarze König muß das Feld vor dem Bauern wegen Mattdrohung verlassen.

Wohin nun – nach links, nach rechts oder in die Ecke?

3... Ke8 4. Ta8+ Kd7.
Weiß hat sein Ziel erreicht, der Bauer kann nicht mehr gestört werden. Wenn allerdings Weiß nun 5. Kg6 spielt, kann der Bauer nach 5... Ke7! trotzdem nicht weiterziehen. Besser ist **5. Tf8!** Schwarz kann nichts unternehmen und muß abwarten.

5... Tf2 6. Kg7 Ke7 7. f6+ Kd7 8. Ta8
Falsch wäre 8. f7 Tg2+ 9. Kf6 Tf2+ 10. Kg6 Tg2+ 11. Kh5 Ke7 Remis!

8... Tg2+ 9. Kf8 Tf2 10. f7 Tg2

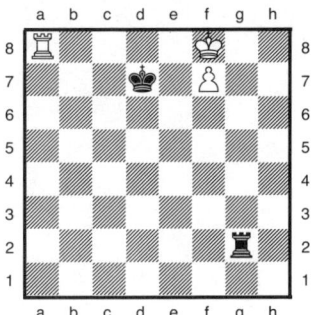

Weiß ist am Zug
Das ist die letzte Verteidigungslinie. Der schwarze König ist abgedrängt, die gesamte Verteidigungslast liegt beim Turm, der versucht, den gegnerischen König daran zu hindern, das Feld vor dem Bauern zu verlassen. Doch Weiß kann sich leicht durchsetzen.

11. Ta4! Tg1 12. Td4+ Kc6 13. Ke7 Te1+ 14. Kf6 Tf1+ 15. Ke6 Te1+ 16. Kf5 Tf1+ 17. Tf4
Diese Methode heißt „Brückenbau". Weiß hätte noch einen anderen Weg

zum Erfolg gehabt. Er besteht in der Verlagerung des Turms über Ta8 – a6 – h6 – h8 – g8. Danach kann der König das Feld f8 verlassen, und der Bauer kann umgewandelt werden.

Bislang ist es uns nicht gelungen, Philidors Ansicht zu widerlegen, doch wir haben nur die eine Möglichkeit untersucht. Kehren wir zurück zur Stellung nach dem Zug von Weiß 3. Kf6 und betrachten wir die Antwort **3... Kg8!** Der Zug verdient tatsächlich das Ausrufezeichen.

4. Ta8+ Kh7 5. Tf8!

Weiß hat vor, nach Ke7 den Bauern vorzuziehen. Doch gegen Angriffe von links ist sein König nicht geschützt. Schwarz nutzt das aus und zieht **5... Ta1!**

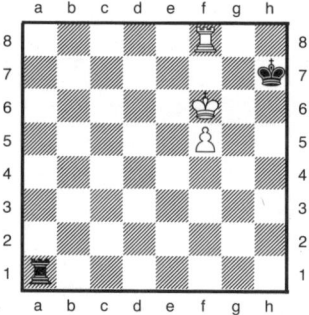

Weiß zieht

Nun führt 6. Ke7 nicht zum Ziel. Durch Schachgebote würde der König auf g5 vertrieben werden oder weg vom Bauern. Nach 6. Te8 kann der schwarze Turm auf f1 zurückkehren, und Weiß hat nichts erreicht. Entscheidend war der schwarze Königszug. Rückzug nach links führt zur Niederlage, nach rechts zum Remis.

Vom f-Bauern aus gesehen, kann man das Schachbrett in zwei Teilbereiche teilen – in einen kurzen (f8–h8) und

einen langen (f8–a8). Wie im Beispiel gesehen, ist es besser, wenn der vertriebene König sich auf die kurze Seite schlägt, während der Turm besser von der langen angreifen kann, wenn nötig.

Wenn der Bauer die Demarkationslinie noch nicht überschritten hat, gibt es noch ein System der Verteidigung, den frontalen Turmangriff.

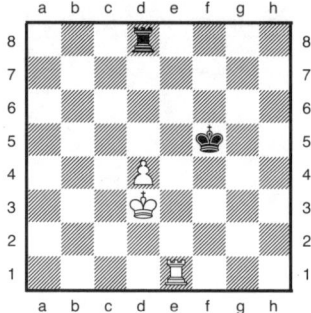

Der schwarze König ist abgeschnitten, doch dank der guten Turmposition kann Weiß den Bauern nicht weiterziehen.

Überprüfen wir: 1. Kc4 Tc8+ 2. Kb5 Tb8+ 3. Kc5 Tc8+ 4. Kb6 Td8! 5. Kc5 (5. Td1 Ke6) 5... Tc8+ 6. Kb4 Td8 7. Kc4 Tc8+ 8. Kd3 Td8.

Wegen der aktiven schwarzen Gegenwehr schafft es Weiß nicht, die eigene Stellung zu verbessern.

Auf den ersten Blick scheint es, als ob der König seinem Turm in keinster Weise geholfen hätte. Dem ist nicht so. Wenn er sich auf f7 befunden hätte, wäre der Sieg für Weiß sicher gewesen.

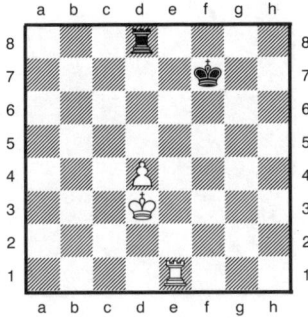

Weiß am Zug gewinnt
Schwarz am Zug erzielt Remis
1. Kc4 Tc8+ 2. Kb5 Td8 3. Kc5 Tc8+
4. Kb6 Td8 5. Te4! Mit dem König auf f5
wäre dieses Manöver nicht möglich.
5... Kf6 6. Kc7 Td5 7. Kc6 Td8 8. d5 mit
Bauernumwandlung.
Schwarz am Zug könnte sich jedoch
retten mit 1... Te8! Z. B. 2. T : e8 K : e8
3. Kc4 Kd8!
Betrachten wir nun, wie der Randbauer
zur Umwandlung gebracht werden kann.
Hier sind die Aussichten für den Gewinn
geringer: Der König unterstützt den Bauern nur von der einen Seite, der Bauer
schützt den König vor Schachgeboten
von hinten.

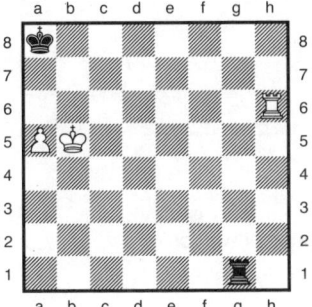

Remis
Nach 1. Kb6 Tg8 kann Weiß seine Stellung nicht verbessern.

Remis
Hier kann der weiße König die Ecke
nicht mehr verlassen. Nebenbei gesagt
könnte der schwarze König noch eine
weitere Linie entfernt sein. Probieren Sie
es aus. Erst wenn der König vier Linien
vom Bauern entfernt ist, führt das zum
Erfolg des materiell Stärkeren.

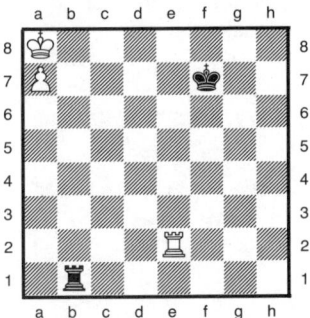

Weiß am Zug gewinnt.
1. Tc2 Ke7 2. Tc8 Kd7 3. Tb8 Ta1
4. Kb7 Tb1+ 5. Ka6 Ta1+ 6. Kb6 Tb1+
7. Kc5 und Weiß gewinnt.
In der Praxis entstehen oft Stellungen, in
welchen der Turm das Feld vor dem
eigenen Bauern besetzt hält. In diesem
Falle ist das Remis möglich, auch wenn
der andere König weiter weg ist.

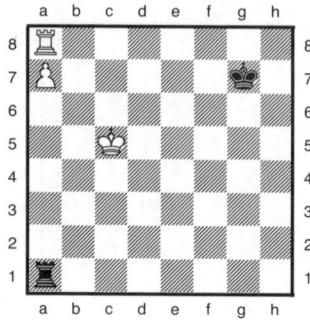

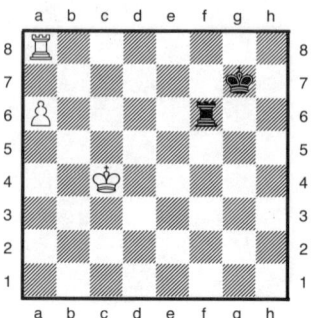

Remis

Weiß kann den Turm nicht befreien. Nach 1. Kb6 kann Schwarz durch Schachgebote den König wieder vertreiben. Sogar der schwarze König kann sich ins Spiel einschalten. Andererseits wäre 1... Kf7 vernichtend wegen 2. Th8 T : a7 3. Th7+.

Wenn sich der Bauer auf der sechsten Reihe befindet, kann sich der König davor verstecken.

Remis

Der aktiv postierte Turm kann leicht alle Drohungen parieren. Z. B. 1. Kb5 Tf5+ 2. Kc4 Tf6! 3. Kd5 Tb6 4. Ke5 Tc6 5. a7 Ta6!

ÜBUNGEN

Nr. 182 Untersuchen Sie diese Stellung, wobei einmal Weiß und einmal Schwarz ziehen soll.

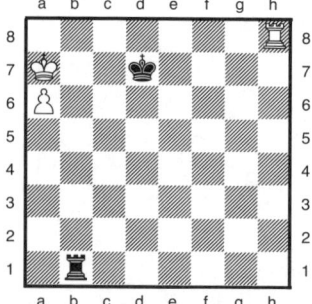

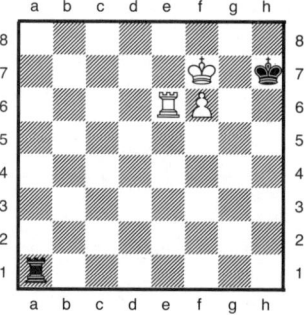

Remis

In dieser Stellung kann sich der weiße König nicht befreien: 1. Tb8 Ta1 2. Kb7 Tb1+ 3. Ka8 Ta1 4. a7 Kc7.

Zum Schluß noch eine wichtige Diagrammstellung.

Nr. 183 Schwarz ist am Zug. Kann die Partie noch gerettet werden?

200

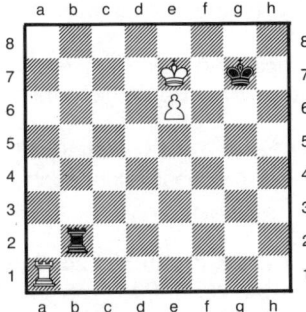

Nr. 184 Schwarz ist am Zug. Sein Turm befindet sich auf der kurzen, sein König auf der langen Seite. Beweisen Sie, daß das ungünstig ist.

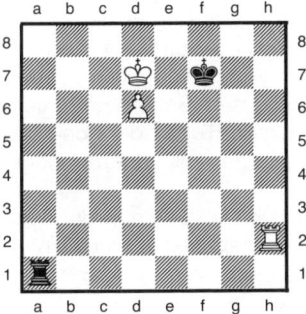

Nr. 185 Weiß ist am Zug. Wir wissen, daß die gleiche Stellung mit dem König auf d7 Remis ist. Auf d6 steht der König ungünstiger. Reicht das zum Sieg für Weiß?

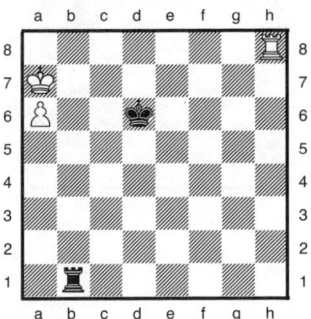

Realisierung des Materialvorteils

In Turmendspielen bedeutet ein Mehrbauer nicht so viel wie in Endspielen mit Leichtfiguren, oder gar in Bauernendspielen. Der Turm ist nämlich eine starke, dynamische Figur, und vom Grad seiner Aktivität hängt die Bewertung der Stellung ab. Ein Mehrbauer kann nur mit Hilfe eines aktiven Turms verwandelt werden. Ein passiver Turm dagegen neutralisiert den Bauernvorteil wieder.

Seinerzeit hat Tarrasch die Regel aufgestellt, daß der Turm am besten hinter den Freibauern zu stehen hat.

Wenn es sich um den eigenen Bauern handelt, schiebt ihn der Turm gewissermaßen vorwärts, wenn es der gegnerische Bauer ist, hält ihn der Turm auf, wobei er sich die Möglichkeit seitlicher Angriffe gleichzeitig offenhält. Diese Regel ist brauchbar, doch kann sie nicht universell gelten. Normalerweise gilt sie nur, wenn nur Türme um die Bauern kämpfen. Wenn sich aber ein König dem Freibauern entgegenstellt, ist es besser, den Turm seitlich zu postieren. So deckt dieser den Bauer und mischt aktiv im Spiel am anderen Flügel mit.

Aljechin – Capablanca
Buenos Aires, 1927

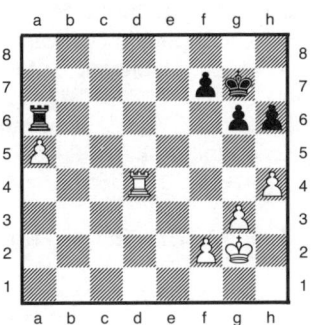

Weiß am Zug

Weiß muß seinen Freibauern verteidigen, aber wie?
1. Ta4!
Ein sehr starker Zug. Aljechin postiert den Turm nach der Regel von Tarrasch. Der schwarze Turm darf das Feld a6 nun nicht verlassen und muß sich passiv verhalten. Zu Hilfe kommt ihm der König, aber sein Kontrahent bewegt sich in die gleiche Richtung.
1. ... Kf6 2. Kf3 Ke5 3. Ke3 h5 4. Kd3 Kd5 5. Kc3 Kc5
Schwarz läßt den weißen König nicht an den Bauern heran.
6. Ta2!
Schwarz kann den Bauern nicht nehmen, weil das in ein verlorenes Bauernendspiel führt. Deswegen wartet Weiß, bis der Gegner die sinnvollen Züge verbraucht und in Zugzwang gerät. Capablanca wehrt sich taktisch klug: Er stellt seine Figuren um. Die Blockade des Bauern übernimmt der König, der Turm wird für aktive Operationen befreit.
6. ... Kb5 7. Kd4!
Der Freibauer lenkt den König ab, der weiße König kehrt zurück zu den Bauern am anderen Flügel. Diese Methode kennen wir schon.
7. ... Td6+ 8. Ke5 Te6+ 9. Kf4 Ka6 10. Kg5!
Wichtiger Erfolg für Weiß: Der König hat die gegnerischen Bauern erreicht.
10. ... Te5+ 11. Kh6 Tf5 12. f4
Nach diesem Zug kann Schwarz etwas länger Widerstand bieten. Sofort entscheidet: 12. Kg7 Tf3 13. Td2! Es droht 14. Td6+ und 15. Tf6. Auf eventuelles 13. ... K : a5 folgt 14. Td5+ Kb4 (14. ... Kb6 15. Td6+ und 16. Tf6) 15. Td4+ und 16. Tf4.
12. ... Tc5! 13. Ta3 Tc7 14. Kg7 Td7 15. f5
Es gibt noch weitere gangbare Wege. Am einfachsten wäre 15. Kf6 Tc7 16. Tf3 K : a5 17. f5.

15. ... g : f 16. Kh6 f4 17. g : f Td5 18. Kg7 Tf5
Capablanca wehrt sich mit aller Kraft, doch kann er die Partie nicht mehr retten.
19. Ta4 Kb5 20. Te4! Ke6 21. Kh6 T : a5
Weiß gewinnt ebenso leicht nach 21. ... Kb7 22. Te5 T : f4 23. K : h5 f6 24. Te1 Ka6 25. Th1.
22. Te5 Ta1 23. K : h5 Tg1 24. Tg5 Th1 25. Tf5 Kb6 26. T : f7 Kc6 27. Te7.
Schwarz gibt auf.
Der Grundplan für die Verwertung eines Mehrbauern gilt also auch für die Turmendspiele. Die stärkere Seite schafft sich einen Freibauern und unterstützt sein Vordringen mit dem Turm. Falls sich dem Freibauern der gegnerische Turm in den Weg stellt, kommt der König dem Bauern zu Hilfe, um den Turm zu verdrängen. Wenn sich aber der gegnerische König dem Bauern entgegenstellt, muß entweder Turm oder König ins gegnerische Lager am anderen Flügel eindringen.
Was passiert aber, wenn der Turm der verteidigenden Seite sich hinter den gegnerischen Freibauern postiert hat, wie das Tarrasch vorschreibt?

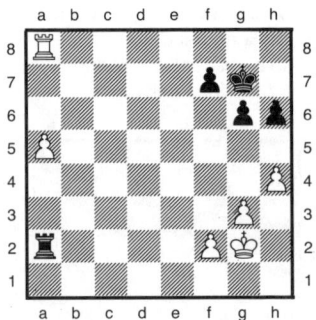

Weiß ist am Zug
Im Vergleich zur vorhergehenden Stel-

lung haben wir nur die Turmposition verändert.

Wie kann man nun den Vorteil des Mehrbauern realisieren? Das Vorziehen bis a7 steigert die Gewinnchancen sicher nicht. Im Gegenteil, denn dann ist auch die Annäherung des Königs zur Unterstützung des Bauern nutzlos, da er sich vor Schachgeboten nicht verstekken kann.

Die zweite Möglichkeit ist es, den Bauern auf a6 vorzurücken und dann zu versuchen, mit dem König heranzukommen. Doch dann besteht die Gefahr, daß Schwarz die weißen Bauern am Königsflügel angreifen kann. Wenn Schwarz energisch genug handelt, geht der weiße Plan nicht auf, z.B.:

1. a6 Kf6 2. Kf3 h5 3. Ke3 Kf5 4. f3 Ta3+ 5. Kd4 T : f3 6. Tf8 Ta3

Gefährlich wäre 6. ... Kg4 7. a7 Ta3 8. a8D T : a8 9. T : a8 K : g3 wegen 10. Ke3.

7. T : f7+ Kg4 8. Tf6 K : g3 9. T : g6+ K : h4 10. Kc5 Kh3 11. Kb6 h4 12. Tg5 T : a6+ 13. K : a6 Kh2 14. Kb5 h3 15. Kc4 Kh1 16. Kd3 h2 17. Ke2 Patt.

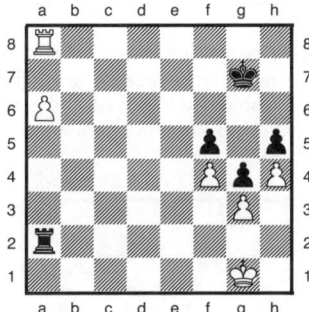

Weiß am Zug gewinnt

In dieser Stellung kann sich Schwarz trotz des aktiven Turms nicht retten. Schuld sind die Bauernschwächen am Königsflügel. Zum Sieg für Weiß führt

a7. Hier eine mögliche Variante der weiteren Entwicklung: 1... Kh7 2. Kf1 Kg7 3. Ke1 Kh7 4. Kd1 Kg7 5. Kc1 Kh7 6. Kb1 Ta5 7. Kb2 (mit dem Plan, den Bauern f5 zu erreichen) 7... Kg7 8. Kb3 Kh7 9. Kb4 Ta1 10. Kc5 Kg7 11. Kd5 (unvernünftig wäre 11. Kb6 wegen 11... Tb1+) 11... Ta2 12. Ke5 Ta5+ 13. Ke6 (Schwarz ist im Zugzwang und verliert einen Bauern.) 13... Ta6+ 14. K : f5 Ta5+ 15. Ke6 Ta6+ 16. Ke7 Ta1 17. f5 Te1+ 18. Kd6 Ta1 19. f6+ Kf7 20. Th8! T : a7 21. Th7+ und Weiß gewinnt.

Im nächsten Beispiel deckt der Turm den Bauern nicht frontal, sondern von der Flanke.

Awerbach – Euwe
Zürich, 1953

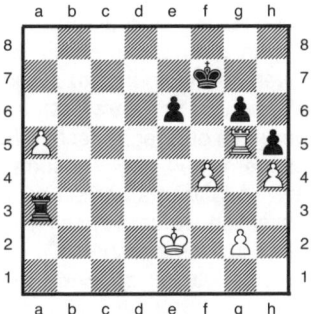

Weiß am Zug gewinnt

Die schwarze Stellung ist hoffnungslos, da er den weißen König nicht daran hindern kann, zum Freibauern vorzustoßen. Sehr aktiv steht der weiße Turm, der nicht nur seine Bauern deckt, sondern auch den Bauern g6 angreift und somit die schwarzen Aktivitäten bremst. Die Partie endete so: 1. Kd2 Ke7 2. Kc2 Kd6 3. Kb2 Ta4 4. g3 Kc6 5. Kb3 Ta1 6. Kb4 Tb1+ 7. Kc4 Ta1 8. Kb3. Schwarz gibt auf, weil entweder ein Bauer verloren geht oder der weiße König den a-Bauern erreicht, was die Niederlage besiegelt.

Betrachten wir nun den Fall, daß alle Bauern sich am gleichen Flügel befinden.

Lilienthal – Benkö
Moskau – Budapest, 1949

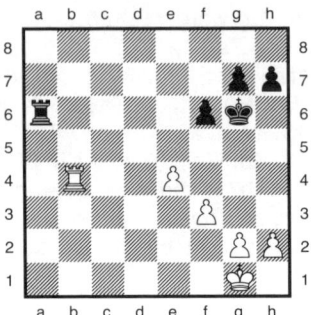

Schwarz ist am Zug

In dieser Stellung sind die weißen Aussichten gering und nur im Falle einer ungenauen Verteidigung zu realisieren. Die Aufgabe von Schwarz besteht darin, das Vorrücken der gegnerischen Bauern zu verhindern, den gegnerischen König nicht zur Entfaltung kommen zu lassen und schließlich durch Tausch die Bauernstruktur zu vereinfachen.
Die Partie wurde so zu Ende gespielt:
1... Ta2 2. Tb7 h5! 3. h4 Te2 4. Kh2 Kh6 5. Kg3 Kg6 6. Tb1 Kf7 7. Tf1 Kg6 8. Tf2 (Um die Bauern aktivieren zu können, muß der schwarze Turm von der zweiten Reihe vertrieben werden). 8... Te1 9. Ta2 Kh6 10. Kf4 Th1 11. Kg3 Te1 12. Td2 Kg6 13. Kf2 Th1 14. g3 Ta1 15. f4 Ta3! 16. Te2 Kf7 17. Te3 Ta4 18. Kf3 Ta5 19. Tb3 Kg6 20. g4 h : g+ 21. K : g4 Ta1 22. h5+ Kh7 23. e5 f : e 24. f : e (Endlich ein Freibauer, doch Schwarz besitzt ausreichende Verteidigungsmöglichkeiten.) 24. ... g6 25. Tb7+ Kh6 26. e6 Ta4+ 27. Kf3 g : h 28. e7 Ta8 29. Td7 Te8 30. Kf4 Kg6 Remis.

Nr. 186 Weiß am Zug gewinnt. Wie sieht der Plan von Weiß aus? Geben Sie die möglichen Varianten an.

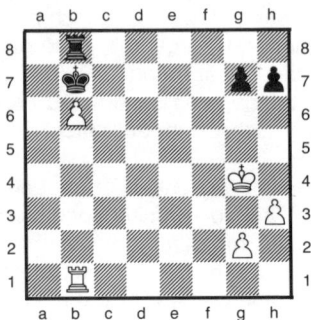

Nr. 187 Weiß ist am Zug. Nach 1. Kb5 T : a7 2. T : a7 K : f2 endet die Partie Remis. Hätte man besser spielen können?

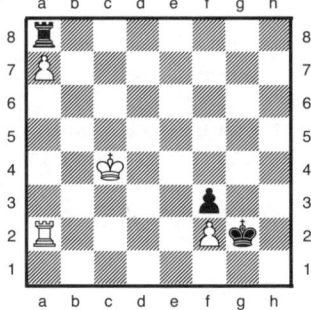

Nr. 188 Weiß ist am Zug. Schwarz droht mit 1... Kb5 und dem weiteren Vordringen des Bauern. Der weiße König ist in die schwarze Bauernstellung eingedrungen. Kann man das ausnutzen?

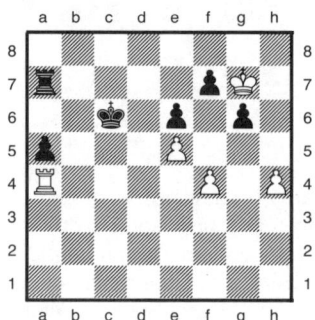

Nr. 189 Schwarz ist am Zug. Mit dem weißen Bauern auf f4 wäre der Gewinn für Weiß sicher. In dieser Stellung hat Schwarz Aussichten, ein Remis zu erzielen. Wie?

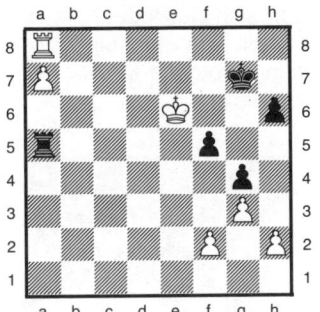

Realisierung von positionellen Vorteilen

In Turmendspielen gibt es drei Möglichkeiten eines positionellen Vorteils: bessere Bauernstellung, aktivere Turmstellung oder aktivere Königsstellung. Natürlich sind diese Elemente miteinander verbunden und ergänzen einander. Die Beurteilung einer Stellung hängt entweder von der Gesamtheit dieser drei oder von einem einzelnen ab, wenn dieses Element über die anderen beiden dominiert.

Akiba Rubinstein

Lasker – Rubinstein
Petersburg, 1914

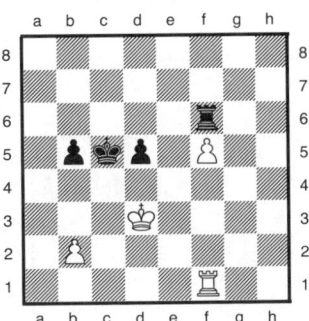

Weiß gewinnt

Der positionelle Vorteil von Weiß hängt in dieser Stellung von zwei Komponenten ab. Er besitzt einen entfernten Freibauern und einen aktiven Turm, der schwarze Turm dagegen ist passiv postiert.

Wir haben uns schon mehrfach davon überzeugt, daß es nicht gut ist, einen Freibauern mit dem Turm zu blockieren, da dieser dadurch viel an Kraft verliert. Das Vorhandensein eines entfernten Freibauern bedeutet in Turmendspielen nicht unbedingt einen entscheidenden Vorteil. Tauschen Sie die Türme aus und überzeugen Sie sich davon. Im Zusammenspiel mit einem aktiven Turm aber führt der entfernte Freibauer zum Gewinn.

1. Tf4

Schwarz ist im Zugzwang. Wenn der Turm zurückweicht, dringt der Bauer weiter vor. Z. B. 1... Tf7 2. f6 Kd6 3. Kd4 Ke6 4. b4 – beim Tausch auf f6 ist das Endspiel für Weiß gewonnen.

1... b4 2. b3 Tf7 3. f6 Kd6 4. Kd4 Ke6 5. Tf2 Kd6 6. Ta2! Tc7 7. Ta6+ Kd7 8. Tb6 Schwarz gibt auf.

Bauernschwächen sind ein großes Manko jeder Stellung, da die Figuren, die sie zu verteidigen haben, sehr an Kraft verlieren. Bauernschwächen sind nicht nur an sich ein Nachteil, sondern schränken zusätzlich die Aktivität von Turm und König ein.

Marshall – Tschigorin
1905

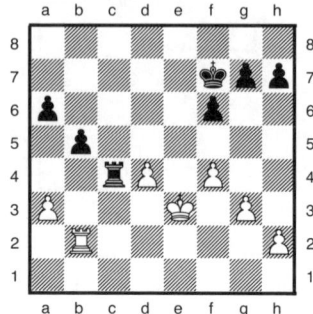

Schwarz ist am Zug
Weiß hat zwei schwache Bauern: a3 und d4. Auf den ersten Blick scheint Schwarz sofort einen Bauern gewinnen zu können mit 1... Tc3+. Doch nach 2. Ke4 T : a3 3. Kd5 wird aus dem schwachen Bauer d4 ein gefährlicher Freibauer, und Weiß kann zuversichtlich sein.
Schwarz spielte 1... Ke6! in der Ansicht, daß der Bauer nicht davonlaufen kann und die Position des Königs verbessert werden muß. Diese Entscheidung ist richtig. In Turmendspielen sind aktive Figuren wichtiger als ein Mehrbauer.
2. Tb3 Kd5 3. Td3 f5 4. h3 h5 5. Ke2 (Weiß ist im Zugzwang. Nach 5. h4 g6 verliert er den Bauern ebenfalls.) 5... T : d4 6. Tc3 Te4+ 7. Kd2 h4 8. Tc7! (sucht Rettung im Gegenangriff) 8... h : g 9. T : g7 T : f4 10. T : g3 Ke5 11. Ke2 Tc4 12. Tg6 Ta4 13. Tg3 f4 14. Tb3 Tc4 (14... Ke4? wäre ein grober Fehler, denn nach 15. Tb4+ ist das Bauernendspiel Remis.) 15. Kd1 Ke4 16. h4 f3 17. Ke1 Kf4 18. h5 Tc1+ 19. Kf2 Tc2+ 20. Ke1 Kg3, und Schwarz gewinnt.

Wie schon mehrfach betont, ist eines der wichtigsten Elemente in der Beurteilung einer Turmendspielstellung die Aktivität des Turmes. Mit dem Grad seiner Aktivität ändert sich die Bedeutung des materiellen und des positionellen Vorteils.

Bernstein – Forgacs
Coburg, 1904

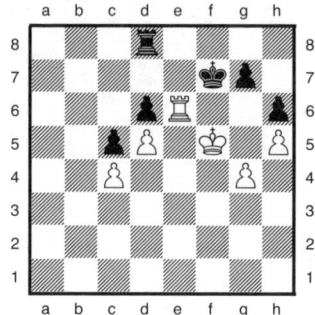

Weiß ist am Zug
In diesem Beispiel stellt gerade der Unterschied in der Aktivität der beiden Türme das entscheidende Moment für die Beurteilung der Stellung dar.
Die positionellen Vorteile von Weiß sind offensichtlich. Der schwarze Turm muß den Bauern decken und ist somit passiv. Der schwarze König muß den Punkt g6 decken, damit sein Kontrahent nicht eindringen kann. Allerdings besteht kein Zugzwang und der schwarze Turm kann sich auf den Feldern d7 und d8 bewegen. Wie kann Weiß den Sieg erreichen? Wenn sich sein Turm auf a6 befinden würde, brächte jeder Turmzug auf der sechsten Reihe Schwarz in Zugzwang, auch bei Turm auf d7. Deswegen spielt Weiß 1. Te1, um den Turm nach a6 zu bringen. Eine passive Haltung führt hier zur Niederlage und so aktiviert Schwarz sofort seinen Turm. Es folgte 1... Tf8! Auf 2. Ta1 käme 2... Ke7+ 3. Kg6 Tf4! mit denkbarer Fortsetzung 4. Ta7+ Kf8 5. Ta8+ Ke7 6. K : g7

T : g4+ 7. K : h6 Kf6 und die günstige Figurenkonstellation garantiert Ausgleich für Schwarz. Bei Rückkehr des Turmes auf e6 wäre möglich 2... Kg8+ 3. Kg6 Tf4 4. Te8+ Tf8 mit remislichem Bauernendspiel.

Weiß antwortete mit 2. g5 Kg8+ 3. Kg4 h : g 4. K : g5 Tf2 5. Te6 Tc2 6. T : d6 T : c4, und die Partie endete schnell remis.

Zum Sieg führt ein Manöver, das man „Ausweitung des Schlachtfeldes" nennen könnte: **1 g5! h : g 2. K : g5 Td7 3. h6! g : h+ 4. T : h6.**

Hinter dem Bauerntausch verbirgt sich folgende Idee: Der Turm erhält die Möglichkeit, vom Flügel her anzugreifen.

4... Kg7 5. Tg6+ Kf7 6. Kf5 Ta7!

Die einzige Chance für Schwarz liegt im Gegenangriff.

7. Th6 Kg7 8. T : d6 Ta4 9. Td7+ Kf8 10. Ke6 T : c4 11. Td8+ Kg7 12. d6 und der Bauer kann umgewandelt werden.

Etwas besser ist 7... Ta4 8. Th7+ Kg8 9. Tc7 T : c4 10. Ke6 Te4+ 11. K : d6 c4 12. Kc6 c3. Aber auch hier gewinnt Weiß nach 13. d6! c2 14. Kd7 Te2 15. Kd8.

Capablanca – Tartakower
New York, 1924

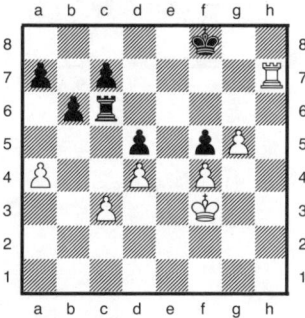

Weiß ist am Zug
Die unterschiedliche Position der Könige kann ebenfalls ein wichtiges Kriterium bei der Stellungsbewertung abgeben.

Obige Stellung ist auf den ersten Blick schlecht zu beurteilen. Weiß verliert einen Bauern, doch ist der schwarze König schlecht postiert, was besonders wichtig ist. Falls sich der weiße König in den Angriff einschaltet, kann die Situation für Schwarz kritisch werden. Deswegen spielte Weiß 1. Kg3!! Darauf folgte 1... T : c3+ 2. Kh4 Tf3 3. g6! T : f4+ 4. Kg5 Te4 5. Kf6!

Der Bauer f5 kann nicht entkommen, wichtiger ist es, den gegnerischen König sofort anzugreifen.

5... Kg8 6. Tg7+ Kh8 7. T : c7 Te8 8. K : f5 Te4 9. Kf6 Tf4+ 10. Ke5 Tg4 11. g7+ Kg8 12. T : a7 Tg1 13. K : d5 Tc1 14. Kd6 Tc2 15. d5 Tc1 16. Tc7 Ta1 17. Kc6 T : a4 18. d6 und Schwarz gibt auf.

Zum Schluß noch ein Beispiel, das die Bedeutung von aktiven Figuren unterstreicht.

Tarrasch – Rubinstein
San Sebastian, 1911

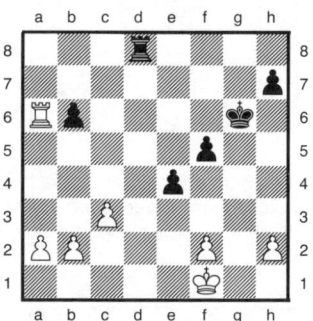

Schwarz zieht
Die passive Verteidigung 1... Td6 verliert wegen 2. Ke2 und 3. a4 mit der Drohung 4. a5. Die Rettung für Schwarz liegt im aktiven Spiel.

1... Td2! 2. T : b6+ Kg5

Weiß hat schon zwei Bauern mehr, doch Schwarz droht nach f4–f3 mit Matt, z. B. 3. a4 f4 4. a5 f3 5. Ke1 Te2+

Schwarz erzwingt Zugwiederholung wegen der Gefahr 6. Kd1 T : f2 7. a6 e3 8. a7 Td2+ 9. Kc1 f2, Weiß muß an die Verteidigung denken.

3. Ke1 Tc2 4. Tb5 Kg4 5. h3+
Nach 5. a4 f4 6. a5 Kf3 kann Weiß nur noch verlieren.
5... K : h3 6. T : f5 T : b2 7. Tf4 T : a2 8. T : e4 h5
Weiß ist es gelungen, die Hauptdrohung zu neutralisieren, aber Schwarz besitzt noch einen Trumpf – den h-Bauern.
9. c4 Kg2 10. Tf4 Tc2 11. Th4 Kf3 12. Kd1 T : f2 13. c5 Ke3 14. T : h5 Kd4 Remis.

ÜBUNGEN

Nr. 190 Weiß ist am Zug und gewinnt. Zeigen Sie wie!

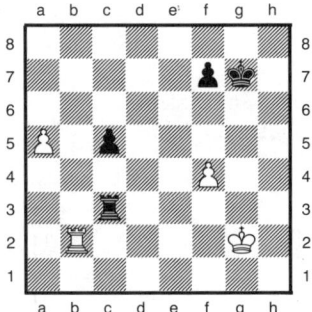

Nr. 191 Weiß ist am Zug. Ohne die h-Bauern wäre die Stellung mit einer schon analysierten fast identisch. Versuchen Sie, die Stellung zu beurteilen.

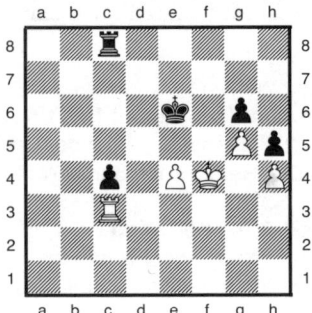

Nr. 192 Weiß ist am Zug und gewinnt. Mit den weißen Steinen konnte Aljechin beweisen, daß zwei verbundene Bauern stärker sind als die isolierten. Versuchen Sie, es auch zu beweisen!

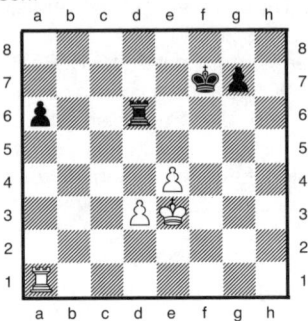

Nr. 193 Diese Studie, in der Weiß gewinnt, stammt von Emanuel Lasker. Der weiße König kann seinen Bauern unterstützen, sein schwarzer Kontrahent kann dies nicht. Das ist das entscheidende Moment. Weisen Sie nach, daß die unterschiedliche Königsstellung die Lösung bringt.

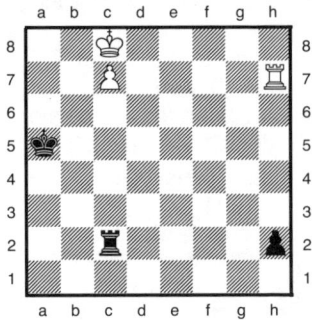

6. Damenendspiele

Dame gegen Bauer

Die Dame als mattsetzende Figur muß sich in diesen Endspielen gegen die Bauern durchsetzen, um zu gewinnen, was ihr meist leicht gelingt. Ein Bauer kann gegen die Dame nur dann bestehen, wenn er direkt vor der Verwandlung steht, von seinem König unterstützt wird und der gegnerische König gleichzeitig weit entfernt ist.

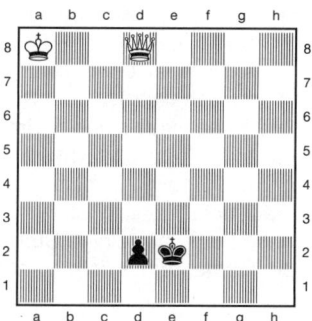

In dieser Stellung kann die Dame allein den Bauern nicht bezwingen. Das Ergebnis hängt davon ab, ob der weiße König zu Hilfe kommen kann oder nicht.
1. De8+ Kf2 2. Da4 Ke2 3. De4+ Kf2
4. Dd3! Ke1 5. De3+ Kd1
Weiß hat den schwarzen König gezwungen, das Feld vor dem Bauern einzunehmen, und beginnt nun mit der Annäherung des Königs. Dieses Manöver wird entsprechend oft wiederholt, bis der König an Ort und Stelle eingetroffen ist.
6. Kb7 Kc2 7. De2 Kc1 8. Dc4+ Kb2
9. Dd3 Kc1 10. Dc3+ Kd1 11. Kc6 Ke2
12. Dc2 Ke1 13. De4+ Kf2 14. Dd3 Ke1
15. De3+ Kd1 16. Kd5 Kc2 17. De2 Kc1
18. Dc4+ Kb2 19. Dd3 Kc1 20. Dc3+
Kd1 21. Ke4 Ke2 22. De3+ Kd1 23. Kd3
und Weiß gewinnt.
Diese Methode der Königsannäherung

gelingt nur bei den Mittelbauern und bei Bauern auf den Springerlinien.
Beachten Sie, daß die Dame mit einem Schachgebot auf der e-Linie begonnen hat. Wenn sich nun der weiße König auf e7, e6 oder e5 befunden hätte, hätte er das Damenmanöver gestört und die Partie wäre remis. In solchen und ähnlichen Stellungen erreicht man den Gewinn gewöhnlich, wenn mit einem Schachgebot bzw. einer Fesselung begonnen werden kann.

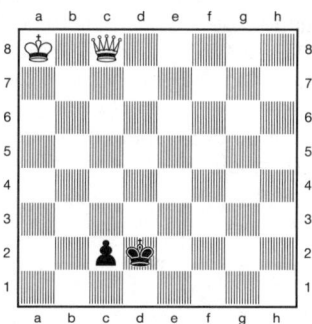

Remis
Hier versagt die vorhin gezeigte Methode. Nach 1. Dd8+ Kc1 2. Kb7 Kb1
3. Dd3 setzt Schwarz mt Ka1! fort.
Was soll Weiß nun spielen? Der Bauer darf wegen Patts nicht genommen werden. Weiß hat keine Zeit, um seinen König heranzuholen.
Wenn es sich um einen Läuferbauern handelt, erzielt Weiß einen Erfolg nur, wenn sich sein König irgendwo in der Nähe des angegriffenen Bauern befindet – auf a5 etwa.

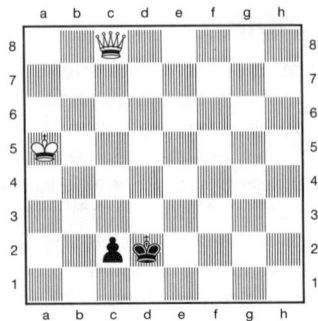

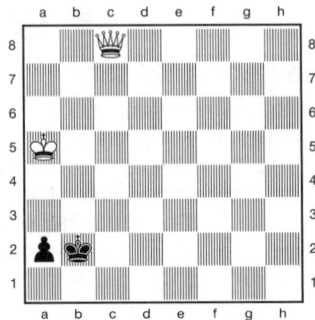

Weiß gewinnt.

1. Dd8+ Kc1 2. Kb4 Kb2 3. Dd4+ Kb1 und nun ist möglich 4. Kb3! Schwarz verwandelt den Bauern in eine Dame 4. c1=D, wird aber mattgesetzt: 5. Dd3+ Ka1 6. Da6+ Kb1 7. Da2.#!

Auch mit einem Randbauern kann man auf Patt spielen.

Weiß gewinnt

1. Db8+ Kc2 2. De5 Kb1 3. De1+ Kb2 4. Dd2+ Kb1 5. Kb4! a1=D 6. Kb3 Dc3+ (Das Matt ist undeckbar, letzter Versuch von Schwarz!) 7. K : c3.

Wenn der Bauer von seinem Umwandlungsfeld zwei Züge entfernt ist, so erzielt man den Gewinn in gezeigter Weise, da Patt nicht möglich ist.

Die Theorie kennt nur einige Stellungen, in denen Dame und König ihre Kräfte nicht koordinieren können, so daß es zum Remis kommt.

Hier eine solche Stellung:

„Chess World"
1865

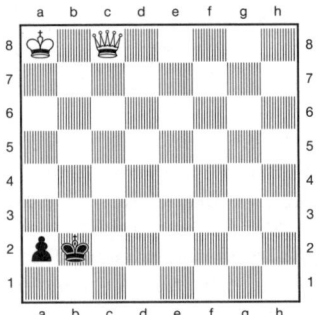

Remis

1. Db8+ Kc2 2. De5 Kb1 3. Db5+ Kc2 4. Dc4+ Kb2 5. Db4+ Kc2 6. Da3 Kb1 7. Db3+ Ka1

Weiß hat zwar erreicht, daß der König das Feld vor dem Bauern eingenommen hat, doch das nützt ihm nichts: Schwarz befindet sich im Patt.

Auch beim Randbauern kann Weiß gewinnen, wenn sich sein König in der Nähe des Bauern befindet.

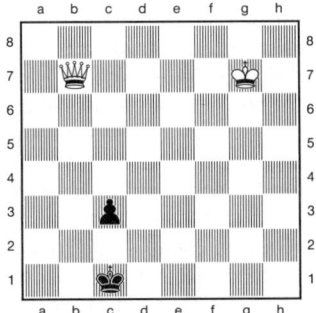

Weiß ist am Zug

Da sein König ungünstig postiert ist, kann Weiß das Vorrücken des Bauern nicht verhindern, z. B. 1. Dh1+ Kb2 2. Db7+ Kc1! Wenn sich der König auf

f7 befände, würde Weiß leicht gewinnen:
2. Dh8! Kb3 3. Ke6 c2 4. Da1 usw.
Falls die Dame gegen zwei Bauern zu
kämpfen hat, so ist die energische Unterstützung des Königs unbedingt von-
nöten. Hier ein Beispiel mit zwei verbundenen Bauern auf der vorletzten Reihe.

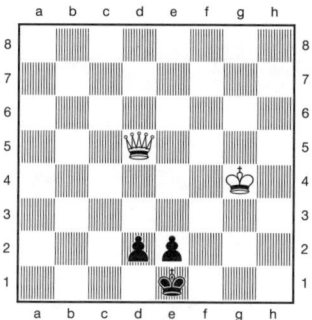

Weiß gewinnt
Den Gewinn kann man hier nur erreichen durch Mattsetzen des Königs oder
durch Eroberung eines der Bauern.
1. Dh1+ Kf2 2. Dh2+ Ke3 (Auf 2... Kf1
folgt 3. Kf3 d1=D 4. Df2#) 3. Df4+ Kd3
4. Df3+ Kc2 5. D : e2 usw.
Mit dem König auf g1 wäre die weiße
Dame in ihrem Manöver behindert, und
Weiß könnte nicht gewinnen.

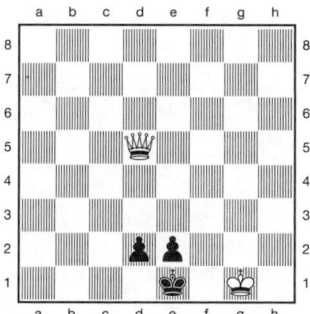

Remis
1. Da5 Kd1 2. Da1+ Kc2 3. Da2+ Kc1!
4. Dc4+ Kd1 5. Db3+ Kc1 usw. Doch
Schwarz muß vorsichtig operieren. 3...
Kd3 (statt 3... Kc1) verliert!

I. Kling und B. Horwitz
1851
(mit Flügelwechsel)

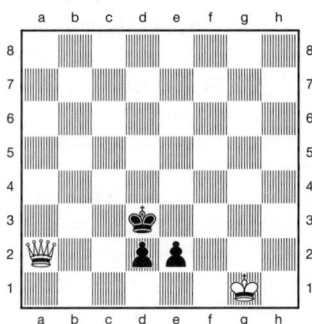

Weiß gewinnt
Der Gewinn wird durch das typische
Damenmanöver gesichert: 1. Da6+ Ke3
2. De6+ Kf3 3. Df5+ Ke3 4. Df2+ Kd3
5. Df3+ und 6. D : e2.
Es hilft auch nicht 2... Kd3 3. Df5+ Kd4
4. Df4+ Kd3 5. Df3+.
Wenn es sich um zwei isolierte Bauern
auf der vorletzten Reihe handelt, ist die
Aufgabe noch einfacher. Es muß ein
Feld vor einem der beiden Bauern ein-
genommen und dann der König heran-
geholt werden.
Hier die typische Methode, die zum
Gewinn führt.
A. Chéron
1945

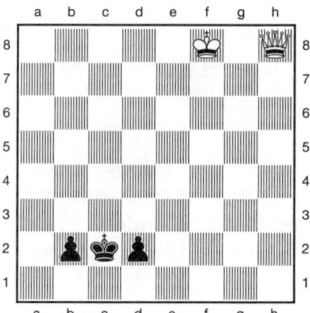

Weiß gewinnt

Zunächst nähert sich die Dame mit tempobringenden Zügen den beiden Bauern: 1. Dh7+ Kc1 2. Dc7+ Kd1 (2... Kb1 3. Dd7 und weiter wie in der Hauptvariante) 3. Db7 Kc1 (3... Ke1 4. De4+ und 5. Db1) 4. Dc6+ Kd1 5. Da4+ Kc1 6. Dc4+ Kd1 7. Dd3 Ke1 8. De4+ Kf2 9. Db1!

Die Dame blockiert nun erfolgreich einen der Bauern. Es droht 10. D : b2, weswegen der schwarze König die zweite Reihe verlassen muß. Schwarz kann nichts Aktives unternehmen und muß abwarten, bis der weiße König herankommt, der die Partie entscheidet.

Falls aber einer der Bauern ein Läufer- oder Randbauer ist, kann dieser Plan nicht gelingen, wenn der weiße König entfernt ist und Schwarz, einen Bauern opfernd, in ein Remis-Endspiel mit einem Bauern gegen Dame einlenken kann.

A. Chéron
1950

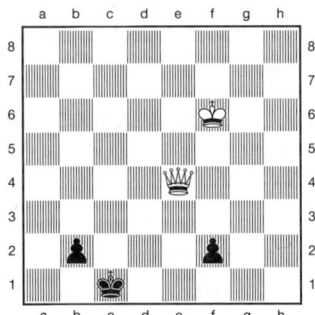

Remis
Erfolglos bleibt 1. Dc4+ Kd2! 2. Df1 b1=D! 3. D : b1 Ke2 und Remis.

Weiß versucht es anders: 1. De3+ Kd1 2. Dd3+ Ke1! (König muß zum f-Bauern) 3. Db1+ Ke2 4. D : b2+ Kf1 5. Kg5 Kg1 und der weiße König kommt nicht heran. Remis.

Falls einer von zwei Bauern die vorletzte

Reihe nicht erreicht hat, gibt es immer noch Möglichkeiten zum Remis, wenn einer der Bauern ein Läufer- oder Randbauer ist, und der gegnerische König sich nicht am Ort des Geschehens aufhält.

R. Fine
1941

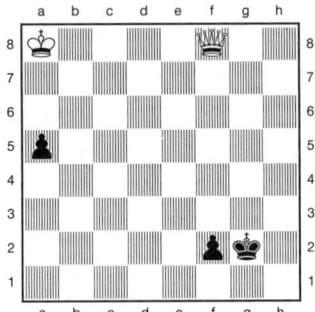

Remis
1. Dg8+ Kh2 2. Dc4 Kg2 3. Dg4+ Kh2 4. Df3 Kg1 5. Dg3+ Kf1 6. Kb7 a4 7. Kc6 a3 8. Kd5 a2 9. Dg7 a1=D 10. D : a1+ Kg2 mit Remis.

ÜBUNGEN

Nr. 194 Wie Sie sehen, fehlt hier der weiße König. Versuchen Sie, die Zone zu bestimmen, in der sich der weiße König befinden muß, damit das Endspiel gewonnen werden kann. (Weiß am Zug).

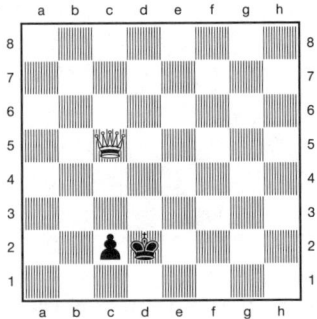

Nr. 195 Lösen Sie die gleiche Aufgabe mit dem Bauern auf a2 statt c2, weißer Dame auf a5 und schwarzer König auf b2.

Nr. 196 Beurteilen Sie die gezeigte Endspielstellung und zeigen Sie, welcher Plan zum Ziel führt! (Weiß am Zug).

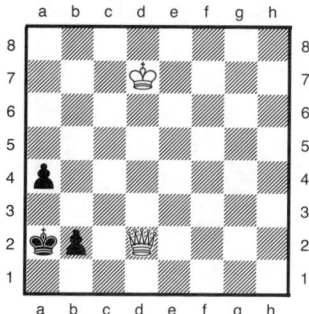

Nr. 197 Beurteilen Sie die gezeigte Stellung und finden Sie den Gewinnplan! (Weiß am Zug).

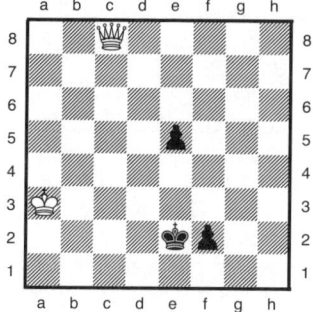

Dame gegen Dame

Zunächst betrachten wir den Fall Dame mit Bauer gegen Dame. Wenn sich der König der schwächeren Seite vor dem Bauern befindet und die Dame sich dem Angriff der gegnerischen Figuren entgegenstellen kann, wird ein Remis das natürliche Ergebnis sein. Im nächsten Diagramm betrachten wir den Fall, in dem der König vom Bauern entfernt ist und somit die Verteidigungslast allein auf der Dame ruht.

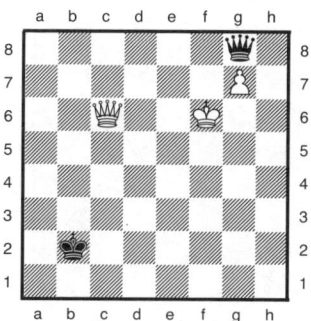

Weiß am Zug gewinnt

Die schwarze Dame verhindert das Vorwärtsrücken des Bauern, verhält sich aber ganz passiv. Zum Erreichen des Sieges muß Weiß sie von g8 vertreiben. Die einzige Vorsicht muß der Drohung von Dauerschach gelten.

Es gibt zwei Wege zum Erfolg:

a) 1. Db5+ Ka2 2. Da4+ Kb2 3. Db4+ Ka1 4. Df8 Db3

Die Dame muß das Feld g8 verlassen, die letzte Hoffnung gilt dem Dauerschach.

5. g8=D Df3+ 6. Kg7 Dg4+ 7. Kh8 Dh5+ 8. Dh7 und auf der Diagonale a1−h8 ist kein Schachgebot mehr möglich wegen Damentauschs.

b) 1. De6 Dd8+ 2. Kg6! Dd3+ 3. Kf7! Kc1 4. g8=D Df3+ 5. Kg7 Dg2+ 6. Kh7 Db7+ 7. Dg7 Db1+ 8. Deg6 und die Möglichkeiten zum Schachgebot sind ausgeschöpft.

Die Methode zur Verhinderung von Schachgeboten, wie sie hier angewendet wird, ist typisch für die Damenendspiele. Weiß manövriert so, daß dabei bewußt die Stellung des gegnerischen Königs ausgenutzt wird.

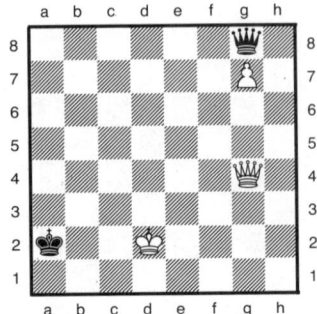

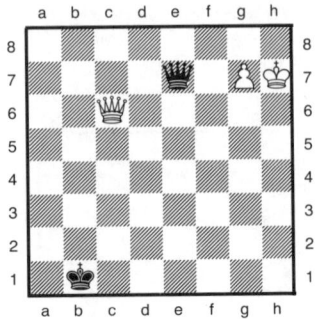

In dieser Diagrammstellung bedient sich Weiß derselben Methode allerdings in einer etwas komplizierteren Situation. Es scheint, als ob sich der weiße König nirgends verstecken und Schwarz, hier am Zug, Dauerschach bieten könnte. Doch eine Zufluchtmöglichkeit hat der König doch. **1... Dd5+ 2. Ke1! Dh1+** (auf 2... Da5+ folgt 3. Kf1! – kein Schachgebot mehr möglich) **3. Kf2 Dh2+ 4. Dg2.**
Mit der Dame im Hinterhalt, entscheidet Weiß die Partie sofort. Auf 4... Dh4+ folgt 5. Kf3+ und 6. g8=D.
Weiß muß mit dem König vorsichtig manövrieren. Nach 2. Ke2? Db5+ 3. Kf2 Db6+ 4. Kg2 Dc6+ 5. Kh2 Dh6+ folgt Dauerschach.
Es bleibt noch zu erwähnen, daß auf das passive Zurückhalten der Dame auf g8 Weiß zunächst seinen König auf g1 versteckt hätte, um nach Df8 sofort eine neue Dame zu holen. Wie Sie sehen, kann die Dame, im Gegensatz zu anderen Figuren, allein, ohne Hilfe des Königs den eigenen Bauern durchbringen. Nun ein Beispiel für das Verhindern der Bauernpromotion durch die Fesselung auf der vorletzten Reihe.

Schwarz ist am Zug
Weiß droht, sich mit dem Zug **1. Kg6!** von der Fesselung zu befreien und nach 1... Dd8 mit 2. Kf7! die Bauernumwandlung zu forcieren. Schwarz darf nicht warten. Auf 1... Da7 folgt 2. De4+ Kc1 3. Kh8 Da1 4. Db6+
Also **1... Dh4+ 2. Dh6 De7 3. Db6+** (Zur Bauernumwandlung muß Weiß eines dieser Felder einnehmen: c6, d5, d4 oder f4) 3... Ka2
(Sofort verliert 3... Ka1 4. Dd4+ und 5. Kh8 oder 3... Kc2 4. Dc6+ Kb1 5. Kg6.)
4. Da5+ Kb1 5. Db5+ Ka1 6. Da4+ Kb1 7. Dd1+ Ka2 (7... Kb2 8. Dd4+) 8. Dd5+ und 9. Kg6.
Falls der König der materiell schwächeren Seite nicht am Kampf um den Bauern teilnehmen kann, ist es für ihn am besten, sich so weit wie möglich vom Bauern entfernt zu halten, damit seine Position vom Gegner nicht zur Verhinderung von Schachgeboten genutzt werden kann.
Die beste Verteidigung ist in der nächsten Diagrammstellung die Fesselung auf der Diagonale. Eine schlechte Königsposition könnte zur Entfesselung führen.

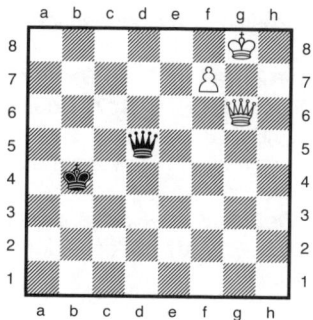

Weiß ist am Zug
1. Kh7 Dh1+ (Die Fesselung auf der Horizontale hilft nicht – 1... Dd7 2. De4+! Ka3 3. Kg8, und der Bauer kann nicht mehr aufgehalten werden.) 2. Kg7! Da1+ 3. Kg8 Da2 4. Dc6!
Es ist eine interessante Stellung entstanden. Schwarz ist im Zugzwang und hat keinen guten Zug zur Verfügung.
Wir haben schon festgestellt, daß die Dame allein, ohne Hilfe des Königs, in der Lage ist, einen Freibauern durchzubringen. Diese Tatsache hat eine große Bedeutung in Endspielen mit Bauern auf beiden Seiten.

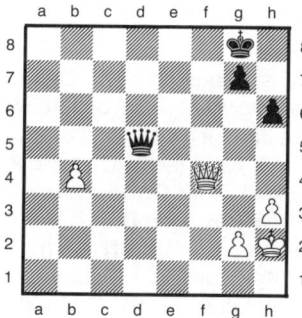

Weiß gewinnt
Der weiße König ist vor Schachgeboten gut geschützt. Nach 1. Db8+ Kf7 2. b5 kann Weiß den Freibauern leicht umwandeln. Z. B. 2... Ke7 3. Dc7+ Ke6

4. b6 Dd6+ 5. D : d6 K : d6 6. Kg3 Kc6 7. Kf4 K : b6 8. Kf5 Kc5 9. Kg6 mit Gewinn.
Als nächstes ein ideales Beispiel. Normalerweise ist die Realisierung des Vorteils eines Mehrbauern im Damenendspiel keine allzu einfache Sache. Die geringste Schwäche in der Bauernformation kann die Möglichkeit des Dauerschachs ergeben.

Maroczy – Bogoljubow
Dresden, 1936

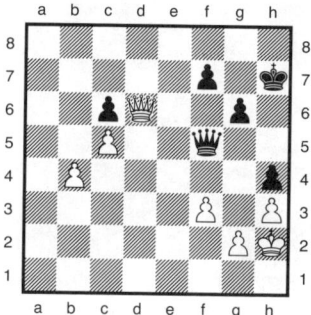

Weiß ist am Zug
Falls sich der König hinter seinen Bauern nicht verstecken kann, empfiehlt sich der kühne Vorstoß ins gegnerische Lager.
Der Bauer darf nicht genommen werden wegen 1... Df4+ 2. Kg1 Dc1+ mit Dauerschach. Deswegen opfert Weiß einen Bauern, um sich einen gefährlichen Freibauern zu verschaffen.
1. b5! c : b 2. c6 Dc2 3. Dd5 (einfacher ist 3. c7) **3... Kh6 4. Dd6 Dc4 5. c7 Kh7 6. Dd7!**
Das ist der richtige Weg. Nachdem Schwarz keine Möglichkeit zum Dauerschach besitzt, geht der weiße König auf eine lange Reise.
Sein Ziel ist das Feld b7.
6... Df4+ 7. Kg1 Dc1+ 8. Kf2 Dc5+

9. Ke2 Dc2+ 10. Ke3 Dc5+ 11. Ke4 Dc4+ 12. Ke5 Dc3+ 13. Kd5 Dc4+ 14. Kd6 Db4+ 15. Kc6 Dc4+ 16. Kb7. Schwarz gibt auf.

Der schwarze b-Bauer hat den König vor Schachgeboten aus dem Rückraum abgeschirmt, weswegen er auch nicht geschlagen wurde.

Hier noch eine nicht minder wichtige Methode der Abschirmung des Königs.

Efim D. Bogoljubow

Maroczy – Betbeder
Hamburg, 1930

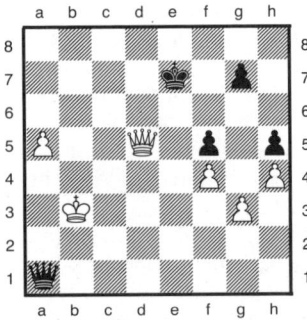

Schwarz ist am Zug

Sich hinter einem Randbauern zu verstecken, ist sehr schwierig. Doch kann sich in diesem Fall der weiße König schnell von den Schachgeboten befrei-

en, die Position des gegnerischen Königs ausnutzend.

1... Db1+ 2. Ka4 g6 3. a6 Da1+ 4. Kb5 Db2+ 5. Kc6 Df6+ 6. Kc7! Dc3+ Auf 6... D : a6 käme 7. Dd7+ und 8. Dd6+ mit einem gewonnenen Bauernendspiel. **7. Dc6 De3 8. Kc8!** Schwarz gibt auf, denn nach 8... Kf7 entscheidet 9. a7! D : a7 10. Dd7+.

Als letztes noch ein Beispiel mit Freibauern auf beiden Seiten.
Awerbach – Krogius
Tiflis, 1959

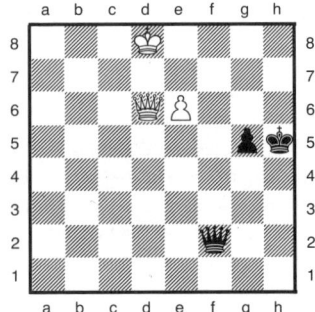

Schwarz ist am Zug

Der weiße Bauer ist dem Zielfeld ein paar Schritte näher als der schwarze, was auch den Sieg von Weiß ermöglicht. **1... Df6+ 2. Kc7!** (schwächer ist 2. Kd7 Df5) **2... Da1 3. e7 Da7+ 4. Kc8 Da8+ 5. Kd7 Db7+ 6. Ke8 Df3 7. De6! Kh4** (Zu spät ist 7... g4 8. Df7+ Kh4 9. Kf8 Da3 10. Kg8, und der Bauer ist nicht mehr aufzuhalten.) **8. Df7 Da8+ 9. Kd7.** Schwarz gibt auf.

Über e6 – f6 – g6 – g7 wird sich der König auf das Feld g8 retten, und so hat wieder einmal der gegnerische Bauer ihn vor Schachgeboten abgeschirmt.

Bei allen Königszügen in solchen Endspielen muß man beachten, daß die

Dame in Zusammenarbeit mit den Bauern ein Mattnetz knüpfen kann.
Zum Schluß noch das tragikomische Finale einer Meisterpartie.

Borisenko – Simagin
Moskau, 1955

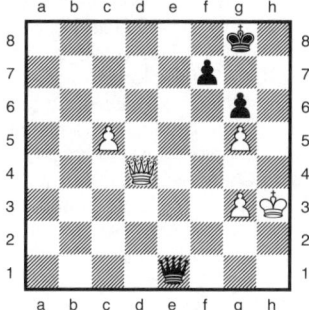

Schwarz ist am Zug
Weiß besitzt einen Mehrbauern. Nach 1... Df1+ spielte er 2. Kg4? und nach 2... f5+! 3. g : f Df5+ 4. Kh4 kam 4... Dh5#!

ÜBUNGEN

Nr. 198 Weiß ist am Zug. Der weiße König muß sich vor Schachgeboten schützen. Wie kann er dazu die Position des schwarzen Königs nutzen?

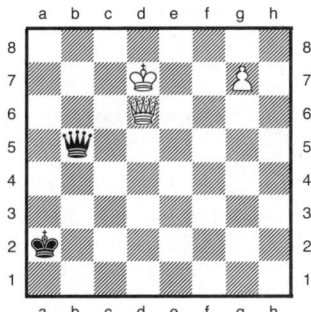

Nr. 199 Weiß ist am Zug. Wie kann sich sein König vor Schachgeboten schützen?

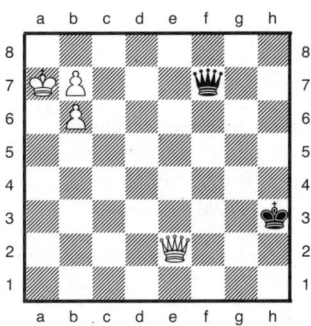

Nr. 200 Weiß am Zug gewinnt. Schwarz besitzt vier Bauern mehr, und so verwundert die Aufgabenstellung etwas. An allem ist die schlechte Position des schwarzen Königs schuld!

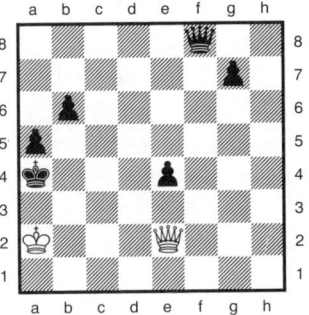

Nr. 201 Weiß ist am Zug und besitzt einen starken Freibauern. Versuchen Sie, das in einen Gewinn umzumünzen!

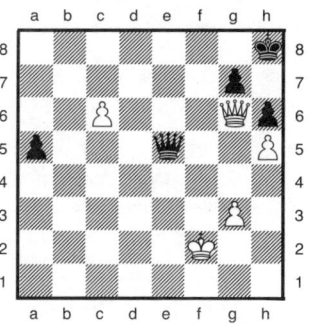

Lösungsteil

Nr. 1 Matt in drei Zügen. 1. Sh5+ T : h5 2. T : g6+ K : g6 3. Te6#

Nr. 2 Im Anfangsstadium einer Partie sind die Punkte f2 und f7 die empfindlichsten, da sie jeweils nur von den Königen gedeckt sind.

Nr. 3 Schwach ist der Zug 5... S : d5?. Besser ist 5... Sa5. Statt 6. S : f7 ist noch stärker 6. d4. Größere Verteidigungschancen bietet 13... Lg5+ (statt 13... T : f2) 14. Kb1 Tf4 15. D : e5+ Kf7. Das frühe Schlagen auf e5 ist auch nicht nötig (14. d : e), stark ist auch Thf1.

In der im Diagramm angegebenen Stellung hat Weiß folgendermaßen gewonnen: 16. h4! T : d1+ 17. T : d1 L : h4 18. S : d5 c : d 19. T : d5 Dg5 20. Td6++ Ke7 21. Tg6 und Schwarz gibt auf.

Nr. 4 Weiß hat einen unwiderstehlichen Angriff. Hier die Hauptvariante: 11. L : f7+ Kf8 12. Lg5 Se7 13. Se5 L : d4 14. Lg6! d5 15. Df3+ Lf5 16. L : f5 L : e5 17. Le6+ Lf6 18. L : f6 usw.

Nr. 5 Statt Te1 ist besser 5. d3 oder 5. Sc3. Das einfache 8. c : d (in der Partie erfolgte 8. e5) ergibt gutes Spiel für Weiß, da die Schwäche des Zugs 6... De7 dadurch noch klarer wird! Statt 9. c : d? ist besser h3.

Nr. 6 Gambit ist eine kühne und gefährliche Spielmethode, verbunden mit Bauernopfern zu Spielbeginn. Der Name stammt aus dem italienischen Ausdruck, den man mit „Bein stellen" übersetzen kann.

Nr. 7 Zwei ungünstig postierte Springer, keine Rochade, die Bauern a3−b4 schwächen den Damenflügel und öffnen die Diagonale a1−d4. Weiß ist wegen des rochierten schwarzen Königs und der wirksamen Vorposten auf c5 und d4 bereits jetzt klar im Nachteil.

Nr. 8 Nach 11. Sa4 gewinnt Schwarz mit 11... d : e!; falls 12. D : d8, so folgt e : f3+ 13. Ke2 Lg4+ usw. Die Partie verlief so: 11... d : c 12. Dc2 Da5 13. Tb1 Ld7! 14. Tb3 La4! 15. D : c3 Dd8!, und Weiß verliert die Qualität.

Nr. 9 Ein grober Fehler ist 3... g6?; richtig wäre 3... e5 gewesen.

Nr. 10 Falsch war 5... S : f2?. Nach 5... d5 6. e : d S : d6 haben beide Seiten gleiche Aussichten. Sofort verliert 6... S : d1, mehr Widerstand leistet 6... Lc5.

Nr. 11 Nach erst vier Zügen wurden fast ebenso viele Fehler gemacht. Zu wenig aktiv ist 1. e3. Sehr schlecht ist 2. Df3?, besser wäre 2. d4 oder 2. c4. Auch andere Züge wären möglich. Nach 3... e4 hätte die Dame auf d1 oder auf g3 gezogen werden müssen.

Nr. 12 Falsch war 2... f6?; nach 3. S : e5 (gut ist auch 3. Lc4) ist die beste Fortsetzung für Schwarz 3... De7. Das Schlagen des Springers (3... S : e5) führt forciert zum Verlust.

Nr. 13 Ein typisches Beispiel für's „Bauernfressen" in der Eröffnung. Schlecht ist 2... Df6?, da sich die Dame sofortigen Angriffen aussetzt. Sehr schlecht ist 3... Dg6?

Nr. 14 Zu passiv ist 4... d6. Statt 6... Lb4+ ist besser 6... Lb6. Nach 7. Kf1 ist die Lage für Schwarz bedrohlich, es droht 8. d5. Statt 7... Ld7? ist besser 7... La5.

Nr. 15 Schlecht ist 9... Le7?; besser wäre 9... L : c3 10. Db3 d5 11. L : d5 0-0. Nach 11. d6! starker Angriff für Weiß. Bei 11... S : c4 12. d : e K : e7 entscheidet 13. De2+, bei 11... c : d ist 12. L : f7+ K : f7 13. Dd5+ möglich, und der weiße Angriff ist unwiderstehlich.

Nr. 16 6. Lg5? ist verfrüht. Ähnliche Fesselungen sind vor der gegnerischen Rochade zu unsicher. Gut wäre gewesen 6. Le3. Schlecht ist 7. Lh4, besser wäre 7. L : f6.

Beachtenswert ist 7... g5! Nach eventueller schwarzer Rochade hätte Weiß 8. S : g5 ziehen können. Das wäre nun schlecht wegen 8... h : g 9. L : g5 Tg8. Statt 9. S : g5 ist sicherer 9. h4. Nach 12... Sd4! droht 13... Sf3+ 14. g : f L : f3 mit unabwendbarem Matt. Schlecht ist ebenfalls 13. h3 Se2+ 14. Kh1 T : h3+ 15. g : h Lf3#.

Diesen herrlichen Angriff hat Tschigorin durchanalysiert.

Nr. 17 Fehlerhaft ist 6... Le7?; richtig wäre 6. e : d. Es verliert 7... S : e5?, richtig wäre 7... L : g5 8. Dh5+ g6 9. D : g5 D : g5 10. L : g5 S : e5 11. 0-0.

Nr. 18 Schlecht ist 5... f5?; nach 5... Sd6 6. S : e5 S : e5 7. T : e5+ Le7 hat Schwarz eine gefestigte Stellung. Nach 8... Le7 entscheidet 9. Lg5.

Nr. 19 Nach 7. Te1 entstand die charakteristische Stellung aus der Steinitz-Verteidigung. Falsch ist 7... 0-0, 7... e : d wäre besser. Im Falle von 10... Ta : d8 kann Schwarz Material-

verluste nicht vermeiden: 11. S : e5 L : e4
12. S : e4 S : e4 13. Sd3 f5 14. f3 Lc5+
15. S : c5 S : c5 16. Lg5. Diese Varianten
sind in die Eröffnungstheorie eingegangen
aufgrund der Partie Tarrasch – Marco, gespielt 1892.

Nr. 20 Neben 9... Ld6 ist ebenso möglich 9...
Le6. Schwächer ist 9... b6 wegen 10. Lf4 Ta7
11. Sc3. Schwarz gerät in eine schwierige
Lage nach 10... Lg4?, besser wäre 10... Sh6;
z. B.: 11. L : h6 g : h 12. Sc4 Le7 13. Sc3 Kf7
14. Sd5 Le6. Nach 11. f3 hätte der Läufer auf
c8 zurückkehren sollen. Sofort verliert 11... 0-
0-0?

Nr. 21 Ein grober Fehler ist 8... Lg4? Nach 8...
S : b3 9. a : b Sd7 10. Td1 f6 behält Schwarz
das Zentrum. Außer 9... S : b3 ist 9... d : e
ebenfalls schlecht wegen 10. L : f7+.

Nr. 22 Zu frühzeitig ist 6... 0-0, 6... b5 wäre
nötig gewesen, und erst nach 7. Lb3 die
Rochade. Falls Schwarz nicht 8... Dd4 spielt,
erhält Weiß einen Mehrbauern: 8... Te8 9. d3
oder 8... Ld6 9. d4.

Nr. 23 Statt 4... b : c ist besser 4... d : c. Weiß
erhält Vorteile auch nach 5. S : e5; z. B. 5...
Dg5 6. Sf3 (aber nicht 6. Sg4 wegen 6... d5!)
6... D : g2 7. Tg1 Dh3 8. d4 Sf6 (Beachtung
verdient auch 8... d6) 9. Tg3 Dh5 10. Sc3 Lb4
11. De2 L : c3+ 12. b : c Da5 13. Se5.
Falls Schwarz nicht 6... Df6 spielt, sondern
6... d6, dann ist gut 7. 0-0 Se7 8. b4! Sg6
9. Lg5 f6 10. Le3 Le7 11. Sbd2. Weiß besitzt
Vorteile. So verlief die Partie Grigorjew –
Panow (Moskau, 1930).
Der impulsive Zug 9. e6? zeigt, daß Weiß die
Drohung gegen den Punkt g2 nicht erkannt
hat. Richtig wäre gewesen 9. Sbd2 und auf
9... 0-0-0 dann 10. Sb3.
Statt 10. Se5? wäre 10. Td1 besser gewesen,
obwohl Schwarz dadurch einen Vorteil erlangen würde nach 10... Ld6 11. Lf4 c5.

Nr. 24 Wenn Schwarz statt 6. S : d4 den
schlechten Zug 6... Lg4? gewählt hätte, würde 7. d : e! folgen mit offensichtlichen Vorteilen für Weiß. Auf 7... d : e ist sehr stark
8. Dd5! Schlecht ist 7... S : e5 wegen
8. S : e5, z. B. 8... L : d1 9. L : f7+ Ke7
10. Sc6+ oder 7... L : f3 8. L : f7+! K : f7
9. Dd5+.
8. D : d4 verliert eine Figur. Nach 8. Ld5 hat
Weiß eine zufriedenstellende Position. Möglich ist 8... Tb8 9. Lc6+ Ld7 10. L : d7+ D : d7

11. D : d4 Sf6 12. Sc3 Le7 13. 0-0 0-0.

Nr. 25 Der entscheidende Fehler ist 11...
Dd7? Nach 11... S : e5! 12. f3 Ld6! 13. f : e
Lg4 erhält Schwarz einen gefährlichen An-
griff: 14. Dd2 (14. Sf3? S : f3+ 15. g : f Dh4)
14... Dh4 15. h3 c5 16. Df2 D : f2+ 17. K : f2
Ld7.

Nr. 26 Mit dem Schlagen des Bauern b2 (9...
T : b2) ist Schwarz in die Falle getappt. Richtig wäre 9... Lg4 oder 9... e : d. Statt 11...
d : e? leistet 11... Tb8 mehr Widerstand.

Nr. 27 Zu frühzeitig ist 5... b5. Besser ist 5...
Le7. Schlecht ist Lc5?, besser ist 6... Le7,
falsch ist auch 8... Ld6?, besser ist 8... Lb7.
Der Doppelschlag 13. Dd5 entscheidet auch
im Falle des Springerrückzugs 12... Sg8.

Nr. 28 Schwarz bringt sich in Schwierigkeiten
mit 7... g2+?; besser wäre 7... D : g4 8. S : g4
d6. Nicht zufriedenstellend ist 9... Le7 – nötig
wäre gewesen 9... Sh6 10. d4 d6.

Nr. 29 Der Zug 6. De2 ist eine listige Falle. Es
verliert 6... L : f3?, besser ist 6... De7.

Nr. 30 Schlecht ist 6... h6?, die richtige
Fortsetzung lautet 6... Lg7. Bei 7... K : f7
würde 8. Se5+ mit Damenfang folgen.

Nr. 31 Der leichtsinnige Zug 7. S : f7 war
teuer. Richtig wäre 7. S : e4! Weiß rechnete
mit 7... K : f7 8. Dc4+ und hat dabei 7... De7!
übersehen. Nach 10. Ke2 (statt 10. g : f)
gewinnt Schwarz mit 10... Lg4.

Nr. 32 Ein Eröffnungsfehler war 9... D : f6? Zu
scharfem Kampf führt 9... Dd5. In diesem
sogenannten Max-Lange-Angriff ist folgende
Variante möglich: 10. Sc3 Df5 11. Sce4
(11. f : g Tg8 12. Se4 Le7) 11... 0-0-0.

Nr. 33 Statt 5... S : d5 muß 5... Sa5 gespielt
werden. Interessant ist auch 5... Sd4 oder 5...
b5. Wie schon bekannt, ist auch 6. S : f7 gut.
Schlecht ist 6... e : d, besser ist 6... Lb4+
7. c3 Le7. Im Falle von 7... Le7 folgt 8. S : f7
K : f7 9. Dh5+.
Nach 10. Df3+ ist schlecht 10... Ke8
11. L : d5 oder auch 10... Kg8 11. T : e6

Nr. 34 Schlecht ist 9... S : e4?, besser ist 9...
d6. Zu materiellen Verlusten führt 10... L : f2+
11. Kf1. Statt 11... Sd4? ist 11... Se7 besser.

Nr. 35 Es verliert 5... Sd7?, richtig ist 5... Sf6,
und der Kampf beginnt erst. Zum Matt führt
7... K : e6 8. Dd5+ Kf6 9. Df5#.

Nr. 36 Statt 7. Sf3 spielt man 7. Sd3. Falsch
ist 9. e : d? Weiß hat Entwicklungsrückstand,
sein König befindet sich im Zentrum und

trotzdem läßt er Linienöffnung zu. Man hätte 9. 0-0 spielen sollen. Schwarz besitzt Vorteile auch nach 10. Se2, z. B. 10... Dd5: 11. 0-0 Dh5 usw.

Forciert zum Verlust führt 11. f : g, aber auch nach 11. g3 Df6 könnte sich Weiß nur schwer verteidigen. Weiß verliert auch, wenn er statt 12. Ke2 12. g3 spielt, worauf denkbar wäre 12... Tfe8+ 13. L : e8 T : e8+ 14. Se2 S : g3 usw.

Nr. 37 Bei 4... L : f2+ 5. K : f2 S : e5 6. d4 Df6+ 7. Kg1 Sg4 8. Dd2 Se7 9. h3 beherrscht Weiß das Zentrum, und die schwarzen Figuren sind abgedrängt. Falsch ist 5... De7, richtig ist 5... Ld6.

Nr. 38 Statt 6... Sg6 wäre schlechter 6... d6 wegen 7. Lb5+ c6 8. d : c! Zur Niederlage führt 7... S : f2?, richtig ist 7... S : e5. Schlecht ist auch 8... Df6, z. B. wegen 9. De2 S : h1 10. L : f7+ Kd8 11. Sc6+

Nr. 39 Schlecht ist 5. Dd3? Besser ist 5. Sc3, interessant auch 5. Sb5. Ein schlechter Zug ist 6. Sd2, zielstrebiger ist 6. Sc3. Bei 8. S2f3 entscheidet 8... S : d4. Auf 9. De2 antwortet Schwarz mit 9... Lc5.

Nr. 40 Weiß erreicht nichts mit 6. S : f7 S : f7 7. L : f7+ K : f7 8. Dh5+ g6 9. D : c5 Te8. Sehr schlecht ist 6... Se5?; richtig wäre 6... De7.

Nr. 41 Einen Bauern opfernd, erhält Schwarz eine aktive Stellung. Der Fehlzug 10. Te1? hat Weiß in die Niederlage geführt, besser ist 10. Sc3.

Nr. 42 Statt 6... 0-0 ist 6... Sc6 besser, und auf 7. Sf3 folgt 7... g6. Nach 8... L : g5 9. L : g5 De8 10. Sd5 hat Weiß Vorteile. Der Zug 9. h4! ist mit der Drohung 10. Dg6! verbunden: 9... Sf5 10. Dg6! h : g 11.h : g. Es verliert 11... h : g 12. S : f6+ L : f6 13. h : g.

Nr. 43 Im Sinne der Eröffnung wäre 5. Sc3, anschließend Ld2 und 0–0–0. Statt 7. c3 hätte man besser die Entwicklung vorangetrieben mit 7. Ld2. Es verliert 8. Dg3?, richtig ist 8. De2.

Nr. 44 Schlecht ist 8... L : c5, besser ist 8... Sd7. Ein Fehler ist 10... Sc6, man hätte 10... f5 spielen müssen.

Nr. 45 Statt 5... Se4 ist 5... Sd7 korrekter. Weiß erreicht eine gute Stellung nach 6. S : e4 L : g5 7. S : g5 D : g5 8. g3. Wegen der Möglichkeit des typischen Einschlags auf

h7 ist 10... c4? schlecht, unbedingt nötig wäre 10... f5.

Nr. 46 Zu langsam ist das Manöver 4... Ld7, 5... Lc6. Besser ist 4... Sf6 oder 4... Sd7 und dann 5... Sgf6. Statt 6... Sf6 ist besser 6... Le7 und nach dem Tausch 7. S : f6+ hätte man mit dem Bauern schlagen müssen.

Nr. 47 Nach 5... c : d kommt Weiß nach der Analyse von Rauser zur gefährlichen Initiative, mit 6. a : b d : c 7. Sf3 fortsetzend. Schlecht ist 8... S : e5, nach 8... Dc7 steht Schwarz jedoch gut.

Nr. 48 Statt 6. D : g7? hätte Weiß 6. a3 oder 6. d :c spielen müssen.

Nr. 49 Schlecht ist 6... Da5, richtig ist 6... Sd5. Auf 11... T : g7 folgt 12. Sb3 Db1 13. Ld3 mit Damengewinn.

Nr. 50 Falsch ist 6. Lg5? Das Vorrücken des schwarzen h-Bauern muß man mit 6. h4 bekämpfen. Es verliert 7. L : f6, besser ist 7. S3e2.

Nr. 51 Falsch ist 6. Ld3?, richtig ist 6. Sc3. Auch nach 9. Sf3 (statt 9. d5) 9... c : d 10. S : d4 Sc6 verliert Weiß einen Bauern.

Nr. 52 6... e6? ist sehr schlecht, nötig wäre 6... c6 gewesen.

Nr. 53 Unkorrekt ist 4... Sc6?, richtig wäre 4... Sf6. Es verliert 6... Se5?, besser ist der Rückgang auf b8.

Nr. 54 Statt 4... Sd7 wäre 4... c6 besser gewesen. Schlecht ist 5... Sf6?, nach 5... e5 sind die Chancen ungefähr gleich verteilt.

Nr. 55 Unkorrekt ist 4... b5. Richtig ist 4... e6 5. L : c4 c5.

Nr. 56 Statt 11... h6 ist besser 11... Sf8. Ein grober Fehler ist 12... Sh5?, besser ist 12... Sf8.

Nr. 57 Nötig wäre gewesen 7. Le2, gut ist auch 7. c : d. Ein Fehler ist 8. Db3?, bedeutend stärker ist 8. 0-0.

Nr. 58 Zweifelhaft ist 6... b6, besser ist 10... Tb8.

Nr. 59 Es verliert 8. S : d5?, nötig ist 8. Da4. Diese Variante wurde gespielt zwischen Fine – Judowitsch (Moskau, 1937).

Nr. 60 Schlecht ist 6. L : b1?! korrekt ist 6. c : d. Schwarz sieht sich vor dem Angriff auf a7 vor; statt 7... Le4 ist besser 7... S : c6. Diese Variante wurde gespielt in der Partie Schlechter – Perlis (Karlsbad, 1911).

Nr. 61 Statt 6... c5? ist 6... Sbd7 richtig. Nach

7. S : c4 Dc7 Ausgleich.

Nr. 62 Es verliert 9. Sg5? korrekt ist 9. D : c3. Wie wäre die Stellungsbewertung, wenn beide Spieler die Rochade nicht gemacht hätten?

Nr. 63 Statt 7... d5 spielt man gewöhnlich 7... Se4 8. Dc2 S : c3 9. D : c3 f5. Nach dem Zug 7... c5 kann es zur Fesselung auf der Diagonale h1-a8 kommen. In ähnlichen Situationen muß man bedenken, daß der Läufer auf g2 gedeckt ist, der auf b7 aber nicht. Auf 8. Se5 antwortet man mit 8... c6. Schlecht ist 9... S : e5?; besser ist 9... e : d.

Nr. 64 Dieser Fehler verliert die Partie – 6. S : d5?; richtig wäre 6. c : d S : g5 7. S : g5 e6 8. Sf3 e : d.

Nr. 65 Statt 13. d5? wäre 13. Le3 nötig gewesen. Zum Matt führt 15. g : f. Den Widerstand verlängert 15. 0-0.

Nr. 66 Der schwarze König ist entblößt und ungenügend geschützt. Zum Sieg führt die Kombination 1. S : e5! D : e2 (oder 1... d : e 2. D : e5+ mit schnellem Matt) 2. Tf7+ Kh6 3. Th8+ Kg5 4. Tg8+ Kh4 (4... Kh6 5. Tg6#) 5. Sg6+ Kg5 6. S : e7+ Kh4 7. Sf5#. (Karpow-Zoldos, Ungarn 1975)

Nr. 67 Der schwarze König hat keinen Ausweg. Die achte Reihe ist schlecht geschützt. Es gewinnt 1. D : a7! T : a7 2. T : d8+ Lf8 3. L : c5 h6 4. T : f8+ Kh7 5. T1d8 Db1+ 6. Kh2 Tb7 7. Sh4! (Aljechin – Molina, Buenos Aires, 1926).

Nr. 68 Bei Weiß sind Felder am Königsflügel geschwächt. Schwarz nutzt das folgendermaßen: 1... Sh4+ 2. g : h Dg4+ 3. Kf1 Dh3+ 4. Dg2 Dd3+ und 5... Te1+ mit Matt im nächsten Zug (Ivkov – Garcia, 1964).

Nr. 69 Der schwarze König zappelt im Mattnetz. Zum Gewinn führt 1. g4+! f : g (oder 1... Kh4 2. Kh2 h5 3. Th6 usw.) 2. Th4+ g : h 3. Tb5+ und der Bauer a4 wird zur Dame (Mieses – NN).

Nr. 70 Der schwarze Springer hat sich im gegnerischen Lager verlaufen und wird so gefangen: 1. e4! Df6 2. Dd3 Taa8 3. f4! und 4. e5! (Bellon – Ljubojevic, Palma de Mallorca, 1972).

Nr. 71 Weiß nützt die ungeschützte 8. Reihe zum folgenden Schlag: 1. D : d7 T : d7 2. Te8+ Kh7 3. T1c8 und das Matt ist unausweichlich (Aljechin – Colle, Paris 1925).

Nr. 72 Weiß nutzt die ungeschützte 8. Reihe folgendermaßen: 1. Se7+ T8 : e7 2. Td8+ Te8 3. Df8+! T : f8 4. T : f8# (Tschigorin – Snosko-Borowski, Kiew, 1903).

Nr. 73 Die letzte Reihe ist schlecht geschützt, was Aljechin elegant nützt: 1. L : b7 T : b7 2. L : f6 D : f6 3. Te8+ Sf8 4. Sh6+! D : h6 5. T : f8+ K : f8 6. Dd8# (Aljechin – Freimann, New York, 1923).

Nr. 74 Weiß hat eine originelle Möglichkeit, die ungenügend geschützte 8. Reihe anzugreifen: 1. Te8+ Lf8 (schlecht ist auch 1... Kh7 2. Dd3+) 2. T : f8+! K : f8 3. Sf5+ Kg8 4. Df8+! K : f8 5. Td8# (Vidmar – Euwe, Karlsbad, 1923).

Nr. 75 Weiß nützt die Schwäche der 8. Reihe zur folgenden Kombination: 1. Ta8+! L : a8 2. D : a8+ Df8 3. Lh7+! K : h7 4. D : f8 (Almus – Hermann, DDR, 1957).

Nr. 76 1. Tc8! T : c8 2. De7!! und Weiß gewinnt (Aljechin – Nestor, Trinidad, 1939).

Nr. 77 Nach einer einfachen Kombination setzt Schwarz matt auf der 7. Reihe: 1... Tf2: 2. K : f2 Tc2+ 3. Kg3 D : g2+ 4. Kh4 g5+ 5. Kh5 D : h3+ 6. K : g5 Tg2+ 7. Kf6 Dh4+ oder 3. Ke1 D : g2 4. Db8+ Kg7 5. De5+ f6 und Schwarz gewinnt. (Alatorzew – Capablanca, Moskau, 1935).

Nr. 78 Weiß spielte 1. Kg2?, hätte aber mit einem Angriff auf der 7. Reihe gewinnen können: 1. Te7! f6 (oder 1... Dc1+ 2. Kg2 Lb2 3. Te8+ T : e8 4. D : e8+ Kg7 5. Lf8+ Kf6 6. De7+ Kf5 7. g4+Kf4 8. Lh6+ g5 9. L : g5#) 2. Dg4! De1+ 3. Kg2 f5 4. Dh5 Dg5 De4+ 2. Kh2 und Schwarz kann aufgeben (Kotow – Stahlberg, Stockholm, 1948).

Nr. 79 Es gewinnt 1. T : g7+ S : g7 2. Df7+ Kh8 3. Df8+ T : f8 4. T : f8# (Aljechin – Bernstein, Vilnus, 1912).

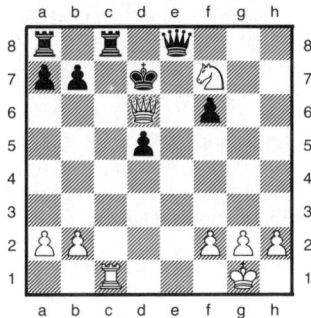

Nr. 80 Zum Gewinn führt eine elegante Kombination: 1. Dg4! g6 2. Sg5+ Ke8 3. T : e7+ Kf8 4. Tf7+! Kg8 5. Tg7+! Kh8 6. T : h7+ Kg8 7. Tg7+ Kh8 8. Dh4+ K : g7 9. Dh7+ Kf8 10. Dh8+ Ke7 11. Dg7+ Ke8 12. Dg8+ Ke7 13. Df7+ Kd8 14. Df8+ De8 15. Sf7+ Kd7 16. Dd6# (Steinitz – Bardeleben, Hastings, 1895).

Nr. 81 Weiß gewinnt nach einer gefälligen Kombination, die schwache Punkte auf der 7. Reihe ausnützt: 1. Td7! L : d7 2. Lh6! g : h 3. D : f6+ Kg8 4. Df7+ Kh8 5. Df8# (Katalimow – Mnazakanjan, UdSSR, 1959).

Nr. 82 Schwarz nützt in effektiver Weise die Mattmöglichkeit auf der g- und h-Linie: 1... Kf7 2. S : d6+ Ke7 3. S : b5 Sf4+ 4. g : f Th8# (Westin – Karlsson, 1873).

Nr. 83 Schwarz setzt seine Figuren kraftvoll ein durch die Besetzung der freien f-Linie und der wichtigsten Diagonale: 1... T : f3 2. T : f3 T : f3 3. K : f3 Df6+ 4. Kg2 Df2+ 5. Kh1 Df3+ 6. Kg1 Lf2+ 7. Kh2 Dg3+ 8. Kh1 D : h3# (Gunsberg – Tschigorin, Havanna, 1890).

Nr. 84 Die offene h-Linie und die Diagonale nutzend, setzt Weiß mit Hilfe eines Turmopfers zum Mattangriff an: 1. Th8+! L : h8 2. T : h8+ K : h8 3. Dh1+ Sh7 4. Sf6 D : f6 5. g : f Kg8 6. L : f5 g : f 7. Dh6 S : f6 8. D : f6 d3 9. S : e5 Tc2:+ 10. Kd1 Tc7 11. D : f5 usw. (Richter – Abramaviczus, Amsterdam, 1954).

Nr. 85 Schwarz gelingt eine Kombination durch Besetzung der Linien h, d und c sowie der Diagonale h1-a8: 1... Dh4! 2. g3 T : c3 3. g : h Td2!! 4. D : d2 L : e4+ 5. Dg2 Th3 mit unabwendbarem Matt (Rotlevi – Rubinstein, Lodz, 1907).

Nr. 86 1. T : d4! S : g3 2. S : g3 T : g3+ 3. h : g T : g3+ 4. Kf1 T : d3 5. Tg4!! mit Gewinn (Tarrasch – Walbrodt, Hastings, 1895).

Nr. 87 Weiß hat die Möglichkeit zu einer Kombination durch einen kraftvollen Läufer auf der Diagonale a1-h8: 1. Db4! T8c5 2. Tf8+ K : h7 3. D : e4+ Kg7 4. L : e5+ K : f8 5. Lg7+ und Weiß gewinnt (Zuckertort – Blackburn, London, 1883).

Nr. 88 Weiß gewinnt, den Angriff über die Linien h und f und die Diagonale a2-f7 kombinierend: 1. g6! S : g6 2. D : h7+ Kf8 3. Tf5! D : b3+ 4. a : b e : f 5. Sf4 Td8 6. Dh6+ Ke8 7. S : g6 f : g 8. D : g6+ Schwarz gibt auf (Karpow – Gik, Moskau, 1969).

Nr. 89 Weiß greift mit aller Kraft den Punkt g7 an: 1. Lc1 Db8 2. Tg5 Sbd7 3. T : g7+ K : g7 4. Sh5+ Kg6 5. De3! (Botwinnik – Keres, Moskau – Haag, 1948).

Nr. 90 Weiß greift mit allen zur Verfügung stehenden Kräften die Schwachpunkte g7 und f7 an: 1. T : e4! T : e4 2. Dg5 g6 3. Df6 g : f 4. D : f7+ Kh8 5. Df6# (Kotow – Lissizin, 1939).

Nr. 91 Weiß nützt die Felderschwächen am Königsflügel zu einer Kombination: 1. Sf5! Dc5 2. Te5! Ld5 3. Se7+ D : e7 4. D : h7+! K : h7 5. Th5+ Kg8 6. Th8# (Spielmann – Hönlinger, Wien, 1929).

Nr. 92 Weiß nützt die Felderschwächen am Königsflügel zu einer Kombination: 1. T : e6! f : e 2. Df7+ Kh8 3. Df6+ Kg8 4. Lc4 Df8 5. L : e6+ T : e6 6. D : e6+ Kh8 7. De5+ Kg8 8. Dc7 und Weiß gewinnt (Reshevski – Taylor, 1936).

Nr. 93 Durch ein Opfer zerstört Schwarz die weiße Königsstellung: 1... T : f3! 2. g : f Dg3+ 3. Dg2 De1+ 4. Df1 Lh2+ 5. Kg2 Dg3+ 6. Kh1 Sf2+ 7. D : f2 D : f2 mit Gewinn. (Smetana – Doležal, Prag, 1949).

Nr. 94 Weiß gewinnt mit einer typischen Kombination, die die Stellung des Gegners zerstört: 1. L : h7+! K : h7 2. Sg5+ Kg6 3. Dg4 f5 4. Dg3 Kh6 5. Dh4+ Kg6 6. Dh7+ Kf6 7. e4 Sg6 8. e : f e : f 9. Tad1 Sd3 10. Dh3 Sdf4 11. Dg3 Dc7 12. Tfe1 Le6 13. T : e6+! S : e6 14. Sd5# oder 12... Ld7 13. Sd5+! S : d5 14. D : c7 S : c7 15. Sh7+ Kf7 16. T : d7+ Kg8 17. S : f8 mit Gewinn oder 12... Th8 13. Td6+ D : d6 14. Sce4+ f : e 15. S : e4+ Ke7 16. S : d6 K : d6 17. Da3+ mit Gewinn.

Nr. 95 Mit zwei Figurenopfern zerstört Weiß die gegnerische Stellung: 1. T : g6+ f : g 2. Tf7+ K : f7 3. D : h7+ Ke6 4. D : g6+ Ke5 5. Dg7+ K : e4 6. Sf6+ e : f 7. D : d7 und Schwarz gibt auf (Ragosin – Weressow, Moskau 1945).

Nr. 96 Durch ein Turmopfer dringt Weiß am gegnerischen Königsflügel ein: 1. Dh5 h6 2. T : e6! f : e 3. Dg6 Tf6 4. Dh7+ Kf8 5. Dh8+ Ke7 6. Dg7+ Schwarz gibt auf (Ciocaltea – Sandor, Varna, 1965).

Nr. 97 Durch ein Damenopfer lockt Schwarz den gegnerischen König aus seiner Stellung, um ihn mattzusetzen: 1... D : f2+! 2. K : f2 (oder 2. Kh3 D : h2+ usw.) 2... T8e2+ 3. Kf3

Se5+ 4. Kf4 Tf1+ 5. Kg5 h6+! 6. K : h6 T : h2+ 7. Kg5 Th5# (Kugenek – Romanowski, Petersburg, 1911).

Nr. 98 Durch eine Serie von Opfern lockt Weiß den schwarzen König in die Brettmitte, um ihn dort mattzusetzen: 1. S : g6! K : g6 2. S : f5! T : f5 3. D : f5+!! K : f5 4. Le4+ Kg4 5. h3+ K : g3 6. Te3+ Kh4 7. Lg6! Dg5+ 8. f : g L : e5 9. Te4+ K : h3 10. Lf5+ Kg3 11. Le1# (Selinski – Skotarenko, Fernpartie, 1974).

Nr. 99 Eine herrliche weiße Kombination mit Herauslocken des Königs: 1. D : g8+!! K : g8 2. Sf6+ L : f6 3. L : e6+ Kh7 4. g8=D+ K : h6 5. Lf5! Lg7 6. Dh7+ Kg5 7. Dg6+ Kf4 8. Dg4+ Ke3 9. De2+ Kd4 10. Sb5+!! a : b 11. Dd2+ K : c4 12. Le6+ mit Gewinn (Melikow – Schachnasarow, UdSSR, 1974).

Nr. 100 1... Sh5+! 2. K : h4 h6 3. f4 h : g+ 4. f : g D : g5+! 5. K : g5 f6+ 6. Kg6 Th6# (Wladimirow – Worotnikow, UdSSR, 1974).

Nr. 101 Der weiße Freibauer rutscht förmlich durch: 1. Sc6 L : c6 2. d : c f : e 3. c7! De7 (3... D : c7? 4. L : f7+) 4. T : f7! T : f7 5. D : d7 D : d7 6. c : b=D+ Lf8 7. Tf1 Schwarz gibt auf (Selinski – Shurawljow, Fernschachpartie, 1974).

Nr. 102 Weiß gewinnt in selten schöner Weise: 1. g : f S : g6 2. h : g+ Kg8 3. Th8+!! K : h8 4. f7! und Schwarz kann das Matt nicht verhindern.

Nr. 103 Auf originelle Weise wird der Bauer zur Umwandlung gebracht: 1. T : e7+! T : e7 2. Lh4! Kf7 3. L : e7 K : e7 4. Tc7+ Td7 5. f6+ Ke8 6. Lg6+ Kd8 7. f7 K : c7 8. f8=D f3 9. D : b4 Td6 10. Ld3 Schwarz gibt auf. (Aljechin – Bogoljubow, 1934).

Nr. 104 1. d7 D : f1+ 2. K : f1 d2 3. D : f3 Tc1+ 4. Dd1! T : d1+ 5. Ke2 Tb1 6. d8=D d1=D+ 7. D : d1 T : d1 8. K : d1 und Weiß gewinnt (Ermenkow – Sax, Warschau, 1970).

Nr. 105 Schwarz stellt eine Falle auf: 1... D : b1! 2. S : b1 La6!! Weiß gibt auf (Johannson – Metzing, Berlin 1973).

Nr. 106 Weiß gewinnt nach einem Doppelschlag des Springers: 1. T : h7+ T : h7 2. T : h7+ K : h7 3. Dh1+ Kg7 4. f6+! K : f6 5. S : d7+ und 6. S : b6 (Ebralidze – Lubenski, Tiflis, 1949).

Nr. 107 Ein überraschender Einschlag von Weiß: 1. Lc7!! T : c7 2. Db7+ T : b7 3. T : c5# (Tarrasch – NN).

Nr. 108 Weiß lenkt die schwarze Dame vom wichtigen Feld h6 ab: 1. T : g4! D : g4 2. De8+ Tf8 3. Th8+ K : h8 4. D : f8+ Tg8 5. Dh6#

Nr. 109 Weiß gewinnt unter Ausnutzung der Fesselung: 1. g : f+ L : f5 2. T : f5! T : f5 3. Tf1 T7f6 4. Tf3, anschließend wird der König über g2 nach g4 gebracht.

Nr. 110 Eine schöne Kombination. Schwarz ist am Zug. Er lockt die Dame auf das Feld c3: 1... Thg8! 2. Td3 Tab8! 3. Dc3 T : g3+! 4. T : g3 Tg8! mit Gewinn (5. T : g8 D : c3).

Nr. 111 In der schwarzen Stellung gibt es zwei Schwachpunkte: b6 und d6. So verlief der systematische weiße Angriff: 1. Sa5 Tc7 2. Td1 h5 3. Tfd2 Tcd7 4. Sa4 Ke8 5. Sb6! Tc7 6. Sac4 Ld7 7. Sd6+ Ke7 8. Sb5! Tc8 9. S : c8 T : c8 10. Sd6 Tb8 11. Sc4 g5 12. Sb6 Le8 13. d6+ Kd8 14. d7 Lf7 15. Td6 Lb3 16. T1d2 Sh7 17. Sc8 h4 18. Sa7 Schwarz gibt auf.

Nr. 112 Der systematische Angriff gegen Schwachpunkte in der gegnerischen Stellung bringt den Gewinn für Weiß: 1. a : b D : b5 2. Dd2! g5 3. De3 Dd7 4. Lg4! D : g4 5. D : e7+ Tf7 6. Th7+ K : h7 7. D : f7+ und 8. Th1+.

Nr. 113 Mit Hilfe der Figuren auf der c-Linie greift der weiße Springer die Gegnerstellung an: 1. Sc6 Db7 2. Sa7 Te8 3. Sd1 T : c2 4. T : c2 Le7 5. Sc6 Lf6 6. Sa5 Db8 7. La7! Dd8 8. Sc6! L : c6 9. d : c f4 10. Sc3 und 11. Sd5. Einige Züge später gab Schwarz auf.

Nr. 114 Der weiße Turm auf der offenen Linie gewinnt: 1. Dd4! D : d4 2. e : d g5 3. Tc7 Lb5 4. T : b7 g : f5. T : e7 Tc8 6. L : b5 a : b 7. h4! (Kotow – Löwenfisch, Meisterschaft der UdSSR, 1948).

Nr. 115 Weiß öffnet die Diagonale a2-f7 und nutzt sie zum Angriff: 1. f4 Tac8 2. f5 e : f 3. T : f5 Dd6 4. S : f7! T : f7 5. L : f6 L : f6 6. T : d5 Dc6 7. Td6 De8 8. Td7 Schwarz gibt auf (Botwinnik – Vidmar, Nottingham, 1936).

Nr. 116 Weiß nutzt die Kraft des Läufers auf der Diagonale a1-h8: 1. Te6! g4 2. Tee7 Tc8 3. Tg7+ Kh8 4. T : g4 Td8 5. Tg5! Schwarz gibt auf (Kotow – Lissizin, UdSSR, 1944).

Nr. 117 Über das freie Zentrum geht Weiß energisch zum Angriff über: 1. Dd6! Sed7 2. Tfd1 Tad8 3. Dg3 g6 4. Dg5! Kh8 5. Sd6 Kg7 6. e4! Sg8 7. Td3 f6 8. Sf5+ Kh8 9. D : g6! (9... h : g 10. Th3#) (Aljechin –

223

Lasker, Zürich, 1934).

Nr. 118 Der richtige Spielplan für Weiß besteht in der Schaffung eines Bauernzentrums mittels 1. Sh4 und folgendem f2-f3 und e2-e4. Schwarz wehrt sich mit Se8 und f7-f5.

Nr. 119 Schwarz nutzt die schlechte Stellung des Läufers auf e3 und des Springers auf c3: 1... e5! 2. e : d e : d 3. d : c S : c6! mit Gewinn (Horberg – Kotow, Stockholm, 1959).

Nr. 120 Weiß gewinnt schön aufgrund der schlechten Figurenkonstellation des Gegners: 1. Le2 Dd6 2. Sa2 e6 3. 0-0 h6 4. Tc1 f5 5. Sc3 Kh7 6. Tfd1 f : e 7. S : e4 Db4 8. Dc2 D : a4 9. b3 Da3 10. Sh4! De7 11. S : g6!! K : g6 12. Lh5+!! Schwarz gibt auf (Botwinnik – Judowitsch, Meisterschaft der UdSSR, 1933).

Nr. 121 1. Thg1 Möglich sind folgende Varianten:
A. 1... e2 2. Tf6 Tg8 3. T : f7 T : g1+ 4. Kc2 Lf5+ 5. T : f5 e1=D 6. Tf8+ T : f8 7. D : f8+ Tg8 8. Df6+ Tg7 9. Sc3 und Weiß gewinnt.
B. 1... e2 2. Tf6 e1=D+ 3. T : e1 Dg7 4. D : g7 K : g7 5. h6+ Kh8 6. T : e5 und Weiß gewinnt.
C. 1... Lf5 2. Tg7 Tg8 3. d7! und Weiß gewinnt.
D. 1... Tg8 2. Sf6 e2 3. Kd2 c3+ 4. b : c Da2+ 5. Ke3 Weiß gewinnt.

Nr. 122 Schwarz rettet sich so: 1. e8=D Td2+! (auf keinen Fall 1... T : e8? 2. D : g7+! L : g7 3. T : e8+ Df8 4. T : f8#) 2. Kg1 Td1+ mit Remis. Schlecht ist 2. Kf3 Df5# oder 2. D : d2 T : e8 3. T : e8 Dc6+ oder 2. Kh3 Df5+ 3. g4 Df1+ 4. Kh4 T : h2+ 5. Kg5 Tc5+ 6. De5 Df6#.

Nr. 123 Schwarz gewinnt mit Hilfe folgender Kombinationen darstellbar als Stamm: 1... Da5! 2. K : c2 Dc3+ 3. Kb1 L : d3+ 4. e : d D : d3+ 5. Kb2 Dc3+ 6. Ka3 (6. Kb1 d3! mit Gewinn) 6... Dc5+ 7. b4 (oder 7. Ka4 b5+ 8. Ka5 Db6+ 9. Kb4 a5+ 10. Ka3 Dc5+) 7... Dc3+ 8. Ka4 b5+ 9. K : b5 (auf 9. Ka5 entscheidet 9... Dc6 mit Matt) 9... e5!! 10. Dc1 Tb8+ 11. Ka6 D : b4 12. Dc7 Tb6+ mit Matt (Rudakow – Kotow, Tula, 1930).

Nr. 124 Auf den Zug 1... Df3 besitzt Weiß fünf Kandidaten: 2. Sa5, 2. Sc5, 2. Sc1, 2. Db1, 2. h4. In allen fünf Fällen gewinnt Schwarz. Auf den Springerrückzug entscheidet 2... Se3! 3. f : e L : e3+. Nach 2. Db1 gewinnt 2... Se3! 3. f : e3 L : e3+ 4. Kh2 Lf2. Auch 2. h4

rettet nicht: 2... Le3! 3. Dg2 L : f2+ 4. D : f2 D : b3. Weiß gab auf (Kortschnoj – Karpow, Höhere Liga UdSSR, 1974).

Nr. 125 Weiß gewann nach den Anfangszügen 1. Lf6! Tfc8 2. De5! Möglich sind die Varianten:
A. 2... D : c4 3. Dg5 Kf8 4. D : g7+ Ke8 5. Dg8+ Kd7 6. Se5+ Kc7 7. D : f7+ und 8. S : c4
B. 2... T : c4 3. Dg5 Tg4 4. D : g4 g6 5. D : a4
C. 2... g : f 3. Tg4+ mit Matt in zwei Zügen;
D. 2... Tc5 3. Dg3! g6 4. T : a4 mit Gewinn (Aljechin-Sterk, Budapest, 1921)

Nr. 126 1. Kd5 Ke7 2. Dg7+ Kd8 3. Kd6 oder 1... Kc72. Da7+ Kd8 3. Kd6.

Nr. 127 1. Dg2! Kh7 2. Kh5 Kh8 3. Kg6 Kg8 4. Da8# (Speckmann, 1964).

Nr. 128 1. Kf7 Kh6 2. Ta5 oder 1... Kh8 2. Kg6.

Nr. 129 1. Kf6 Kh6 2. Kf7 oder 1... Kg8 2. Th5.

Nr. 130 1. Kf4 Kg6 2. Kg4 Kh6 3. Kf5 Kg7 4. Kg5 Kh7 5. Kf6 Kg8 6. Th2.

Nr. 131 1. Kc6+ Kb8 2. La6 Ka8 3. Kb6 Kb8 4. Le5+ Ka8 5. Lb7#.

Nr. 132 1. Sc3 Ka8 2. Kc7 Ka7 3. Lc8 Ka8 4. Lb7+ Ka7 5. Sb5+ (J. Berger, 1904).

Nr. 133 1. Lf3 Kh3 2. Kf2 Kh4 3. Le2 Kh3 4. Lg5 Kh2 5. Lf1 Kh1 6. Lg2+ Kh2 7. Lf4# (W. Pauli, 1919).

Nr. 134 Falsch ist 1. b6+? wegen 1... Ka8. Richtig ist 1. Kc7 Ka8 2. Kb6 Kb8 3. Ka6 Ka8 4. b6 Kb8 5. b7.

Nr. 135 1. Kb1! a3 2. b3!

Nr. 136 1. Kf2 h4 2. Kg1!

Nr. 137 1. d6! c : d 2. Kb3 Remis

Nr. 138 Die Gegenfelder sind c3-e3, c2-f4, b2-f3 und b3-f3. Deswegen lautet die Lösung 1. Kc2! Kf4 2. Kb2! Kf3 3. Kb3! Kf4 4. Kc2 Ke5 (4... Kf3 5. Kd2 Kf4 6. Ke2 usw.) 5. Kd1 Kd5 6. Ke2 Kd4 7. Kd2 Ke5 8. Ke3 mit Gewinn (N. Grigorjew, 1920).

Nr. 139 Die zweite Linie der Gegenfelder ist: e6-a6, e7-a7 e8-a8; die dritte Linie ist f6-b6, f7-b7, f8-b8. Die Felder e5 und f5 entsprechen dem Feld a5. Die Lösung ist klar: 1. Kf5! Kb6 (1... Ka6 2. Ke6) 2. Kf6! Kb7 3. Kf7! Kb8 4. Ke6! (3... Kb6 4. Ke8) 5. Kd7! Kb7 6. Kc8! (F. Sackmann, 1913).

Nr. 140 1. Kd4! Kc6 2. Ke5 Kc5 3. f4! oder 1... Kb4 2. f4!

Nr. 141 1. Kc8! Kc6 2. Kb8! Kb5 3. Kb7!

K : a5 4. Kc6 und der Bauer wird aufgehalten (L. Prokesch, 1947).

Nr. 142 Weiß kann seinen Vorteil realisieren. Hier die typische Variante: 1. Ke4 Kg4 2. h4 Kh5 3. Kf4 Kh6 4. g4 Kg6 5. h5+ Kh6 6. Ke4 Kg5 7. Kf3 Kh6 8. Kf4 Kh7 9. g5 Kg7. Welcher Bauer soll vorgezogen werden? 10. g6! (Der einzige Weg zum Ziel. Nach 10. h6+ Kh7 11. Kg4 Kg6 erreicht Schwarz Remis.) 10... Kh6 11. Kg4 Kg7 12. Kg5! d3 13. h6+ Kg8 14. Kf6 d2 15. h7+ Kh8 16. Kf7 d1=D 17. g7+ und Matt in zwei Zügen (B. Horwitz und I. Kling, 1851).

Nr. 143 Nach dem natürlichen 1. Ke4 c5 2. Kd3 Ke8 3. Kc4 Kd7 erreicht Weiß nichts. Zum Gewinn führt: 1. Kf3! c6 2. Kf4! c5 3. Ke4 Ke8 4. Kd5 Kd7 5. Kc4 Ke8 6. K : c5! d3 7. Kd6 Kf7 8. Kd7

Nr. 144 Es reicht zum Sieg, z. B.: 2... Kg8 3. Kd2 Kh7 4. Ke3 f6 (sieht gefährlich aus) 5. g : f K : h6 6. Kf4! Kh7 (oder 6... g5+ 7. Kf5 g4 8. Ke6 g3 9. f7 und Weiß gewinnt) 7. Kg5 Kh8! 8. Kh6! Kg8 9. K : g6 Kf8 10. f7 (L. Prokesch, 1946).

Nr. 145 Die Idee ist nicht gut. Nach 1... h : g 2. f : g g4! 3. h4 c5 4. Ke2 Kh7 5. Kd3 Kh6 kann Weiß seine Stellung nicht verbessern, denn 6. Kc4 verliert wegen 6... f5! 7. e : f e4! 8. c3 a5 9. K : c5 e3 usw. (Aronin – Smyslow, Moskau, 1951).

Nr. 146 Der Bauer kann verwandelt werden: 1. b6. Die Fortsetzung hängt davon ab, wohin der schwarze Springer gezogen wird. 1... Se3 2. Ka6! Sd5 3. b7 Sc7+ 4. Ka5 oder 1... Sf4 2. Kc8! Sd5 3. b7 Sb6+ 4. Kd8 (F. Prokop, 1925)

Nr. 147 Weiß kann den Bauern aufhalten: 1. Sf7! h3 2. Sg5 h2 3. Se4+ Kd3 4. Sg3! oder 3... Kd4 4. Sf2! und Remis (N. Grigorjew, 1932).

Nr. 148 Weiß erobert forciert einen Bauern und erreicht Remis: 1. Se6! g4 2. Sg7! f4 (2... g3 3. S : f5 g2 4. Se3+) 3. Sh5! f3 4. Sf6! g3 5. Se4 g2 6. Sd2+ und 7. S : f3 (W. Tschechower, 1955).

Nr. 149 Nach 1. Kc2 a3 2. Se3! Kb7 3. Sg4 Kc6 4. Se5+ wird klar, daß der schwarze König die d-Linie nicht betreten kann, z. B. 4... Kd5 5. Sf3 g4 6. Sh2 g3 7. Sf1 g2 8. Se3+ und 9. S : g2. Das gleiche passiert nach 4... Kc5 5. Kb1 Kb5 6. Kc2 Kb4 7. Sg4 Kc4 8. Se5+ usw.

Nr. 150 Nun gewinnt Weiß! Wenn Schwarz am Zug ist: 1... Kh7 2. Kf8 Kh6 3. Kg8 Kg5 4. Kg7 Kf5 5. Sd7 Sg6 6. f7 Kg5 7. Se5 Sf4 8. Kg8 Se6 9. Sf3+ und 10. Sd4. Wenn Weiß am Zug ist, spielt er 1. Ke8 und dann wie in der ersten Variante.

Nr. 151 Weiß kann die Entfernung ausnutzen und gewinnt: 1. Sd2 Kg7 2. Sc4 Sb1 3. Kd4! Kf7 4. b5 Ke7 5. b6 Kd7 6. Kc5 Sc3 7. Se5+ Kc8 8. Kc6

Nr. 152 Weiß gewinnt: 1. Kf7 Sh6+ 2. Kf8 Sg8 3. Sg4 h6 (3... Sh6 4. Se5) 4. Kf7 Kh7 5. Se5 Kh8. Der Anzug muß dem Gegner aufgezwungen werden.

Ein origineller Plan – der Springer wird auf e8 versetzt, um die schwarzen Figuren von dort an der Kette zu halten, der König macht ein Dreieck um das Feld e7.) 6. Sc4! Kh7 7. Sd6 Kh8 8. Se8! Kh7 9. Ke6! Kh8 10. Kd6! Kh7 11. Kd7! Kh8 12. Ke6 (Das Tempo ist gewonnen. Der König kann zurückkehren.) 12... Kh7 13. Kf7 Kh8 14. Sc7 Kh7 15. Se6 Kh8 16. Sf8

Nr. 153 Hier gelingt der entscheidende weiße Durchbruch: 1. f5! g5 (1... g : f 2. g : f e : f 3. Sf4) 2. Sb4 a5 3. c6! Kd6 4. f : e! S : c6 (4... a : b 5. e7 K : e7 6. c7) 5. S : c6 K : c6 6. e4! d : e 7. d5+ Kd6 8. Ke3 mit Gewinn (Pillsbury – Gunsberg, Hastings, 1895).

Nr. 154 Das kann ausgenutzt werden: 1. Kf4 Ld5 2. Ke5 Lf3 3. h5 und einer der Bauern ist nicht aufzuhalten. (Réti, 1922)

Nr. 155 Das Zusammenwirken von König und Läufer erreicht man so: 1. Kg7 (h7) g4 2. Kh6! g3 3. Kh5! g2 4. Lc5 Kf4 5. Kh4 Kf3 6. Kh3 e4 7. Kh2 und Remis.

Nr. 156 Schwarz kann hier gewinnen. Der schwarze König dringt auf h1 ein. 1... Ke4 2. Lh2 Kf5 3. Kf2 Kg4 4.. Lg1 Kh3 5. Ke1 Kg3 6. Lf2+ Kh2 und Schwarz gewinnt. (A. Chéron, 1926)

Nr. 157 Weiß gewinnt: 1. Ke4 Ld8 2. b6! Ka6 (2... L : b6 3. h7 oder 2... K : b6 3. Kf5! und der Bauer kommt durch) 3. Ke5! Lg5 4. h7 Lc1 5. Kd6 L : b2 6. Kc7 Le5+ 7. Kc6 Ld4 8. b7 Ka7 9. Kc7 usw.

Nr. 158 Es muß gespielt werden 1... Kf8!, damit der König die gefährliche Zone verlassen kann. Z. B. 2. d7 Ld8 3. Lf6 La5 4. Lh4 Lb6 5. Kd6 Kf7 6. Kc6 La5 7. Kb7 Ke6 8. Kc8 Kd5 und Remis.

Nr. 159 Weiß gewinnt nach: 1. Lg8+ Kh8 2. Le6! Le8 3. Kf5 Kh7 4. Ld5 Kh6 (auf 4...

Ld7+ 5. Ke5 Kg6 folgt 6. f7 Kg7 7. Kd6 und 8. Ke7) 5. Ke6 Kg5 6. Ke7 Lh5 7. Lf7 Ld1 8. Le8 Lb3 9.Ld7 Kf4 10. Le6 usw. (B. Horwitz, 1880).

Nr. 160 Der eroberte Bauer reicht zum Sieg, allerdings darf nicht gespielt werden: 1. Le7+ Ke8 2. L : f6 Le3 3. Lh4 Ld4 mit Remis, sondern zuerst 1. Kf7! Nach 1... Kd7 2. Le7 Lc3 3. L : f6 Le1 4. Lg5 Lc3 5. Kg6! kann Schwarz das Manöver Lh6-g7 und später f5-f6-f7 nicht verhindern. Wenn der weiße König g8 und der schwarze g6 erreicht, wird die Diagonale f8-h6 zu kurz sein, um den Bauern aufzuhalten.

Nr. 161 In dieser Studie erlaubt es Weiß dem gegnerischen König nicht, zum Bauern vorzustoßen, und gewinnt dadurch: 1. b6 Lf2 2. b7 La7 3. Lg1 Lb8 4. Lf2! Lh2 5. Le1! Lb8 6. Kg1 Kg4 7. Kg2 Kf5 8. Lg3 La7 9. Kf3 Ke6 10. Ke4 Kd7 11. Kd5 Kd8 12. Kc6 usw. (N. Grigorjew, 1931)

Nr. 162 Eine Stellung aus der Partie Petrosjan – Sejnali (Leningrad, 1946). Weiß gewinnt. 1. a6! b : a (1... b6 2. a4 mit 3. c : b+ und 4. a5) 2. Ka5 Kb7 (schlechter ist 2... Lc8 3. h4 Ld7 4. L : a6 Le8 5. Lc8 Lf7 6. Ld7 Kb7 7. a4 Kc7 8. Ka6! K : d7 9. Kb7 und der a-Bauer kann nicht aufgehalten werden, wie in der Partie.) 3. L : a6+ Kc7! 4. Lc4 Kb7! 5. h4 Kc7 6. Ka6 Lc8+ 7. Ka7 Ld7 8. a4 Lc8 9. a5 Ld7 10. La6 Le8 11. Lc8!! K : c8 12. Kb6 Kb8 13. a6 Ka8 14. Kc7 Ka7 15. Kd8 Lf7 16. Ke7 Lg8 18. Kd7 (Das ist einfacher, als dem Läufer hinterherzujagen.) 17... Lf7 18. K : c6 Le8+ 19. Kd6 K : a6 20. c6 Kb6 21. c7 Kb7 22. Ke7 usw.

Nr. 163 Stellung aus der Partie Awerbach – Weressow (Moskau, 1947). Weiß gewinnt: 1. Lf3 Kf5 2. Le2! Ke5 3. Ld3! Kd5 (3... Ld7 4. Lg6 Kd5 5. L : h5 Kc4 6. Le2+ K : b4 7. h5 Lf5 8. Ld3 Le6 9. h6 Lg8 10. Kd4 usw.) 4. Kf4 Kd4 5. Le2 Kc3 6. L : h5! L : h5 7. b5.

Nr. 164 Stellung aus der Partie Teichmann – Marshall (San Sebastian, 1911). Schwarz spielte 1... Lf7+ und nach 2. Kd3 Kf4 3. Lf1! Kg3 4. Ke3 müßte die Partie bei genauem Spiel mit Remis enden. Richtig wäre gewesen 1... Lb1! etwa mit der Fortsetzung 2. Lf1 Kf4 3. Kd4 f5 4. Kd5 Ke3 5. Ke6 Kf2 6. Lc4 K : g2 7. Kf6 K : h3 8. K : g5 Kg3 und der h-Bauer kann verwandelt werden.

Nr. 165 Weiß gewinnt. 1. Le2 Lg6 (1... Le8 2. Ld3 Lg6 3. Lc2 Lh7 4. Lb3 Lg8 5. Ld1! Lf7

6. Lf3) 2. Ld3 Lh7 3. Lc2 Lg6 4. Lb1!! Auf der Diagonale b1-h7 hat Weiß drei Felder, Schwarz nur zwei Felder zur Verfügung. Auf dieser Diagonale manövrierend, bringt Weiß die Gegenfelder zu seinen Gunsten durcheinander: 4... Lh7 5. Ld3! Lg6 6. Lc2 Lh7 7. Lb3! Lg8 8. Ld1 Lf7 9. Lf3 und nun ist Schwarz am Zug.

Nr. 166 I. Berger (1899) war der Ansicht, daß diese Position gewonnen ist, wenn Weiß als erster zieht. Aber 1937 hat I. Rabinowitsch bewiesen, daß Schwarz bei aktivem Spiel Remis erreichen kann. 1. Lg5 Lf5 2. c7 Lh3 3. c6 (3. Kc6 Lg2+ 4. Kb6 Kd7) 3... Lc8 Kc5 Kf7! 5. Kb6 Ke6! 6. Ka7 Kd5! 7. Kb8 La6 usw.

Nr. 167 Schwarz gewinnt, mit dem König über den Damenflügel vordringend: 1... Kf4 2. Ld4 Lh3 3. Lc5 Ke5 4. Ke3 Lf1 (4... f2? 5. Ld4+) 5. La7 Kd6 6. Kd2 Kc6 7. Kc3 Kb5 8. Kb3 Lc4+ 9. Kc3 Ka4 10. Lc5 La6 11. Lg1 Ka3 12. Kd4 Lc4 13. Kc3 Ka2 14. Ld4 Kb1 15. Kd2 Lb5 16. Kd1 Lc6 17. Kd2 La4 18. Kc3 Kc1 19. Lg1 Kd1 20. Kd4 Ke2 21. K : d5 e3 22. Kd4 f2 usw.

Nr. 168 Stellung aus der Partie Polner – Tschigorin (Petersburg, 1881). Schwarz gewinnt, nachdem er sich einen Freibauern verschafft hat: 1... b5! 2. a : b a : b 3. c : b c4! 4. La2 c3 5. Lb1 Kd7, und der schwarze König kommt dem c-Bauern zu Hilfe.

Nr. 169 Der Mehrbauer kann verwandelt werden. Schwarz gewinnt wie in der Partie Euwe – Yanofsky. 1... Kh4 2. Kf2 Ld4+ 3. Kf1 Kg4 4. Lg1 h5 5. Lf7 g5 6. Le6 c6 7. Lc4 g4 8. h : g h : g 9. f : g K : g4 10. Le6+ Kg3 11. Lc4 Lf2! 12. Le6 f3 13. g : f K : f3 14. Lb3 Ke3 und nach 15... Lh4 kommt der schwarze König nach b2.

Nr. 170 Weiß am Zug kann Schwarz in Zugzwang bringen: 1. Le5! Kd5 2. Kb6 Kc4 (2... Sa7 3. c7 Sc8+ 4. Kb7 Se7 5. Lf6 Sf5 6. Kb8 Sd6 7. Le7 mit Gewinn) 3. Lf6 Kb4 4. Lh4 Kc4 (4... Sc3 5. Le1) 5. Le1! Sd6 6. c7 mit Gewinn. Wenn aber Schwarz am Zug ist, kann er seine Kräfte umgruppieren: 1... Sd6+ 2. Kc7 Sb5+ 3. Kd7 Ke5 4. Lc1 Kc5 5. Le3+ Kd5 6. Lf2 Ke5 7. Kc8 Kd5 8. Kb7 Sd6+ 9. Kc7 Sc4! und Remis.

Nr. 171 Weiß gewinnt: 1. Kc5 Sc7 2. Kd6 Se8+ 3. Ke7! (auf 3. Kd7 folgt 3... Sg7 4. Lg6 Kg8 5. Ke7 Kh8 6. Kf7 Sf5! und Remis) 3... Sg7 4. Lg6 Kg8 5. Lf7+ Kh7 6. Kf6 Kh8

7. Ke5 (7. Kg6 Se6!) 7... Kh7 8. Ke4! Kh8
9. Kf4 Kh7 10. Kg4 Kh8 11. g6 und der Springer ist verloren.

Nr. 172 Ja: 1. Sc6 Lf1 2. b6 La6 3. Kd6 Lb7
4. Kc7 La8 5. Sa5 Ke3 6. Sb7 Kd4 7. Kb8
usw. (nach W. Koschek, 1910)

Nr. 173 Weiß kann sich retten: 1. Ld7! h2
2. Lc6+ Kg1 3. Lh1 Sg2+ 4. Ke2 K : h1
5. Kf1 (S. Lloyd, 1860).

Nr. 174 Stellung aus der Partie Nimzowitsch –
Janowski (Karlsbad, 1907). Weiß gewann
folgendermaßen: 1. Kf3 Ke7 2. Ke3 f6 3. Kd4
Kd6 4. Ld1 Sb6 5. Lf3 Sc8 6. h4 Se7 7. Le4
g5 (oder 7... f5 8. Lf3 Sc8 9. Ld5 Se7 10. Lf7
usw.) 8. f : g f : g 9. h : g h : g 10. b6 g4 11. b7
Kc7 12. Ke5 g3 13. Kf4 Sg8 14. K : g3 usw.

Nr. 175 Es entscheidet folgendes Springer-
manöver: 1. Sc4+ Kc6 2. Ke5! Kb5 (2... Ld3
3. Sd6 Lb1 4. S : f5 Kb5 5. Sd6+ K : b4
6. S : b7 Ld3 7. f5 mit Gewinn) 3. Sa3+ K : b4
4. S : c2+ K : a5 5. K : f5 Ka4 6. Ke4 Kb3
7. Kd3 b5 8. f5 a5 9. f6 und der weiße Bauer
kommt eher an.

Nr. 176 Zum Gewinn führt: 1... a5 2. Kg3 b4
3. Kf2 a4 4. Ke3 L : a2! 5. Kd3 (5. S : a2 b3
6. Sc3 a3) 5... Lb1+ 6. Kc4 b3 7. Kc3 f5
8. Kb2 Lc2 9. e : f e : f, 10. f4 Le4 11. g3 g : f
12. g : f Lg2 13. h4 Lf1 (Judowitsch – Awerbach, Moskau, 1949).

Nr. 177 Weiß gewinnt: 1. g5 (öffnet dem
König den Weg)
1... Kg7 2. Kf3 Kf7 3. Kg4 Le7 4. Kf5 Lf8
5. Sf6 h6 6. g : h L : h6 7. Se4 Lf8 8. h6
L : h6 (8... Le7 9. h7 Kg7 10. Ke6 Lf8
11. h8D+ K : h8 12. Kf7) 9. S : d6+ Ke7
10. Se4 Le3 11. d6+ Kd7 12. K : e5. (Awerbach – Panow, Moskau, 1950)

Nr. 178 Weiß kann gewinnen: 1 Kd6! g4
(ebenso verliert 1... Ke4 2. Tg7 Kf4 3. Kd5 g4
4. Kd4 Kf3 5. Kd3 g3 6. Tf7+ Kg2 7. Ke2
usw.) 2. Kd5 Kf4 3. Kd4 Kf3 4. Kd3 g3
5. Tf7+ Kg2 mit Gewinn (Euwe, 1934)

Nr. 179 Weiß gewinnt: 1. Tf7+ Kg3 (1... Ke4
2. Tg7 Kf5 3. Kf7 g4 4. Tg8 Kf4 5. Kg6! g3
6. Kh5 itd.) 2. Ke7 g4 3. Ke6! Kh2 4. Kf5 g3
5. Kg4 g2 6. Th7+ Kg1 7. Kg3 Kf1 8. Tf7+
Kg1 9. Tf8 Kh1 10. Th8+ Kg1 11. Th2 (I.
Kopajew, 1954).

Nr. 180 Zum Remis führt: 1. Kf4 Kg2 (1... b2
2. Tb1, oder 1... a2 2. Ta1) 2. Tb1! (Schlecht
2. Ta1 b2 3. Tb1 Kf2 4. Ke4 Ke2 5. Kd4 Kd2
6. Kc4 Kc2 und Schwarz gewinnt) 2... a2 (2...

b2 3. Ke3! Kg3 4. Tg1+ Kh3 5. Kf3, ili 4... Kh2
5. Tb1!) 3. Ta1 Kf2 4. Ke4 Ke2 5. Kd4 Kd2 6.
Kc4 Kc2 7. Kb4 Kb2 8. Th1 a1D (S. Salvioli,
1887).

Nr. 181 Zum Gewinn führt: 1 Tb1! Ka2 2. Te1
a5 3. Ke7 Kb3 4. Kd6! (4. T : e3+? Kb4!
5. Kd6 a4 6. Te4+ Kb5! Remis) 4... a4 5. Kc5
a3 6. T : e3+ Ka4 7. Kc4 a2 8. Te1 Ka3
9. Kc3 (W. Sokow, 1840)

Nr. 182 Weiß am Zug gewinnt: 1. Kf8! Ta8+
2. Te8 Ta6 3. f7 Ta7 4. Td8 Tb7 5. Ke8
Schwarz am Zug kann sich retten: 1... Ta8!
2. Te8 Ta7+ 3. Ke6 Ta6+ 4. Kf5 Ta5+
5. Te5 Ta1 6. Ke6 Kg8.

Nr. 183 Schwarz kann die Partie retten: 1...
Tb7+ 2. Kd6 Tb6+ 3. Kd7 Tb7+ 4. Kd8 (bei
4. Kc6 folgt 4... Tb2! 5. Tf1 Ta2) 4... Tb8+
5. Kc7 Tb2 6. Tf1 Ta2! Es ist sehr wichtig, daß
bei dem seitlichen Angriff der Abstand zwischen Turm und Bauer mindestens drei Linien beträgt! 7. e7 Ta7+ 8. Kd6 Ta6+ 9. Kd5
Ta5+ 10. Kc6 Ta6+ Remis.

Nr. 184 Hier ist der seitliche Angriff weniger
effektiv, weswegen Weiß gewinnt. Z. B.: 1...
Ta7+ 2. Kc8 Ta8+ 3. Kb7 Ta1 4. Te2! Tb1+
5. Kc7 Tc1+ 6. Kd8 Tc3 7. d7 mit Bauernumwandlung.

Nr. 185 Es reicht nicht zum Sieg. Nach 1. Tb8
Ta1 2. Kb7 Tb1+ 3. Kc8 Tc1+ (3... Ta1?
4. Tb6+ Kc5 5. Kb7 Th1 6. Tc6+ Kb5 7. a7)
4. Kd8 Th1! 5. Tb6+ Kc5 6. Te6 Th8+ 7. Kd7
Th7+ Schwarz erreicht Remis.

Nr. 186 Es entscheidet das Turmmanöver,
gefolgt vom Vorrücken des Bauern: 1. Te1
Tg8 2. Te6 Ka6 3. Kg5 Kb7 4. h4 Ka6 5. h5
Kb7 6. g4 Ka6 7. Kh4 Kb7 8. h6 g : h 9. T : h6
Tg7 10. Kh5 Ka6 11. Tc6 Te7 12. Tc7 Te5+
13. g5 K : b6 14. T : h7 usw. (Botwinnik –
Boleslawsky, 1941)

Nr. 187 Ja! 1. Kc5! Tc8+ 2. Kb6 Te8 3. Kc6!
(3. Kb7 Te7+ 4. Kc6 T : a7 Remis) 3... Kf1
4. Kb7 Te7+ 5. Kb6 Te8 6. Tc2! Kg2 7. Kb7
Te7+ 8. Kb8! Te8+ 9. Tc8 (Alatorzew –
Tschechower, Tiflis, 1932)

Nr. 188 Weiß kann es ausnutzen. nach 1. f5!
e : f 2. e6! f : e 3. K : g6 Kb5 4. Ta1 f4 5. h5
e5 6. Te1! Kc4 (6... a4 7. T : e5+ Kc6 8. Te4
a3 9. T : f4 a2 10. Tf1) 7. T : e5 Kd3 8. h6 f3
9. h7 T : h7 10. K : h7 f2 11. Tf5 Ke3 12. Tf8
a4 13. Te8+ Kf3 14. Tf8+ Kg2 15. Tg8+ Kh3
16. Tf8 erreicht Weiß Remis (Lasker – Löwenfisch, 1925)

Nr. 189 Zum Remis führt 1... Ta2! 2. K : f5 T : f2+ 3. K : g4 Ta2.

Nr. 190 Weiß gewinnt:
1. Ta2! Tb3 2. a6 Tb8 3. a7 Ta8 4. Ta6! f6 5. Kf3 Kg6 6. Ke4 c4 7. Kd4 Kf5 8. K : c4 Kg4 (8... K : f4 9. T : f6+ Ke5 10. Ta6 usw.) 9. Kb5 f5 10. Ta4 T : a7 11. T : a7 K : f4 12. Kc4 usw.

Nr. 191 Remis! Z. B.
1. Ke3 Ke5 2. Tc2! c3 3. Kd3! Td8+ 4. Ke3 Td4 5. T : c3 T : e4+ 6. Kf3 T : h4 7. Tc6 Tf4+ 8. Ke3 Te4+ 9. Kf3 Kf5 10. Tf6+ K : g5 11. T : g6+ (Botwinnik – Euwe, Groningen, 1946)

Nr. 192 Weiß gewinnt: 1. Ta5 Tb6 2. d4 Tb3+ 3. Kf4 Tb4 4. d5 Tb6 5. Tc5! Tb4 6. Tc7+ Kf8 7. Ta7 (Aljechin – Alexander, 1937).

Nr. 193 Weiß gewinnt: 1. Kb7 Tb2+ 2. Ka7 Tc2 3. Th5+ Ka4 4. Kb7 Tb2+ 5. Ka6 Tc2 6. Th4+ Ka3 7. Kb6 Tb2+ 8. Ka5 Tc2 9. Th3+ Ka2 10. T : h2! T : h2 11. c8D (Lasker, 1890)

Nr. 194 Weiß ist am Zug. Die gestrichelte Linie zeigt die Zone an, in der sich der weiße König befinden muß, um die Partie zu gewinnen.

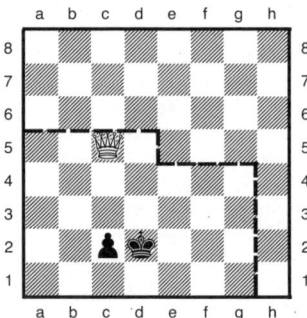

Nr. 195 Weiß ist am Zug. Die gestrichelte Linie zeigt die Zone an, in der sich der weiße König befinden muß, um die Partie zu gewinnen.

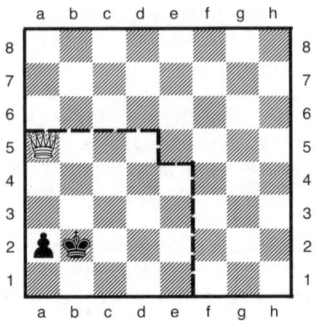

Nr. 196 Weiß gewinnt: 1. Kc6! Ka3! 2. Dc3+ (2. Dd1 b1=D! 3. D : b1 – Patt) 2... Ka2 3. Dc2 a3 4. Kb5 Ka1 5. Dc3 Ka2 6. Ka4! b1=D 7. D : a3#. Oder 1... Ka1 2. Dd4 a3 3. Kb5 Ka2 4. Dd2 Ka1 5. Dc3 Ka2 6. Ka4.

Nr. 197 Weiß gewinnt mit einem feinen Manöver: 1. Dc4+ Ke1 2. De4+ Kd2 3. Df3 Ke1 4. De3+ Kf1 5. De4! Kg1 6. Dg4+ Kh2 7. Df3! Kg1 8. Dg3+ Kf1 9. Kb3 Ke2 10. Dg2 Ke1 11. De4+ Kd2 12. Df3 Ke1 13. De3+ Kf1 14. De4! Kg1 15. Dg4+ Kh2 16. Df3 Kg1 17. Dg3+ Kf1 18. Kc3 (Tschechower, 1936).

Nr. 198 Weiß gewinnt, die ungünstige Position des schwarzen Königs nutzend: 1. Dc6 Dd3+ 2. Ke7! Da3+ 3. Kf6! Db2+ 4. Kg6 Db1+ 5. Kh6 und keine Schachgebote mehr möglich.

Nr. 199 Nach 1. Ka6 Df8 bereitet Weiß die Flucht des Königs durch folgendes Damenmanöver vor: 2. Dh5+ Kg2 3. De5! Da3+ 4. Kb5 Db3+ 5. Kc6 Dc2+ 6. Kd6 Dg6+ 7. Ke7 Dh7+ 8. Kf8! D : b7 9. Dg7+ usw. Etwas mehr Widerstand bietet 5... Dc4+ 6. Kd6 Db4+ 7. Kd7 Dg4+ 8. Ke7 Dh4+ 9. Kf7 Dc4+ 10. Kg7 Dg4+ 11. Kh6! Dh4+ (11... Dh3+ 12. Kg5) 12. Kg6 usw.

Nr. 200 Weiß gewinnt: 1. Dc4+ Db4 2. Dc6+ Db5 3. D : e4+ Db4 4. Dd3! g6 5. Dd7+ Db5 6. Dd4+ Db4 7. Dd3! g5 8. Dd7+ Db5 9. Dd4+ Db4 10. Dd3 g4 11. Dd7+ Db5 12. D : g4+ Db4 13. Dd7+ Db5 14. Dd4+ Db4 15. Dd3! (L. Prokesch, 1948)

Nr. 201 Zum Gewinn führt ein Bauernopfer: 1. Dc2! D : h5 (bei 1... Dc7 folgt 2. Dc4, dann 3. Kg2, und die Dame dringt auf d7 ein.) 2. Dc4! Df5+ (2... Dh2+ 3. Kf3 Dh1+ 4. Kf4) 3. Kg2 Dc8 4. c7 a4 5. Dc6 a3 6. Dd6! Db7+ 7. Kh2 a2 8. Df8+ Kh7 9. Df5+ (Bogoljubow – Stahlberg, 1933).